Christina Hachfeld-Tapukai
Mit der Liebe einer Löwin

Christina Hachfeld-Tapukai

Mit der Liebe einer Löwin

Roman

Wie ich die Frau eines Samburu-Kriegers wurde

Ehrenwirth

Ehrenwirth ist ein
Imprint der Verlagsgruppe Lübbe

Originalausgabe

Textredaktion: Angela Troni
Lektorat: Daniela Bentele-Hendricks
Satz: Druck & Grafik Siebel, Lindlar
Gesetzt aus der Adobe Caslon
Druck und Einband: GGP Media GmbH, Pößneck

Pinted in Germany
ISBN 3-431-03619-8

5 4 3 2 1

Sie finden uns im Internet unter www.luebbe.de

Ein Wort vorweg

Afrika geisterte schon früh durch meine Träume, ausgelöst und angeregt durch Fotos und Berichte aus Missionszeitschriften, die meine Eltern bezogen. Folgerichtig hieß mein Berufswunsch in Kinderjahren dann: Missionsschwester im Kongo!

Die Träume verblassten, andere Realitäten verdrängten sie, wie Schule, Studium, Beruf und eine glückliche Ehe, aus der zwei prächtige Söhne hervorgingen. Nach dem frühen, plötzlichen Tod meines Mannes kehrten auf einmal, erst zaghaft, dann heftiger, die Träume der Kindheit zurück und verlangten nach Erfüllung.

So reiste ich Ende der achtziger Jahre mit meinen Kindern nach Afrika, nicht in den Kongo meiner Träume, denn er war politisch zu unsicher, aber in das friedlichere Kenia.

Hier wartete ein neuer Traum auf mich, ein Traum, der Wirklichkeit wurde: Ich gewann das Herz eines schönen Kriegers der Samburu, wurde seine Frau und lebe noch heute mit ihm im unwirtlichen, weitgehend wilden Norden Kenias, fernab von der Zivilisation.

Wir führen ein glückliches Leben, das, geprägt von Entbehrungen, Gefahren, einer ungebändigten Natur, fremdartigen Traditionen und Mystik, nie eintönig werden kann, das Liebe und oft ein Abenteuer ist.

Wie besondere Glanzpunkte in meinem Leben verteilen sich Flüge nach Deutschland, um meine Familie und Freunde wiederzusehen, allen voran meine geliebten Söhne, und willkommene Abwechslung bringen mir auch die Wochen, in denen ich in den schönen Küstenhotels bei Mombasa musizieren kann. Von dem so verdienten Geld überleben wir, wenn länger anhaltende Trockenzeiten unsere Nahrungsquellen reduzieren.

Es ist – trotz des Verzichts auf viele Annehmlichkeiten – ein schönes, ein lebenswertes Leben, ein verwirklichter Traum.

Ich sitze unter einer Dornenakazie vor unserem kleinen Blockhaus, unweit von Maralal im Samburu-Distrikt, im nördlichen Hochland von Kenia, seit längerer Zeit einmal wieder satt, und meine Gedanken schweifen zurück zu der Zeit, in der alles begann.

Noch einmal durchlebe ich all die Abenteuer, die aufregenden, die schönen, die schrecklichen, und die Gefahren, in denen ich mich manchmal befand. Ich erinnere mich auch an die Stunden voller Glückseligkeit und Leid, denke an die Begegnungen mit besonderen Menschen und viele seltsame Begebenheiten, die mein weiteres Leben prägten.

Meine Geschichte entstand aus dieser undefinierbaren Sehnsucht nach Liebe, Erfüllung und Zufriedenheit, die in uns allen schlummert – und auch aus der Frage nach mir selbst.

Die Sehnsucht führt uns oft auf seltsame Wege, denen wir dennoch zwanghaft folgen oder auch ganz bewusst, wenn wir den Mut dazu haben.

In meinem Fall hatte die Sehnsucht nach einigen Afrika-Reisen exotische Gestalt angenommen, und ich habe die Antwort auf die Frage nach mir selbst gefunden. Es ist die Geschichte einer großen Liebe geworden, eine spannende und alles andere als alltägliche Geschichte, die Ende der achtziger Jahre in Kenia ihren Anfang nahm und die immer noch weiterlebt.

Begonnen hat sie wie viele Urlaubsgeschichten: Ich unternahm eine Reise, war fasziniert von einem fremden Ort, einem fernen Land, ich lernte einen Mann kennen …

Nur bis dahin gleicht meine Geschichte unzähligen anderen, aber dann ist sie eine ganz besondere geworden. Ich erzähle sie, damit sie Meinungen korrigiert und zurechtrückt und weil mir das gegenseitige Verstehen-Können und Verstehen-Wollen von anderen Kulturen und Menschen wichtig ist – zumal es, um endlich in Frieden miteinander leben zu können, immer wichtiger wird. Wir alle sind in der Natur gleichberechtigt, wenn auch die Hautfarben, Sprachen und Ansichten, die Religionen und Lebensumstände unterschiedlich, oft gar schockierend, aber auch wunderbar anders sind. Medien und Verkehrsmittel bringen selbst die entferntesten Winkel der Erde und deren Bewohner immer enger zusammen. Das sollten wir gedanklich und gefühlsmäßig als eine Chance sehen und wirklich stabile Brücken bauen zu anderen Völkern, mit denen wir uns diese Erde teilen. Niemand von uns ist gefragt worden, wo er auf die Welt kommen möchte.

Einander zu akzeptieren, zu respektieren und zu tolerieren – das ist menschliche Größe.

In der Abendsonne leuchtet rot
die warme Samburu-Erde.
Die Karisia Hills wölben sich blau
gegen den fahlgelben Himmelsbogen.

Leichtfüßig setze ich meinen Weg fort,
an Giraffen und Zebras vorbei.
Noch bevor der Gesang der Zikaden beginnt,
werde ich heimgekehrt sein
zu dir und unserer Herde.

Bedauern

Vor mir liegt wieder das Meer. Ich sitze auf der Strandmauer des Neptun-Beach-Hotels und denke an einige besondere Stationen meiner Reise ins Landesinnere mit Lekaitik. So aufregend und viel versprechend hatte sie begonnen – so enttäuschend geendet, durch die von mir selbst herbeigeführte Wendung in unserer Beziehung.

Mit wie viel Hoffnungen und Erwartungen war ich meinem lieben kenianischen Freund wiederbegegnet, und wenn es hätte sein sollen, wäre ich bei ihm geblieben. Lekaitik hatte mir viel bedeutet.

Ich hatte ihn während meiner ersten Kenia-Reise nach dem plötzlichen und frühen Tod meines Mannes zusammen mit meinen Söhnen bei einer Folklore-Veranstaltung in Watamu am Indischen Ozean kennen gelernt – ihn, den stolzen Samburu-Krieger aus dem fernen Norden des Landes. Er hatte einige kunsthandwerkliche Dinge aus seiner Heimat zum Kauf angeboten, und meine Söhne hatten sich für ein kleines Messer erwärmt, das in einer reich mit winzigen Perlen verzierten Lederhülle steckte. Aus dem Verkaufsgespräch war dann eine längere Unterhaltung geworden.

Durch diese Begegnung war es zur ersten Konfrontation mit einer gänzlich fremden Kultur gekommen, die mich völlig fasziniert hatte. Vorsichtig hatten der Samburu-Krieger und ich uns einander genähert, hatten Fragen und Adressen ausgetauscht und waren bald sehr voneinander gefesselt und füreinander eingenommen gewesen, obwohl die Verständigung auf Englisch Lekaitik Schwierigkeiten bereitete.

Nach meiner Rückkehr nach Deutschland beschäftigte ich mich intensiv mit Kenia und begann sogar Kisuaheli zu lernen. Ich wollte noch einmal nach Kenia – allein wegen des exotischen Kriegers.

Zweimal war ich Lekaitiks Einladung gefolgt, mit ihm zusammen sein Heimatdorf in einer wildromantischen Gebirgsregion zu besuchen, ohne meine Söhne, da ihnen die Reise ins Ungewisse zu riskant erschienen war.

Doch jetzt, bei einem dritten gemeinsamen Besuch, hatte mir Lekaitik eröffnet, dass er heiraten werde, ein Samburu-Mädchen und etwas später auch mich, als Zweitfrau, und dass seine Familie und seine Braut dem bereits zugestimmt hätten und er darüber sehr glücklich sei.

Ich war viel zu überrascht gewesen, um bedacht reagieren zu können, und restlos überfordert von diesem Ansinnen. Zwar hatte ich mir ein Gespräch mit Lekaitik über unsere Beziehung gewünscht, aber nie im Traum wäre mir die Idee gekommen, dass er mich als seine Zweitfrau vorgesehen hatte. Natürlich wusste ich, dass ich als Freundin willkommen war, und ich hatte öfter mit dem Gedanken gespielt, mehr als nur eine Freundin zu sein.

Aber zu erfahren, dass bereits eine Braut existierte, hatte plötzlich die ganze Situation für mich verändert. Wohl verstand ich, dass Lekaitiks Wunsch eine große Auszeichnung für mich darstellte, und ich war glücklich, dass er sich offen zu mir bekannte, dennoch verletzte es mich sehr.

Ich versuchte, die Erklärungen von Simon, einem Lehrer und Lekaitiks bestem Freund, der Englisch sprach und häufiger zwischen uns vermittelte, zu beherzigen. Doch immer wieder kam ich zu dem Schluss, dass ich einen Mann nicht wissentlich mit einer anderen Frau teilen konnte. Nein, eine Zweitfrau wollte ich nicht sein. Mit diesem Status würde ich nie zurechtkommen. Zudem würde eine Ehe zu dritt meinerseits nicht funktionieren, weil meine christlich-konservative Erziehung sowie meine eingefleischte Vorstellung von Moral, Recht und Unrecht dies nicht zuließen – die ich aber, damals noch undenkbar, geraume Zeit später über Bord werfen und unbeachtet lassen sollte.

Lehrer Simon hatte sich viel Mühe gegeben, um meine europäische Denkweise infrage stellen zu können. Doch er hatte mich eher verwirrt.

Dank seiner Erläuterungen verstand ich immerhin inzwischen Lekaitiks Handlungsweise: Er würde eine Samburu heiraten, die ihm die Clan-Ältesten – sie haben das Sagen in jedem Samburu-Dorf – zugedacht hatten, um das Versorgungsproblem in seiner Familie zu lösen. Lekaitik hatte keinen Vater mehr, jedoch vier jüngere Geschwister und eine kränkelnde Mutter, so oblag ihm als ältestem Sohn, für die Familie zu sorgen. Allerdings war er in seiner Eigenschaft als Krieger nicht für häusliche Dinge zuständig. Seine zukünftige Frau dagegen war automatisch dazu verpflichtet, sich um seine Angehörigen zu kümmern.

Als einer Fremden, Weißen, wurde mir wohl, was das anging – außer von Lekaitik selbst –, weder sehr vertraut noch etwas zugetraut. Auch hätte mich eine solche Aufgabe mit Sicherheit damals überfordert.

Ich dachte an Lekaitiks glückliches Gesicht vor wenigen Tagen auf dem Viehmarkt in Maralal, an sein überwältigt gestammeltes »Du weißt nicht, wie sehr ich dich liebe«, als ich den jungen, sandfarbenen Stier für ihn gekauft hatte – mein Hochzeits- und Abschiedsgeschenk für ihn. Damit nahm ich Abschied von einer wunderschönen Zeit, in der mein Herz zwischen Afrika und Europa gependelt war, von einer Zeit, in der ich zum ersten Mal nach dem Tod meines Mannes wieder Pläne geschmiedet, Veränderungen in meinem Leben bereitwillig zugelassen, wenn nicht sogar bewusst herbeigeführt und den Mut gefunden hatte, unbekannte, neue Wege zu beschreiten.

Die Zeit mit Lekaitik wollte ich nicht missen. Sie hatte mich sensibel gemacht für andere Völker, verständnisvoller und neugierig auf fremde Kulturen.

Es war, als hätte ich mich seit der Begegnung mit diesem schönen Samburu-Krieger aus einem tiefen Tal in lichtdurchflutete Höhen aufschwingen können. Ich war längst nicht mehr die trauernde Witwe und auch zu jung, um allein zu bleiben, viel zu jung, um nicht noch von ganz neuen Dingen zu träumen, von Abenteuern, die ich bestehen, und von Ländern, die ich sehen wollte.

Eines wusste ich schon damals ganz sicher, ich spürte es einfach: Mein weiteres Leben würde mit Afrika verknüpft sein, obwohl im Moment nicht viel darauf hindeutete.

Wie viele Fremde hatte es mich nach Kenia gezogen, und auch ich war auf unerklärbare Weise von Afrika gefesselt worden. In meinem Herzen brannte ein stilles Feuer für diesen geheimnisvollen Erdteil, und mein gesamtes Denken und Fühlen wurde von einem undefinierbaren Zauber heimgesucht, dem ich mich nicht entziehen konnte.

Viele Afrika-Reisende unterlagen dem Zwang, zurückkommen zu müssen, immer wieder, oder gar zu bleiben. Es war fast unheimlich, welche Kraft da in einem arbeitete, zerrte und für Unruhe sorgte, bis man endlich erneut Afrika betreten durfte und konnte.

War etwa die vielfach noch ungezähmte Urwüchsigkeit die Zauberformel für eine zwingende Wiederkehr? War es der Drang nach Abenteuer und Freiheit, der Wunsch, sich Unbekanntem zu nähern?

Der Schwarze Kontinent barg ein tiefes Geheimnis in sich. Es gab hier etwas, das kein anderer Erdteil für sich beanspruchen konnte. Der Schlüssel dazu lag in Afrika selbst.

Vielleicht war es nichts anderes als die ewige Suche nach dem Ursprung allen Seins, sich dem Anfang der Menschheit nähern zu müssen, zurückzukehren zum Ausgangspunkt menschlichen Herzschlags, ein Paradies dort aufzuspüren, wo eines verloren ging – kein Paradies des Überflusses, sondern ein Paradies des Reinen, des Ursprünglichen.

Ich war fest davon überzeugt, dass es in Afrika etwas Einmaliges gab, das – ohne Spekulationen darüber Vorschub zu leisten – irgendwo in seinem Dunkel eine fesselnde Macht besaß, die von allen sensiblen Menschen erspürt wurde.

Afrika war ein wundervoller Kontinent – im wahrsten Sinne des Wortes!

Auf Lekaitik zu verzichten tat mir weh. Ich dachte an die Träume, die ich gehegt hatte, wenn Lekaitiks Briefe in Simons Handschrift Deutschlands grauen Winterhimmel für mich erhellt hatten. Jedes Mal hatte ich aufgeregt nach Formulierungen in dem Geschriebenen gesucht, die mir Hoffnung gaben.

Ich wünschte mir sehr, dass Lekaitik und ich trotz der veränderten Situation Freunde blieben, und hatte ihm das auch gesagt.

»*Pakiteng*«, hatte er geantwortet und dabei genickt.

Die Bedeutung dieses Wortes erfuhr ich jedoch erst viel später.

Lpetati

Am Wochenende erwartete ich meine beiden Söhne, die ihre Ferien mit mir in Kenia verbringen wollten. Daher blieb ich an diesem Vormittag im Hotelgarten, setzte mich in den Schatten und plante diverse Unternehmungen.

Als dicht neben mir eine Fahrradklingel ertönte, wurde ich

aufgeschreckt. Einer der Hotelangestellten hielt eine Holztafel hoch, auf der mit weißer Kreide eine Zahl geschrieben war, und klingelte unentwegt, um die Aufmerksamkeit der Hotelgäste auf die Tafel zu lenken. Es dauerte einen Moment, ehe ich erkannte, dass es sich bei der Zahl um meine Zimmernummer handelte.

»*Come to the reception, please*«, forderte er mich auf, als ich mich bei ihm meldete.

Verwundert eilte ich zur Rezeption. Sollte etwas mit meinen Söhnen sein? Kämen sie doch nicht oder später oder gar schon früher?

»*Your husband is waiting*«, teilte die junge Frau am Empfang mir mit.

Husband? Welcher Ehemann? Ich hatte doch gar keinen. Etwa Lekaitik? Ungläubig sah ich die Suaheli mit der ausgefallenen Zöpfchenfrisur an. Doch sie deutete nur mit dem Kopf zu den Eingangsstufen.

Und da sah ich ihn: Lpetati.

Er stand am Eingang, fast theatralisch zwischen den beiden mannshohen hölzernen Massai-Figuren. Genauso groß, genauso dunkel, genauso würdevoll wie diese – aber so überaus lebendig und atemberaubend schön: hoch gewachsen, mit langen Beinen, nacktem Oberkörper und verführerisch makelloser, samtig brauner Haut. Um die schmalen Hüften hatte er ein rotes und ein hellblaues Baumwolltuch geschlungen. Bunte Lederbänder, Perlenschnüre und -ketten schmückten Hals, Stirn, Ohren und Gliedmaßen.

Über die Schultern bis zur Taille verliefen diagonal mehrere Perlenstränge in Rot, Orange, Blau und Schwarz. Aufgemalte ockerfarbene Muster zierten Wangen und Stirn. Die künstlich bis zur Taille verlängerten Haare waren rotbraun eingefärbt und hingen ihm in unzähligen dünn gezwirbelten Zöpfen über den Rücken. Was für ein Anblick.

Den hübschen Samburu-Krieger Lpetati hatte ich schon viele

Male zuvor gesehen – schließlich gehörte er zu Lekaitiks Clique – und hin und wieder auch mit ihm gesprochen. Neben seinem guten Aussehen war mir besonders sein heiteres Wesen aufgefallen, aber ich war stets zu sehr auf Lekaitik fixiert gewesen, um anderen Männern Beachtung schenken zu können. Doch nun verschlug mir Lpetatis Erscheinung die Sprache, fesselte mich und erhöhte Herz- und Pulsschlag, ich war einfach unfähig, gelassen zu bleiben.

Nach einigen beunruhigenden Minuten, in denen auch er mich eingehend gemustert hatte, brach er das Schweigen. »Ich möchte mit dir reden, wenn es möglich ist«, sagte er auf Kisuaheli und lächelte ein wenig, fast verschämt.

Ich nickte zustimmend, und wir gingen langsam über den großen Hotelparkplatz bis zu einem riesigen Bambus und stellten uns in den Schatten. In den rosa Blumenrabatten darunter tollten drei niedliche schwarze Kätzchen umher.

Was hatte Lpetati wohl mit mir zu bereden, das es erforderlich machte, in mein Hotel zu kommen und sich dort als mein Ehemann auszugeben?

Ich sah mein exotisches Gegenüber fragend an. »Nun, *husband*?«

Er lachte und zeigte dabei gesunde, sehr weiße Zähne. »Was sollte ich sagen? Ich muss dich unbedingt sprechen, und ich dachte, wenn ich dein Mann bin, wird man mich an der Rezeption nicht abweisen.«

Eines der Kätzchen knabberte an meinen Sandalen, und ich nahm es auf den Arm.

»*Paka ndogo ni nzuri sana*, die kleine Katze ist sehr hübsch«, sagte Lpetati und strich zaghaft über ihren schwarzen Rücken.

Dabei näherte sich sein Gesicht dem meinen, und als sich unsere Finger auf dem Fell des schnurrenden Tieres berührten, schob er seine Hand behutsam über meine und drückte sie leicht.

»Deshalb bin ich gekommen.«

Mein Herz schlug plötzlich schneller, ich musste öfter schlucken, fühlte seine kühlen Finger über meine warmen gleiten, zart und vorsichtig. Ich zog meine Hand nicht fort, weil ich das schöne Gefühl, das mich auf einmal überkam, nicht beenden wollte. Ich war entsetzlich aufgeregt – und hilflos.

Lpetati musterte mich, freundlich, eindringlich. Der Druck seiner Hand verstärkte sich kurz, dann nahm er sie zurück. »Lekaitik hätte dir vor eurer Fahrt nach Maralal sagen müssen, dass er dort heiraten wird. Für uns Samburu ist das nichts Besonderes, es gibt viele Männer mit zwei oder drei Frauen, aber *wazungu*, Weiße, verstehen das nicht. Die haben nur eine Frau, das weiß ich.«

Die Katze auf meinem Arm gähnte, und Lpetatis Hand schob sich wieder auf meine. Kühl und doch irgendwie brennend strich sie darüber, und ich fand immer mehr Gefallen an dieser Berührung.

Über uns sprangen einige Meerkatzen in die Palmen der angrenzenden Gartenanlage der Severin Sea Lodge. Wir schauten ihnen zu und erfreuten uns an ihren gekonnten Sprüngen und ihrem possierlichen Gerangel in den Zweigen.

Lpetati stand dabei so dicht neben mir, dass mich sein Atem streifte, wenn er lachte. Das erregte mich, und zwar mehr und mehr. Was war nur mit mir los? Was machte sich da selbstständig in mir? Woher kam diese Hilflosigkeit, dieser innige Wunsch, die Zeit möge stehen bleiben?

»Lass mich dein Mann sein«, sagte Lpetati plötzlich.

Ich begriff erst gar nicht und brachte dann nur ein »Oooh« heraus, nichts als ein albernes »Oooh«, das dazu noch ziemlich heiser klang.

»Ich liebe dich schon lange«, fuhr Lpetati fort. »Jetzt kann ich es dir sagen, weil du nicht die zweite Frau von Lekaitik werden willst. Ich will dein Mann sein. Ich möchte dich heiraten und keine andere Frau.«

Ich fühlte, wie ich über und über rot wurde, und stand da wie gelähmt. Hatte ich den exotischen Krieger richtig verstanden?

Verwirrung breitete sich in mir aus, verunsicherte mich. Was geschah hier?

Lpetati kramte in einem braunen Lederbeutel, den er an einer roten Kordel um die Taille trug, und entnahm ihm ein breites, mit roten, gelben, weißen und schwarzen Perlen verziertes Lederarmband und eine ebensolche Kette. Er legte mir beides auf die Hände, mit denen ich immer noch die Katze hielt.

»Lass mich dein Mann sein, bitte«, hörte ich aus nebulöser Ferne. »Du sollst darüber nachdenken, ich komme heute Abend wieder oder morgen Früh.«

Seine Hand berührte meinen Arm wie eine Liebkosung, dann drehte er sich um und ging in aufrechter Haltung auf den Schlagbaum an der Hoteleinfahrt zu.

Ich sah ihm nach, machtlos, sprachlos. ›Schlanke Gestalt in Rot‹ – das hatte bisher immer nur Lekaitik für mich bedeutet. Wie konnte diese Gestalt jetzt Lpetati heißen?

Lange stand ich reglos da, das inzwischen eingeschlafene Kätzchen auf dem Arm. Ich drückte mein Gesicht auf das Fell und die kühlen Plastikperlen in meiner Hand, die irgendwie nach Lpetati rochen. Es war, als würden Kette und Armband mir die Haut versengen. Das zunehmende seelische Durcheinander setzte mir arg zu.

Und dann begann es in mir zu hämmern, fest und hart und rhythmisch: Lass mich dein Mann sein, bitte. Lass mich dein Mann sein, bitte.

Erst nach endlos langer Zeit fühlte ich mich imstande, an der Rezeption vorbei in mein Zimmer zu gehen, wo ich mir Wasser ins Gesicht schüttete und kurz darauf tropfend am Fenster stand. In der hohen Spitze eines mächtigen Mangobaumes ließen sich zwei Reiher vom Seewind schaukeln. Ich beobachtete sie eine Weile, nahm dann meine Gitarre auf, klimperte ein wenig lustlos vor mich hin, legte sie wieder fort und schaute einige Safari-Angebote durch, die für meine Söhne und mich infrage kamen. Aber eine innere Unruhe hatte mich gepackt, und ich war überhaupt nicht bei der Sache.

Eingehend betrachtete ich die Kette und das Armband. »Ich will dein Mann sein. Ich möchte dich heiraten.« Lpetatis Worte nahmen langsam Besitz von mir. »Lass mich dein Mann sein« war für den Rest des Tages um mich, beim Strandspaziergang, beim Tee im Hotelgarten, beim Schwimmen in der aufkommenden Flut.

Lpetati war allgegenwärtig, ich spürte ihn regelrecht, ich wurde seinen Blick nicht los, und seine Worte nisteten sich ein in meinem Kopf, in meinem Herzen. »Ich liebe dich schon lange. Ich möchte dich heiraten.«

Nach dem Abendessen saß ich noch auf der Terrasse, wo eine Band spielte. Die Luft war nur leicht vom Seewind bewegt, die Frangipani dufteten betörend, und das besondere afrikanische Flair mit seinem Zauber bewirkte, dass ich Sehnsucht verspürte, unbestimmte Sehnsucht nach Liebe, nach den Armen eines Mannes, nach einem Menschen, dem ich mich mitteilen konnte.

Die Nachtluft machte mir das Herz schwer, es war wie in einem Kitschroman, aber doch alles real, denn der Duft war da, der Wind, die Musik, die unzähligen Sterne des Äquatorhimmels.

Plötzlich wusste ich, dass Lpetati in der Nähe war. Fast warf ich den Sessel um, so abrupt stand ich auf und lief durch die hohe Halle zum Eingang. Ich weiß nicht, was mich in jenem Moment geleitet, was mich so sicher gemacht hatte.

Lpetati war tatsächlich da!

Mit einem breiten Lächeln registrierte er, dass ich das Armband trug und auch die Kette, die er mir am Morgen geschenkt hatte, und fasste nach meiner Hand.

Später sagte er mir, dass das Tragen dieser besonderen Geschenke in diesem Fall auf die wichtigste Frage zwischen Mann und Frau ein Ja bedeutet.

Kurz darauf saßen wir vor dem Hotel am Strand. Eine braune Hand hielt die meine, sie war schmal und kühl, mit heller Innenfläche und langen Fingern. Ich war erfüllt von der Nähe eines

Menschen aus dem fernen Land, in dem ich mich zurzeit befand, von einem fremden Geruch und einem vertrauten Lächeln.

Die Brise vom Indischen Ozean wehte meine langen blonden Haare vor sein dunkles Gesicht. Er reckte den Kopf ein wenig vor, als würde er das sanfte Streicheln meiner Haarspitzen auf seinen Wangen genießen und noch ein wenig fortsetzen wollen.

Die afrikanische Nacht hüllte uns ein wie ein weiches, schmeichelndes Tuch, erzeugte Herzklopfen und wohlige Schauer, vermischt mit Spannung und ängstlicher Erwartung.

Wir hörten das *Lala salama* der Band, die sich mit diesem Gutenachtlied von den Hotelgästen verabschiedete.

Lpetati erhob sich. »Ich komme morgen Früh wieder, und deine Antwort kenne ich schon«, sagte er und zog mich vom feuchten Sand, in dem wir gesessen hatten, zu sich hoch. Nach einem liebevollen Blick und einem hoffnungsvollen »*tutaonana kesho*, wir sehen uns morgen« verließ er mich.

Etwas Besonderes war heute geschehen, ich fühlte und wusste es und trug den denkwürdigen Tag für alle Fälle in mein kleines rotes Notizbuch unter »Aussprache mit Lekaitik« ein. Dann schrieb ich »Lpetati« mit zwei Frage- und einem Ausrufezeichen darunter und »Was für ein 11. November«.

Lange lag ich in der Nacht wach. Ich dachte an den vergangenen Abend, an Lpetati und auch an Lekaitik. Gedanken quälten mich, ich musste irgendwie meine Bedenken loswerden, sie ignorieren. Es war hinderlich, gut erzogen und bürgerlich zu sein, zumindest half es mir kein bisschen in meinen Entscheidungen auf dem fremden Terrain, auf das ich mich so unüberlegt und überstürzt begeben hatte, geleitet von Neugier, Sehnsucht, Lebensfreude und Lebenshunger.

Mit dem sonnigen Morgen sah es auch in mir heller aus, ich war frei von Skrupeln und konnte die unbequemen Gedanken, die mich in der Nacht geplagt hatten, euphorisch beiseite schieben.

Es kam mir vor, als wäre ich über Nacht eine andere geworden. Ich fühlte mich befreit, irgendwie erlöst – doch wovon? Schwung war in mir, dazu eine unbändige Freude und Lust zu leben. Ich sang, spielte auf der Gitarre, kleidete mich dann in Hochstimmung in einen *kanga*, ein typisch afrikanisches Gewand, und posierte übermütig vor dem Spiegel. Als ich Lpetatis Perlenschmuck anlegte, überkam mich ein Prickeln, das mich wohlig durchrieselte. Es war, als würden mir die Plastikperlen Kraft verleihen.

Da war etwas um mich herum, das ich nicht greifen konnte und das dennoch greifbar schien, so, als müsste ich nur zupacken. Mein Ich zerfloss in tropischer Helligkeit und Farbenpracht, kehrte zurück, sammelte Seligkeit in mir an.

Einige Meerkatzen sorgten für Lärm und Bewegung, als ich in den gemütlichen Speisesaal mit der angegliederten Veranda trat. Die Tiere hatten es auf die großen Obstplatten und die Zuckerdosen abgesehen, von denen sie geschickt die Deckel abnahmen und hineingriffen – sehr zur Erheiterung der Gäste und zum Ärger des Personals.

Ein Ober schlug mit einem Handtuch nach den Tieren, die verärgert danach griffen und ihre kräftigen Gebisse entblößten, bevor sie unter Gezeter in die angrenzenden Baumwipfel sprangen. Eine frische Brise wehte durch den Raum, es roch nach Meer und feuchter Erde, weil Rasen und Blumen künstlich bewässert wurden.

Nach dem Frühstück wartete ich auf Lpetati, ich erwartete ihn mit allen Sinnen. Ich erwartete den Mann, der mich und den ich noch gar nicht richtig kannte und der mich unbedingt heiraten wollte, jedoch nicht als Zweitfrau. Was für ein abenteuerlicher Gedanke, einen Samburu-Krieger zu heiraten – wollte ich das denn überhaupt? Wollte ich es wirklich? Ich? Einen afrikanischen Krieger?

Wie würde wohl so eine Hochzeit aussehen bei einem Volk,

das so sehr mit seinen Traditionen lebte? Wie würde ich da hineinpassen? Würde man mich überhaupt akzeptieren? Meine Fantasie entführte mich als Samburu-Frau in den Busch, und für Minuten machte ich dort in meinen unrealistischen Gedanken eine gute Figur, erfasste jedoch gleich danach mein Tun und meine Unwissenheit und kam schnell wieder in die Wirklichkeit zurück. Ein seltsames Verlangen aber blieb, es nagte ganz vorsichtig in mir, verführte mich immer wieder dazu, mich mit Lpetatis Geständnis zu beschäftigen.

Als ich in die Halle kam, leuchtete mir sein rotes Hüfttuch vom Eingang entgegen. Lpetati selbst hob sich wegen seiner dunklen Hautfarbe nur wenig vom Schatten des Hotelgebäudes ab. Ich beobachtete ihn eine Zeit lang, wie er geduldig wartete, gelassen, in graziöser Haltung, und wurde beim Betrachten dieses schönen, exotischen Mannes immer fahriger, bis mir vor Aufregung fast schlecht war. Mein Hals schnürte sich zusammen, ebenso meine Brust, und der Puls beschleunigte sich erheblich.

Da Lpetati nicht hersah, huschte ich zum Fahrstuhl und verharrte vor der Tür ein wenig. Ich zählte bis fünfzig, erst schnell, dann noch einmal langsam, und ging wieder ins Zimmer. Warum benahm ich mich nur so kindisch? Ahnte ich, dass mit diesem Wiedersehen eine Entscheidung fallen würde, nach der es kein Zurück mehr gäbe? Hatte ich Angst vor diesem großen, alles verändernden Schritt? Spürte ich die Tragweite meines Vorhabens, nämlich Lpetati wiederzusehen, eher noch, ihm sehr bewusst zu begegnen, und spürte ich das Besondere, das seit dem vergangenen Tag um uns war – vielleicht immer schon gewesen war?

Wenn ich jetzt auf ihn zuginge, würde etwas Unabsehbares beginnen, etwas, das unabdingbar und ausschließlich mit Lpetati und mir zu tun hätte.

Und dann rannte ich in die Halle, an deren Ende Lpetati auf mich wartete. Er richtete sich auf, begrüßte mich mit strahlendem Gesicht, in seinen dunklen Augen lagen Wärme und Zärtlichkeit.

Seine Erscheinung fesselte mich erneut, seine Nähe betörte alle Empfindungen in mir. Willenlos überließ ich ihm meine Hand.

»Wir könnten an der Strandseite etwas trinken. *Unakubali*, bist du einverstanden?«, hörte ich mich, wie von weit her, sagen.

Meine Stimme gehorchte mir kaum.

»*Sana, ahsante*, sehr, danke«, sagte er mit einem Nicken und ließ die Augen nicht von mir.

Wir durchschritten die ungewöhnlich hohe, angenehm kühle Hotelhalle und standen kurz darauf im gleißenden Sonnenlicht. Unter dem luftigen Makuti-Dach der kleinen Poolbar tranken wir Ingwerlimonade.

»Ich bin sehr glücklich, denn du sagst Ja zu mir. Ich sehe es. Du sollst meine Frau werden und nur für mich sein. Ich werde dich heiraten.«

»Ich ... ich glaube, ich bin älter als du«, stotterte ich verwirrt, ärgerte mich aber im selben Moment über meine Worte und darüber, wie ich es gesagt hatte.

Er ignorierte meinen Einwand. »Ich will dich, *wewe tu. Nakutaka wewe, nakupenda sana. Kitu kingine si muhimu.* Ich will nur dich, ich liebe dich sehr, alles andere ist nicht wichtig.«

Mein Kopf war völlig leer, ich wäre gern vom Barhocker in irgendeine Erdspalte gerutscht, um unsichtbar zu sein.

Da fühlte ich Lpetatis kühle Hand auf meinem Arm. »Ich will dich«, wiederholte er, »ich will dich so sehr, dass es in mir wehtut. So etwas habe ich noch nie gehabt. Ich weiß nicht, was du mit mir gemacht hast. Aber ich weiß, dass ich dich heiraten muss. Du wirst Lekaitik vergessen, weil ich da sein werde.«

Ich begann, seine Hand, die immer noch auf meinem Arm ruhte, zu streicheln, zuerst noch unsicher und zaghaft, dann fordernder. Plötzlich wollte ich immer mehr von ihm streicheln, mehr von dieser schönen, glatten braunen Haut berühren und spüren. Ich verstand überhaupt nichts mehr, konnte mich nur mit großer Mühe beherrschen und an der Bar sitzen bleiben. Meine

Verwirrung wuchs, denn da gab es etwas in mir, das ich nicht zu steuern vermochte.

»Ich will dir nahe sein«, hörte ich Lpetati ganz dicht neben mir sagen, und ich sah in dunkle Augen mit langen Wimpern. »Ich will dir ganz nahe sein, so nah, wie es nicht näher geht – heute Nacht. Wenn du das auch willst, warte heute Abend auf mich!«

Damit drückte er noch einmal meinen Arm und machte Anstalten zu gehen. Wie in Trance folgte ich ihm. Kurz vor dem Ausgang stellte er sich in Positur, lachte und drehte sich langsam vor mir um die eigene Achse. »Kannst du zu dem, was du siehst, Nein sagen?«

Er war sich seiner Wirkung sehr bewusst und ziemlich von sich eingenommen – oder aber nur ehrlich und völlig frei von falscher Bescheidenheit.

Wie benommen und mit dem Gefühl, überrumpelt worden zu sein, ging ich zurück in die Hotelhalle. Ich betrachtete die Auslagen der kleinen Boutique, ohne jedoch etwas wahrzunehmen, lief den Strand entlang, aufgeregt, glücklich. Der Nachmittag schleppte sich dahin, während der Gezeitenwechsel ständig neue Farben auf Meer und Strand malte. Ich schwamm weit hinaus, saß später im Schatten hoher Palmen, war unruhig und voller innerer Spannung. Immer wieder sah ich auf die Uhr, ertappte mich dabei, dass ich den Abend herbeisehnte und gleichzeitig hinausschieben wollte.

Irgendwann wurde mir bewusst, dass Lpetati, wenn auch hübsch umschrieben, die Absicht geäußert hatte, mit mir schlafen zu wollen. Als ich das richtig begriff, wurde mir brennend heiß, ich fühlte, wie ich rot wurde, und wagte kaum, mir vorzustellen, wie es wäre, wenn ich ihn am Abend treffen und mit ihm allein sein würde. Meine Unruhe wuchs ins Unermessliche. Wie hatte es Lpetati so treffend formuliert? »Ich will dich so sehr, dass es in mir wehtut.«

Ja, es tat weh. Es tat auf einmal sehr weh. Es war ein Schmerz, der sich gar nicht lokalisieren ließ, der sich ausbreitete und alle anderen Gefühle verschlang. Da war nur noch diese eine Sehnsucht, der innige Wunsch nach Erfüllung.

Die Palmen im Wind, mein Liebling,
sie rascheln so hart.
Ich spür deinen Blick, mein Liebling,
deine Hände, so zart.

Ich hab etwas Angst, mein Liebling,
vor dem Tag, vor der Nacht,
vor den Stimmen im Dunkeln, mein Liebling,
vor dem Tag, der erwacht.

Ich bin deine Frau, mein Liebling,
für den Traum, für die Zeit,
für den Lauf der Gestirne, mein Liebling,
eine Ewigkeit.

Es wurde *die* Nacht. Eine Nacht zwischen Himmel und Erde, eine Nacht zwischen Frangipaniduft und Bougainvilleablüten, eine Nacht zwischen dem Silberlicht des Mondes und seiner Schatten, eine Nacht voller süßer, fremder Worte, eine Nacht voller neuer Zärtlichkeiten, voller geflüsterter Geständnisse und Versprechungen, eine Nacht voller Glückseligkeit.

Auch das gleißende Licht des neuen Tages schmälerte die nächtlich gewonnenen Empfindungen nicht. »Meine liebe Frau«, nannte mich Lpetati, und ich hatte nicht mehr gewusst, wie zärtlich das klingen konnte, besonders in einer fremden Sprache.

Während ich träumend und zufrieden neben ihm lag, stieß er mich sehr vorsichtig in die Seite. »Nun sag schon ›mein lieber Mann‹ zu mir!«, forderte er mich auf. Seine Wärme und Fröhlichkeit machten es sehr leicht, ihn lieb zu haben.

An diesem Morgen blieb mir nicht viel Zeit, über die Konsequenzen der vergangenen Nacht nachzudenken. Ich wusste nur: Das Leben ist schön! Lpetati hatte es mir deutlich genug gezeigt, und nichts würde nun mehr sein wie vorher.

»Komm mit nach Maralal«, bat er. »Ich möchte, dass du meine Familie kennen lernst und sie dich. Zwei meiner Brüder sind in Mtwapa. Du kannst sie heute oder morgen sehen, wenn du willst.«

»Wann gehst du nach Hause?«

»Nicht ich allein. Du sollst mitkommen. Von mir aus sofort, heute noch, heute Abend.«

»Ich erwarte meine Kinder. Ich weiß gar nicht, ob du weißt, dass ich zwei Söhne habe. Sie sind schon ziemlich groß.«

»Ich weiß es. Lekaitik hat davon gesprochen. Und Mutter zu sein, ist etwas Gutes. Ich würde sie gerne treffen, wenn es geht. Es werden schöne Söhne sein – wie du.«

»Vielleicht siehst du sie ja. Sie werden ebenfalls hier im Hotel wohnen, aber wir gehen auch auf Safari.«

Er holte tief Luft. »Und wann kommst du mit mir nach Maralal? Es ist wichtig, dass meine Familie dich kennen lernt und dass du mein Dorf siehst. Wann können wir gehen?«

»Wenn ich das nächste Mal nach Kenia komme.«

Er war enttäuscht. »Wann ist das? Wann kommst du wieder?«

»Vielleicht im Januar, so schnell wie möglich.«

Plötzlich schmerzte es mich, Lpetati verlassen zu müssen, Kenia verlassen zu müssen.

Es hatte sich in nur einer Nacht so viel getan und verändert. Ich begriff es noch gar nicht richtig. Da war ich nun nach Afrika gekommen, um Urlaub zu machen und mit meinem Freund Lekaitik seine Familie und sein Dorf in Nordkenia zu besuchen. Ich hatte mich sehr auf diese Reise gefreut und mir viel davon versprochen, auch eine Vertiefung unserer Beziehung. Dann aber hatte ich lernen müssen, mit einer unvorhergesehenen Wahrheit umzugehen, und ich hatte mit der Trennung von Lekaitik eine Entscheidung getroffen, die ich am liebsten gar nicht getroffen hätte.

Noch während ich wegen Lekaitik völlig niedergeschlagen und auf der Suche nach meinem neuen Selbst war, tauchte der strahlende Lpetati auf, der mir seine Liebe gestand und gab und der mich unbedingt heiraten wollte. Mit ihm verbrachte ich kurz darauf wie selbstverständlich eine Nacht, die mich vollständig umkrempelte.

So gesehen war es ein ungeheuerlicher Urlaub!

»In Malindi habe ich dich das erste Mal gesehen«, sagte Lpetati bedeutungsvoll und riss mich aus meinen Gedanken. »Da hat es einen Ruck hier drin gegeben.« Er zeigte auf sein Herz. »Du hattest nur Augen für Lekaitik, und ich musste sein Anrecht auf dich respektieren. Aber ich habe oft versucht, mit dir ins Gespräch zu kommen. Hast du es nicht gemerkt? Ich habe mich zu denselben Tanzveranstaltungen in den Hotels eingetragen wie Lekaitik, nur um dich zu sehen. Überall, wo ihr wart, war auch ich: in Kilifi, in Watamu, in Malindi, in Mombasa, überall. Ich habe sofort gewusst, dass du für mich gemacht bist. Bei Gott, ich habe Lekaitik verwünscht und beneidet. Aber ich konnte ihn als meinen Bruder nicht bloßstellen.«

»Als deinen Bruder?«

»Ja. Er ist ein *korroro*, wie ich. Fast alle Krieger, die zurzeit in Mtwapa wohnen, sind *korroro* und in meiner Altersgruppe.«

»*Korroro?* Was ist das?«

»Der Name für meine Kriegergeneration. Nach einem bestimmten Zeitraum werden neue Krieger geweiht. Das sind immer recht viele, und jede neue Kriegergruppe erhält einen Namen. Ich gehöre zu den *korroro*, und alle Krieger, die zur selben Zeit wie ich geweiht worden sind, sind auch *korroro* und dadurch meine Brüder. Ich kann dir das alles erklären, wenn wir zu Hause sind, falls es dich interessiert.«

»Mich interessiert alles von dir, von euch. Ich möchte viel darüber wissen. Wie ist das eigentlich mit der Altersgruppe?«

Ich konnte Lpetatis Alter, wie schon bei Lekaitik, kaum einschätzen und war neugierig. Sie mussten beide mindestens sieben oder acht, wenn nicht gar zehn Jahre jünger sein als ich.

»Eine Kriegergeneration geht normalerweise über fünfzehn

Jahre. Zu Beginn dieser fünfzehn Jahre, aber auch noch später, werden neue Krieger geweiht, die alle zu einer Altersgruppe gehören. Dann gibt es wieder verschiedene Stufen, die die *moran*, die Krieger, durch besondere Zeremonien erreichen. Es kann also einer noch junger Krieger sein oder schon ein Junior-Ältester und doch immer noch zu einer Generation zählen. Da gibt es noch Untergruppen.«

Lpetati hatte voller Stolz und Emotion über das Thema gesprochen, und ich hatte wahrlich Mühe, seinen Ausführungen zu folgen. Da tat sich eine völlig fremde Welt auf, angesichts derer die Altersfrage überhaupt nicht mehr wichtig war. Mich interessierte jetzt mehr das faszinierende Leben dieses Samburu-Mannes.

»Ich habe mit Lekaitik gesprochen«, sagte Lpetati nach einer Pause, »weil ich wusste, dass seine Hochzeit bevorstand. Ich habe ihm gesagt, dass er vorher mit dir darüber reden muss. Er meinte, du würdest das schon verstehen, aber das hast du nicht. Ich will nur dich heiraten und keine andere Frau.«

Ich küsste seine Schulter, die er gegen mich drückte. »Was wird deine Familie dazu sagen, sie weiß doch gar nichts von mir? Kannst du mich einfach so mitnehmen und verkünden, dass du mich heiraten willst?«

»Nicht ganz. Meine Familie soll dich kennen lernen. Sie werden dich lieben, das weiß ich. Danach werde ich mit meinen Eltern und Großeltern sprechen, mit dem Zeremonienmeister, dem *l'oiboni*, und den Ältesten. Sie müssen der Hochzeit mit dir zustimmen.«

»Und du glaubst wirklich, sie werden das tun?«

»Wenn Ngai, unser Gott, das will, werden sie es tun.«

»Wie heiratet man bei euch?«

»Nach alter Tradition, mit vielen verschiedenen Zeremonien. Wir werden noch darüber sprechen. Vielleicht müssen wir auch einiges ein bisschen anders machen mit dir. Es ist anders, als wenn ich eine Samburu heiraten würde. Natürlich sind deine Eltern wichtig. Und … du wirst wohl teuer sein.«

»Wie? Teuer?«

»Deine Eltern wollen sicher viele Geschenke für dich. Kühe und Ziegen und Schafe.«

»Meine Mutter lebt nicht mehr. Und wie viele Kühe und andere Geschenke mein Vater für mich will, weiß ich noch nicht«, ging ich auf das Gespräch ein. Es amüsierte mich eher, und ich wusste noch nichts von der Wichtigkeit, die dieses Thema für Lpetati darstellte.

»Was ist noch anders?«, wollte ich wissen.

Er wand sich ein wenig.

»Was ist?«

»Nun, du warst schon verheiratet und bist trotzdem nicht beschnitten. Ich habe es bemerkt.«

»Beschnitten? Wo denn beschnitten? Was meinst du überhaupt?«, fragte ich ahnungslos. (In den achtziger Jahren war in Europa kaum etwas über die Beschneidung von Mädchen bekannt, und ich konnte mir keinen Reim darauf machen.)

»Das weißt du nicht?«

»Nein.« Mir wurde unbehaglich, und auf einmal stellte sich ein dumpfes Angstgefühl ein.

»Na, hier«, sagte Lpetati und fasste sich zwischen die Beine.

Ich blickte ihn verständnislos an. »Wie denn? Bei mir? Bei einer Frau?«

Natürlich hatte ich festgestellt, dass Lpetati beschnitten war, und ich hatte von Beschneidungen der Männer gehört. Was aber sollte eine Beschneidung bei einer Frau bewirken? Ich war sicher, dass es da nichts gab, das man hätte ändern müssen. Irgendwie wurde mir unsere Unterhaltung unheimlich, und einmal mehr spürte ich den dunklen Hauch Afrikas, spürte die geheimnisvolle, unbekannte Welt um mich, im Augenblick verkörpert durch den schönen Krieger eines stolzen Stammes, der nackt und braun neben mir lag und in einer fremden Sprache fremde Dinge sagte.

»Was wird denn bei der Beschneidung von Mädchen gemacht?«, fragte ich, beunruhigt und verunsichert zugleich.

Lpetati machte eine streichende Handbewegung. »Da schneidet man etwas weg. Und dann ist ein Mädchen eine Frau und darf geheiratet werden.«

Ich verlor fast die Beherrschung. »Aber was denn wegschneiden?«

Er sah mich kurz an, dann auf meine Schenkel und schließlich an die Decke. »Was bei dir etwas übersteht.«

»Oh Gott, nein. Warum denn nur?« Mir wurde schlecht. Ich konnte nicht glauben, was ich da hörte.

»*Desturi*, Sitte«, gab Lpetati lapidar zurück.

Irritiert blickte ich an mir herunter. »Ich … ich würde nie zulassen, dass man an mir herumschneidet, schon gar nicht da! Niemals! Das ist doch absurd!« Ich regte mich entsetzlich auf.

Lpetati betrachtete mich, wie mir schien, ein wenig abschätzend und mit ernstem Gesicht. »Das muss auch nicht sein. Ich weiß, wie du bist, und mich stört es nicht.«

»Na, danke!«

»Nein, *ol tau*, es ist schön, wie du bist. Für mich ist es sehr schön.« Er lächelte wieder. »Aber vielleicht nicht für meine Familie. Hab keine Angst, ich mache das. Wir werden einfach sagen, dass du beschnitten bist. Jeder wird es glauben, wenn sie erfahren, dass du schon verheiratet warst. Und dass du zwei Kinder hast, wird ihnen gefallen. Genau so machen wir es.«

Mir gefiel das ganz und gar nicht. »Deine Familie soll ruhig wissen, dass ich nicht beschnitten bin. Du kannst ihnen sagen, dass man das in meinem Land nicht tut. Oder würdest du dann Schwierigkeiten bekommen?«

»Das weiß ich nicht. Die Beschneidung ist eine der wichtigsten Zeremonien. Und Zeremonien müssen eingehalten werden.«

»Dann heiraten wir wohl besser nicht?«

Lpetati setzte sich erschrocken auf. »Ich heirate dich, *e sanja ai*, wir werden heiraten. Ich werde mit meinen Eltern sprechen und mit den Ältesten. Wenn sie dich erst kennen lernen und wissen, dass ich dich zur Frau möchte, werden sie ihre Erlaubnis dazu geben. Deshalb möchte ich auch, dass wir so schnell wie möglich nach Maralal gehen, deshalb ist es so wichtig, *mpenzi*, Liebling. Ich will nur eines: dass du meine Frau wirst.«

Ein seelenvoller, dunkler Blick umfing mich, dann legte Lpetati sich wieder neben mich. Über sein Gesicht huschte ein verschämtes Lächeln. »Weißt du, ich habe in dieser Nacht das erste Mal mit einer unbeschnittenen weißen Frau geschlafen. Ich wusste nicht, wie es sein wird, aber jetzt weiß ich, dass es sehr schön ist. Ich möchte es immer so haben. Und du sollst diese schönen Sachen mit mir machen. Woher weißt du so was?«

»Das ist einfach Liebe. Ich möchte, dass du glücklich bist mit mir.«

Lpetati war, wie ich unschwer feststellen konnte, in Liebesdingen ein unerfahrener, wenn auch sehr gefühlvoller Mann. Auf manche Liebkosungen hatte er überrascht reagiert, fast ungläubig, oder auch gar nicht, um sie dann aber mutig zu erwidern. Er war dabei liebevoll vorgegangen, ganz und gar nicht dominant, und im Gegensatz zu seinem kriegerischen Äußeren war er ein wohltuend zärtlicher Liebhaber, der mir Wärme und scheue, von seinem Instinkt eingegebene Berührungen geschenkt hatte.

Entdeckerfreude und beiderseitige tiefe Zufriedenheit hatten unsere erste gemeinsame Nacht zu einem einmaligen Erlebnis gemacht. Wir brauchten uns gegenseitig nichts zu beweisen, nichts zu verhehlen, nichts zu beschönigen. Wir brauchten nur wir selbst zu sein, um in ein wogendes Meer von Wohlgefühl eintauchen zu können.

Lpetati tat mir einfach gut. Das inzwischen starke Gefühl für ihn wuchs ständig, je mehr ich mich mit seiner Person beschäftigte. Dennoch dachte ich mit gemischten Empfindungen daran, was alles bei einer Hochzeit mit ihm auf mich, auf uns zukommen könnte.

Ich wusste, dass es Konflikte in unserem Miteinander geben würde. Sie waren vorprogrammiert bei zwei Menschen, die aus völlig verschiedenen Lebensbereichen und Kulturkreisen stammten, allein durch die mannigfaltigen Unterschiede, die sich durchaus auch positiv auswirken konnten. Es würde ganz bei uns liegen. Wir hätten beide genug damit zu tun, störende Unterschiede zu überbrücken, akzeptable Kompromisse zu suchen, wenn die Kluft zwischen unseren Ansichten und Empfindungen zu groß werden sollte. Da lag ein komplexes Feld vor uns, auf dem tiefe Gefühle wuchsen, aber auch Unwissenheit, Unverständnis und Befremden keimten, ein großes, unbearbeitetes Feld, ein weitgehend unbekanntes Gebiet.

Ob mein schöner Krieger wirklich wusste, worauf er sich mit mir einließ? Würde er mich – bei ersten auftretenden Unstimmigkeiten – immer noch so heftig wollen, wie er vorgab?

Den wichtigsten Beitrag zur Verständigung hatte ich schon vorab geleistet, indem ich dank Lekaitik die Landessprache gelernt hatte. So konnten Lpetati und ich uns über alles unterhalten, obwohl Kisuaheli auch für ihn eine Fremdsprache war, die er erst als älterer Junge in sehr unregelmäßig besuchten Schulstunden erlernt und an der Küste vervollkommnet hatte. Lpetatis Muttersprache war das Kisamburu, das auf dem Maa der Massai basierte und fast damit identisch war, aber im Laufe der Zeit doch viele eigene Ausdrücke entwickelt hatte. Beide zählen zu den kuschitischen Sprachen, gebildet aus dem Hamitischen der oberen Nilvölker, und sind reine Lautsprachen. Es gibt sie – bis auf einige Anleitungen für Missionare und Entwicklungshelfer – nicht geschrieben, und sie werden auch nicht einheitlich ausgesprochen.

Zwischen uns gab es jedenfalls keine Sprachbarriere, und darauf kam es an.

»Es ist schön, dass wir miteinander reden können. Sprechen mehrere Leute in deiner Familie Kisuaheli?«

»Ja, du wirst mit vielen von ihnen reden können. Sie werden sich freuen.«

»Und du meinst tatsächlich, dass deine Leute mit mir einverstanden sind, mit einer unbeschnittenen Ausländerin?«

»Es kann sein, dass ich viel reden muss. Weißt du, es gibt in Maralal Freundschaften von Kriegern mit europäischen Frauen, auch Ehen. Das hast du sicher auch in Mtwapa gesehen. Dabei geben die *wazungu* immer viel Geld, das ist natürlich gut, und deshalb sagen auch viele Krieger nicht Nein, wenn sie zu ihrer Samburu-Frau noch eine weiße Frau haben können. Aber mit den *wazungu* gibt es oft Ärger. Die sind so anders. Und mit vielen dauert eine Verbindung nicht lange, weil keiner dabei glücklich ist. Die *wazungu* wissen nicht, wie wir leben, was bei uns richtig oder falsch ist, was man machen muss. Sie wissen nichts von den Samburu, nichts von unserer Kultur und können auch nicht mit uns reden, außer auf Englisch, und sie wollen Dinge, die für uns gar nicht gut sind. Vielleicht sagt meine Familie, dass sie so was nicht will. Aber mit uns wird es gut, ich weiß es. Das kann ich fühlen. Früher gab es so etwas nicht. Samburu haben nur Samburu geheiratet oder höchstens Massai.«

»Dann ist die Angelegenheit also nicht einfach für dich. Wir müssen wohl sehr stark sein und zusammenhalten.«

»Ich werde stark sein wie ein Löwe.«

»Und du wirst ein besonderer Löwe sein, mein Löwe, mein *simba*.«

Lpetati fühlte sich geschmeichelt.

Mein Magen knurrte laut, und wir lachten. Lange hatten wir nebeneinander gelegen und erzählt, was ich als gutes Zeichen deutete. Das Frühstück hatten wir darüber ganz vergessen. In der kleinen Lodge, in der wir am vergangenen Abend auf der Suche nach einer Bleibe für uns gelandet waren und auf deren blütenumrankten Terrasse wir genächtigt und uns geliebt hatten, gab es keine Bewirtung.

»Wir könnten zu mir ins Hotel fahren und zusammen frühstücken, wenn du magst. Die Zeit reicht gerade noch.«

Lpetati war sofort einverstanden. So duschten wir zusammen, und nach einigen neugierigen Blicken sah er an die Decke und seifte sich fast andächtig mit erhobenem Gesicht ein.

Nach dem Abtrocknen dauerte es ein wenig, bis er seinen Kriegerschmuck angelegt hatte.

Interessiert beobachtete er, wie ich Eyeliner und Lippenstift benutzte, und bat darum, mir die langen Haare kämmen zu dürfen, für die er voller Bewunderung war.

Schon an der Tür, hielt er mich zurück. »*Ngoja*, warte.« Er nahm seine breite Kette ab, die eng und hoch am Hals getragen wurde und die ihn mit ihren gelben, roten, schwarzen und weißen Perlen als Krieger kennzeichnete. »Nimm die Haare hoch«, sagte er und legte mir seine Kette um, die gerade ein wenig seine Körperwärme angenommen hatte. »Es ist das wichtigste Teil von meinem Kriegerschmuck. Du sollst sie tragen, weil du mir wichtig bist. Das sollst du wissen und nie vergessen, dass ich jetzt dein Mann bin.«

Gerührt stand ich vor ihm, fühlte seine Hände, die im Nacken Bänder verknoteten, und dann spürte ich ganz deutlich, dass dieses Geschenk ein stummes Versprechen besiegelte. Nun trug ich zwei Ketten von ihm, beides bedeutungsvolle Symbole.

»Nketok«, sagte er das erste Mal zu mir, *»nketok ai.«*

»Was heißt das?«

»Meine Frau.«

»Und wie sage ich zu dir in deiner Sprache?«

»Lpayan, lpayan lai.«

Im Neptun Beach war man Lpetati gegenüber sehr freundlich. Nach kurzer Information konnten wir zusammen in den Speisesaal. Die Meerkatzen lagen wieder auf der Lauer, und Lpetati brach bei ihren Streichen mehrmals in schallendes Gelächter aus.

Erwartungsvoll stand er mit mir am Büfett. Das meiste von dem, was er sich auf den Teller tat, hatte er, wie er mir leise gestand, noch nie gesehen, geschweige denn gegessen.

»Ich nehme alles, was du nimmst und was schön aussieht«, sagte er.

Das reichhaltige Frühstück war ein ganz besonderes Vergnügen für uns beide, und für mich kam die Befriedigung dazu, dass ich nicht verleugnen musste, wie Lpetati und ich zueinander standen. Es war ein gutes Gefühl, mit meinem »Mann in spe« in einem renommierten Hotel unbehelligt sitzen zu können.

Die Morgensonne beschien Lpetatis Gesicht, während er den ersten Schnittkäse seines Lebens testete und gleich darauf eine Salamischeibe. Hinter ihm tanzten die Zweige der hohen Mangobäume im Wind, und es roch sehr würzig nach dem Indischen Ozean, der nur einige Meter von unserem Tisch entfernt war. Ich schwelgte in wilden, schönen Gedanken.

»Ich kann alles noch gar nicht so richtig begreifen, das mit uns«, sagte ich.

Aus dunklen Augen, groß und ein wenig mandelförmig, sah Lpetati mich über den Rand der weißen Kaffeetasse an. »Es sollte alles so kommen – ganz einfach. Das ist unsere Bestimmung. In Afrika glauben wir daran, dass alles über uns schon geschrieben steht. Niemand entkommt dem. Wir tun alle nur, was wir tun müssen, damit das Geschriebene wahr wird. Alles, was wir tun, ist vorherbestimmt.«

Ich dachte einen Moment darüber nach und fand, dass diese Vorstellung recht bequem sein konnte: tröstend in Krisenzeiten, versöhnlich bei begangenen Fehlern, bestärkend bei Dingen, die gut oder auch weniger gut liefen – schließlich war es so gewollt.

Es lebte sich jedenfalls ruhiger mit dieser Vorstellung, und vielleicht machte genau das einen Großteil dieser einmaligen und herrlichen Gelassenheit so vieler Afrikaner aus, die ich bewunderte. Die Gewissheit, dass alles längst geschrieben stand, enthob die Menschen davon, sich in irgendwelche Richtungen auf ein Ziel hin »abzustrampeln«. Vielleicht war das auch eine Erklärung für die afrikanische Mentalität.

Ich freute mich, so nebenbei recht viel von exotischer Lebensart zu hören und zu lernen. Was würde da noch alles auf mich zukommen! Zwischendurch war ich geradezu aufgeregt bei all den Gesprächen, in denen deutlich wurde, wie unterschiedlich unsere

Welten waren. Und längst akzeptierte ich meine so schnell und heftig entflammte Liebe zu Lpetati ohne jegliche Einschränkung.

Nach dem Tod meines Mannes hatten große Gefühle lange Zeit keine Bedeutung für mich gehabt – auf einen Mann bezogen. Mit meinen Söhnen, der übrigen Familie und meinem Arbeitsplatz bei einer großen Zeitung war ich dennoch glücklich gewesen, und meine vielen Hobbys hatten für genügend Ausgleich gesorgt. Dann hatten die Afrika-Reisen begonnen. In Kenia war Lekaitik in mein Leben getreten und hatte neue Empfindungen und Wünsche in mir geweckt. Und nun war ich durch und mit Lpetati in einen Taumel von Glück und Seligkeit geraten.

Während wir nach dem Frühstück noch dasaßen, bewunderte Lpetati meine Armbanduhr.

»Die ist sehr schön. Ich habe noch nie eine Uhr besessen, aber ich kann die Zeit ablesen. Bei uns zu Hause braucht man keine Uhr, da geht nichts nach Stunden. Uns reicht die Sonne. Und auch der Mond. Zeit ist überhaupt nicht wichtig bei uns, nicht so, wie hier in Mombasa. Niemand arbeitet nach der Uhr, man braucht sie nicht.«

Auch das hatte ich nicht gewusst. »Möchtest du denn so eine Uhr haben? Soll ich dir eine mitbringen, wenn ich aus Deutschland wiederkomme? Wann hast du denn Geburtstag?«

»Das weiß ich nicht. Ich kann dir auch nicht genau sagen, wie alt ich bin. Neunundzwanzig, glaube ich. Ist das wichtig?«

»Nein.«

Ich erinnerte mich an ein Gespräch mit Simon. Lekaitiks Freund hatte mir einmal erklärt, dass es in Kenia nicht üblich sei, Geburten und Sterbefälle amtlich registrieren zu lassen. Im Grunde genommen kannte man nicht einmal annähernd die genaue Bevölkerungszahl. So war es auch unmöglich, ein soziales Netz aufzubauen, falls die Regierung das überhaupt je im Sinn haben sollte, Steuern einzuführen, ausreichend und gezielt bei staatlichen Einrichtungen zu planen oder etwa schulpflichtige Kinder zu erfassen, ebenso wenig Arbeitslose, Wahlberechtigte, oder festzustellen, wie viele Mitglieder zu den einzelnen, über vierzig verschiedenen Stämmen gehörten.

Immer wieder faszinierten mich die vielen interessanten und unglaublichen Dinge, die über dieses wunderschöne Land zu erfahren waren und über seine Menschen. Vielleicht würde ich auch Lpetati nie ganz ergründen können, aber ich wollte mich sehr bemühen, ihn und seine Welt verstehen zu lernen. Er war eine schicksalhafte Begegnung für mich, und ich wusste, dass auch ich eine solche für ihn war. Ich zweifelte weder an seiner Aufrichtigkeit noch an seinen Gefühlen für mich, denn all die kleine Gesten und Zärtlichkeiten verrieten ihn immer wieder. Manchmal legte er selbst seinen Stolz ab und ergab sich mir.

Und ich wusste inzwischen: Der Stolz afrikanischer Männer war viel ausgeprägter als der ihrer Geschlechtsgenossen in Europa. In den meisten Stämmen Kenias wurden schon kleine Jungen zu einem ganz anderen Verhältnis Frauen gegenüber erzogen als etwa in Deutschland. Ihr Dasein war sozusagen auf höherer Warte angesiedelt, was auch das Devote im Verhalten vieler kenianischer Frauen erklärte. Dabei besaßen gerade die Frauen eine besondere Stärke, Tatkraft und Begabung, einen auch trostlosen Alltag meistern zu können. Ohne diese starken Frauen liefe in ganz Afrika nichts.

Am Wochenende standen Massai-Tänze auf dem Unterhaltungsprogramm des Hotels. Eine Gruppe von schlanken Samburu-Kriegern in roten Tüchern, unter ihnen Lpetati und Lekaitik, erschien auf der Hotelterrasse. Die Gesänge mit unnatürlich hohen und dann tiefen, gutturalen Stimmen, das abgehackte laute Ausstoßen des Atems bei manchen Liedern und die leichtfüßigen Schritte, die graziösen Bewegungen faszinierten mich diesmal besonders. Nach der Darbietung kamen Lpetati und Lekaitik an meinen Tisch.

Es war mir eine Genugtuung und in gewisser Weise auch erregend, meinen lieben Freund aus den Tagen in Watamu und meinen zukünftigen Mann nebeneinander zu sehen, nicht gerade einträchtig, aber doch nach außen hin freundlich.

»Hast du gehört, was Lpetati und ich beschlossen haben?«, fragte ich Lekaitik, auch wenn es mich Überwindung kostete.

»Ja«, sagte er einfach, und nach einer Pause und sehr leise: »Ich bin überrascht und sehr traurig darüber.«

Ich sah in seine dunklen Augen, die mich so oft verfolgt hatten, die so lange Zeit der Inbegriff Afrikas für mich gewesen waren und denen ich mich gewaltsam und schmerzhaft entzogen hatte, weil es sein musste.

»Ich habe dich gern, sehr gern. Du weißt es, und Lpetati darf es auch wissen. Deine Freundschaft bedeutet mir viel. Aber ich kann nur einen Mann heiraten, der noch nicht verheiratet ist.«

Lpetatis Stirnrunzeln vertrieb ich mit einem festen Händedruck.

Meine Söhne treffen ein

Am nächsten Morgen war ich früh wach und drückte mich aufgeregt am Hoteleingang herum. Endlich kam der Bus, der die Gäste vom Flughafen brachte. Meine Söhne stiegen aus, einer blond, der andere brünett, in einem lila Kapuzenshirt und einem blauen Sweatshirt, in farbenfrohen Bermudas und bunten Sportstiefeln – mit einer riesigen blau gemusterten Reisetasche. Alles an ihnen war fröhlich, wie ihr Lachen.

Ich war selig, dass meine Kinder, die Kenia fast so sehr mochten wie ich, mir hatten nachreisen können, und freute mich auf schöne, unbeschwerte Ferientage. Besonders die dreitägige Safari, ein Erlebnis ganz besonderer Art, sollte für uns unvergesslich bleiben.

Für Lpetati – meinen Kindern gegenüber hatte ich ihn nur so nebenbei erwähnt – reservierte ich ebenfalls einen Tag. Schon frühmorgens tauchte er auf und frühstückte ausgiebig mit uns.

Meine Söhne akzeptierten den gut gelaunten exotischen Krieger sofort und glänzten mit ihren Englischkenntnissen.

Als wir beide wieder allein waren, sprachen wir fast den ganzen Tag nur von Maralal und vom Heiraten. Lpetati schien es immer eiliger zu haben, mich seiner Familie vorstellen zu können. Mir schmeichelten sein unverhohlenes Interesse an mir, seine Begeisterung für meine Person, mein Aussehen, meine Ansichten – und eben dieser beständige Heiratswunsch. Ich muss zugeben, dass es mich sogar in höchstem Maße befriedigte.

Nachdem ich mich in den folgenden Tagen mehr und eingehender mit der Möglichkeit, einen Samburu-Krieger zu ehelichen, auseinander setzte und Lpetati seinerseits mich mit Bitten und Vorschlägen für einen Blitzbesuch bei ihm zu Hause regelrecht bombardierte, gab ich schließlich – kurz vor unserem Rückflug nach Deutschland – seinem Drängen nach. Ohne noch recht zu wissen, wie ich diesen Abstecher in den Norden Kenias zeitlich und finanziell regeln und überhaupt alles Erforderliche dafür in die Wege leiten konnte, fand ich mich in Lpetatis Begleitung in Mombasa am Fahrkartenschalter, wo wir zwei Tickets für den Malindi-Bus nach Nairobi erstanden. Glückstrahlend band sie Lpetati in einen Zipfel seines roten Wickeltuches ein.

Hätten wir nicht mitten in dem geschäftigen Treiben unter glühender Sonne auf der Abdel-Nasser Road gestanden, wären wir uns wohl um den Hals gefallen. So aber respektierten wir die kenianische, fast an Prüderie grenzende Wohlerzogenheit, die Liebesbeweise in der Öffentlichkeit nicht guthieß. Erlaubt hingegen, und daher oft demonstriert, war das Hand-in-Hand-Gehen bei Paaren – und noch häufiger bei Männern.

Schweigend, glücklich und ergeben schritt ich auf dem Rückweg neben ihm her. Mit einem Mal war mir klar, dass ich an seine Seite gehörte, und ich freute mich immer mehr auf die bevorstehende Abfahrt.

Wie schon für die Reise mit Lekaitik packte ich dieselben Sachen in den Rucksack: Leichtes für die Hitze, Wärmendes für kalte Nächte und feste Schuhe für unebene Wege. Dazu stellte ich meine Gitarre bereit, weil Lpetati mich gebeten hatte, das Instrument mitzunehmen.

Meine Söhne fanden mein Vorhaben »etwas unüberlegt« und »reichlich riskant«, und sie nahmen mir das Versprechen ab, gut auf mich aufzupassen.

Erste Reise mit Lpetati

Pünktlich am frühen Abend tauchte Lpetati am Hoteleingang auf, wie üblich in ein rotes und ein blaues Tuch gehüllt. Er hatte eine dunkle Reisetasche bei sich und trug weiße Frotteesocken mit rotblau geringelten Bündchen – sein einziges Zugeständnis an die bevorstehende Reise.

An der Bushaltestelle in Mombasa herrschte das reinste Chaos. Es war laut und eng, und alle riefen durcheinander. Ein geistig verwirrter Mann sagte jedem mit hoher Fistelstimme »auf Wiedersehen«, ein Admiral der Heilsarmee sammelte Geld, die unzähligen Verkäufer machten lautstark auf ihre Waren aufmerksam. Der Gehweg war belagert von Reisenden und voll gestellt mit Gepäckstücken: Frauen saßen auf ausgedienten großen Autoreifen und blockierten den Durchgang, frachtfertige Jutesäcke türmten sich entlang des Bordsteins, daneben lagerten Pyramiden von Kokosnüssen und Kohlköpfen.

Kurz vor der Abfahrt, die unter wildem Gehupe stattfand, band Lpetati seine langen Haare in ein gelb-rot gemustertes Tuch, das er über der Stirn und im Nacken verknotete.

Ergeben ließen wir uns durch die Nacht rütteln. Die Fensterscheiben ratterten, hin und wieder wurden wir wegen der zahlreichen Schlaglöcher auf der Straße gegeneinander geworfen. Ich sah in den dunklen Himmel und dachte an meine zurückgelassenen Söhne. Es war irgendwie verrückt, was ich da tat, vielleicht sogar riskant, aber es schien mir das einzig Richtige und wichtig zu sein.

Mein Gefühl stimmte der Reise nach Nordkenia zu, da war kein Bangen, kein Zweifeln, kein Misstrauen.

Etwa auf halber Strecke, nachts um ein Uhr, steuerte der Busfahrer eine große Raststätte an, auf der bereits etliche andere Busse und Lastwagen standen. Wir tranken Tee und suchten die unglaublich verwahrlosten Toiletten auf. Ich musste regelrecht durch einen See von Urin waten – es blieb mir nichts anderes übrig. Vor dem Schnellrestaurant saß eine blinde Frau auf der kalten, schmutzigen Erde, betätigte eine Art Rassel und sang dazu eine monotone Weise. Das grelle Neonlicht verlieh der Frau etwas Gespenstisches.

Ihr Lied berührte mich seltsam und verfolgte mich noch, als wir durch die Nacht nach Nordwesten fuhren. Inzwischen war es empfindlich kühl geworden. Ich zog meinen Pullover über und gab Lpetati die Wetterjacke. Da er auch an seinen nackten Beinen fror, kramte ich meinen pinkfarbenen Jogging-Anzug aus dem Rucksack. Als das Licht eines entgegenkommenden Autos in den Bus fiel, war Lpetati entzückt von der Farbe des Anzugs. Er lachte glücklich und fand sich wunderschön. Sein Anblick war wirklich umwerfend: halb Krieger, halb Sportler.

Noch vor Tagesanbruch erreichten wir das neblige Nairobi, warteten auf unseren Sitzen den Sonnenaufgang ab, wie es die meisten anderen Mitreisenden auch taten, weil dann die Sicherheit auf den Straßen größer war. Die Fahrgäste wagten nicht, auszusteigen, es sei denn, sie wurden abgeholt oder konnten sich ein Taxi leisten. Die Gegend, in der die Überlandbusse ankamen, galt als gefährlich. Ich hatte wahre Horrormärchen darüber gehört, von Überfällen und Diebstählen und gar davon, dass Ganoven einem die Hand abhackten, wenn man goldene Ringe trug.

Beim ersten Lichtstrahl, der verkommene Häuserfronten um uns herum in milde Farben tauchte, strebten wir achtsam dem verwahrlosten Platz zu, an dem die zahlreichen Sammeltaxis, die *matatus*, nach Nakuru, Kisii, Eldoret, Gilgil oder Nyahururu bereitstanden – es war wirklich ein bedrückendes, heruntergekommenes Stadtviertel.

Im fahlen Sonnenschein durchfuhren wir das Kernland der Kikuyus mit seinen fruchtbaren Feldern und Gärten, saftigen Weiden, Heckengehölzen und kleinen Wäldchen. Hier sah es eher aus wie in den Mittelgebirgen Deutschlands und nicht wie am Äquator, den wir später, kurz vor Nyahururu, überquerten. An den Straßen wurden Kohl, Karotten, Kartoffeln und Rhabarber sowie gelbe und dunkelrote Pflaumen und Orangen angeboten, außerdem helle und braune Schaffelle, alles nach Farben sortiert und kunstvoll aufgebaut. Ab und zu beantwortete Lpetati eine meiner vielen Fragen, manchmal musste er passen, und im Übrigen machte er einen recht schläfrigen Eindruck.

Über dem Rift Valley zogen dunkle Wolken auf, und Bündel von Sonnenstrahlen tauchten die ohnehin zauberhafte Szenerie in ein unwirkliches Licht. Der Naivasha- und der Nakuru-See wurden minutenlang sichtbar. Unser Fahrer legte ein enormes Tempo vor, und mir war nicht gerade behaglich dabei. Trotz des leichten Regens leuchteten die Stämme der Akazien gelb, die Blätter in zartestem Grün, und ich verspürte große Lust, diesen Wald bei Naivasha mit Lpetati zu durchstreifen. Als wir von der Schnellstraße nach Gilgil abbogen, wechselten Buschland und Gebirgszüge sich ab, mächtige Baobabs, Schirmakazien und riesige Euphorbien säumten die schmaler gewordene hügelige Straße.

Nach einigen Stunden erreichten wir Nyahururu, wo wir noch einmal umsteigen mussten. Bis jetzt hatte ich nur wenige Orte in Kenia gesehen, an denen es dermaßen laut und chaotisch war wie an dieser *matatu*-Endstation. Lpetati und ich drängten uns durch die Menschenmassen. Überall standen hupende Busse und *matatus* mit laufendem Motor, Gedudel erscholl aus unzähligen Radios und Rekordern, Verkäufer versuchten die Prediger und einen Heilsarmee-Chor zu übertönen, der ebenfalls sein Bestes gab, um gegen den Lärmpegel anzusingen. Ständig hielt uns jemand Socken, gekochte Eier, glänzende Armbanduhren, bunte Kämme, glitzernde Ketten, Scheren, Musikkassetten, Bonbons, Orangen, Kekse, Taschentücher oder Zeitungen vor die Nase und versuchte, uns mit ausschweifenden Tiraden zum Kauf zu überreden, was zu einer Zerreißprobe für meine Nerven wurde.

Als wir in dem Kleinbus nach Maralal saßen – ein altersschwaches, himmelblaues Gefährt mit rosaroten Sitzen –, fühlte ich mich wohler. Doch gut zwei Stunden mussten wir den Lärm und die Gerüche noch ertragen, bis sich der Bus endlich in Bewegung setzte. Hoffentlich würden wir unser Reiseziel Kisima noch vor Einbruch der Dunkelheit erreichen. Der Ort sagte mir nichts, denn Lpetati und alle anderen Krieger sprachen immer nur von Maralal, wenn sie ihr Zuhause meinten, das dann aber oft viele Stunden Fußmarsch entfernt irgendwo im Busch lag.

Bis Rumuruti folgten wir einer einigermaßen ebenen, asphaltierten Straße, danach ging es nur noch über eine steinige, unebene und holprige Piste mit zahlreichen Vertiefungen und Pfützen, die mitten durch eine Buschsavanne riesigen Ausmaßes führte. Ich erinnerte mich lebhaft an die Fahrt von Rumuruti nach Maralal mit Lekaitik, hoch oben auf einem wahren Ungetüm von Holzlaster, bei der wir wegen einer Reifenpanne nicht weit gekommen waren. Damals war mir der Ort seltsamerweise viel trostloser erschienen als heute, obwohl der Regen schwer in den vielen Pfefferbäumen hing, die das Zentrum des kleinen Ortes begrünten.

In Rumuruti legten die Busse eigens einen zweiten Halt ein, um den Reisenden die Gelegenheit zu geben, sich mit *miraa*, einem Aufputsch- und Rauschmittel, einzudecken, das hier von besonderer Qualität sein sollte, aber nicht aus dieser Region stammte. Der schwungvolle Handel damit erstaunte mich, denn gleich am Ortsausgang entdeckte ich an einer großen, mit weißen Felsblöcken markierten Einfahrt ein Schild mit der Aufschrift »The Kenya Police«. Aber vielleicht waren der *miraa*-Verkauf und dessen Genuss auch gar nicht strafbar, zumindest erweckte nichts diesen Anschein. Das Kauen von *miraa* wurde in ganz Ostafrika in aller Öffentlichkeit praktiziert. Bananenblätter, die an kleinen Kiosken und Verkaufsständen hingen, signalisierten den Eingeweihten: Hier gibt es *miraa*.

Während unseres Zwischenstopps schloss sich Lpetati den anderen Businsassen an und kaufte ebenfalls einige in Bananenblätter eingewickelte *miraa*-Bündel, nachdem er fachkundig die Schnittstellen der kleinen Zweige in Augenschein genommen hatte. Er war sehr wählerisch und verstand offenbar etwas davon. Unter *miraa* versteht man die jungen, saftigen Triebe des Catha-edulis-Strauches, im Orient bekannt unter dem Begriff *kat*.

Wenige Stunden später sah ich dem himmelblauen Kleinbus nach und die Insassen mir. Wir standen in Kisima – einem der trostlosesten Orte, die ich je gesehen hatte. Eine Hand voll flacher Häuser einfachster Bauweise, nichts Auffälliges, nichts Erfreuliches. Es gab nur einen breiten Weg – vielleicht zweihundert Meter lang, dann war Kisima auch schon zu Ende. Die regenschweren Wolken machten alles noch trister, und wegen des Matschs und der Pfützen konnten wir unsere schweren Reisetaschen und den Rucksack nicht einmal kurz absetzen.

Lpetati steuerte sofort einen der beiden Läden des Ortes an, neben denen es noch mehrere Verkaufsstellen für *miraa* gab. Wir erstanden für seine Familie einige Kilo Maismehl, Teeblätter, Zucker, Fett, Reis, Kautabak und Kernseife. Das meiste war nicht in der von uns gewünschten Menge vorhanden, und in Ermangelung mehrerer Tüten ließen wir uns den Reis in ein Handtuch schütten, das ich aus dem Rucksack zog, und verknoteten es sorgfältig. Lpetati erkundigte sich nach einem der zwei Autos, die es – wie er wusste – in Kisima gab. Aber eines davon war defekt, und das andere wurde »jeden Moment« aus Suguta zurückerwartet.

Wir tranken in dem Gastraum hinter dem größeren der beiden Läden *chai*, den vorzüglich schmeckenden kenianischen Milchtee, den es aus einer großen Thermoskanne gab und der unendlich gut tat. Wir waren müde, fühlten uns immer noch von der Fahrt über die steinige Piste durchgerüttelt und schwankten wie auf einem Schiff.

»Können wir hier nicht irgendwo bleiben? Ist es noch weit bis zu deinem Dorf?«, fragte ich.

»Es ist besser, wenn wir nach Hause gehen. Wir haben nur wenig Zeit, weil du pünktlich zurück sein musst.«

Inzwischen drängten sich immer mehr Neugierige in den Raum und betrachteten mich ungeniert. Einige Bekannte von Lpetati setzten sich zu uns an den Tisch und unterhielten sich angeregt mit ihm. Die Menschen schienen dankbar für ein bisschen Abwechslung.

Draußen wurde es dämmrig. Ein Regenschauer zog mit kurzem, monotonem Rauschen schnell vorüber. Ich wünschte, wir würden endlich weiterkommen, denn ich schlief fast im Sitzen ein. Dann hörten wir endlich ein Auto. Lpetati ging nach draußen, und ich folgte ihm. Es hatte etwas Unheimliches, ein einzelnes Auto in dieser Einsamkeit zu hören und seine umhertanzenden Scheinwerfer zu sehen. Als der Wagen anhielt, fiel der Fahrer vom Sitz. Er murmelte etwas von »Malaria«, aber ich hatte eher den Eindruck, dass er betrunken war. Lpetati versuchte, auf den Mann einzureden, doch er hatte wenig Erfolg.

Während wir ratlos herumstanden, noch immer von Neugierigen umringt, kam ein schmächtiger Junge in einem roten Anorak auf uns zu und sprach mit Lpetati. Ich sah, wie mein *morani* dem Knaben vier Fünfzig-Shilling-Scheine gab. Dann schleppte er Tasche, Tüten, meine Gitarre und den Rucksack aus der Gaststube und verstaute sie auf der triefend nassen Ladefläche des mit Dreckspritzern übersäten Pick-ups.

»Fährt der Mann uns nun doch?«, fragte ich verwundert.

»*Er* wird uns fahren«, antwortete Lpetati.

Verdutzt sah ich den Jungen an. »*Er?* Das ist doch ein Kind! Wie alt ist er denn überhaupt?«

»Vielleicht neun oder schon elf. Ist das wichtig? Jedenfalls kann er fahren.«

Ich wusste vor Überraschung nichts zu sagen.

»Steigen Sie ein«, sagte der Kleine mit seiner Kinderstimme.

Ich weigerte mich. »Ich werde fahren«, sagte ich dann, »ich muss mich nur eben mit dem Wagen vertraut machen.«

»Sie hat Angst«, sagte der Junge zu Lpetati, »sie braucht keine Angst zu haben.«

Widerwillig stieg ich ein. Es war inzwischen stockdunkel. Mit aufgeblendeten Scheinwerfern rumpelten wir querfeldein los, verjagten Kudus und Zebras und sogar eine Löwin – mir blieb fast das Herz stehen. Die Grasnarbe war hart, und viele dicke Horste machten das Steuern schwer.

»Wir wohnen da drüben an dem Berg, *mlima ile*«, erklärte Lpetati nach einer Weile. Er zeigte zur linken Seite, aber überall um uns herum waren Berge, die sich groß und schwarz kaum von dem ebenfalls dunklen Nachthimmel abhoben.

Irgendwann, nicht weit von Lpetatis Dorf entfernt, blieb der Wagen in einem Erdloch stecken. Wir halfen dem Jungen, das Auto wieder zu befreien, aber die vielen Startversuche hatten die Batterie belastet, und wir hatten kaum noch Sprit.

»Wir gehen zu Fuß weiter«, entschied Lpetati. »Gib uns fünfzig Shilling zurück.«

Der Junge kramte umständlich in seinen Hosentaschen.

»Da hast du das Geld eingesteckt«, half Lpetati und wies auf die Brusttasche der total verschmutzten Windjacke.

Widerwillig gab unser kleiner Fahrer Lpetati das verlangte Geld, der es im Scheinwerferlicht begutachtete. Ich hätte es dem Jungen gelassen, mischte mich aber nicht ein.

Wir schulterten unser Gepäck, packten die vielen einzelnen Tüten in das Tuch, das ein Geschenk für Lpetatis Mutter werden sollte, und banden es so zusammen, dass wir es bequem an zwei Zipfeln anfassen konnten. Hinter uns hörten wir den Wagen starten, sahen die Lichter zwischen Büschen und Bäumen umherirren, bis das Motorengeräusch verstummte.

»Schau, da vorn wohnen wir«, sagte Lpetati und zeigte in die Dunkelheit.

Er musste Adleraugen besitzen, denn ich sah nichts. Wir hatten Mühe mit der Überquerung eines Grabens, der voll Wasser gelaufen war und dessen Ränder glitschig waren. Zudem setzte plötzlich stärkerer Regen ein. Ich bangte um meine Gitarre, trotz der angeblich wasserdichten Tragetasche. »Der Zucker wird nass, die Teeblätter und der Reis auch«, sagte ich.

»Wir sind sofort zu Hause«, erwiderte Lpetati. Aber noch während er mich beruhigte, hielt er ruckartig inne und hinderte mich am Weitergehen. »Sssst«, machte er und murmelte etwas wie: *»Ngai, ngai.«*

»Was ist?«, fragte ich, alarmiert durch sein Verhalten.

»Elefanten«, sagte er leise, »dort drüben, viele Elefanten. *Aouwene*, komm her.« Damit schulterte er das Bündel mit den Tüten und fasste nach meiner Hand. »Da rauf.« Er deutete auf einen Berghang.

Der Regen rann über unsere Gesichter, tropfte aus unseren Haaren, und mir war sehr unbehaglich. Ich fühlte mich so verausgabt wie schon lange nicht mehr.

»Elefanten«, sagte ich, resigniert wegen all der Umstände, »sind die denn für uns gefährlich? Die fressen doch nur Grünzeug.«

Ich sah Lpetatis Gesicht nicht, hörte aber so etwas wie Unmut in seiner Stimme.

»Oh *mzungu*«, sagte er – bis jetzt hatte er mich noch nie als »Weiße« bezeichnet –, »Elefanten können uns umbringen.«

Ich horchte irritiert auf, und zum ersten Mal begriff ich, worauf ich mich eingelassen hatte.

Mit Herzklopfen folgte ich meinem *morani*, in dessen Gesellschaft ich mich sicher fühlte. Er war ein Kind der Wildnis, er kannte ihre Gefahren und wusste, wie man mit ihnen umzugehen hatte. Dennoch: erst eine Löwin, jetzt Elefanten. Ich wurde nervös.

Bald hatten wir den Berg erklommen, ich war ziemlich außer Atem, der Regen machte mir immer mehr zu schaffen, der kalte Nachtwind, das Gewicht unseres Gepäcks, der mal steinige, mal klebrige Boden. Wegen der Tiere hatten wir einen beschwerlichen Umweg machen müssen, und darüber war es sehr spät geworden.

»Es gibt hier eine *manyatta*.«

»Was ist das?«

»Ein Haus, das für besondere Zeremonien gebraucht wird. Da können wir bis morgen Früh bleiben. Vielleicht schlafen aber auch *moran* dort, dann müssen wir weiter. Dein Simba schläft hier auch manchmal.«

Ich sah einen länglichen, flachen Bau, nicht höher, als wir es waren, und etwas später hockten wir in einem dunklen großen luftigen Raum, in den die Kälte kroch und durch dessen Dach es an einigen Stellen hereinregnete. Wir saßen nebeneinander und starrten in die Dunkelheit, hatten Gitarre, Rucksack und Tasche abgestellt und mehr durch Tasten denn durch Sehen unseren Platz gefunden. Beim nächsten Mal, so schwor ich mir, wäre eine Taschenlampe im Gepäck, vielleicht auch zwei, und Regenzeug dazu. Ich fror erbärmlich, und selbst Lpetati ließ ab und zu ein »*kerobi*, kalt« vernehmen. Er hatte den Arm um mich gelegt, und ich drängte mich dankbar an ihn.

Natürlich hatte ich mir meine Ankunft in seinem Dorf anders vorgestellt. Vielleicht einen heißen Tee zur Begrüßung, vielleicht einige Familienmitglieder, ein wenig Wärme, einen Platz zum Ausruhen nach der langen, strapaziösen Reise und dem Fußmarsch durch den Regen. Stattdessen kauerten wir uns todmüde und fröstelnd in vollkommener Dunkelheit aneinander, in einer Hütte ohne Feuer, in der es nach Ziegen, erloschenem Holzfeuer und nasser Kleidung roch. Irgendwann schlief ich trotz der herrschenden Kälte, und das gar nicht weit vom Äquator entfernt, ein.

Als ich am nächsten Morgen wach wurde, dauerte es eine Zeit lang, bevor ich überhaupt wusste, wo ich war. Ich sah mich um und fand mich in einer großen halbdunklen Hütte allein. Erschrocken fuhr ich hoch. Draußen war es bereits hell. Mein Rucksack war weg, die Reisetasche und die Gitarre ebenfalls. Wo um Gottes willen war Lpetati? Und unsere Sachen? Als ich Schritte hörte, zog ich mich ängstlich in die dunkelste Ecke der langen *manyatta* zurück und stolperte dabei über einen Stapel von nassem Brennholz. Dadurch fiel ich auf den gestampften Fußboden, dessen

Staub sich an meinen Händen, meinem Gesicht und der nassen Kleidung zu einer schmierig rotbraunen Schicht verband.

»Mpenzi?« Es war Lpetati. »Komm mit, zu Hause ist es warm. Es gibt *chai*, und man erwartet dich. Es ist nicht weit, *si mbali.«*

Ich sah auf meine Uhr. Es war fast sechs.

Vogelstimmen erfüllten die Luft, es duftete herrlich nach nassem Gras und irgendwelchen Kräutern, nach Ziegen, Kühen und ganz stark nach Holzfeuer. Lpetati zog mich mit sich. Es war schön, seine Hand zu spüren und zu wissen, dass ich ihm bereitwillig überallhin folgen würde. Meine Gefühle hatten sich auf unserer Safari sehr auf ihn konzentriert, und er war mir inzwischen vertrauter, trotz all der Fremdheit um mich herum. Der Wunsch, genau hier mit ihm zu leben, wurde stärker.

Bei Lpetati im Boma

Vor uns erstreckte sich eine mannshohe, lange Hecke aus Dornenakazienästen, und auf dem großen Platz, den die Hecke umschloss, erkannte ich mehrere Hütten. Die niedrigen und ovalen Bauten waren aus Zweigen, Erde und Kuhdung gefertigt. Dazwischen gab es einen großen Pferch für die Kühe und je einen kleineren für Schafe und Ziegen. Ich hörte Stimmen und bekam Herzklopfen.

Lpetati drehte sich zu mir um. »*Karibu sana,* herzlich willkommen.« Dabei wischte er mir mit der Hand das Gesicht sauber.

Ich war unglücklich darüber, dass ich nun gleich Lpetatis Familie übernächtigt und ungewaschen gegenübertreten sollte – wo doch der erste Eindruck so entscheidend war, wie es hieß. Wir stapften durch Unmengen aufgeweichter Kuhfladen, bis Lpetati sich vor der kleinen Lattentür einer Hütte duckte, die beim besten Willen nicht in aufrechter Körperhaltung zu betreten war. Er zog mich einen dunklen, halbrunden Gang entlang und ließ mich auf einer leicht erhöhten Fläche, dem Schlafplatz der Männer, langsam und vorsichtig nieder. »*Karibu kwetu*, willkommen bei uns«, sagte er, »dies ist das Haus meiner Mutter. *Karibu sana, mpenzi yangu*, herzlich willkommen, meine Liebe.«

Zwischen drei Steinen in einer kleinen Vertiefung prasselte ein helles Feuer. Im Nu fühlte ich mich behaglich, wenn auch der Rauch mir sehr zu schaffen machte. Ich hustete und schniefte, und meine Augen tränten entsetzlich.

»*Hodi*«, hörte ich an der Tür eine weibliche Stimme, die auf diese Weise Einlass begehrte, und dann noch einmal: »*Hodi.*«

Kurz darauf sah ich in neugierige, freundliche Gesichter, es wurden immer mehr.

Durch drei männerhandgroße Öffnungen in den runden Wänden und durch das Feuer fiel ein wenig Licht auf uns, und ein fröhlicher Lpetati erklärte mir, er komme gleich wieder, ich solle keine Furcht haben. »Das ist alles Familie.«

Die vielen fremden Blicke machten mich nervös und verunsicherten mich. »*Supa, sopa, jambo*«, begrüßte ich mutig die Neugierigen.

Hier und da bemerkte ich ein Grinsen, ein breites, lautloses, aber freundliches Lachen. Ich musste dringend zur Toilette, ein denkbar ungünstiger Augenblick, da ich weder wusste wo noch wie. Aber ich nahm mir vor zu fragen, gleich, wenn es gar nicht mehr anders ginge.

Eine ältere Frau mit hohen Wangenknochen stellte einen großen Topf auf die Steine der Feuerstelle, sie rührte in dem Topf, in dem Teeblätter in einem Milch-Wasser-Gemisch schwammen, und gab entsetzlich viel Zucker aus einer der Tüten, die wir in Kisima erstanden hatten, hinein. Sie reinigte einen abgestoßenen Emaillebecher mit den Händen, schenkte von der dampfenden Flüssigkeit ein und reichte ihn mir. »*Tamata*, trink«, sagte sie dabei mit einem freundlichen Lächeln. »*Karibu chai*, willkommen zum Tee.«

Als ich »*hashe oleng*, vielen Dank« sagte, schien die Stimmung gelöster, es wurde lauter, einige Gestalten rückten näher. Aber immer noch betrachteten sie mich ungeniert und als würden sie jeden Schluck, den ich trank, selbst nehmen. Schließlich waren sie gekommen, um die *mzungu* zu sehen und zu begrüßen, die Lpetati aus Mombasa mitgebracht hatte und die so gänzlich anders aussah als irgendjemand von ihnen. Gerade als ich es nicht mehr aushielt und nach dem *choo* fragen wollte, kam Lpetati zurück und sah einfach umwerfend aus. Er hatte den pinkfarbenen Jogging-Anzug, den ich ihm inzwischen geschenkt hatte, gegen ein rosafarbenes Tuch, ein *nguo*, und eine rote *shuka*, ein Tuch aus dickerem Stoff, getauscht und trug Perlenketten sowie perlenbesetzte Lederbänder um Kopf, Hals, Oberkörper, Taille, Arme und Beine.

Die Frauen und Mädchen machten ihm respektvoll Platz, und ich erkannte auf einmal, dass er aufgrund seines Kriegerstatus innerhalb der Familie einen besonderen Rang einnahm. Als er sich zu mir setzte – die Frauen blieben auf der gegenüberliegenden Seite, der Schlafstelle für Frauen und Mädchen, Mütter und Kinder –, erklärte ich ihm mein Problem. Er sprach drei junge Mädchen an, die sich sofort erhoben und mich mit einem freundlichen »*aou*« aufforderten, ihnen zu folgen.

Kaum aus der Hütte, schrien einige Kinder bei meinem Anblick laut auf und rannten voller Angst vor mir davon. Es war mir furchtbar unangenehm, so viel Unruhe zu verbreiten, doch meine Begleiterinnen kicherten nur. Wieder gingen wir durch Kuhfladen und durch eine gut getarnte Öffnung in der Schutzhecke. Dann folgten wir ein kurzes Stück einem Trampelpfad entlang eines Bachlaufs, der sich ein tiefes, steilwandiges Bett in die Erde gegraben hatte und an dessen Ufer unzählige Opuntien gelb blühten.

»*Huko*, Ende«, sagte eines der Mädchen, das ein wunderschönes Gesicht hatte und eine stolze Haltung, und deutete mit dem Kopf auf eine Gruppe dichter Büsche, die zartlila Blüten trugen. Später lernte ich, dass man für den Toilettengang nur ganz bestimmte Plätze aufsuchen durfte, die jeweils wechselten. An diese Stellen wurden dann weder Schafe und Ziegen noch Kühe getrieben. Langsam ging ich hinter den Sträuchern in die Hocke. Die Mädchen amüsierten sich hinter vorgehaltenen Händen darüber, dass ich mich beim Wasserlassen hinhockte, was bei ihnen nur die Männer taten, und behielten mich ständig im Auge.

Ich musste mein Schamgefühl ignorieren, obwohl es mir schwer fiel, Zuschauer bei einer so intimen Handlung zu haben. Ich konnte nur hoffen, dass sich die Neugier mit der Zeit legen und ich vor allen Dingen beherzt genug sein würde, die Gaffer zu verscheuchen.

Die Mädchen nahmen mich wieder in ihre Mitte und drängten zur Hütte zurück, sodass ich kaum Gelegenheit hatte, die nähere Umgebung in Augenschein zu nehmen, die so beruhigend grün und unberührt zwischen geschwungenen blau schimmernden Bergen ausgebreitet lag und in der jede Art von Technik unbekannt war und so genannter Fortschritt noch keinen Einzug gehalten hatte. In gebückter Haltung betrat ich den niedrigen Eingang der Hütte und konnte in dem Halbdunkel kaum etwas erkennen. Nun reizte der Qualm von feuchtem Holz auch noch meinen Hals. Ich hustete, dass mir die Tränen in die Augen schossen.

»*Moshi*, Rauch«, sagte ich wie zur Entschuldigung, merkte, wie ich durch den Hustenreiz über und über rot wurde, und war nur froh, dass das Dämmerlicht in der Hütte gnädig alle Unzulänglichkeiten meinerseits verschleierte. Immer noch trug ich meine feuchten Sachen, bildete mir ein, ungewaschen zu riechen, was in dieser Umgebung aber wohl nicht weiter auffiel, und alles an mir war klebrig und schmutzig. Wie gern hätte ich mich jetzt gewaschen, wie gern frische, saubere Wäsche angezogen und wie gern mir die Haare gekämmt, die vor Schweiß und Schmutz strähnig und hart waren. Endlich, nachdem ich Lpetati leise darum gebeten und er es weitergegeben hatte, verließen die Anwesenden die Hütte, nicht ohne mir viele Male zu versichern, dass ich willkommen sei.

Diese Herzlichkeit – ich weiß gar nicht einmal, ob ich sie erwartet hatte – tat unendlich gut und stellte ein starkes Bindeglied zwischen mir und der Samburu-Familie her, in deren Mitte Lpetati aufgewachsen war und in die er mich nun, überzeugt und voller Zuversicht, hineingebracht hatte. Ich fühlte ganz deutlich, wie sich in mir ein Wandel vollzog. Mit Neugier war ich hergekommen, um Lpetatis Dorf und seine Familie zu sehen, aber auch mit der Freude über die Möglichkeit, ein gänzlich anderes Kenia kennen zu lernen als das der Küste und der Touristen. Nun wusste ich, dass ich hier gern war und auch wiederkommen wollte, dass ich einen Platz gefunden hatte, an dem ich angenommen wurde, ziemlich spontan und fast ohne spürbare Bedenken. Obwohl es hier außer der grandiosen Natur und freundlichen Menschen nichts gab, war ich glücklich an diesem Ort, hockte gern in rußigen, dunklen Hütten, marschierte durch Kuhfladen, vermisste weder Strom noch irgendwelche Annehmlichkeiten wie fließendes Wasser, Tische, Stühle, Bett und Geschirr.

Das Leben fand bei den Samburu in wunderbarer Schlichtheit statt, in faszinierender Direktheit und Ursprünglichkeit. Obwohl ich nicht die wachen Instinkte der Naturvölker besaß, spürte ich das absolute Leben, das mit so wenig auskam und für das all die Formen von gesellschaftlichen Zwängen und Verpflichtungen, auch völlig irrationaler Art, nur unbekannter Ballast bedeuten würden.

Dieses Fleckchen Erde in Nordkenia war wunderschön, und seine Bewohner erschienen mir reicher als viele andere. Allein die Heiterkeit, die über der kleinen Ansiedlung lag, schaffte Zuneigung und Zufriedenheit. Und so, wie ich meinen zukünftigen Mann in seiner angestammten Heimat wahrnahm, wie er sich mir offenbarte, ganz natürlich und getragen von Handlungen, die uralte Traditionen von ihm forderten und denen er sich mit fast heiligem Ernst stellte, vermochte ich mich einem sehr tiefen Gefühl für ihn nicht zu entziehen. Die Heirat mit Lpetati empfand ich als immer konsequenter und normaler, wenn auch gleichzeitig nur schwer vorstellbar wegen der exotischen Umstände.

Lpetatis ältere verheiratete Schwestern Kulalo und Lekian brachten mir Wasser zum Waschen und verließen die Hütte wieder. Dankbar und erleichtert zog ich meine verschmutzten Sachen aus, suchte im Rucksack nach Waschlappen und Handtuch und genoss meine Reinigung wie selten zuvor. Mit jeder Berührung des nassen Waschlappens fühlte ich mich großartiger, besonders hinterher in dem frischem T-Shirt und der langen bunten Sommerhose. Um mir die Haare zu waschen, ging ich nach draußen und war sogleich umringt von Zuschauern, als ich mir reichlich Wasser zum Spülen über den Kopf schüttete. Viel später schämte ich mich für meinen Wasserverbrauch, denn ich sollte bald lernen, dass das Wasser mühsam Kanister für Kanister herangeschleppt werden musste.

Als ich unsere Reisekleidung waschen wollte, bestand Lpetati darauf, das zu tun, was mich verwunderte, aber es hatte wohl seine Richtigkeit und nichts Entwürdigendes für einen Krieger. Ich saß ein bisschen in der Sonne, um die Haare trocknen zu lassen, sah Lpetati beim Waschen zu und erfreute mich am Anblick der Umgebung. Ich zählte sieben Hütten, und mit den etwas weiter entfernten kam ich auf zwölf, entdeckte bewaldete und felsige Bergkuppen, weite Wiesen mit Blumen, blühenden Büschen und urigen Bäumen – ich fühlte mich unsagbar wohl in dieser stillen Idylle.

»Es ist wunderschön bei euch«, sagte ich zu Lpetati, »es gefällt mir hier.«

Auf einmal kam mir der Gedanke, dass es schön sein müsste, ein kleines Haus hier zu haben, von dem aus man über das ganze Hochtal sehen könnte, bis hin zum Mount Kenya, dessen majestätischer Anblick einen am Morgen begrüßen würde. Ich schwelgte ein wenig in dieser Idee, verwarf sie nicht gleich wieder, verdrängte sie nur, aber sie hatte längst von mir Besitz ergriffen.

»Da drüben sind die Karisia Hills«, erklärte Lpetati und folgte meiner Kopfwendung, »manche Leute nennen sie auch Kirisia. Die sind mächtig groß. Vor den Wäldern leben viele Büffel und Elefanten, und bei den Felsen gibt es Löwen, Leoparden und Geparde. Hyänen kommen meist von dort«, er zeigte in die Richtung zu meiner Rechten. »Siehst du die Zebras? Sie kommen ganz dicht an unser Dorf, auch die vielen Gazellen.«

»Jagt ihr eigentlich?«

»Nein«, erwiderte Lpetati lachend, »Samburu sind keine Jäger. Wir essen diese Tiere nicht, nur Ziegen und Schafe, und zu besonderen Festen schlachten wir Rinder. Sonst nichts. Na ja, vielleicht mal ein Huhn. Raubtiere jagen wir nur, wenn sie unsere Herden angreifen. Früher haben die Krieger mit Speeren einen Löwen erlegen müssen, um ihren Mut zu beweisen, aber das hat die Regierung irgendwann verboten. Wir dürfen es nicht mehr. Es ist schon länger her, dass bei uns ein Löwe aus traditionellem Grund getötet wurde. Aber manchmal ist es gefährlich wegen der Löwen und Leoparden.«

Langsam wurden die Haare trockener. Ich holte einen kleinen Taschenspiegel und einen Kamm aus dem Rucksack und kämmte mich. Das rief sofort einige Zuschauer näher heran, die mich die ganze Zeit aus höflicher Entfernung beobachtet hatten, unter ihnen Lpetatis Mutter, seine Schwestern und, ein wenig abseits, sein Vater.

Der Verlockung, in einen Spiegel zu sehen, konnte niemand widerstehen. Zuerst nahm Lpetati ihn an sich, besah sich aufmerksam von allen Seiten, ordnete etwas an seiner Frisur und seinem Ohrschmuck und zog das Stirnband weiter nach vorn. Dann ging der Spiegel von Hand zu Hand, und ich erfuhr, dass es im ganzen *boma* keinen Spiegel gab. So war die Faszination verständlich für das kleine Utensil aus meinem Rucksack und ebenso für meine langen Haare. Ganz Mutige rückten heran, fassten die blonden Strähnen an, zogen daran und lächelten ungläubig.

Die meisten Samburu-Frauen und jungen Mädchen hatten glatt rasierte, fettglänzende Schädel, was traditionell bedingt war und dem Schönheitsideal entsprach. Manche Frauen und Kinder trugen auch die krausen afrikanischen Haare, doch nur den Kriegern blieb es vorbehalten, ihre von Natur aus kurzen Haare mit eingeflochtenen Woll-, Baumwoll- oder Nylonfäden bis zu den Schultern oder der Taille zu verlängern. Das Scheren der Haare war Bestandteil vieler Zeremonien. Dass aber eine Frau Haare besaß, die bis zum Po reichten, noch dazu helle, war eine Sensation.

Lpetati genoss das Aufsehen um mich, und es war ihm, was ich zunächst befürchtet hatte, gar nicht unangenehm. Es bereitete ihm vielmehr Freude, eine Frau zu präsentieren, die anders war. Immer wieder erklärte er geduldig, woher ich kam, dass ich mit einem Flugzeug nach Kenia gereist und mein Vater ein sehr reicher Mann war. Das Letzte stimmte wohl nur in seinen Augen, denn mein Vater war Mittelschullehrer und damit aus europäischer Sicht eher Normalverdiener.

Wieder pirschten sich neugierige Kinder heran, um gleich darauf schreiend davonzulaufen, wenn ich sie ansah. Jetzt lachten aber einige der Umstehenden oder besser Herumsitzenden. Und endlich gab es etwas Verbindendes zwischen uns: das Lachen. Etwas später, Lpetati warf noch schnell unsere Kleidungsstücke über einige Büsche zum Trocknen, folgten wir den verschiedenen Aufforderungen zum *chai* in die jeweiligen Hütten. Der Tee war überall sehr süß, mit sehr viel Milch. Lpetati trank zwar den Tee mit mir und seiner Familie, verließ uns aber, um die Mahlzeiten mit seinen *korroro*-Kriegern einzunehmen.

Die von uns mitgebrachten Lebensmittel gingen schnell zur Neige. Ich erkannte, dass hier keine Vorratshaltung betrieben wurde. Waren Lebensmittel vorhanden, wurde so viel gegessen und getrunken wie möglich, im Voraus sozusagen. Morgen war dann ein anderer Tag. War Lpetatis große Familie so hungrig gewesen? Es gab vieles, worüber ich mir Gedanken machte, weil so viel Ungewohntes dazu zwang.

Beeindruckend war der Besuch bei *l'akuyiaa*, dem Großvater, den ich Babu nennen durfte, und bei der Großmutter, *kokoo* Gatilia. Die beiden bewohnten keine gemeinsame Hütte. Auch Lpetatis Vater lebte nicht zusammen mit seinen beiden Frauen Saito und Marissa, die wie jede Ehefrau, und wie es üblich war, eine eigene Hütte besaßen. Er besuchte sie nur, blieb mal hier und mal dort. Nur Großvater verfügte aufgrund seines ehrenvollen Standes als Clan-Ältester über eine eigene Hütte. Mich beschäftigte diese Art zu wohnen sehr. Wahrscheinlich hing das mit der praktizierten Polygamie der Samburu-Männer zusammen. Mehrere Ehefrauen zu haben war durchaus üblich, was mich mit einem Mal wieder beunruhigte. Es war bestimmt keine Kleinigkeit, von einem Mann umworben zu werden, der mit größter Selbstverständlichkeit noch weitere Frauen heiraten könnte.

Fast jeden Abend sangen die Krieger seltsame Lieder mit eigenartigen Rhythmen, die in ihrer schönen, etwas traurigen Fremdartigkeit mein Herz berührten und meine ohnehin sehr tiefen Eindrücke noch komplettierten. Manchmal hätte ich gern ein bisschen mehr von Lpetatis Gesellschaft gehabt, um mich mit ihm über die vielen fremden Eindrücke unterhalten und dabei lernen zu können. Auch nächtigten wir nicht zusammen. Eine Nacht schlief ich bei seiner Mutter Saito, die nächste Nacht bei Marissa, der Zweitfrau seines Vaters, weil es sich so ergeben hatte.

Die Nächte bei den Samburu waren kalt und voller Leben und hatten etwas Großartiges, Eigentümliches für mich. Ich lag auf einem Lager aus Zweigen und Kuhhäuten auf der Erde, hörte das Knistern des Feuers, das leise Rascheln von Kakerlaken und anderem Kleingetier unter und neben mir und das hohe Fiepen von Mäusen, vernahm das ruhige Atmen von Marissa und Lpetatis Halbgeschwistern. Ich spürte den Luftzug einer über mich hinwegstreifenden Fledermaus, und die ganze Zeit umgab mich dieser fremde Geruch.

Auf einmal wusste ich, welcher Geruch es war, der Lpetati, Lekaitik und all die anderen *moran* umgab und der mich von Beginn an gefangen gehalten hatte. Es war der durchdringende Geruch nach Holzfeuer und dessen Rauch, der Kleidungsstücke, Haare, sämtliche Gegenstände durchdrang und den auch ich mit nach Deutschland bringen würde. Dieser Geruch war für die Samburu geradezu charakteristisch. Auf mich wirkte er sehr erregend, gepaart mit dem Geruch nach Milch und Schweiß übte er eine starke Anziehung auf mich aus. Ich konnte Lpetati im wahrsten Sinne des Wortes »gut riechen«. Sein Geruch war für mich eine nicht zu unterschätzende Droge. Seltsam, dass mir das jetzt erst bewusst wurde.

Während ich mich damit beschäftigte, sehnte ich mich nach ihm. Ob er schon schlief? War er bei seinem Vater, oder war er noch spät in die *manyatta*, in der wir Schutz gesucht hatten, gegangen und übernachtete dort mit den anderen *moran*? Gab es dort Mädchen? Ich hatte gehört, dass sehr junge Mädchen die Krieger in den *manyattas* betreuten – was immer sich dahinter verbarg.

Noch wusste ich nicht viel von Lpetatis Kriegerstatus, wusste nichts über Riten und Bräuche, die sich wie rote Fäden durch das Leben traditionsbewusster Samburu zogen. Lpetati hatte versprochen, mir alles zu erklären. Für mich war es eine neue Erfahrung, ich sah einen Lpetati, den ich noch nicht kannte und der mir hier, in seiner »natürlichen« Umgebung, noch besser gefiel als an der Küste, wo er auch für viele Kenianer ein Exot war.

So gern hätte ich durch eine der Öffnungen in der Hüttenwand gesehen, wagte aber nicht, die Lumpen zu entfernen, mit denen sie gegen die Kälte der Nacht zugestopft worden waren. Mit dem innigen Wunsch nach Lpetatis Nähe schlief ich, trotz der ständig tief über mir hinwegflatternden Fledermaus, schließlich ein.

Er kam am Morgen, fröhlich, farbenprächtig, und leistete mir und den beiden Frauen seines Vaters beim Tee Gesellschaft. Zum Essen verschwand er aber wieder, da ein Krieger nicht in der Gegenwart von Frauen essen durfte. Es gab etliche Gebote, an die sich Lpetati zu halten hatte, und sollte ich wirklich seine Frau werden, hatte ich noch sehr viel zu lernen, zu begreifen, zu beherzigen und zu tolerieren. Es würde bestimmt nicht immer leicht für mich sein. Auf einmal verspürte ich eine dumpfe Angst, dass unser Heiratswunsch womöglich nicht in Erfüllung gehen würde, weil

Lpetatis Angehörige vielleicht nicht mit mir als Ehefrau einverstanden waren. Ich könnte es ihnen nicht einmal verdenken, denn ich stellte mir die ganze Situation umgekehrt vor: Lpetati in Deutschland als mein zukünftiger Mann. Auch in meiner Verwandtschaft wäre mit Sicherheit kaum jemand davon begeistert, dass ich ernsthaft vorhatte, eine Verbindung mit einem afrikanischen Krieger, einem für sie »Wilden«, einzugehen. Das Anderssein hatte überall seinen Preis. Ich konnte nur hoffen und darum beten, dass unsere Liebe, für mich die zweite große Liebe meines Lebens, durch eine Samburu-Hochzeit in absehbarer Zeit gekrönt und legalisiert werden würde. Seltsam, ohne Lpetatis Bemühungen um mich und seine Beharrlichkeit hätte ich diese Liebe nie kennen gelernt. Wie hatte er von Anfang an nur so sicher sein können, dass ich die Richtige für ihn war?

Während ich nachgedacht hatte, waren reichlich Fliegen in meinen Tee gefallen, die ich nun mit den Fingern herausfischte. Lpetatis Mutter, die mir gegenübersaß, beobachtete mich. Als ich ihr zulächelte, verzogen sich ihre asketischen Gesichtszüge zu einem breiten Lachen. Sie sagte etwas zu ihrem Sohn, woraufhin Lpetati nickte, mich ansah und ebenfalls lachte.

»Meine Mutter mag dich. Sie möchte, dass du wiederkommst.«

Es war eine ganz besondere Atmosphäre zwischen uns in der halbdunklen Hütte, in der das Feuer schwelte, die Fliegen summten, das Sonnenlicht durch die kleinen Wandöffnungen in dünnen Strahlenbündeln auf die gegerbten Kuhhäute der Schlafstellen und Lpetatis nackte Knie fiel. Ich spürte das Einvernehmen zwischen Saito und mir, ebenso mit Marissa, die ruhig und freundlich hinter Saito hockte. Vielleicht, so hoffte ich, würden die beiden Frauen einen günstigen Einfluss auf Lpetatis Vater ausüben.

Die drei Tage bei Lpetatis Familie, die voll gepackt waren mit kleinen Exkursionen in die nähere Umgebung und Besuchen von nahen und entfernten Verwandten, vergingen viel zu schnell. Viele Dinge hatten mich verwundert und tief beeindruckt und in ihrer Fremdheit sehr berührt. Das Beglückendste aber blieb die Herzlichkeit, mit der sie mich aufgenommen und behandelt hatten. Ja, ich würde wiederkommen.

Der Abschied fiel mir schwer. Das »*shomo tonobo o Ngai*, geh mit Gott« klang lange in mir nach und wurde zu einer kraftvollen Melodie. Lpetatis Mutter und Marissa liefen Tränen über die Wangen, Lpetatis Vater und Großvater legten mir segnend die Hand auf, Großmutter Gatilia und Lpetatis fünf schöne Schwestern berührten mich sanft. Einige von den größeren Kindern, die sich nicht vor mir ängstigten, sagten uns schüchtern »*lessere*, auf Wiedersehen«, andere begleiteten uns bis hinter die Bachböschung, die wir überqueren mussten. Auf einer erhöhten Stelle blieb ich stehen und sah mit leiser Wehmut zurück.

»Nicht umdrehen«, sagte Lpetati, »schau nach vorn.« Als ich ihn fragend ansah, fuhr er fort: »Du wirst meine Frau, und ich bin hier und nicht hinter dir.«

Über grüne Hügel, zwischen Busch- und Dornenakazien hindurch, an einer Stelle mit aufgetürmten Felsen und altersschwachen, herbwürzig duftenden Zedern vorbei, schlängelte sich der schmale Pfad nach Maralal, den ich heute zum ersten Mal und später noch viele Male, auch allein, beschreiten sollte. Wolken und ein kühler Wind milderten die Hitze des frühen Nachmittags. Bis Maralal waren es gut dreieinhalb bis vier Stunden. In dem kleinen Distriktstädtchen wollten wir uns ein wenig ausruhen und noch in der Nacht versuchen, nach Nairobi weiterzukommen. Wenn alles klappte, wären wir übermorgen Früh wieder in Mombasa.

Unterwegs unterhielten wir uns lebhaft. Und dann verkündete Lpetati: »Ich will dich noch mehr heiraten.«

Mein Herz schlug vor Freude schneller. »Hast du es schon jemandem gesagt?«

»Großvater weiß es und Makaio, der unser *chapulkerra* sein wird.«

»Was ist das?«

»Das ist der Brautführer. Er muss Verschiedenes bei der Hochzeit tun und mit mir die Braut, also dich, zur Hütte meiner Mutter begleiten. Es wäre wichtig, dass unsere Ältesten mit deinem Vater und Ältesten aus deinem Clan reden. Das wird schwer sein, weil von deiner Familie niemand hier wohnt. Was machen wir da?«

»Das kann ich dir nicht beantworten, weil ich nicht weiß, wie eine Hochzeit bei euch abläuft und was davor alles getan werden muss. Was hat Großvater überhaupt zu unseren Heiratsabsichten gesagt? War er überrascht?«

»Nein, er hat zugehört. Er wird darüber nachdenken und danach mit meinen Eltern sprechen. Das nächste Mal werde ich mit meinem Vater die Ältesten aufsuchen. Es gibt viel zu beraten und zu bereden. Auch hat meine Familie die vielen Kühe noch nicht, die sie für dich hergeben muss.«

»Wichtig ist, dass wir heiraten dürfen. Meine Familie lebt doch weit von hier, wie sollten wir die Kühe zu ihnen bringen?«

»Werden deine Leute nicht darauf bestehen?«

»Nein, sicher nicht. Wir sollten die Tiere hier lassen, vielleicht für unsere eigene Herde? Das wäre kein Heiratshindernis, für meine Familie nicht.« Ich machte eine Pause. »Ich werde meinen Vater fragen«, sagte ich, um Lpetati zu beruhigen, »wenn es sicher auch nicht üblich ist, dass die Braut das macht. Aber wir werden ein bisschen international, wenn du verstehst, was ich meine. Bei unserer Heirat kommen Kenia und Deutschland zusammen. Vielleicht darf dabei manches anders sein, meinst du nicht?«

»Ich weiß noch nicht, was ich meine. Aber jetzt müssen wir abwarten, wie die Ältesten entscheiden, ob sie unserer Heirat überhaupt zustimmen.«

Da hatten wir die ganze Zeit geredet, als sei unsere Hochzeit bereits eine beschlossene Sache, und natürlich war sie es zwischen Lpetati und mir, aber das genügte nicht. Irgendwie beunruhigte mich nun Lpetatis Bemerkung und beeinträchtigte meine bis jetzt ausgezeichnete Stimmung. Wie würden wir uns bei einem negativen Ergebnis verhalten? Wie sollten wir glücklich zusammenleben können, wenn die Clan-Ältesten unsere Verbindung ablehnten?

Nur gut, dass ich in Deutschland niemand um Erlaubnis fragen musste. Ich wollte mich jetzt nicht weiter in die Sache hineinsteigern und ließ den Blick schweifen. Was ich sah, erfreute mich, weckte Träume.

»Alle möchten dich gern wieder sehen«, sagte Lpetati zufrieden und erklärte mir, dass ihm noch eine wichtige Zeremonie fehle, das *lmuget lolaingoni*, dessen Termin bereits festgelegt sei. »Danach kann ich dich heiraten. Wir dürfen zusammen schlafen, wenn wir nach der Hochzeit unsere eigene Hütte haben, die du bauen musst, und wenn du dort das erste Mal Feuer gemacht und die erste Mahlzeit für mich gekocht hast. Danach darf ich auch mit dir zusammen essen.«

Ich bedauerte aus tiefstem Herzen, dass ich bei dieser wichtigen Zeremonie, die den nächsten Lebensabschnitt für Lpetati einleitete, nicht dabei sein konnte. Dass sich die Jugendlichen und Männer der Samburu auf dem Weg nach »oben« so vielerlei Zeremonien unterziehen mussten, war nicht nur für die Betroffenen und deren Angehörige etwas Besonderes und Aufregendes – nun war es das auch für mich. Ich hörte gern zu, wenn Lpetati davon erzählte. Ich staunte und lernte und nahm mir vor, alles zu beherzigen. »Nächste Woche werde ich diesen Weg ohne dich gehen«, sagte er, »aber du bist hier drin«, damit deutete er auf seine Herzseite.

Nächste Woche, dachte ich. Nächste Woche würde ich wieder in Deutschland sein. Es kam mir seltsam vor, und ich konnte es mir im Moment nicht richtig vorstellen.

»Nach der Zeremonie werde ich wieder nach Mombasa gehen«, fuhr er fort. »Es sind viele Krieger in Mtwapa, die mit mir nach Maralal kommen werden, um junger Älterer zu werden. Manche von ihnen wollen auch heiraten, wie ich. Deshalb sind wir ja alle an der Küste, weil wir da durch Tanzen Geld verdienen können, das wir brauchen für eine eigene Familie, für Kühe, für eine Frau und für Kinder.«

Das Wort »Kinder« machte mich betroffen. Natürlich erwartete Lpetati von mir auch Kinder, später erfuhr ich sogar, dass meine beiden Söhne mich besonders attraktiv machten, da man auf weitere männliche Nachkommen hoffte. Bisher hatte ich immer nur uns beide gesehen, mit eventuellem gemeinsamem Nachwuchs musste ich mich erst noch auseinander setzen. Vielleicht würde es ja zu gar keiner Heirat kommen. Schließlich war ich mit vier Handicaps behaftet: Ich war Ausländerin, ich war unbeschnitten (und würde das auch bleiben), ich war Witwe (damit ebenfalls keine Wunschkandidatin), und ich war älter als Lpetati (was zwar niemand wusste, das aber im Hinblick auf den Kindersegen nicht willkommen war, obwohl ich durchaus noch schwanger werden konnte).

Den negativen Punkten konnte ich nur mich selbst entgegenstellen, auf Sympathie für meine Person hoffen und die Gewissheit vermitteln, Lpetati und seiner Familie ein einigermaßen hungerfreies Leben bescheren zu können – und meine Liebe. Für Lpetati zählten meine »Behinderungen« nicht, aber seine große Sippe könnte das durchaus anders sehen.

Das Herz wurde mir auf einmal sehr schwer, und meine Selbstsicherheit geriet einige Zeit ins Wanken. Ich hatte entsetzlichen Durst, mein Mund war trocken, und einen Augenblick lang spürte ich eine schreckliche Angst. Noch vor der kurzen Dämmerung erreichten wir Maralal.

Lpetati steuerte ein großes Holztor an, das zur Kariara Lodge gehörte. Wir betraten eine Art Innenhof, auf dem ein verrosteter Laster und einige unappetitliche Regentonnen herumstanden. In dem kleinen Rückgebäude saß eine rundliche Kikuyu mit roter Strickjacke und buntem Kopftuch. Als Lpetati um ein Zimmer für sich und »seine Frau« bat, betrachtete mich die Kikuyu auffällig ablehnend. Erst als ich sie auf Kisuaheli fragte, ob es etwas an mir oder uns auszusetzen gebe, wurde sie freundlich, kam geschäftig hinter dem Tresen hervor, bat uns, ihr zu folgen, und suchte minutenlang in einem riesigen Schlüsselbund nach dem passenden Zimmerschlüssel. Sooft wir später noch in dieser Lodge übernachteten, gab es dieses Problem mit den vielen Schlüsseln, die nicht gekennzeichnet waren und deshalb alle durchprobiert werden mussten.

Es war eine äußerst dürftige Bleibe, in die wir, nach reichlich *chai* und einem Abendessen, fröstelnd in der Dunkelheit zurückkehrten. Durch Ritzen in der Rückwand pfiff der kalte Nachtwind, eine nackte Birne in der Fassung flackerte ständig, und durch eine breitere Lücke in der Bretterwand an einer Seite konnten wir in den Nachbarraum sehen und die Nachbarn zu uns. Mit einem T-Shirt verstopften wir die größte der Ritzen notdürftig. Wir kuschelten uns auf der zur Mitte hin durchhängenden Matratze zusammen, wärmten und genossen uns, sagten uns zärtliche, törichte Dinge und fielen, ungewaschen und müde vom langen Fußmarsch, in einen seligen Schlaf.

Am nächsten Morgen ging es früh um halb vier weiter. Trotz der frühen Stunde war der Platz, wo die *matatus* hielten, schon voller Leben. Wir suchten uns ein Taxi aus, das noch nicht zu voll und trotzdem schon wieder viel zu eng war. Die Fahrgäste – nichts Besseres gewohnt – hockten ergeben auf ihren Sitzen und froren vor sich hin. Lpetati, der seine langen Beine kaum unterbrachte, klapperte regelrecht mit den Zähnen.

Festgelegte Fahrzeiten oder gar einen Fahrplan gab es hier nicht. Die Privatfahrzeuge würden nicht eher starten, bis auch der letzte Platz besetzt, also der Wagen im Grunde verkehrsgefährdend überbelegt war – es zählte nur der Profit. Ich verstand nicht, warum die Kenianer diese Art zu reisen hinnahmen – es gab nur wenig Aufbegehren. Oft kam es mir so vor, als übten viele Chauffeure eine gewisse Macht über die Reisenden aus, und tatsächlich bekleideten sie in einem Land, in dem es Orte ohne ein einziges Fahrzeug gab, ein wichtiges Amt. Wer ein Auto oder ein ähnliches Gefährt besaß, auch in erbärmlichstem Zustand, war ein Jemand, denn er hatte die Möglichkeit, zu Geld zu kommen, indem er sein Fahrzeug zum Transportieren von Personen oder Waren nutzte.

Es war noch dunkel, als wir nach zwei Stunden Wartezeit über die Piste in Richtung Suguta hoppelten. Hin und wieder stiegen unterwegs noch Leute zu, die plötzlich wie aus dem Nichts am Fahrbahnrand auftauchten. Es wunderte mich, dass immer noch jemand irgendwie in das Fahrzeug hineinpasste.

Die Fahrt war abenteuerlich: Eine auf dem zerfurchten Weg sitzende große Pavianherde zwang uns zum Anhalten und so lange zu warten, bis sie die Straße freigab. Etwas später, an der Abzweigung zum Baringo-See, verlor der Nissan unter unglaublichem Geschepper die linke Tür, wobei gottlob niemand ernsthaft zu Schaden kam.

In Kenias Hauptstadt mussten wir bis neun Uhr abends warten, bevor der Malindi-Bus nach Mombasa startete. Bis zur Küste dauerte es dann noch einmal acht bis neun Stunden – wegen der schlechten Straßenbeschaffenheit. Mit den langen Wartezeiten, unseren vierstündigen Fußmarsch nach Maralal mal nicht mitgerechnet, kam so eine Reise auf gut zwanzig Stunden.

Später im Nachtbus nach Mombasa drängten wir uns im Schutze der Dunkelheit aneinander. Der bevorstehende Rückflug nach Deutschland machte mir immer mehr zu schaffen. Und so gern hätte ich noch ein wenig mehr Zeit gehabt, einigen fremden Dingen auf den Grund zu gehen.

Die restlichen Urlaubstage an der Küste vergingen sehr schnell. In einer lauen Nacht saßen wir ein letztes Mal allein am Strand. Silbrig schimmerte die ferne Wasserfläche, es roch schwach nach Fisch und sehr stark nach Meeresfrische. Am nahen Riff verstärkte sich das Donnern der Brandung. Die Flut kam mit glucksenden, gurgelnden kleinen Rinnsalen auf den Strand zu, beglänzt vom fahlen Mondlicht. Schweigend lehnten wir aneinander. Es war einfach nur schön, und das Morgen war so weit.

Am Nachmittag waren wir am Strand spazieren gegangen, wo die zurückweichende Flut Unmengen von Seetang abgelagert hatte. Wir zertraten die luftgefüllten Bällchen des Blasentangs, die mit einem lauten Knallen zerplatzten, und Lpetati war herrlich albern und ausgelassen, was mich zutiefst beglückte. Ich fühlte mich wohl mit ihm und konnte mir, trotz der verhältnismäßig kurzen gemeinsam verbrachten Zeit, ein Leben ohne ihn nicht mehr vorstellen. Mir war längst klar: Mein zweiter Ehemann würde Lpetati heißen.

In wenigen Stunden würde ich Lpetati, dem Mann, der mich und den ich heiraten wollte, »auf Wiedersehen« sagen müssen, auf Wiedersehen für eine unbestimmte Zeit.

Tief atmete ich die würzige Meeresluft ein und zwang mich zu einer positiven Denkweise. Wenn es Gottes Wille war, würden wir bald zusammen sein. Ich musste nur fest daran glauben.

Erster Abschied an der Küste

Von meinen Söhnen hatte sich Lpetati bereits verabschiedet. Jetzt stand ich mit ihm vor dem Hotel, und die Rührung schnürte mir die Kehle zu.

»Vergiss nicht, dass wir bald heiraten«, wiederholte er, kramte in der roten Gürteltasche und übergab mir feierlich einige Armbänder. »Für deinen Vater und deine Brüder. Wenn sie hier wohnten, würde ich sie besuchen, um wegen dir mit ihnen zu sprechen. Bei deinem nächsten Besuch musst du ihnen unsere traditionellen Geschenke mitnehmen, Honig und *shukas*.«

Ich war gerührt, musste aber lächeln, als ich mir meinen seriösen Vater mit bunten Armbändern aus Plastikperlen und einer *shuka* vorstellte.

Lpetati hielt mich kurz, umarmte mich. »*Ayia, lessere na*, also auf Wiedersehen.«

»*Lessere naa, Simba lai. Mungu ibariki wewe. Nitarudi punde sana, nitakuandika*, Gott segne dich, mein Löwe, ich komme sehr bald zurück, und ich werde dir schreiben.«

»*Shomo tonobo o Ngai, safari njema, bibi yangu*, geh mit Gott, gute Reise, meine Frau.«

Im Flugzeug saß ich auf der rechten Seite, würde vielleicht den Mount Kenya sehen, sofern der Himmel wolkenlos wäre. Aufgeregt drängte ich mich gegen die kalte Scheibe. Der Himmel flammte in Gelb- und Orangetönen, einige zarte Wolken sahen aus wie rosa Wattebäusche und warfen auf die Landschaft unter uns ihre Schatten.

Bald entdeckte ich die bizarren Spitzen des Mount Kenya, die Vulkankegel und Formationen des Rift Valley und glaubte einmal sogar, die Kette der Karisia Hills und der Samburu-Berge entdeckt zu haben. Ich musste schlucken und verspürte ein flaues Gefühl in der Magengegend, als mir klar wurde, dass unter mir – wenn alles nach Lpetatis und meinen Wünschen ginge – mein zukünftiges Zuhause lag.

Natürlich freute mich auf so vieles in Deutschland, in Wennigsen. Aber es war auf einmal irgendwie nicht richtig, den afrikanischen Kontinent zu verlassen. Aus der Luft gesehen lag nur das Mittelmeer trennend zwischen Europa und Afrika. Doch dann betrachtete ich das Wasser als Verbindung zwischen beiden Erdteilen und fühlte mich gleich viel besser. Ich sah sehr unruhigen Wochen entgegen und wusste, dass sie doch nur dazu dienen würden, meine Rückkehr nach Afrika vorzubereiten.

Wiedersehen mit Lpetati

Ende Februar bekam ich endlich mehrere Wochen Urlaub. Viel länger hätte ich es ohne Lpetati auch nur schwer ausgehalten. Ich war krank vor Sehnsucht nach ihm. Ein Vierteljahr hatten wir aufeinander warten müssen, waren uns aber in Briefen verbunden geblieben.

Während des Fluges dachte ich einmal kurz an Lekaitik, dem ja meine letzte Reise gegolten hatte. Eine so abrupte Wendung der Ereignisse hätte ich noch vor fünf Monaten nicht für möglich gehalten. Im Anflug auf Mombasa schwebten wir durch dicke

Quellwolken, und kaum dass ich mich der Gangway näherte, war ich wieder umgeben von dieser »Zauberluft« der kenianischen Küste, die mir jedes Mal das Gefühl vermittelte, nach Hause zu kommen. Auch andere Fluggäste empfanden so, wie ich wusste.

Ein Hotelbus brachte mich mit zahlreichen anderen Reisenden in das kleine familiäre Fontana-Hotel, das damals noch über einfache Bungalows unter Palmen auf einer Wiese am Strand verfügte.

Während ich die Räumlichkeiten erkundete, klopfte es. Oscar, rundlich, freundlich, Roomboy und Rezeptionist in einer Person, stand vor der Tür, und mein Herz pochte stark, als ich hinter ihm Lpetati entdeckte.

Ohne Rücksicht auf Oscar fielen wir uns heftig in die Arme, und meine sorgfältig zurechtgelegten Begrüßungsworte blieben mir im Hals stecken.

»*Hashe, Ngai,* danke, Gott, dass du gekommen bist!«, sagte Lpetati dicht an meinem Ohr. »Ich habe sehr gewartet.«

Später lagen wir auf dem Bett. »Du kannst schlafen«, sagte er, »ich passe auf dich auf. Und wenn du dann nicht mehr müde bist, machen wir das andere, weil du meine Frau bist.«

Ach, Lpetati! Er war hinreißend und endlich wieder ganz nah. Dennoch tat es gut, der Sehnsucht nicht gleich nachzugeben, die Leidenschaft zu zügeln und dadurch zu leiden, diesen Schmerz zu ertragen bis zur Unerträglichkeit. Die Nähe war das Wichtigste. So schliefen wir erst und liebten uns am frühen Nachmittag, als die Brandung über das Korallenriff schäumte und die einsetzende Flut mit frischem Seewind die Hitze milderte. Danach lagen wir glücklich und schweigend nebeneinander, und ich war ihm dankbar dafür, dass er noch nichts sagte. Es war einfach ein zu schöner Moment, um zerredet zu werden. Vielleicht spürte er es. So gab es nur das Rauschen des Meeres, das Rascheln der Palmwedel vor unserem Bungalow. Und es gab unsere Hände, die sich berührten, unsere verschiedenen Hautfarben, die so dicht nebeneinander immer wieder Impulse weckten.

Der Nachmittag zerrann zwischen großer Seligkeit und kleineren Seligkeiten. Die Sorge, dass vielleicht zwischen uns etwas verändert sein könnte, erwies sich als unbegründet. Nach und nach kehrten wir in die Wirklichkeit zurück, erzählten, lachten, fragten, antworteten, berichteten. Später, beim gemeinsamen Abendessen, war Lpetati kaum zu bremsen. Er musste lange nicht ausreichend gegessen haben. Ich verlor kein Wort darüber, sondern freute mich ganz einfach über seinen Appetit.

Ein paar Tage genossen wir den Luxus, in einem Hotel zu wohnen – für Lpetati war es das erste Mal überhaupt. Stolz verglich er alle Augenblicke die Uhrzeit seiner neuen Armbanduhr (für die ich lange in Hannover herumgelaufen war) mit meiner oder den Uhren im Hotel.

Ich freute mich sehr für ihn, bedauerte allerdings, dass keine Uhr der kenianischen Zeit entgegenkam, wie sie Lpetati geläufig war. Wenn ein Kenianer ein Uhr sagt, ist sieben Uhr morgens gemeint, denn es ist die erste Stunde nach Sonnenaufgang. Natürlich gibt es auch die Uhrzeit, wie ich sie gewohnt war, durch einen entsprechenden Zusatz gekennzeichnet, und in den Hotels merkte man nichts von unterschiedlichen Zeiten. Die Tagesstunden werden bis zwölf gezählt, die Nachtstunden beginnen dann wieder ab neunzehn Uhr, in Kenia »ein Uhr«, mit dem Zusatz »*usiku*, Nacht«.

Während Lpetati meinen Deoroller untersuchte und sich mit meinem Eau de Toilette das Gesicht einrieb, fragte ich endlich: »Wie sieht es in deinem *boma*, dem Dorf, für uns beide aus?« Es beschäftigte mich unentwegt, und Lpetati hatte das Thema bis jetzt vermieden, was mich befremdete. »Hast du schon etwas erfahren, das unsere Verbindung betrifft? Oder haben deine Eltern und die Ältesten eine andere Braut für dich vorgesehen, nachdem du nun die Zeremonie des *lmuget lolaingoni* gefeiert hast?« Eigentlich hatte ich das mit der Braut scherzhaft gemeint, doch jetzt wurde ich plötzlich unruhig. Irgendetwas stimmte nicht. »Ist da noch etwas?«, forschte ich nach, während das Herz mir bis zum Hals schlug.

»Nein, *pasan ai*, es ist jetzt nichts mehr. Aber du musst etwas wissen«, gestand Lpetati dann. »Tatsächlich waren schon zwei Mädchen für mich ausgewählt. Das mit dem ersten Mädchen liegt lange zurück. Es war noch, bevor ich dich gesehen habe. Das Mädchen ist gestorben, an einer Krankheit mit drei Buchstaben, TBC.«

Ich holte tief Luft. »Und … das andere?«

»Das war nach meiner Zeremonie und ist noch nicht lange her.«

Mir wurde ganz elend. Also doch! »Warum hast du mir nichts davon geschrieben?«

»Weil es für uns nicht wichtig ist. Ich will dich heiraten.«

»Meinst du, da wird man zustimmen, wo es schon eine Braut für dich gibt? Eine Samburu-Braut, die deine Familie sicher viel lieber an deiner Seite sieht als mich. Wird das jetzt wie bei Lekaitik?« Ich wurde laut und heftiger, als ich wollte.

»Warum sagst du das? Das ist nicht gut. Meine Familie wird sich freuen, dich zu sehen.«

»Wo ist denn das Mädchen, das man für dich ausgewählt hat?« Es fiel mir schwer, danach zu fragen.

»Sie ist jetzt fort. Sie war bei uns, um uns kennen zu lernen. Wir konnten ihre Familie nicht beleidigen und sie zurückschicken, aber dann wollte sie von sich aus zurück. Sie weiß, dass ich eine *mzungu* heiraten werde. Ich habe es ihr selbst gesagt.«

»Und nun?«

»Nun gehen wir nach Hause.«

»Und das Mädchen? Und deine Familie?«

»Das ist kein Problem. Noch sind keine verpflichtenden Gespräche gelaufen, und zum Glück gibt es einen *korroro*, der das Mädchen heiraten möchte. Seine Familie hat auch mehr Kühe, als wir haben. Da ist die Entscheidung einfach. Ohne dich müsste ich aber beleidigt sein.«

Er konzentrierte sich jetzt auf seine Zehennägel und benutzte meine Nagelfeile. »Dein Vater … du hast gesagt, er ist ein Lehrer. Das ist etwas Großes?«

»Na ja, warum?«

»Wie viele Kühe würde er haben wollen für dich?«

Ich löste mich langsam aus meiner Befangenheit, in die unser Gespräch mich gebracht hatte. »Sehr viele«, sagte ich, weil ich aufgebracht war, »sehr, sehr viele.«

Lpetati machte ein unglückliches Gesicht. »Das habe ich mir schon gedacht. Das wird ein großes Problem.«

Obwohl ich ein paar Tage in seinem Dorf zugebracht und dabei auch so manche Dürftigkeit gesehen hatte, ahnte ich noch nicht, wie bitterarm meine zukünftige Familie wirklich war, und nahm Lpetatis Frage nach der »Mitgift« zunächst sehr locker. Es dauerte eine Weile, bis mir ernsthaft bewusst wurde, dass ich tatsächlich auf eine legale Verbindung hinsteuerte. Und schon gewann die Sorge meines zukünftigen Mannes, meinen »Brautpreis« nicht zahlen zu können, eine ganz andere Dimension. Ich erlöste Lpetati aber nicht sofort aus seiner tiefen Besorgnis.

Diesmal wollte ich besonders aufmerksam sein, versuchen, einen Blick hinter die Kulissen zu werfen und die engsten Familienangehörigen durch Gespräche besser kennen zu lernen. Ich wollte in diesem Urlaub herausfinden, ob und in welcher Form ich mit Lpetati würde leben können, vorausgesetzt, ich wäre als seine zukünftige Frau willkommen. So würde es später kein böses Erwachen geben, und ich könnte im Vorfeld eventuelle Probleme angehen. Das hätte dann viel mit Wissen um die Traditionen, die Gewohnheiten, die Lebensart zu tun, mit Einfühlungsvermögen und natürlich genauso viel mit Geld, damit ich ab und zu vielleicht ein paar Annehmlichkeiten finanzieren könnte. Mir wurde auf einmal bewusst, dass ich zukünftig wohl für alle finanziellen Belange aufkommen musste.

Nach einer ausgelassenen Wasserschlacht im Pool versuchte Lpetati sich an meiner Gitarre – die ich natürlich auch diesmal dabeihatte –, fand schnell zwei harmonische Griffe heraus und verfasste aus dem Stegreif ein Lied über unsere bevorstehende gemeinsame Rückkehr in sein Dorf. Ich war gerührt, musste dann aber immer wieder daran denken, dass er, gäbe es mich nicht, demnächst eine Samburu ehelichen würde, die ganz anders sein musste als ich. Ein banges Gefühl beschlich mich und ließ mich unsicher werden. Da meinte ich, Lpetati schon zu kennen, und wusste doch nur wenig von ihm. Nach und nach, so hoffte ich, würde ich das Leben der Samburu zu einem farbenfrohen Mosaik zusammensetzen können, dessen tiefgründige Bedeutung sich mir hoffentlich bald erschloss.

Als er mich später im Arm hielt, musste ich mir noch etwas von der Seele reden, das mich die ganze Zeit über beschäftigte. »Ich weiß, dass es dir erlaubt ist, mehrere Frauen zu haben. Würdest du nach mir noch eine Samburu heiraten?«

Sein Griff lockerte sich und wurde dann fester. »Ich habe dir doch gesagt, dass ich nur dich heiraten will. Ich brauche keine andere Frau. Du kannst mir glauben.«

»Kann deine Familie bestimmen, dass du noch eine Samburu-Frau nimmst?«

»Das könnte sie, aber warum sollte sie das tun? Sie werden Ja sagen zu dir. Wenn du wiederkommst, heiraten wir. Warum fragst du so viel?«

»Weil ich ein bisschen Angst habe und auch gerne vorher so viel wie möglich wissen will.«

»Erst mal musst du keine Angst haben, wenn ich es dir sage. Du wirst schnell alles kennen lernen und richtig machen. Und ich habe auch Angst.«

»Du?«

»Ja, ich habe manchmal Angst, dass dir das Leben bei uns nicht so gut gefällt, weil es ja nicht ist wie hier.«

»Es wird mir gefallen – wenn du bei mir bist, wird es mir gefallen.«

Nachmittags kauften wir in Mombasa unsere Fahrkarten nach Nairobi und aßen anschließend in Mtwapa zu Abend. Als Lpetati den Gastraum kurz verließ, tauchte wie aus dem Nichts Lekaitik vor mir auf.

Ich freute mich, ihn zu sehen. »Wie geht es dir?«, wollte ich wissen.

Lekaitik zuckte die Schultern und ließ die Frage unbeantwortet. »Meinst du, es ist gut, was du tust?«, fragte er stattdessen.

»Ja. Ich würde es sonst nicht tun.«

»Du gehst in eine *ol-kunoni*-Sippe.«

Ich wusste nicht, dass es in Lpetatis Familie Waffenschmiede gab – sie genießen kein besonderes Ansehen bei den Samburu, obwohl sie ein wichtiges Handwerk beherrschen –, aber das erfuhr ich erst später.

»Ich will das nicht, was du tust«, fuhr er fort, »du handelst nicht richtig. Du solltest bei mir bleiben.«

Ehe ich darauf antworten konnte, kam Lpetati zu uns und sprach in Kisamburu mit Lekaitik; die beiden Männer sahen sich nicht freundlich an. Einem Impuls folgend hielt ich ihnen die Hände hin. »Lasst uns drei gute Freunde sein«, bat ich. Die farbenprächtigen Krieger gingen nach kurzem Zögern und Überlegen auf meine Bitte ein und reichten mir feierlich jeder die Hand.

Zweite Reise mit Lpetati

Während wir an einem Sonntagabend auf der Überlandstraße Nairobi entgegenratterten, dachte ich mit gemischten Gefühlen und ein wenig Unbehagen an das Wiedersehen mit Lpetatis Familie. Mich ärgerte die Einschränkung, die ich in Gedanken machen musste, weil man für Lpetati eine Braut ausgesucht hatte. Andererseits war dieser Besuch unter dem Aspekt, Lpetati zu heiraten – vorausgesetzt, man wäre mit mir einverstanden –, besonders wichtig. Uns würden acht oder auch zehn Tage bleiben. Das war natürlich nicht sehr viel, aber es würde mir bei meiner Entscheidung helfen.

Eine ungeheure Spannung, von der Lpetati nichts ahnte, hatte mich erfasst, und hinzu kam die bange Frage, ob die Familie schon über unsere Heirat gesprochen hatte. Lpetati war sehr optimistisch, aber mir ging das andere Mädchen nicht aus dem Kopf. War vielleicht etwas zwischen Lpetati und ihr gewesen?

In Nairobi blühten lila-blau die Jaccarandabäume, und unterwegs zum Rift Valley entdeckte ich gelbe Cassia, Engelstrompeten, Eukalyptushaine, Bananen- und Gemüseäcker. Auch wenn die Fahrt alles andere als bequem und äußerst anstrengend war, entschädigte Kenias landschaftliche Vielfalt und Schönheit zumindest Augen und Herz.

Inzwischen nahm ich – mutig geworden – ebenfalls die Pausen am Straßenrand wahr, die der Busfahrer meist auf Zuruf einlegte, um auszutreten. Ich hatte eigens dafür ein großes Tuch dabei, das ich mir um die Taille schlang. So konnte ich mich, vor neugierigen Blicken geschützt, neben all die anderen hinhocken, das Tuch weit um mich gebreitet. Als einzige weiße Frau fühlte ich mich dann sicherer.

Auf der Fahrt registrierte ich, dass ich immer weniger Probleme, eigentlich gar keine, damit hatte, mich an die jeweiligen Situationen anzupassen, und waren sie noch so grotesk. Dazu war ich viel zu neugierig darauf, was passierte und wie Dinge sich entwickelten.

In Gilgil quetschte sich ein Mann mit einer Ziege in die Sitzreihe vor uns, das ziemlich große Tier halb neben, über und vor sich. Während ich die leuchtende Schönheit unzähliger orange blühender Aloen bewunderte, die wie angelegte Felder große Teile der Savanne bedeckten, betrachtete Lpetati immer noch die Ziege mit sachkundigem, wohlwollendem Blick.

Für einen Samburu gab es einfach keine größere Seligkeit, als Besitzer von möglichst vielen gesunden Tieren zu sein. Stolz hatte mir Lpetati bei unserem letzten Aufenthalt im Dorf seine drei eigenen Kühe gezeigt, darunter eine Färse und ein Kalb. Voller Trauer hatte er davon berichtet, dass er und die Familie viele Rinder durch eine Seuche verloren hatten.

»Wie ist es bei euch mit einem Tierarzt und Tiermedizin?«, fragte ich Lpetati.

»Es gibt einen Arzt in Maralal, aber das kostet Geld. Ich möchte gern Medizin für die Kühe mitnehmen, zur Stärkung. Wenn es dir möglich ist, kaufe ich sie in Nyahururu.«

Zum ersten Mal gab er mir zu verstehen, dass er auf meine finanzielle Hilfe zählte.

Das letzte Stück unserer Reise war das anstrengendste, da nun wieder die Schotterpiste auf uns wartete, die je nach Wetter im Matsch oder in Wolken von Staub versank.

Unser bunt bemalter kleiner Bus war mit Sägespänen ausgelegt, was auf schlimme Wegverhältnisse schließen ließ. Fast vier Stunden lang wurden wir durchgeschüttelt und durchgerüttelt, schnellten ab und zu vom Sitz hoch und stießen mit den Köpfen an die Decke oder ans Fenster. Ein Kind und eine Frau erbrachen sich unter fürchterlichem Gestöhne. Feinster Staub drang durch alle Ritzen, wirbelte aber zumindest dank der Sägespäne nicht auch noch vom Fußboden auf. Ich bangte um meine geliebte Gitarre, die mir schon auf der ganzen Reise größte Schwierigkeiten bereitet hatte. Aber Lpetati hatte mich gebeten, sie mitzunehmen, und ich trennte mich ohnehin nicht gern von ihr. Sie war die einzige Extravaganz, die ich mir leistete, in allem anderen passte ich mich den Gegebenheiten an. Das Instrument war wie ein Freund für mich, eine Medizin, eine Therapie, um Freude, Trauer und Aufregung zu verarbeiten, indem ich meine Empfindungen beim Spielen und Singen herausließ. Nie ging es mir besser als unmittelbar nach dem Gitarrespielen.

Charlyman

In Maralal angekommen, waren wir schmutzig und müde, aber sonst unbeschadet in der Kariara Lodge ins Bett gefallen und sofort eingeschlafen.

Lpetati freute sich sehr auf zu Hause. Fröhlich bestellte er am nächsten Morgen in dem kleinen Restaurant »ein weißes Brot mit rotem Zeug«, ein Marmeladen-Sandwich. Ich hatte beschlossen, ihn zu überraschen und eine Kuh für ihn zu kaufen, doch damit hielt ich mich noch zurück.

Erst nachdem wir diverse (von der Familie erwartete) Lebensmittel und Mitbringsel gekauft hatten, zog ich Lpetati in Richtung Viehmarkt. »Etwas Wichtiges fehlt noch«, sagte ich bedeutungsvoll. Er blieb stehen, stutzte kurz, als er begriff, wohin wir gingen – Augen konnten nicht strahlender sein. Dann fasste er nach meiner Hand, zog mich mit sich, hatte es plötzlich sehr eilig und lief fast, leichtfüßig.

Noch ehe wir den Platz erreichten, stießen wir auf einen hoch aufgeschossenen Samburu, der zwei Stiere anbot, beides hübsche, junge Tiere, sandfarben und schwarz.

Lpetati war entzückt, aber ich hatte an eine Kuh gedacht und sagte es ihm.

»Ich möchte gerne einen Mann«, sagte er, »würdest du einen Mann erlauben? Wir haben keine Männer, und ich will nicht, dass nur die Bullen unserer Nachbarn unsere Kühe schwängern. Es wäre schön, einen eigenen Mann dafür zu haben.«

Nun hockten sich der lange Samburu und Lpetati auf die Erde und führten ein sehr umständliches, langes Gespräch. Endlich erhob sich Lpetati, um sich mit mir zu beraten.

»Kannst du dreitausend bezahlen? Viertausend auch? Wenn du einverstanden bist, möchte ich den schwarzen. Er ist genau der richtige für unsere Herde.«

Es gefiel mir, wie er das sagte – unsere Herde. Stolz ging er um das Tier herum, besah es sich ausgiebig und schien sehr zufrieden. »Später möchte ich einen Mann, der die Farbe von Mombasas Strand hat, für unsere Kühe.«

Der nun folgende Marsch zum Dorf war ziemlich anstrengend durch unsere schweren Rucksäcke und Tüten. Dazu hatten wir Mühe, den schwarzen Stier einigermaßen in Schach zu halten.

Aber mein Herz lief über vor Freude, weil Lpetati glücklich war. Immer wieder bedankte er sich, streichelte meine Hand und drückte sie.

Der junge Stier gefiel mir zusehends. Besonders hübsch war der Kopf mit weit gebogenen Hörnern und weißen Flecken über den Augen.

»Er sieht irgendwie wie Charlie Chaplin aus«, sagte ich. Natürlich konnte Lpetati nichts mit »Charlie Chaplin« anfangen, doch auf einmal hatte der junge Stier seinen Namen: Charlyman.

Mich nannte Lpetati *pakiteng*, und in seiner Stimme lag dabei große Hochachtung. So hatte mich auch Lekaitik einmal genannt. »Was ist *pakiteng*?«, fragte ich.

»Das bist du. Du hast mir dieses wundervolle Geschenk gemacht. *Pakiteng* ist der, der die Kuh, der den Stier schenkt. Das ist das Höchste. Du wirst ein Leben lang meine *pakiteng* sein.«

Mir war feierlich zumute, wenngleich ich schwitzte und nach Luft ringen musste, nachdem wir den ersten von zehn weiteren Hügeln ziemlich rasch erklommen hatten. Unter einem seidig blauen Himmel wanderten wir dahin. Das Grasland wies gelbliche, versengte Stellen auf, nahe und ferne Berge schimmerten in unterschiedlichen Blautönen. Der Pfad verengte sich ab und zu, schlängelte sich um breite Dornenakazienbüsche herum, die kugelige, weißgelbe Blüten trugen. Überall begegneten wir Zebras, Impalas und Thomson-Gazellen. Ich war selig. Charlyman trippelte brav neben uns her. Nur hier und da rupfte er Gras und blühende Pflanzen und zerkaute sie hörbar. Hoffentlich würde ihm der lange Weg, an dem es keine Wasserstelle gab, nicht zu sehr zusetzen. Als wir auf halber Strecke eine Pause einlegten, tauchten plötzlich Schakale auf, und ich geriet in helle Aufregung. Doch Lpetati verscheuchte sie mit Händeklatschen und eigenartigen Rufen. »Sie denken ans Paaren«, erklärte er mir, »da sind wir nicht wichtig.«

Das zweite Mal im Boma

Charlyman zeigte keinerlei Ermüdungserscheinungen nach dem Vier-Stunden-Marsch, ich dagegen hatte fürchterliches Herzklopfen. Beim Anblick der Hütten fühlte ich meinen Hals eng werden. Doch noch ehe ich mich für den großen Augenblick des Wiedersehens sammeln konnte, rannten uns Kinder entgegen. »*Kiteng, kiteng, kiteng*«, riefen sie fröhlich und hüpften vor uns her.

»Sie freuen sich über den schwarzen Stier«, erklärte Lpetati, »alle werden sich freuen, du wirst sehen.«

Es war wirklich ein Aufsehen erregender Empfang, ich wurde umarmt und gedrückt. Die Frauen bedachten mich mit nassen Küssen, die Männer mit dem typischen dreifachen Händedruck der Samburu, mit freundlichem Lächeln und Willkommensrufen, nur Lpetatis Vater zog meine Hand dicht an die Lippen. Es war wie ein gehauchter Kuss, aber doch mehr ein Speien, wie bei den Segnungen. Ich war ziemlich verwirrt und hatte dann Mühe, die Gesichter den einzelnen Personen zuzuordnen, es waren einfach zu viele.

Lpetati war mir dabei behilflich, die üblichen Gastgeschenke wie Zucker, Tee, Maismehl und Reis an die Frauen zu verteilen, die eng zur Familie gehörten und innerhalb des *boma* eigenen Haushalten vorstanden.

Einige alte Herren waren gekommen, der Ältestenrat, um uns zu begrüßen und Charlyman in Augenschein zu nehmen. Dass der Herdenzuwachs dermaßen große Aufmerksamkeit erregte, faszinierte mich. Mit diesem Geschenk hatte ich offenbar etwas ungeheuer Großartiges getan! Lpetatis Familie und Clan-Angehörige behandelten mich irgendwie anders als noch vor einem Vierteljahr. Auch da waren sie freundlich gewesen, unkompliziert und entgegenkommend. Doch jetzt lag Verehrung in ihrer Haltung mir gegenüber, Anerkennung und eine andere Verbundenheit.

Besonders am Abend wurde das deutlich, als wir beim *chai* in Saitos Hütte saßen. Großmutter, Mutter, Tante Kakomai, Marissa sowie Großvater und Vater beteten für mich und bedankten sich bei Ngai für unser Erscheinen. Großvater und Vater sprachen gar von einem *sikukuu*, einem Feiertag, weil Lpetati und ich gekommen seien mit einem neuen Stier und Medizin für die Kühe. Welche Wertschätzung und Wichtigkeit besaßen doch die Tiere bei den Samburu!

»Und«, dachte ich bei mir, »ich habe mich bei der Familie eingekauft.«

Lpetati genoss die Aufmerksamkeit um uns herum. »Mach Musik«, sagte er zu mir, »es ist ein guter Tag. Ich habe ein Kalb, ich habe einen Stier, ich habe eine *pakiteng*.«

Es wurde eine laute, lange Nacht, eine fröhliche Feier. Erst spielte und sang ich, dann Lpetati, und alle Anwesenden ließen sich irgendwelche Dinge einfallen, die sie besingen konnten. Anschließend verteilte Lpetati den mitgebrachten Kautabak, dazu Kekse und Bonbons.

Später gingen wir noch einmal zum Pferch, um Charlyman zu begutachten und ein neues Kalb, ein weiß und beige geflecktes weibliches Tier.

Im Mondlicht hockte Lpetati sich hin, redete leise und beruhigend auf beide ein. Das neue Kälbchen, das wir mit einer Zeremonie auf den Namen Sali-Salbei tauften, brachte er in die Hütte von Saito, denn alle Kleintiere kamen nachts ins Haus. Zum einen waren sie so vor der nächtlichen Kälte und wilden Tieren geschützt, zum anderen tranken sie dann nicht von ihren draußen verbleibenden Müttern die Milch, die wir für den *chai* benötigten. Morgens und abends wurden die Jungtiere zu ihren Müttern gebracht. Man ließ erst den Nachwuchs trinken, dann wurde, manchmal gleichzeitig, gemolken. Wir teilten uns die Milch mit den Kälbern und Lämmern.

»Wir schlafen bei Marissa … zusammen«, sagte Lpetati und

zog mich zur nahen Hütte der Zweitfrau seines Vaters, Mutter seiner Halbschwestern Ngarachuna und Bestana sowie seines Halbbruders Raffael.

Es war eine Nacht von vielen, vertraut und fremd zugleich. Ich ließ Empfindungen, Gerüche und Geräusche auf mich einwirken und nahm die Nähe Lpetatis ganz bewusst wahr, der mich wärmte und in seinen Armen schlafen ließ.

Wie schon vor drei Monaten vergingen die Tage mit längeren Spaziergängen, Besuchen bei diversen Verwandten und Freunden, wo wir stets *chai* tranken, und dem Begutachten von Tieren.

Hier zu Hause führte Lpetati einen gut zwei Meter langen Speer mit Metallspitze mit sich, der mit einer Kugel aus eng zusammengebundenen, dunklen Straußenfedern verziert war. So konnte ich jederzeit feststellen, in welcher Hütte er sich gerade aufhielt, denn den Speer nahm man tagsüber nie mit in die Hütten, sondern lehnte ihn draußen an die Wand. Mir gefiel das Bild, wenn Lpetati kam oder ging, elastischen Schrittes, den Speer in der Hand – ganz und gar ein Krieger.

Wir unternahmen vieles, aber nicht alles gemeinsam, denn selbstverständlich wollte Lpetati seine Beschneidungsbrüder besuchen und echte Männergespräche führen. Mich vereinnahmten die Frauen, Mädchen und Kinder. Wir lachten viel und machten Spiele, die ich ihnen beibrachte, wie »Blindekuh« oder »Plumpsack«, sie konnten gar nicht genug davon bekommen. Ich begriff, dass die Mitglieder der Familie und des großen Clans freundliche, fröhliche und friedfertige Menschen waren. Mit Sicherheit musste ich sie nicht wegen der spartanisch einfachen Lebensumstände bedauern. Sie hatten vielmehr Bewunderung verdient.

Diesmal hatte ich auch endlich Gelegenheit, längere Gespräche mit Lpetatis Großeltern und Eltern zu führen, mit Marissa und den beiden älteren Schwestern Kulalo und Lekian sowie der jüngeren Loasakat.

Die Abende mit Gitarrenmusik (jeder durfte das Instrument

benutzen, auch wenn mich dessen teilweise raue Behandlung schmerzte) waren die Attraktion in dieser Gegend ohne Elektrizität. Lpetati und ich brachten viel Freude mit, und noch bevor wir das *boma* verließen, wurde ich als Lpetatis Braut angesehen.

»Ich werde dich bald heiraten, alle sind einverstanden«, hatte Lpetati eines Tages fröhlich und laut verkündet.

Flöhe

Drei Tage vor unserer geplanten Abreise war ich plötzlich voller Hysterie, denn ich fand mich zerbissen von Flöhen. Die Stiche juckten entsetzlich und plagten mich, brachten mich beinahe aus der Fassung.

»Schau mal hier«, sagte ich zu Lpetati, als wir auf dem Weg zu seinem Cousin Milyon weit genug von den Hütten entfernt waren, und entblößte vor ihm Brust, Bauch und Rücken, die von dicken, roten Quaddeln übersät waren. Er schien betroffen und blickte eingehend an sich hinunter. Aber auf seiner Haut sah man nichts, obwohl er sich auch manchmal kratzte.

»Ich will hier weg«, sagte ich unbeherrscht.

Er schien bedrückt und kletterte schweigend neben mir den Abhang aus roter Erde hinunter, während es in mir arbeitete. Ich hasste die Flohstiche, und ich hasste mich wegen meines Unvermögens, Haltung zu bewahren.

Bei Milyon tranken wir *chai*, und ich hatte Mühe, freundlich und gelassen zu bleiben. Ich hätte mich am liebsten blutig gekratzt, meine Selbstdisziplin wurde ungeheuer gefordert.

Auf dem Rückweg suchte Lpetati silbrig grüne, dem Ölbaum ähnliche Blätter. »Ich werde dir einen Saft machen, der helfen kann«, sagte er. Die Rührung über sein Bemühen löste meine Selbstbeherrschung, und ich heulte. Hilflos stand er dabei und sortierte dann die gepflückten Blätter. Mit äußerster Kraftanstrengung beruhigte ich mich. »Kannst du den *viroboto*, den Flöhen, verzeihen, die dich so gequält haben«, fragte er, »und noch hier bleiben?«

Jetzt konnte ich lächeln, und auf einmal lachte ich sogar, hörte mich »Scheiße« sagen, das eigentlich nicht zu meinem Wortschatz gehört, und dann lachten wir beide aus verschiedenen Gründen, aber auch vor Erleichterung.

Mit den gepflückten Blättern ging Lpetati zu Großmutter Gatilia, und ich sah ihn auch mit Mousse reden, den alle aus Respekt vor seinem Alter mit dem Ehrentitel *mzee* anredeten. Ziemlich spät kam er mit einem herb riechenden Sud in einem Emaillebecher zurück. »Deine Medizin«, erklärte er.

Ich konnte es kaum erwarten, sie aufzutragen, und tatsächlich hatte am Morgen der Juckreiz deutlich nachgelassen. Beim nächsten Mal würde ich sicher mit allerlei speziellen Salben und Tinkturen zurückkommen, denn so ein fürchterliches Jucken wollte ich nicht wieder erleben, von der Verunstaltung, außer auf Gesicht und Händen, ganz zu schweigen. Ich sah aus, als hätte ich die Masern.

Eine Ziege als Zeichen

Am nächsten Vormittag sah ich zu, wie Lpetati im Beisein des *l'oiboni* eine Ziege, die er zuvor sorgfältig ausgewählt hatte, abseits der Hütten tötete. Ich wusste, dass das Tier mir zu Ehren geschlachtet wurde, und es hatte auch damit zu tun, dass die Beratungen über unsere Hochzeit positiv verlaufen waren. Als das Tier in Todesangst schrie und vor dem Durchschneiden der Kehle erstickt röchelte, erschauderte ich, aber gleichzeitig faszinierte mich, was ich sah. Ich konnte mich gar nicht von dem Anblick meines schönen *morani* bei dieser für mich ekelhaften Tätigkeit lösen. Vielmehr beobachtete ich ihn, wie er aus dem geöffneten Kehlsack das warme Blut trank und einigen wartenden Kriegern ebenfalls die Gelegenheit zum Bluttrinken gab. Ich bildete mir ein, neben dem typischen Geruch auch die Wärme des Blutes zu riechen.

Übermütig lud mich Lpetati ein, es ihm und den Kriegern gleichzutun, denn zu diesem »Genuss« waren Frauen und Kinder üblicherweise nicht zugelassen. Das Trinken von Blut aus einer Kalebasse, besonders ein Blut-Milch-Gemisch, war hingegen allen erlaubt und sehr beliebt, vor allen Dingen in Krankheitsfällen und zur Stärkung nach Geburten.

Blitzschnell und mit gekonnten Schnitten enthäutete Lpetati die Ziege, legte den Kopf zur Seite, entnahm die Innereien, säuberte die Därme. Dann wies er mich an, seiner Mutter den Kopf der Ziege zu bringen. Ich erschrak und war entsetzt, doch vielleicht gehörte das alles zu einem Ritual, also überwand ich mich. Die Augen in dem Kopf sahen mich an, ich fühlte mich durchbohrt von ihrem Blick. Es würgte mich, ich schluckte und packte den Kopf verzweifelt an einem Ohr, das sich seltsam anfühlte, als würde es sich bewegen.

Der Weg bis zu Saitos Hütte erschien mir unglaublich lang, die halbe Familie beobachtete mich, vor allem die Kinder und Frauen. Mit meiner schaurigen und blutigen Last erreichte ich Saito, die mich bereits erwartete. Sie sah mich an, bedankte sich, als sie den Kopf an sich nahm, und murmelte etwas, aber sonst geschah nichts. Ich wartete und war ziemlich irritiert. Da ich jedoch immer noch gegen die Übelkeit ankämpfte, war ich nach wie vor mit mir beschäftigt. Als ich an den Schlachtplatz zurückkehrte, diesmal in Begleitung von Kulalo und Marissa, reichten uns zwei Freunde Lpetatis die Innereien auf ein paar größeren Blättern als »Tablett«.

Mehrere *moran* zerschnitten das Ziegenfleisch in handliche und mundgerechte Stücke, andere Krieger entzündeten ein Feuer unter einem provisorischen Gestell. Einige suchten Stöcke, um das Fleisch aufzuspießen und über den Flammen zu grillen. Derweil kochten die Frauen die Innereien, deren Verzehr ihnen vorbehalten blieb, bis auf das Herz. Lpetati brachte mir etwas später einen kleinen Stock mit einem duftenden Bratenstück. In seiner Geste lag etwas Besonderes, das ich sofort spürte, etwas, das keine Worte kannte und keine Zuschauer duldete, und für einen Moment waren wir allein auf der Welt. Da umringten uns einige fröhliche Kinder und nahmen den Zauber vorübergehend fort.

Den Abend verbrachten wir getrennt, denn Frauen und Männer aßen bei Feierlichkeiten nicht gemeinsam, und besonders die Gruppen der Senior-Ältesten und der Krieger blieben unter sich.

Der Mond war fast voll. Mit Lpetatis Mutter und Großmutter, seinen Schwestern und Tanten sowie den Kindern saß ich vor Saitos Hütte. Da fiel mir der Ziegenkopf wieder ein, aber ich konnte ihn nirgendwo entdecken. Kochte er womöglich in irgendeinem Topf, oder was geschah mit ihm? Ob ich Lpetatis Mutter danach fragen durfte? Ich unterließ es.

Zu später Stunde begleitete Kulalo mich bis zu Marissas Hütte, obwohl es nur wenige Meter bis dahin waren. Ihr Mann war bei dem Versuch verunglückt, eine Kuh zurückzuholen, die sich von der Herde getrennt hatte und von einer Löwin bedroht worden war.

Marissa betete gerade, als ich die Hütte betrat. Leise zog ich die Schuhe aus, mit denen man die Schlafplätze nicht betreten durfte, und hockte mich Marissa in andächtiger Haltung gegenüber. Dabei schob ich vorsichtig eine ziemlich zerlumpte Decke beiseite, die stark nach saurer Milch roch. Falls Marissa die Decke für mich dort hingelegt hatte, wollte ich sie nicht beleidigen.

Meine Kleider behielt ich zum Schlafen an, meist zog ich sogar noch zusätzlich einen Pullover über, um in den kalten Nächten nicht zu frösteln.

Irgendwann in der Nacht hörte ich, wie die Lattentür zur Seite geschoben wurde, und kurz darauf rollte sich Lpetati eng neben mich. Er roch nach Bratendunst und Holzfeuer und artikulierte sich nach Kriegersitte – es klang wie ein Knurren, Seufzen und Brummen zugleich.

Lpetati entledigte sich seiner *shuka* und gab mir zu verstehen, dass ihn mein Wickeltuch störte. Leise und vorsichtig liebten wir uns.

»Ich habe noch nie Liebe mit einer *pakiteng* gemacht«, flüsterte

Lpetati und fuhr mit dem Finger sanft über einen der noch immer zahlreichen Flohbisse auf meiner Haut.

»Ist es mit einer *pakiteng* anders?«, fragte ich ebenso leise.

»Es ist wie ein Tag mit vielen schönen Kühen, viel Gras und viel Wasser.«

Wie so oft traf er genau ins Zentrum meiner Empfindungen und ließ mich mit dem, was er sagte und wie er es ausdrückte, in einer wohltuenden Zufriedenheit zurück. Es war diese instinkthafte Treffsicherheit der einfachen Worte im richtigen Moment, die mich so oft beglückte.

Am Tag vor unserer Abreise schabten Lpetatis Mutter und seine älteren Schwestern das Fell von der geopferten Ziege mit scharfkantigen Steinen und spitzen Hölzern und entfernten so alle Fleisch- und Fettreste. Dann trieben sie kleine Holzpflöcke durch das Fell und in die Erde und spannten die saubere Ziegenhaut über dem Boden.

»Für dich«, sagte Saito und lachte mich an. »Wenn du wiederkommst, ist das mein Geschenk für dich.«

Zweiter Abschied

Der nächste Morgen war geprägt vom Abschiednehmen. Ich ging noch einmal um die Hütten herum, ein Stück den Bach hinauf, stieg über das Geröll des nahen Berges ein wenig höher, um so einen guten Überblick über das Hochtal zu haben, in das ich bald wiederkommen und in dem mein neues Zuhause sein und in dem ich heiraten würde.

Viele Kinder aus dem Dorf waren mir gefolgt. Zahlreiche kleine braune Hände fassten nach meinen größeren weißen oder hielten sich einfach an meinen Kleidungsstücken fest. Manche suchten gar meine Nähe, nannten schüchtern oder kess meinen Namen. Die Familie und Nachbarn hatten sich versammelt. Nun umarmten sie mich und schenkten mir zahlreiche Armbänder, für mich, meinen Vater, meine Kinder, meine Brüder. Dann kam Lpetati mit Onkel Elia und brachte mir zwei breite Aluminiumreifen, wie sie die Samburu-Frauen um die Fußgelenke tragen.

»Schau«, sagte er, »für das Muster habe ich einen ganzen Tag gebraucht. Sie sind gut geworden.«

»Oh Simba!«, brachte ich nur überwältigt heraus.

Saito wischte mir mit der Hand die Tränen der Rührung weg. Unsere Blicke trafen sich, und es war das erste Mal, dass mir richtig bewusst wurde, dass meine zukünftige Schwiegermutter vor mir stand. Spontan umarmte ich sie und bedankte mich für die Gastfreundschaft. Sie löste daraufhin eine ihrer zahlreichen Ketten im Nacken, eine mit dicken, roten Plastikperlen, und legte sie mir um.

Babu spie mich vorsichtig an, es war mehr das Geräusch des Speiens, der Speichel blieb unsichtbar. Er tat es dreimal und wandelte dabei die Richtung ein wenig ab. Inzwischen wusste ich, dass dies der Segen war, zu dem die Älteren und ganz besonders die sehr alten Clan-Angehörigen die Berechtigung und die Fähigkeit besaßen.

Bei besonders feierlichen Anlässen wurde dazu ein Schluck Wasser, vor allem aber Milch genommen, die man im Mund beließ und anschließend ganz fein versprühte, als wolle man speien und pusten zugleich. Im Alltag »segnete« man mit Speichel.

Marissa sandte mit theatralischen Gesten ein kurzes Gebet zum Himmel. Mit wilder Herzlichkeit drückte sie mich an sich und reichte mich dann an Gatilia und Kakomai weiter. Tief bewegt und von allen umringt, drückte ich viele Hände. Als Großvater kam, wurde es still. Lpetati und ich hockten vor ihm auf der Erde. Babu erbat für uns, kraft seines Amtes als weiser Ältester, den Segen Ngais, legte uns die Hand auf und entließ uns mit »Ngai schütze und geleite euch«, nachdem er laut für eine gesunde Heimkehr gebetet hatte. Baba, so durfte ich Lpetatis Vater nennen, und Marissa versprachen, sich um die Tiere zu kümmern.

»Ich werde sie zu den besten Weiden treiben«, versprach Losieku, Lpetatis jüngster Bruder.

Zwei Tage später waren wir wieder an der Küste. Es war noch dunkel, als uns der Bus genau vor dem Fontana-Hotel absetzte. Geduscht und satt von einem ausgiebigen Frühstück, verschliefen wir auf einem herrlich breiten Bett den halben Tag.

Am Abend zupfte Lpetati auf der Gitarre und besang auf unserer Terrasse hingebungsvoll Charlymans und Sali-Salbeis Schönheit. Während ich ihm zuhörte und ihn betrachtete, quälten mich viele Fragen. Wann konnte ich wiederkommen? Und für wie lange? Würde alles so werden, wie wir es uns erhofften und wünschten?

Immerhin hatte ich erfahren, was ich hatte erfahren wollen, herausgefunden, was ich herauszufinden gehofft hatte: dass ich als zukünftige Ehefrau Lpetatis willkommen war und dass ich bei seiner Familie mit ihm würde leben können. Zu meiner Erleichterung war kein einziges Mal die Rede von dem für Lpetati vorgesehenen Mädchen gewesen, nicht einmal ein versteckter Hinweis auf eine andere Braut aufgetaucht.

Einige Tage später, bei orangefarbenem Sonnenaufgang, hielt der Sammelbus vor dem Fontana, um mich mit einigen anderen Gästen zum Flughafen nach Mombasa zu bringen.

Nach einer durchwachten Nacht voller verzweifelter Liebesbeweise hatte Lpetati meinen Koffer zum Parkplatz getragen. Auf einmal ging alles so schnell, und es blieb ihm nur noch zu sagen: »Wenn du wiederkommst, heiraten wir, *pakiteng*.«

Ich nickte völlig aufgelöst hinter der Scheibe. Mir wurde übel vor Weh, und meine Tränen ließen Lpetatis Gestalt undeutlich vor dem farbenfrohen Morgenhimmel verschwimmen.

In Deutschland

In den frühen Abendstunden landete ich auf deutschem Boden. Im Gegensatz zu Kenia war es noch hell. Am Äquator brach die Dunkelheit immer gegen neunzehn Uhr herein, daran änderte keine Jahreszeit etwas.

Meine Söhne holten mich ab. Es war schön, sie um mich zu haben, und ich war dankbar, beide wohlbehalten wiederzusehen. Liebevoll betrachtete ich sie, registrierte kleine Veränderungen wie einen anderen Haarschnitt, ein schmaleres Gesicht, ein neues Kleidungsstück. Sie hatten ihren festen Platz in meinem Herzen – genau wie Lpetati. Er würde nie zwischen ihnen und mir stehen.

Das erste Wochenende ging unter Erzählen vorbei, mit Anrufen bei guten Bekannten und Freunden, Besuchen bei meinem Vater und der Mutter meines verstorbenen Mannes. Bald hielt auch der Alltag wieder Einzug. Ich fuhr täglich zur Zeitung, konzentrierte mich auf meine Arbeit und erledigte sie mit Freude. Einige Kolleginnen piesackten mich. »Nun erzähl schon, wie er heißt, man sieht dir doch an der Nasenspitze an, dass du glücklich bist«, hieß es. »Etwa ein Afrikaner? Wie sind die denn so als Männer?«

Ich lächelte nur viel sagend – eine Auskunft gab ich bis auf wenige Ausnahmen nicht.

Im Geiste war ich ständig in Kenia, und irgendwann waren mir Ideen gekommen, wie ich den Alltag meiner zukünftigen Familie und der Nachbarn erleichtern könnte. Meine Gedanken beflügelten mich. Immer mehr Möglichkeiten kamen mir in den Sinn, mit denen sich im *boma* etwas verbessern ließe, ich schäumte über vor Aktivität und Lebenslust und begann, gezielt Geld zu sparen für meine Vorhaben. Bald gäbe es reichlich zu tun, um ein wenig mehr Lebensqualität in das verträumte Dorf bringen zu können, ohne dort jedoch etwas zu beeinträchtigen oder zu verfremden. Den Menschen sollte es nur gut gehen. Ich stand wie unter Strom. An manchen Tagen sah ich unsere Kleiderschränke durch, dann belegte ich Erste-Hilfe-Kurse, sammelte Medikamente und ging sogar zu einem Tierarzt, ließ mich beraten in Sachen Rinderaufzucht, häufigen Erkrankungen bei Haustieren und Ungezieferbekämpfung. Ich würde mich kümmern, aber ich wollte helfen, ohne zu demütigen. Hier in Wennigsen gab es so viel Überfluss – halb Maralal konnte damit glücklich werden.

Dann erhielt ich die Nachricht, dass mein Antrag auf einen längeren unbezahlten Urlaub bewilligt worden war und in der Saure-Gurken-Zeit, also ab Juni, möglich sei.

Triumphierend und gleichzeitig mit einem flauen Gefühl schmiedete ich Pläne für die Rückkehr nach Samburu und traf alle Vorbereitungen, die zum einen die Versorgung meiner Söhne und des Haushalts angingen, zum anderen Lpetati und mich betrafen. Meine Familie wusste noch nichts Näheres von Lpetati und unseren Heiratsplänen, und es erschien mir noch zu früh, davon zu erzählen.

An einem wunderschönen Samstag im Mai lief ich unsagbar gut gelaunt durch Hannover und suchte Eheringe aus. Ich kannte Lpetatis Ringgröße nicht, aber ich besaß einen bunten Plastikperlenring, den er mir geschenkt und vorher getragen hatte. Der Blick des Verkäufers drückte Abfälligkeit aus, als ich ihm den Plastikperlenring reichte. Mit spitzen Fingern nahm er das bunte Etwas entgegen und ermittelte den Durchmesser. Sicher war ein Angestellter in einem renommierten Juwelierladen andere Kunden gewohnt. Aber ich bekam meine Ringe in einer preislichen Mittelklasse in einem eleganten grauen Kästchen, und der Verkäufer verstieg sich gar dazu, mir »eine glückliche Zukunft« zu wünschen.

Bald stapelten sich in meinem Zimmer all die Dinge, die ich für Kenia gesammelt hatte: Medikamente, Kleidung, Schuhe, Brillen, Taschenmesser, Taschenlampe, Gummibänder, Nähutensilien, Kugelschreiber, Pflaster, Verbandszeug, Reinigungstücher.

In Wennigsen war alles geregelt. Die Kühltruhe war gefüllt mit Fertiggerichten, auch wenn meine Söhne überwiegend in der Mensa der Universität essen würden, alle Rechnungen waren bezahlt, zudem ließ ich meinen Kindern Schecks da, damit ihnen eventuelle unvorhergesehene Ausgaben keine Kopfschmerzen bereiteten. Von der Post in Maralal würde ich ab und zu in Deutschland anrufen, und an der Küste war ich ja ohnehin im Hotel erreichbar. Mein Gewissen und mein Pflichtgefühl machten es mir nicht leicht, meine Söhne für längere Zeit zu verlassen, wie auch meinen Vater und die Oma.

In Kenia als Braut

Diesmal wartete in Mombasa eine Überraschung auf mich: Baba war mir zu Ehren aus dem Norden angereist, ebenso wie Lpetatis drei ältere Brüder. Zusammen mit Lpetati und einigen Freunden aus Mtwapa hatten sie sich alle an der Rezeption des Ocean-View-Hotels eingefunden, um mich zu begrüßen.

Ich hatte die sehr freundlichen Angestellten nur auf meinen »zukünftigen Mann« vorbereitet, doch nun füllten meine Besucher fast das gesamte Foyer und erregten erhebliches Aufsehen in ihrem üppigen Kriegerschmuck und ihren Wickeltüchern in Pink, Rot, Türkis und Gelb.

Baba trug über dem hellblauen, mit reichlich Silberfäden durchwirkten Tuch, das ich Saito geschenkt hatte, einen viel zu kleinen, engen hellen Mantel, dazu seinen steifen dunklen Hut aus Rindsleder und die Kreuzband-Sandalen aus Autoreifen, die vom Marktplatz in Maralal stammten. In einer Hand hielt er locker einen langen Stock.

Ganz kurz fuhr es mir durch den Kopf, was meine Familie in Deutschland, für die eine dem Anlass entsprechende Garderobe so wichtig war, zu Babas Aufzug sagen würde. Aber ich war gerührt über seine Geste, bedankte mich bei ihm dafür, dass er die beschwerliche Reise mir zu Ehren auf sich genommen hatte, und erfuhr, dass es überhaupt die erste weite Reise in seinem Leben war.

Dann überkam es mich siedend heiß: Die Heirat war also fest geplant. Ich wurde gerade zu meiner Hochzeit abgeholt, von meinem zukünftigen Schwiegervater und den zukünftigen Schwägern – es gab jetzt kein Zurück mehr.

Erst am Abend waren Lpetati und ich allein. Durch die geöffneten, nur mit Mückenschutzgittern versehenen Fenster drang kräftiger, süßer Frangipaniduft und rief die Erinnerung an unsere erste gemeinsame Nacht wach, die nun schon viele Monate her war.

Lpetatis Nähe weckte leidenschaftliche Wünsche in mir, und aufgeregt fieberte ich dem Tag entgegen, an dem er vor seiner großen Familie, nach ungeschriebenem Gesetz und uralter Tradition der Samburu, mein Mann werden würde.

In den letzten Wochen hatte ich mich eingehend damit befasst, welche Veränderungen unsere Heirat mit sich bringen würde, und mich auch immer wieder mit den Vor- und Nachteilen auseinander gesetzt. Die Nachteile bezogen sich fast alle auf das soziale Umfeld: Ich würde Sicherheiten aus der Hand geben, wäre dauerhaft von meiner Familie getrennt, besonders von meinen Söhnen, ebenso von den Freunden, und ich verzichtete auf feste Verdienstmöglichkeiten.

Ich würde in Zukunft auf mich gestellt sein, das Leben würde große Anforderungen an mich stellen. Ich würde mich beweisen, verborgene Kräfte und vergessene Instinkte wachrufen müssen, die für mein neues Leben unerlässlich sein würden. Ich war mir darüber im Klaren, dass ich mit einem Ja bei der Hochzeit zwar einen einzigartigen, aufregenden und liebenswerten Mann an meiner Seite hätte – was eigentlich genügen müsste, um glücklich zu sein! –, dass ich aber andererseits nie mehr so würde leben können, wie ich es gewohnt war. Alle bisherigen Annehmlichkeiten würden wegfallen. Weder gab es elektrischen Strom noch einen

Wasseranschluss – es gab überhaupt kein Wasser im Dorf, wenn es nicht geregnet hatte – und schon gar keine Möbel, keine größeren getrennten Räume, keine Einkaufsmöglichkeit in der Nähe – durch all das würde ich zu einem völlig anderen Leben gezwungen sein. Ich musste mich ganz und gar auf mein neues Leben einlassen und auf Lpetati – ohne Wenn und Aber.

Wohl dämpfte meine Verliebtheit allzu krasse Vorstellungen von meinem künftigen »Hüttenleben«, dennoch verschloss ich zu keinem Zeitpunkt die Augen vor dem Abenteuer »Leben als Samburu-Frau«. Lpetati und ich hatten bereits verschiedentlich Gespräche darüber geführt, und wir hatten uns versprochen, duldsam zu sein, wenn einer von uns beiden etwas für den Partner Unverständliches tun oder sagen würde. Allerdings könnte erst die Praxis zeigen, wie gut wir wirklich im Alltag miteinander zurechtkommen würden.

Unser Leben würden unsere Tiere bestimmen, die Trocken- und die Regenzeit und sicher etliche Zeremonien. Darüber hinaus würde der Lebensrhythmus von der Tag- und Nachtgleiche der Tropen diktiert sein. Das Ja zu Lpetati wäre auch ein Ja zu den Lebensumständen, die ich im Samburu-Distrikt vorfinden würde, ein Ja zu seinen Menschen, zu seinen Tieren, zu seiner großartigen Natur, zu allem, was gut und nicht gut wäre. Lpetati ließ sich nicht ausklammern, ich konnte nicht den Ehemann nehmen und in eine zivilisierte Gegend mit ihm ziehen, denn dann würde ich ihm alles nehmen, was sein Leben ausmachte. Er war in diese Umgebung hineingeboren, von ihr vereinnahmt und geprägt worden. Es gab keine andere Existenzgrundlage für ihn und außerhalb des Samburu-Distriktes keine dauerhafte Daseinsfreude.

Ich wollte Lpetati glücklich sehen, das Glück mit ihm teilen in einer braun-beigefarbenen oder blau-grünen Abgeschiedenheit. Er hatte nie Zweifel darüber aufkommen lassen, dass er im Norden Kenias leben wollte, was natürlich gelegentliche Aufenthalte an der Küste ebenso wenig ausschloss wie den einen oder anderen Deutschlandbesuch. Wie fast alle Samburu war Lpetati ein Familienmensch, und seine Träume rankten sich um eine große Herde und ein Leben im Schoße der Großfamilie. So war für mich von vornherein klar abgesteckt gewesen, wo mein Platz als seine Frau sein würde, und damit war ich vollends einverstanden.

Unzählige Male hatte ich darüber nachgedacht, aber immer wieder war ich zu dem Schluss gekommen: Ich wollte Lpetatis Frau werden und mich so geben, dass er stolz auf mich sein würde. Er sollte es nie bereuen, eine *mzungu* geheiratet zu haben, ganz im Gegenteil: Ich wollte beweisen, dass eine Verbindung zwischen zwei Menschen aus so verschiedenen Kulturkreisen und Lebensbereichen ein Glück und eine Bereicherung für beide Beteiligten und auch deren Umfeld sein konnten. Trotz allem würde es keine bequeme Partnerschaft sein.

Ein gesunder Egoismus hämmerte mir ein, wie sehr ich doch ein Recht hatte auf Liebe und Glück. Beides verkörperte Lpetati für mich, und er war der Mensch – abgesehen von meiner Familie –, den ich für mein restliches Leben um mich haben wollte. Natürlich war manchmal Angst in mir vor all dem Neuen, das demnächst auf mich zukommen würde. Doch immer wieder siegten Neugier und Optimismus, und oft genug war ich geradezu versessen darauf, mich in der afrikanischen Wildnis endlich bewähren zu können.

Baba hatte darauf bestanden, mit uns nach Mombasa zu fahren, als wir die Bus-Tickets kaufen wollten und einige Kleinigkeiten, die es in Maralal nicht gab.

Aber als er nun mit uns durch das Gewühl von Mombasas Innenstadt gedrängt wurde, sich an Fahrzeugen aller Art und Verkaufsständen vorbeischlängeln musste, ständig auf der Hut, bereute er seinen Entschluss bestimmt längst. Manchmal wirkte er verloren, dann wieder gefasst. Alles war neu für ihn und interessant, einige Male war er sogar im allgemeinen Gewimmel verschwunden und hatte uns beunruhigt.

Überall gab es für ihn und Lpetatis Brüder verlockende Angebote, und meine zukünftigen Schwäger nervten mich mit ihren

Wünschen, aber bis auf die versprochenen Tücher blieb ich unnachgiebig. Noch wusste ich ja nicht, was alles an Kosten auf mich zukommen konnte, und darüber hinaus hatte ich vor, in Maralal auf dem Viehmarkt nach einer Kuh oder zumindest einigen Ziegen Ausschau zu halten. Ich wusste, dass unsere Hochzeit für Lpetatis Familie eine enorme finanzielle Belastung sein würde, und fühlte mich gar nicht wohl deshalb.

In einer kleinen Seitengasse entdeckte Lpetati zwei große rote Tücher mit goldfarbenen und grünen Streifen und bunten Fransen. »Die richtigen *nguos* für die Hochzeit«, freute er sich, suchte dann aber vergebens in seiner Bauchtasche herum. So kaufte ich die Tücher. Hinterher erfuhr ich, dass weder er noch sein Vater ausreichend Geld für ein solches Tuch gehabt hätten, obwohl der Betrag umgerechnet nur etwa zehn Mark entsprach. Sie hatten sich durch die Reise völlig verausgabt und verfügten nur noch über wenige Shillinge.

Es bedrückte mich, dass ich in eine Familie einheiraten würde, in der kein Geld und dadurch keine Möglichkeiten vorhanden waren. Manchmal machte mir das Wissen darum zu schaffen, dann wieder war ich voller Zuversicht und erfüllt von überquellendem Optimismus und dachte mir: »Wird schon werden.«

Inzwischen hatte ich erwogen, in Maralal ein Konto zu eröffnen, damit ich über kleinere, von Deutschland aus angewiesene Geldbeträge verfügen konnte, etwa für Lebensmittel oder meinen Haushalt. Ganz vordringlich aber wollte ich eine stille Reserve anlegen für eventuelle unvorhergesehene Situationen, auch für einen Flug nach Deutschland. Nur sollte das die Familie besser nicht wissen. Bei meinen früheren Besuchen hatte ich nämlich erfahren, dass viele Dinge Gemeingut waren, und ich tat mich schwer genug, damit umzugehen. Immer wenn ich für Lpetati etwas zum Anziehen mitgebracht hatte, trugen es wie selbstverständlich auch alle anderen Familienmitglieder.

»Ich verstehe dich nicht. Du kannst doch nicht ärgerlich sein, wenn mein Bruder die Sachen, die du mir geschenkt hast, trägt oder mein Onkel. Wir sind alle eine Familie, und es ist dasselbe, ob ich das anziehe oder jemand anderes von uns«, hatte Lpetati gesagt.

Ich schämte mich, dass ich das europäische Mein und Dein so überbewertete. Es würde ein langer Lernprozess werden, aber irgendwann, so hoffte ich, würde ich viele Dinge genauso gelassen sehen wie die Samburu.

Da Lpetati nicht nur gern betete, sondern auch gern in die Kirche ging, wollte er vor unserer Abreise noch einen Gottesdienst in Shanzu besuchen. Im Hinblick auf das, was an Bedeutungsvollem vor mir lag, tat es mir gut, in einem Gotteshaus meine Bitten an eine »höhere Stelle« weiterzuleiten und mir Ängste und Sorgen von der Seele zu beten. Eindrucksvoll war für mich, dass Lpetati und seine Brüder vor der Kirchtür ihre *rungus*, die gefährlichen Schlagstöcke aus Hartholz, und *olalem*, die großen Messer, ablegten. »Man darf Gott nicht mit Waffen gegenübertreten«, klärte Lpetati mich auf. Meine Besorgnis, dass sich jemand an den Waffen der Krieger zu schaffen machen könnte, zerstreute er mit den Worten: »Niemand wird es wagen.«

Da begriff ich zum ersten Mal, dass die Samburu mit anderen Maßstäben gemessen wurden als die übrigen Stämme Kenias. Man fürchtete sie, genau wie die Massai. So recht wusste ich nicht, woher sie diesen Ruf hatten, vielleicht daher, weil es bei ihnen die Kaste der Krieger gab, in der sich alle jungen Männer als tapfer und tüchtig erweisen mussten. Wenn die Samburu sich auch – zum Leidwesen der Regierung – allen Modernisierungsversuchen entgegenstellten und bei vielen Kenianern als rückständig galten, sah man sie aber doch als stolz, tüchtig, furchtlos und gefährlich an. Niemand forderte ihren Unmut heraus – aus Angst vor gnadenloser Vergeltung.

Unsere Reise nach Maralal unterschied sich kaum von den bisherigen. Natürlich gab es auch diesmal den einen oder anderen

Zwischenfall, und in meinem Unmut über die Zustände ließ ich mir sogar von Baba einige *miraa*-Stängel geben und kaute, mehr zur Ablenkung als zum Genuss, auf den dünnen Trieben herum.

Während wir durch die wilde Savanne über die Piste rumpelten, sah ich gedankenverloren aus dem Fenster. Manchmal streckten riesige Sukkulenten ihre Arme wie überdimensionale Leuchter in den Himmel. Anmutige Schirmakazien bildeten grüne Dächer, auf denen oft Reiher, Marabus oder Ibisse standen. Eine große Herde Zebras kreuzte unseren Weg, einige Giraffen und dann gar eine Elefantenmutter mit Kind. Ab und zu, gut versteckt, tauchten kleine Samburu-Dörfer auf, Kinder mit Ziegen- und Schafherden, Frauen mit Kanistern auf dem Rücken, die zum Wasserholen gingen, oder rot gewandete Krieger mit ihren Rindern. Das war ein Afrika, das mich sehr für sich einnahm. Ich wurde immer sensibler für alle Eindrücke, gehörten sie doch schon zu meinem neuen Leben. An irgendeinem Tag in den nächsten Wochen, den wir beide noch nicht kannten, denn das würden die Ältesten nach der Mondphase und einigen anderen wichtigen Kriterien festlegen, würden Lpetati und ich heiraten.

Der Morgen war hell und recht kühl und begrüßte uns mit dem Überschwang an blau-violetten Trichterblüten der Prunkwinde, die bis zu unseren Zimmerfenstern emporgerankt war und eigentlich so richtig zur Lodge gehörte.

Maralals Luft war eine andere als die der Küstenregion. In einer Höhe von über zweitausend Metern breitete sich eine gewisse Herbheit aus. Die kleine Distriktstadt selbst war spröde, wirkte ein wenig verloren und unterkühlt und entwickelte nur einen sehr begrenzten Charme. Neben allerlei Unfertigkeiten und meist blaugrün gestrichenen Fronten von Kramläden brachten die vielen Krieger in ihren roten Tüchern und die Samburu-Frauen in ihren orangefarbenen und blitzblauen Umhängen Farbe in den Ort. Sie allein belebten die ungepflegten, unasphaltierten Wege und Plätze voller Schmutz und Unrat, die, abhängig von der Regen- oder Trockenzeit, entweder schlammig oder staubig waren. Oft genug versank Maralal in riesigen, dichten Staubwolken.

Beim Frühstückstee nannte mich Baba das erste Mal »*mtoto yangu, nkerai ai*, mein Kind«. Sein Gesicht unter dem Lederhut wurde von der Morgensonne beschienen. In den langen ausgeweiteten Ohrläppchen trug er neuerdings kupfernen Ohrschmuck, der bereits auf unsere Hochzeit hindeutete, wie ich später erfuhr.

Zur großen Überraschung und Freude Babas und Lpetatis drängte ich zum Viehmarkt. Von beiden Männern, die voller Interesse und Sachkenntnis vor grasenden Tieren stehen blieben, sich begeisterten und, im Hinblick auf mich, voller Erwartung waren, fühlte ich mich geradezu zum Kaufen animiert. Ich würde zwar, wie es üblich war, zur Hochzeit Tiere bekommen, wie Lpetati mir in Aussicht gestellt hatte, aber unabhängig davon wollte ich genügend Milchvieh für uns anschaffen, damit die ganze Familie ihren Nutzen daraus ziehen konnte. Nur geschlachtet werden sollte keines unserer eigenen Tiere.

Schließlich fanden ein brauner Stier mit einem weißen Bein und eine schwarz-weiß gescheckte Kuh die Zustimmung meiner beiden Begleiter, und auf dem Rückweg kamen noch drei Schafe dazu. Es war leicht für mich, großzügig zu sein, denn finanziell kam ich gut zurecht. Das Budget, das ich mir schon in Wennigsen für die Anschaffung von Tieren zurückgelegt hatte, ließ sogar noch den Kauf von einigen Ziegen zu. Glücklich, mit einer satten Zufriedenheit im Herzen, betrachtete ich meinen neuen Zoo, während ein vor Freude strahlender Lpetati mit seinem Vater die Tiere zur Tränke führte, um sie für den langen Heimweg zu stärken.

Am Ortsausgang von Maralal warteten Lpetatis Brüder auf uns. Voller Staunen gingen sie um die vielen Tiere herum, ungläubig, fast ehrfürchtig. Wir versorgten uns alle mit langen Stöcken und konnten so die kleine Herde einigermaßen zusammenhalten. Die Kuh sollte Marlene heißen, entschied ich, und der Stier Kalle, weil ihre Samburu-Namen so unaussprechlich für mich waren. Die Ziegen und Schafe blieben – für mich – vorerst namenlos.

Nie waren mir die Schirmakazien grüner und graziöser vorgekommen, nie der kenianische Himmel endloser und blauer, nie die Luft würziger als an diesem leuchtenden Morgen, der mich in meine neue Familie brachte, in mein neues Zuhause, in ein neues Leben.

Manchmal waren Vogelstimmen in der Luft, manchmal nur das Gesäusel des sachten Windes, der über das Samburu-Hochland strich. Das leichte Getrappel der Tiere und unsere Schritte lieferten den fast steten Rhythmus zu einem ungesungenen, tief im Herzen erfühlten Lied. Hin und wieder, wenn die Tiere es zuließen, spürte ich Lpetatis Hand in meiner, gelegentlich auch die seiner Brüder.

Am frühen Nachmittag erreichten wir unser *boma*. Die Hütten lagen wie braune, ovale Inseln in einem Meer aus wogendem Grün.

»Du siehst, es wächst reichlich Futter für die Tiere. Das gibt viel Milch. Es ist eine gute Zeit, die richtige Zeit für eine Hochzeit«, sagte Lpetati, und sein Vater nickte bestätigend.

Sämtliche Bewohner erwarteten uns bereits, viele mit Freudenrufen.

Als Saito ihren Speichel in meinem Gesicht verrieb, ließ ich die Prozedur nicht mehr befremdet, sondern ganz ergeben über mich ergehen und nahm auch Marissas nasse Küsse freundlich hin. Der herzliche Empfang – noch eine Spur herzlicher angesichts des Herdenzuwachses – machte mich glücklich und gesprächig. Aber ich war auch nervös, weil mir der Grund meiner Rückkehr so deutlich bewusst war, gleichzeitig fühlte ich mich schwer und müde vor Seligkeit. Es gab *chai* bei Saito, und nachdem ich mich vergewissert hatte, dass die neuen Tiere alle ihren Platz bei uns im Pferch gefunden hatten, schlief ich bei ihr. Lpetati wusste ich bei seinem Vater.

Schöne, friedliche Tage folgten, ohne Hunger, ohne Durst. Ich war wiedergekommen, hatte angeknüpft an etwas, das ich für eine Zeit lang hatte verlassen müssen. Nun würde ich weiterwirken an Dingen, die liegen geblieben waren und darauf warteten, vollendet zu werden.

Hochzeitsvorbereitungen

Seit Tagen arbeitete Marissa an einer wunderschönen Perlenkette.

»Schau, wie schön er wird, dein Hochzeitsschmuck!«, sagte Lekian immer wieder.

So beobachtete ich mit Herzklopfen, wie meine Kette langsam breiter und bunter wurde.

Kulalo bat mich, zu den Frauen zu kommen, die in der Nähe von Saitos alter Hütte und der hohen Einfriedung, nicht weit vom Bachlauf, saßen und palaverten.

»*Hapa?*«, fragten sie mich. Ich verstand, wusste aber nicht, was sie meinten, und sah nur fragend in ihre Gesichter.

»Willst du denn kein Haus für dich und deinen Mann?«, erkundigten sie sich daraufhin.

»Doch ... ja, natürlich«, stotterte ich. Wir brauchten ein eigenes Zuhause, wenn wir nicht weiter in getrennten Hütten wohnen und auf die Familie angewiesen sein wollten.

»Also hier, ist es gut, hier?«, Kulalo hieb mit einem dünnen Stock auf die Erde.

Endlich begriff ich. »Ja. Der Platz ist gut.«

Mit einer Art Hacke hob Kulalo im Wechsel mit Susanah Erde aus, während die anderen Frauen losgingen, um Zweige und Stöcke zu holen.

»Du auch«, sagte Kulalo freundlich, »es wird dein Haus.«

So schloss ich mich den anderen an. Mit einer reichlichen Ausbeute an brauchbarem Baumaterial kamen wir zurück: Zweige,

Stöcke, dünne Stämmchen, Laub und viel Gras. Ich war in heller Aufregung. Wir sollten also unsere eigene Hütte, unser *nkang*, Zuhause, bekommen, und ich hatte, wie jede Samburu, dieses Haus zu bauen. Ich war glücklich, dass mich die Frauen als gleichwertig betrachteten. Noch bevor unsere neue Hütte ganz fertig war – ich musste noch *matope*, ein Gemisch aus Wasser, Lehm und Kuhdung, auftragen, um sie zu verputzen –, begannen andere Frauen, diesmal auch solche, die nicht zur Familie gehörten, eine *manyatta* für die Hochzeitsfeierlichkeiten zu errichten, die größer und länger als die üblichen *nkangs* war und speziell der Benutzung bei rituellen Feierlichkeiten dienen sollte. Hier machten sich besonders die älteren, ehrwürdigen Mütter und Großmütter verdient, um dem Bau ein dem Anlass entsprechendes Äußeres zu geben.

Einige Tage später kamen frühmorgens zwei Älteste und der *l'oiboni* zu Saito, und bald erfuhr ich, dass sie unseren Hochzeitstag festgelegt hatten. Der Mond würde in vier Tagen eine Phase erreichen, die für eine Zeremonie beste Voraussetzung versprach, und auch das Sternbild des Orion stand günstig. Wie der Mond war auch dieses ein wichtiger Aspekt für den Heiratstermin, allerdings weniger das Sternbild an sich als vielmehr die drei Gürtelsterne. Sie symbolisierten das Dreiergespann: Brautführer, Braut und Bräutigam.

Nur noch vier Tage! Meine Aufregung wuchs. Es gelang mir, die Umfriedung fast unbemerkt zu verlassen und ein Stück den Berg hinaufzuwandern. Von hier aus hatte ich einen guten Überblick über mein neues Dorf, das aus zwölf flachen Hütten bestand, von denen sieben ziemlich dicht beieinander lagen. Inzwischen hob sich auch schon unsere eigene, wenn auch erst halb fertige Hütte von dem Hintergrund wild wuchernder Opuntien ab, die den Bachlauf markierten. Ein unbeschreibliches Gefühl bemächtigte sich meiner.

Da entdeckte ich meinen zukünftigen Mann, der gerade mit Großvater und Vater sprach und eine feuerrote *shuka* trug. Die drei

Männer schritten langsam zum Tierpferch, und nun entdeckte ich auch Saito, Marissa und Kulalo, die mit Kalebassen zum Melken gingen. Kurz darauf drang ihr monotoner Gesang zu mir herauf. Es lag so viel Frieden über dem Bild, das sich mir bot. Hier leben zu dürfen, mit meinem Mann und seiner großen Familie, erschien mir wie ein Geschenk, selbst wenn nichts, aber auch gar nichts an das Leben erinnerte, das nun hinter mir lag und das mir immer als besonders lebenswert erschienen war.

Hoffentlich würde ich den Frieden nicht durch meine Anwesenheit stören, hoffentlich nicht in allzu viele Fettnäpfchen treten in meiner zurzeit noch großen Unwissenheit über Riten, Traditionen und Verhaltensweisen. Seit Tagen beschäftigte mich etwas, das mir zugleich Freude und Angst bereitete: Ich fühlte mich hier nicht fremd, mir kam es vor, als wäre ich schon immer hier gewesen, und selbst wenn von bestimmten, mir unbekannten Zeremonien die Rede war, erschien es mir, als erkenne ich sie plötzlich wieder. Vielleicht war ich durch die ganze Aufregung wegen unserer Hochzeit, der Freude und des Glücks darüber, hypersensibel geworden. Deutlich spürte ich das Mystische, das mich hier bei den Samburu umgab, die unfassbare Magie, die unsichtbare Kraft, die um mich war und mich fesselte. Niemals mehr würde ich davon loskommen.

Lpetati winkte mir zu, und etwas später stand er vor mir, so schön, so anbetungswürdig, dass ich Ngai versprach, Lpetati nie zu kränken und ihn nie seinen Wurzeln zu entreißen. Lächelnd setzte er sich neben mich, gemeinsam nahmen wir den friedlichen Morgen mit all seinen Farben, Gerüchen und Stimmen in uns auf.

Aus einem Impuls heraus bat ich ihn, die Kühe mit ihm hüten gehen zu dürfen. Ich versprach mir Entspannung von einem Ausflug in die weite Einsamkeit, weil mein Herz aufgewühlt und voller Unruhe war.

»Ich habe erfahren, dass wir in vier Tagen heiraten«, sagte ich zu ihm, wobei mir einfiel, dass ich das Datum gar nicht wusste.

»Ja, in vier Tagen, *pakiteng*. Stell dir das mal vor. Gut, gehen wir mit unseren Tieren. Losieku hätte es sonst getan.«

»Dann möchte ich, dass er mitkommt.«

So kam es, dass Lpetati, sein Bruder und ich unsere kleine Herde, ebenso wie die größere von Onkel Lolowas, bis an die Wälder des ziemlich weit entfernten Illellereij-Gebietes mitnahmen.

Es war ein wunderschöner Tag mit kühlem Wind und grandioser Fernsicht. Ich genoss die Stille, das Geräusch, wenn die Kuhmäuler das Gras fassten, und ich genoss die Gesellschaft der beiden *moran*. Wir legten oft Pausen ein und trieben die Tiere nicht an, sondern richteten uns nach ihrem Rhythmus zwischen Laufen, Grasen und Ausruhen. Ich war glücklich und froh über diesen Tag, der so besinnliche Stunden bescherte.

Losieku mochte ich wie einen eigenen Bruder, er war mir nach und nach von Lpetatis Brüdern der liebste geworden. Er war sieben oder acht Jahre jünger als Lpetati, genau wussten sie es nicht. Auch Lpetatis Halbbruder Raffael gefiel mir, aber er war noch zu sehr Kind, um mich mit ihm über besondere Dinge unterhalten zu können. Gelegentlich hatte ich seine Schulaufgaben nachgesehen und mit ihm Englisch und Rechnen geübt.

Demnächst wollte ich mich gezielt um die Belange aller Schulkinder der Familie kümmern und vor allem bei meinem Schwiegervater erreichen, dass Lpetatis jüngste Halbschwestern zur Schule gehen durften. Es sollte zumindest nicht am fehlenden Geld ihrer Eltern scheitern, aber auch nicht daran, dass sie es schlichtweg nicht für notwendig hielten. Was immer einmal aus den Kindern der Familie werden würde: Lesen, Rechnen und Schreiben sollten sie können, fand ich. Das würde ihre Traditionen sicher nicht beeinträchtigten, sofern die Lehrkräfte Samburu wären oder verantwortungsvolle Personen, die keine artfremden Wertigkeiten in den Köpfen und Herzen der Samburu-Kinder erweckten. Es gab sicher vieles, wofür ich Sorge tragen konnte, weil ich die Möglichkeit dazu hatte. Dennoch wollte ich nichts von mir aus verändern, wenn es nicht wirklich erforderlich und gewünscht sein sollte.

Am Spätnachmittag kehrten wir mit satten Kühen, selbst aber

mit hungrigen Mägen, ins Dorf zurück. Nach dem *chai* bei Saito gingen Lpetati und Losieku, wie schon an den Abenden davor, zum Übernachten in die alte *manyatta*.

»Meine Tochter«, nannte Saito mich, als wir allein waren.

»Ich will dir eine gute Tochter sein«, versprach ich. »Ich liebe und respektiere deinen Sohn sehr, hoffentlich bist du mit mir so, wie ich bin, einverstanden.«

Mit einigem Herzklopfen spielte ich darauf an, dass ich unbeschnitten war, was Lpetatis Mutter wegen ihrer besonderen Aufgabe ganz besonders treffen musste. Als ich sie das erste Mal zu Gesicht bekommen hatte, war mir ganz instinktiv klar gewesen, dass es vor allem galt, sie zu erobern. Sie war eine sehr selbstbewusste und eigenwillige Frau. Damals hatte ich noch keine Ahnung, dass sie aufgrund ihres Status einige Macht besaß. Als Tochter des Clan-Ältesten, Frau des Zweitältesten, Mutter von fünf amtierenden Kriegern und als auserwählte, hoch geachtete Beschneiderin war sie durchaus und ohne Anstrengung in der Lage, Lpetatis und meine Heiratspläne zu durchkreuzen. Es war gut, dass ich von Saitos gesellschaftlicher Stellung erst später gehört hatte, so konnte ich ihr bei meinem ersten Besuch unvoreingenommen und unbefangen entgegentreten.

Meine zukünftige Schwiegermutter spie etwas Kautabak in das Feuer. »Ich bin glücklich, dass du dich mit meinem Sohn verbindest. Er kommt aus diesem Bauch, und das verbindet dich mit mir. Ich bin diejenige, die dich liebt. Es sind fremde *desturi*, die du mitbringst. Aber sie werden nicht hinderlich sein.«

Saito zog einen dicken Ast ein Stück aus dem Feuer und legte sich auf ihre Schlafstelle. Ich wusste nicht so recht, ob ich noch etwas sagen sollte, schwieg dann aber und streckte mich ebenfalls auf der von der rußigen Luft und dem steten Gebrauch nachgedunkelten Kuhhaut aus. Lange lag ich ruhig, dann hörte ich Saito halblaut beten, anschließend war Stille in der Hütte.

Nun kamen die Stimmen von draußen, jene Stimmen, die eine afrikanische Nacht in der Wildnis vibrieren und leben lassen und dieses einmalige Gefühl vermitteln, mittendrin zu sein in einer großartigen Natur. Ob je einer meine Freude und mein Glück darüber verstehen würde?

Der nächste Morgen war geprägt von Geschäftigkeit. Lpetatis ältere Schwestern, Kakomai und einige junge Frauen der Nachbarn hatten Esel von einer befreundeten Familie ausgeliehen, um die großen Säcke Zucker, Reis, Maismehl und diverse Dinge, die sie in Maralal für die Hochzeitsfeierlichkeiten kaufen wollten, transportieren zu können. Lpetati hatte seinen Eltern auf meinen Wunsch hin gesagt, dass mein Vater mir Geld dafür mitgegeben habe, auch für die Schlachttiere – als Geschenk. Das stimmte zwar nicht, denn das Geld stammte von meinem Sparbuch, aber es machte einen guten Eindruck und verlieh meiner Familie Ehre. Und sicher wurden Lpetatis Angehörige dadurch einer großen Sorge enthoben – was sie natürlich niemals zugeben würden –, da sie sich unseretwegen nicht verschulden mussten.

Nachdem die Frauen gegangen waren, schlenderte ich zur *manyatta*, um sie in Augenschein zu nehmen und eventuell ein wenig zu helfen. Aber die Tatsache, dass ich nicht beschnitten war und somit auch die Zeremonie nicht durchlaufen hatte, ließ mich nicht als »reine« Braut erscheinen. Natürlich konnte ich mir alles ansehen und auch hineingehen, aber ich durfte mich nicht am Bau beteiligen – im Gegensatz zu unserer eigenen Hütte. Eine *manyatta* war nun einmal etwas Sakrales. Es irritierte mich nur kurz, denn es schien die einzige Ausgrenzung wegen meines »Makels« zu sein.

Endlich konnte ich mit Lpetati einige Dinge für die eigentliche Zeremonie besprechen. Es ging um den Ringwechsel, den ich gerne vor der versammelten Familie vornehmen wollte. Bei einer Samburu-Hochzeit gab es das nicht, da andere Symbole das Einverständnis und das Treueversprechen besiegelten, allen voran die rituellen Schlachtungen, denen die größte Bedeutung zukam.

»Meine Familie ist einverstanden«, sagte Lpetati, »wenn du es für wichtig hältst, weil man bei euch so heiratet.«

Kopfzerbrechen bereitete seiner Familie dagegen die Tatsache, dass meine Eltern nicht anwesend waren, die den Vorschriften entsprechend in zahlreiche Zeremonien und deren Vorbereitungen eingebunden gewesen wären. Hoffentlich brachte ich nicht zu viel durcheinander. Bis auf die fehlende Beschneidung, die fehlende Kopfrasur und die Übergabe des Brautpreises konnte damit allerdings vieles nach uralten Riten ablaufen.

Als die Frauen am Abend aus Maralal mit schwer bepackten Eseln zurückkamen, half ich ihnen, die Hirse einzuweichen, damit sie in der Sonne rasch keimte und das Hirsebier rechtzeitig gebraut werden konnte. Wildhonig, Zucker, Wasser und Rindenstückchen eines besonderen Baumes waren die Zutaten für den unnachahmlichen *maradjina*. Gott sei Dank gab es genügend Wasser in der Nähe und auch genug Milch, somit war der *chai* für die erwarteten Hochzeitsgäste sicher. Am nächsten Tag sollte mit den Eseln Brennholz geholt werden, aber das war, ebenso wie die Einkäufe, nicht Sache der Braut.

Lpetati sah ich nur wenig. Er kümmerte sich mit Makaio, unserem *chapulkerra*, und Baba um das Schlachtvieh.

Ich begrüßte es, dass wir nicht viel zusammen waren und auch an getrennten Orten schliefen. So wurde die Sehnsucht wachgehalten und noch größer, bis wir dann in wenigen Tagen eine richtige Hochzeitsnacht würden zelebrieren können.

Die Ehepaare, die ich im Dorf kannte, vermittelten eher ein lockeres Miteinander. Zärtlichkeiten wurden niemals in der Öffentlichkeit und seltsamerweise auch nicht am Tag ausgetauscht. So gehörte es sich zum Beispiel nicht, tagsüber die Türen zu verschließen, wenn man zu Hause war. Sie standen stets für jedermann offen, und wir würden nur selten allein sein. Das würde Lpetatis und meinen Wunsch nach einem intimen oder auch nur geruhsamen Beisammensein zu jedweder Tagesstunde sicher stark einschränken. Und ebenso würden auch die Nächte nicht immer unseren Wünschen vorbehalten bleiben, da es oft Schlafgäste geben würde. Aus diesem Grund liebten wir uns später öfter unter freiem Himmel, weitab vom Dorf, in der großen, stillen Einsamkeit. Eine Samburu-Frau hätte Lpetati vermutlich nicht dafür gewinnen können.

Er machte keinen Hehl daraus, wie er zu mir stand, denn er umarmte mich auch vor anderen, strich mir oft übers Haar, das er so liebte, und wir gingen Hand in Hand. Außer uns beiden hielten sich sonst nur Krieger an den Händen, nie habe ich ein anderes Paar dabei beobachtet. Auch habe ich keine leidenschaftliche Affäre bei anderen Mitgliedern meiner großen Familie erlebt, keine so emotionsgeladene Liebesbeziehung wie die zwischen Lpetati und mir. Nach meinen Beobachtungen spielte die »große Liebe« vor der Ehe eine bedeutendere Rolle als danach, denn geheiratet wurde meist nach arrangierten Übereinkünften. Eine Samburu-Ehe baute auf gegenseitigem Respekt auf, und wie ich an vielen Beispielen um mich herum feststellen konnte, funktionierte das gut.

Für einen jungen Mann war es wichtig, eine zuverlässige Frau zu haben, die ihn und die Tiere versorgte, ihrer traditionellen Arbeit ohne viel Aufhebens darüber nachkam und den Liebesakt als Zeugungsakt betrachtete, ganz direkt, ohne viel Drumherum. Eine Frau belästigte ihren Mann nicht mit privaten Dingen, und umgekehrt tat das der Mann auch seiner Frau nicht an.

Im Grunde genommen wussten beide Partner nicht viel Intimes voneinander, kannten weder ihre geheimsten Gedanken noch Wünsche, da man diese gewissenhaft voreinander verbarg.

Für junge Mädchen waren diese arrangierten Hochzeiten, als ergriffen sie einen Beruf. Sie wussten, dass sie tagaus, tagein viel zu leisten hatten, dass allein auf ihren Schultern die Verantwortung für das Wohlergehen der normalerweise schnell größer werdenden Familie ruhte, es sei denn, sie bekamen durch eine zweite oder dritte Ehefrau ihres Mannes Hilfe. Durch eine Heirat erhielten sie rechtlichen Anspruch auf Unterkunft und Verpflegung, wofür ebenfalls wieder nur die Frauen zuständig waren. Immerhin genoss eine verheiratete Frau Ansehen – und das war in einer großen Gemeinschaft sehr nützlich und wichtig. Darüber hinaus war sie versorgt und stand als zweite, dritte oder vierte Ehefrau immer noch besser da, als wenn sie unverheiratet geblieben wäre.

Unverheiratete und verwitwete kinderlose Frauen gehörten zu den Ärmsten der Armen. Weibliche Familienmitglieder erbten nichts – meist ging es dabei um Tiere – und hatten, besonders in vorgerücktem Alter, kaum Möglichkeiten, ihren Lebensunterhalt zu bestreiten. Sie waren zwar nicht aus der Gemeinschaft ausgeschlossen, dafür war der Zusammenhalt der Clans zu groß, und man versorgte sie, so gut es ging. Doch die Rolle eines zusätzlichen Essers einzunehmen war frustrierend. Zwar konnten sich die Frauen als Babysitter einbringen oder häusliche Arbeiten verrichten, aber sie blieben als Unverheiratete immer vom Wohlwollen anderer abhängig und konnten keine Forderungen stellen.

Aus diesem Grund hielten die Paare auch an Ehen fest, die nicht gerade glücklich verliefen, was allerdings selten vorkam. Die wichtige Tatsache, dass eine Frau »rechtmäßig« mit dem Nötigsten versorgt wurde, war Grund genug, auszuharren. Eine Scheidung blieb indiskutabel, denn sie wäre durch die erforderliche Rückerstattung all der Tiere, die als Braut- und Hochzeitsgeschenke den Besitzer gewechselt hatten, in den meisten Fällen unmöglich. Die Anforderungen einer Samburu-Ehe bewegten sich im Grunde auf sehr profanen Ebenen. Aber ich hatte in all den Jahren nie einen Streit unter Eheleuten gesehen, nie eine abfällige Bemerkung eines Ehepartners über den anderen gehört. Mann und Frau achteten sich und gingen wirklich respektvoll miteinander um. Sie lebten ihre arrangierte Gemeinschaft wie ein Team und trugen Verantwortung füreinander, ohne große Gefühlswallungen. Leidenschaftliche Affären mit ihren unvermeidlichen Hochs und Tiefs wären gewiss anfällig und bald zum Scheitern verurteilt in diesen Breiten, die den ganzen Menschen und seine physische und psychische Kraft zum Überleben forderten. Und immer waren es die Frauen, denen am meisten aufgebürdet wurde und die nicht davonlaufen konnten.

Ich dachte an mich selbst, wie schön und leicht es in Europa für eine Frau war. Sie konnte lernen, studieren, einen Beruf ergreifen, sich selbstständig machen, heiraten oder Single bleiben. Sie konnte allein oder doch weitgehend allein entscheiden, wie sie leben wollte. Sie brauchte keinen vom Familienrat auserkorenen Mann zu heiraten. Es gab viele Alternativen für die Lebensgestaltung, und sie verlor ihre Ehre nicht, wenn sie allein blieb. Wie schwer hingegen hatten es da meine Samburu-Schwestern. Ich kannte ihre Träume nicht, und sicher unterschieden sie sich sehr von den meinen, aber in dem einen Punkt, nämlich an der Seite eines Mannes glücklich zu werden, kamen wir uns sicher sehr nahe.

Andere Träume entfernten sich wieder weit von den meinen, da die gemeinsamen Grundlagen fehlten. Für eine Samburu-Frau waren »Gehorsam«, »Fügsamkeit« und »Demut« wichtige Vokabeln, ich konnte diese vielleicht eher unter dem Begriff »Anpassen« zusammenfassen, aber auch das blieb mir überlassen. Als wir einmal darauf zu sprechen kamen, dass ich allein reiste, noch dazu so weit und ohne jemanden um Erlaubnis oder Geld dafür bitten zu müssen, waren Kulalo und Lekian schockiert. Dass eine Frau sich selbst verwirklichen konnte und auf eigenen Beinen stand, hatte sie verblüfft.

Europa und Afrika gingen da weitgehend getrennte Wege, und doch waren wir wieder so sehr Frauen, dass wir uns in unserer Weiblichkeit wie Freundinnen begegneten. Unsere gemeinsame ureigene Bestimmung im Kreislauf der Natur verband uns stärker, als unsere unterschiedlichen Lebensformen erkennen ließen. Die Frauen meiner neuen Familie interessierten mich wegen ihrer Schönheit, ihrer Sinnlichkeit, ihrer Fröhlichkeit.

Meine Hochzeitskette war fertig. Marissa hatte Stunde um Stunde daran gearbeitet, und auch Saito, Lekian und Kulalo hatten mitgeholfen.

Inzwischen hatte ich Armbänder bekommen, dazu Alu- und Kupferreifen für Arme und Beine. In Saitos Hütte, in der ich wohnte, lagen schon meine traditionellen Samburu-Brautsachen bereit, wie zwei verschiedene *lesos*, Tücher, ein *kanga*, ein langer Rock, mein Schmuck und ein weiches Ziegenleder. Sogar eine aus Zweigen geflochtene Fruchtbarkeitskette war dabei.

Als Lpetati seine Mutter und mich besuchte, brachte er mir einen wunderschönen Ledergürtel mit, bestickt mit schwarzen, orangefarbenen, blauen und weißen Perlen.

»Diesen *mshipi* wirst du morgen tragen. Er ist mein Geschenk für dich, ich habe lange daran gearbeitet«, sagte er. »Nach der Hochzeit kannst du ihn tragen, wann immer du willst.« Ich war gerührt. »Ich habe noch nie einen so schönen Gürtel gesehen. Er ist wirklich außergewöhnlich. Ich danke dir für dieses wunderbare Geschenk, Simba *lai*.«

»Heute Abend ist die Besprechung«, erinnerte Lpetati, »sie wird bei Großvater stattfinden.«

Als er gegangen war, spazierte ich noch einmal zur *manyatta* hinüber, wo sich inzwischen allerhand Töpfe, Becher, Plastikteller und Schalen auftürmten, teilweise neu gekauft, teilweise von überallher zusammengetragen. Ich hatte einen ansehnlichen Betrag dafür einkalkuliert und Lpetatis Schwestern erlaubt, Töpfe, Becher, Teller und Kannen zu besorgen. Die allgemeine Geschäftigkeit war ansteckend und machte mich glücklich und nervös zugleich.

In einigen Hütten kühlte der schon fertige *maradjina* ab. Alle Frauen und Mädchen waren mit Vorbereitungen für unsere Hochzeit beschäftigt. Überall hörte man das feine, unangenehme Kratzen von mehr oder weniger scharfen Messern, scharfen Steinen oder Stückchen einer Rasierklinge, weil sich die Frauen für das große Fest schön machten und sich gegenseitig beim Scheren der Haare halfen. Auch Lpetati ließ sich von seiner Mutter die Haare schneiden. Von ihm als Bräutigam verlangte man es, und im Gegensatz zu den Frauen war es bei Lpetati keine Eitelkeit, denn er liebte seine langen Kriegerhaare und bildete sich auf seine besondere Frisur viel ein.

Der Ockerverbrauch in unserem *boma* stieg enorm an, viele Köpfe, Hälse, Schultern, ja, ganze Oberkörper wurden mit Fett und Ocker eingerieben und so verschönert, allerdings nur bei jungen Leuten. Oft trugen sie nur feine, einfache und fantasievolle Muster auf die Gesichter auf. Auch Lpetati und ich würden an unserem großen Tag ockerfarben geschmückt sein.

Am Nachmittag zog ich in Saitos alte Hütte, die ein wenig abseits von den anderen lag. Morgen würden mich Lpetati und Makaio dann feierlich in die neue Behausung meiner Schwiegermutter bringen, wahrscheinlich auf allerhand Umwegen, denn der dafür typische Gang sollte den meist langen Weg der Braut in ihr neues Zuhause symbolisieren, wie mir Lpetati erklärt hatte. Da streng darauf geachtet wurde, dass Braut und Bräutigam nicht derselben Linie eines Clans angehörten, also nicht direkt miteinander verwandt waren, musste die Braut in der Tat oft einen sehr weiten Weg zurücklegen, um in das Dorf ihres zukünftigen Mannes zu gelangen. Das traf besonders auf mich zu, denn von so weit her war noch keine Braut in Lpetatis Familie gekommen.

Als ich so allein vor Saitos Hütte saß, die Aktivitäten um mich herum aufnahm, besuchten mich Lpetatis Schwestern. Sie stellten mir ihre neuen *nguos* und *kangas* vor, die sie von dem Geld gekauft hatten, das ich ihnen für die Beschaffung der benötigten Lebensmittel und Gerätschaften mitgegeben hatte. Sie bedankten sich höflich bei mir, und ich war ziemlich überrascht, denn über Tücher hatten wir gar nicht gesprochen. Natürlich war ich einverstanden, denn sie waren überglücklich und sahen dazu so bezaubernd aus. Eigentlich schämte ich mich, dass ich zwar an Marissa, die Eltern und Großeltern und selbst an die Brüder gedacht hatte, nicht aber an die fünf Schwestern.

Doch nun war meine zukünftige Familie neu eingekleidet, konnte sich morgen von ihrer schönsten Seite präsentieren und vor allen Gästen Staat machen. Lekian hatte einige Ringe aus kleinen Plastikperlen angefertigt, die sie mir als Dankeschön für das neue *nguo* auf die Finger setzte. Kulalo brachte zusätzlich lange

Perlenstränge mit kleinen Kaurimuscheln. Loasakat, Ngarachuna und die kleine Bestana schenkten mir spontan einige ihrer Armbänder aus Leder und Plastikreifen. Es war wunderschön, zwischen Lpetatis Schwestern zu sitzen, in gegenseitiger Bewunderung und Sympathie füreinander. Ich spürte, dass ich in ihnen immer Verbündete haben würde, ganz besonders in Kulalo und Lekian. Wir verstanden uns gut und redeten uns mit *dada* oder *nkanashe* an, was auf Kisuaheli und Kisamburu »Schwester« bedeutete.

Dass ich mich hier von Anfang an wohl und nicht fremd gefühlt hatte, war zu einem Großteil das Verdienst von Lpetatis Schwestern. Sie hatten mich sogleich umlagert mit der Neugier, welche Frauen für andere Frauen hegen, die sie bewundern. Es gab so etwas wie eine stille Verschwörung zwischen uns: *Wir* Frauen!

Die erste Zeremonie

Die erste Zeremonie, die schon zu unserer Hochzeit gehörte, begann am Vorabend des großen Ereignisses. Lpetatis Geschwister und einige Krieger geleiteten Saito und mich zu Babus Hütte. Es war der Abend, der den Versprechungen und Gesprächen diente. An diesem wichtigen Ritual hätten meine Eltern und meine Brüder eigentlich teilnehmen müssen, denn Lpetati hätte traditionsgemäß das Wort an sie zu richten gehabt, ebenso wie die Mitglieder meiner Familie an Lpetati, seine Eltern und seine Brüder. Dabei wären genaue Redewendungen zu befolgen gewesen.

»Ich überbringe die Grüße meiner Familie«, hatte ich gesagt, um nicht ganz anders dazustehen. Dabei bedauerte ich zutiefst, dass niemand aus meiner deutschen Familie zugegen sein konnte, dass nicht einmal jemand wusste, was für ein besonderer Tag morgen für mich sein würde – dessen Datum ich immer noch nicht kannte.

In den Versprechungen ging es darum, sich gegenseitig zu verpflichten, Braut und Bräutigam gut zu behandeln, sie zu unterstützen und zu achten. Sie sollten dazu beitragen, die neue, enge Beziehung der Familien des Hochzeitspaares zu stärken. So richteten Lpetatis Eltern, Großeltern, seine Brüder und schließlich Lpetati selbst ihre Worte an mich, und ich versprach im Namen meiner Angehörigen, Lpetati und den Seinen mit Respekt und Wohlwollen zu begegnen.

Ich war unglaublich aufgeregt und gerührt. Mir war der Grund der Zusammenkunft so überdeutlich bewusst, und das machte mir zu schaffen, obwohl ich meiner Sache eigentlich sicher war. Immer wieder schaute ich mehr oder weniger auffällig auf meinen zukünftigen Mann, der ohne seine Kriegerfrisur irgendwie fremd aussah. Er wirkte älter und seriöser und etwas weniger aufregend. Alle hatten sich besonders hübsch gemacht, trugen schon teilweise die neuen Tücher, hatten sich mit mehr Ketten als sonst geschmückt und sich mit anderen, zur Zeremonie gehörenden Symbolen behängt. Lpetatis Schwestern brachten *chai*, und diesmal tranken wir ihn gemeinsam, auch Lpetati und seine Brüder, denn wir befanden uns in der Hütte von Großvater, und an Frauen waren nur Mutter Saito, Marissa, Großmutter und ich anwesend, die ich soeben das erste Mal offiziell als Familienmitglied akzeptiert worden und nun nicht mehr »irgendeine« Frau war. An diesem Abend bestätigten auch alle Anwesenden noch einmal förmlich, dass es Lpetati und mir freistand, gleich nach der Hochzeit unser Leben als Ehepaar aufzunehmen, sowie unsere eigene Hütte bezugsfertig sein würde.

Das hört sich seltsam an, aber in vielen Familien war es üblich, das frisch vermählte Paar zunächst einer gewissen Reifezeit zu überlassen. So hatte die junge Ehefrau bei der Schwiegermutter zu bleiben und ihr zu gehorchen, während der junge Ehemann, bis zu einer neuen Weihestufe in seiner Kriegerlaufbahn, vorrangig *moran* und deshalb bei seinen Beschneidungsbrüdern blieb. Eine wirkliche Ehe führten sie erst später, es sei denn, der Bräutigam war schon älter und kein Krieger mehr. Dass die Ehefrau zunächst im Haushalt der Schwiegermutter lebte, ergab dann durchaus Sinn, wenn die Braut bei der Heirat noch – wie üblich – sehr jung war, vielleicht vierzehn, fünfzehn oder sechzehn Jahre zählte und ein eigener Haushalt sie überfordern würde. Wichtig war auf jeden Fall, dass die Frau ihrem Mann folgte. Ein Sohn würde immer seiner Familie erhalten bleiben, sie also nicht einer Eheschließung wegen verlassen, es sei denn, besondere Umstände zwangen ihn dazu.

Für ein Mädchen war die Hochzeit oft ein sehr trauriger Lebensabschnitt, da es seine gewohnte Umgebung und seine Familie verließ und fortan einer anderen Großfamilie ausgeliefert war. Ein Wiedersehen mit Eltern und Geschwistern gab es normalerweise erst nach langer Zeit, meistens, um das erstgeborene Kind vorzustellen. Manche Mädchen hatten aber das Glück, nicht allzu weit von zu Hause fortziehen zu müssen.

Unsere Hochzeit

Nach einer Nacht, die mir vor Glück und Aufregung viel zu lang erschienen war, lag ich am frühen Morgen mit wirren Gedanken auf der ziemlich steifen Kuhhaut.

Das Feuer knisterte, und Saito war schon aufgestanden. Von draußen vernahm ich ihren Singsang, mit dem sie die Kühe beim Melken beruhigte. Die einfachen, sich wiederholenden Tonfolgen erschienen mir heute wie eine wunderschöne Melodie.

Plötzlich zerriss ein seltsam hohes und gleichzeitig dumpfes Tuten die morgendliche Stille. Das war das Kuduhorn, mit dem der *l'oiboni* große Ereignisse ankündigte, in diesem Fall unsere Hochzeit. Die lang gezogenen Töne gingen mir durch und durch, vor allem, als mir klar wurde, was sie bedeuteten. Aufgeregt entfernte ich die zusammengedrückten Lumpen aus den Wandöffnungen und blickte in einen lichtdurchfluteten Morgen. Auf den Gräsern glitzerten unzählige Tautropfen. Durch den leichten

Wind, der die Halme bewegte, sah es aus, als würden ständig silbrige Funken aufsprühen.

»*Iya serian*, wie geht's?«, begrüßte ich Saito.

»*Oiyie*, es geht gut«, sagte sie, hielt in ihrer Arbeit kurz inne, schaute unter dem Bauch der Kuh hervor und schenkte mir ein breites, lautloses Lachen und kurz darauf einen langen, prüfenden Blick.

»Unser Hochzeitstag«, dachte ich, und mein Herz klopfte in freudiger Erregung. Gab es überhaupt noch etwas so Wunderbares? Heute würde mein geliebter Samburu-Krieger mein Mann werden. Heute würde er sein Versprechen einlösen, heute würde unser gemeinsames Leben offiziell beginnen. Heute würde ich Gewissheit finden in dem bangen Zwiespalt meines Herzens und die Erfüllung einer so furchtbar nagenden Sehnsucht nach Lpetatis Liebe. Hatten wir uns auch schon vorzeitig körperlich und seelisch besessen und besaßen uns längst, so würde durch die traditionelle Hochzeit unsere Liebe Beachtung in der Familie und dem ganzen Clan finden. Für uns selbst war es die Bestätigung, unseren großen, tiefen Gefühlen füreinander den einzig würdigen Rahmen zu verleihen. Nun würde ich ganz offiziell zu Lpetati gehören und ihn lieben dürfen, ja, es wurde sogar erwartet, dass ich ihm mein Einverständnis bezeugte. Ich würde aufgenommen sein in sein stolzes Volk und damit in den Kreis seines eigenen Lebens, eingebunden in den Rhythmus mystischer Riten in einer fremden Welt, dicht am Herzen Afrikas.

Nach dem morgendlichen Bad im nahen Bach – heute war es für Lpetati und mich eine rituelle Waschung – kamen Marissa und Lpetatis Schwestern in Begleitung unzähliger Kinder mit meinen Samburu-Brautsachen aus Saitos neuer Hütte. Sie warteten ein wenig gegenüber meiner Schlafstelle, da ich mir die Haare flechten und wie einen Kranz um den Kopf legen wollte. Erst gestern war mir eingefallen, dass so eine Frisur ein guter Kompromiss zwischen lang und kurz wäre und der Kopfschmuck dann besonders gut sitzen und wirken könnte.

Saito brachte eine Kalebasse voll Milch und erklärte mir, dass ich diese heute auf dem Rücken tragen müsse. Die Frauen waren mir behilflich beim Anlegen all der Tücher, der Arm- und Fußreifen und der vielen Ketten. Der schöne Gürtel von Lpetati hielt ein rot-weißes Wickeltuch und das rot-grün-goldene Fransentuch aus Mombasa, den langen blauen Rock und ein weiches Ziegenleder zusammen. Es klirrte und klimperte an mir, als ich vor die Tür ging, um mich bei Licht zu besehen.

In meiner Aufregung vergaß ich, jemanden zu bitten, ein Foto von mir zu machen, obwohl ich außer Lpetati ohnehin niemanden wusste, dem ich den Fotoapparat anvertrauen und der überhaupt damit umgehen konnte. Später wollte ich nicht mehr fotografieren, weil ich spürte, dass es bei den Feierlichkeiten einfach unpassend gewesen wäre, wie eine Touristin mit einer Kamera herumzulaufen.

Heute war mein Hochzeitstag, da sollte es keine disharmonischen Momente geben. Dennoch wäre es natürlich sehr schön gewesen, einige Szenen des großen Tages für später festhalten zu können. Zumindest hatte Lpetati gestern Abend, kurz vor der Besprechungs-Zeremonie, ein paar Fotos von mir und einigen Gästen in ihrer Festtagskleidung gemacht.

Es war gerade sieben Uhr, als die festlich geschmückte Saito, sie trug besondere Ketten und kupferne Ohrgehänge mit langen blau-weißen Perlenschnüren, ähnlich den meinen, mit mir zu Großvaters Hütte ging. Unterwegs gesellten sich Marissa, Kakomai, Gatilia, *mzee* Mousse, Onkel Lolowas und Baba Elia dazu.

Mein Herz schlug hörbar, und glücklich fanden meine Füße in den mit Gras ausgelegten Sandalen den Weg zu Großvater und von da aus zur Hochzeits-*manyatta*, wo Lpetati und ich den besonderen Hochzeitssegen erhalten sollten und wir ausnahmsweise auch den feierlichen Ringwechsel vornehmen durften. So war es entschieden und genehmigt worden. Das Gras in meinen Sandalen sollte die Wünsche für einen Weg in ein glückliches Leben verstärken, in welchem satte Kühe und immer genug Milch das

Wichtigste wären. Das Gras stand als Symbol für Leben und Fruchtbarkeit allgemein, so steckte auch Gras in meinem Kopfschmuck.

Zu meiner weiteren Ausrüstung gehörte an diesem Tag ein Stock aus dem besonders harten *siteti*-Holz, aus dem auch die *rungus* der Krieger gefertigt wurden. Dieser Stock war das Zeichen dafür, dass ich von nun an eine eigene Herde haben und mit dieser leben würde. Fast alle Symbole bekräftigten die enge Verbindung zwischen Mensch und Tier. Die Herde war stets Mittelpunkt und Lebensinhalt der Samburu, wichtiger als alles andere, schließlich sicherte sie eine tägliche Mahlzeit. Die Wertschätzung für ein Rind überstieg nicht selten die für ein Familienmitglied.

Ich sog den herrlichen klaren Morgen in mich hinein und sandte ein Stoßgebet für Lpetati und mich zu Ngai.

In der Hochzeits-*manyatta* erwarteten mich Lpetati und Makaio, die älteren Mitglieder meiner neuen Familie sowie alle Alten und der *l'oiboni*. Vor Aufregung und Ergriffenheit wurde mir ganz heiß, als ich Lpetati sah, der bereit war für unsere Zeremonie. Sein Anblick ging mir sehr nahe. Auch er trug zu seinem Kriegerschmuck zwei besondere blau-bunte Ketten, unser Hochzeits-*nguo*, das wir in Mombasa gekauft hatten, ein zweites, weißes Tuch, ein weiches Ziegenleder und darüber eine blaue *shuka*. Um seine rechte Wade war, wie bei mir, ein kleines Stück Löwenfell gebunden und um einen Oberarm ein breiter Streifen aus hellem Ziegenfell.

Ich betrachtete meinen Mann in seiner neuen Fremdheit voller Liebe, und auch seine Augen ruhten wohlgefällig auf mir. »Du siehst schön aus«, sagte er leise, und so schwelgte ich nun in doppelter Glückseligkeit.

Lpetati und ich wurden in die Mitte der *manyatta* geführt, wo wir uns niederließen. Die Großeltern, Eltern, Älteren und Alten der Familie saßen um uns herum auf der Erde, ebenso Makaio und der *l'oiboni*. In einer Hand hielt Lpetati einen Wedel aus dunklem Gnuschwanz als Anerkennung und zugleich Zeichen seiner sittlichen Reife. Mit der anderen Hand umklammerte er meine Finger. Nach und nach wurde es ganz still in der *manyatta*. Die Feierlichkeit des Augenblicks ließ mein Herz wild hämmern und meine Brust eng werden. Ich nahm mir noch vor, mir alle Details unserer Trauung gut einzuprägen, konnte dann aber vor Aufregung kaum einen klaren Gedanken fassen. Lpetati ließ meine Hand los und legte den Gnuschwanzwedel vor sich hin, ich den *siteti*-Stock. Die Anwesenden, Großvater zuerst, begannen, nacheinander für uns zu beten. Lpetati und ich schlossen in schnellem Wechsel unsere nach oben gedrehten Handflächen nach jeder Fürbitte zur Faust, antworteten mit »Ngai« und öffneten sie wieder.

»Kerestina«, wandte sich Baba nun an mich, »willst du Lpetati, unseren Sohn, Bruder, Enkel, Onkel und Neffen hier vor uns heiraten?«

Mit zugeschnürter Kehle, aber voller Überzeugung, brachte ich »*Kayiu*, ich will« heraus.

Lpetati reichte mir seine Hand. Ich hörte ein leises »*hashe*«.

Seltsamerweise wurde er nicht gefragt, ob er mich heiraten mochte. Aber vielleicht war sein Bemühen um mich und die Tatsache, dass er mich hierher gebracht und alles Mögliche veranlasst hatte, um mich ehelichen zu können, deutlich und Einverständnis genug.

Die Anwesenden um uns reichten einen Becher mit Wasser und einen mit Milch herum, bis jeder einen Schluck daraus genommen hatte. Danach wurden wir, wieder der Reihe nach, gesegnet, indem alle einen ganz feinen Wasser- und Milchstrahl in Lpetatis und meine Richtung spien. Anschließend folgten mehrere Gebete und kleine Ansprachen. Besonders eindrucksvoll war die Rede von Lpetatis Beschneidungsvater, jenem Mann, der meinen Mann vor vielen Jahren bei der größten feierlichen Zeremonie, die jeder Samburu auf dem Weg zum Krieger zu durchlaufen hatte, bei den Schultern gehalten hatte. Den großen Schmerz dabei hatte er nicht zeigen dürfen, nicht durch Laute, nicht durch Tränen, nicht durch Zuckungen.

Es war Onkel Lolowas gewesen, aber auch die Männer, die jeweils ein Bein des Initianten zu halten hatten, verdienten Verehrung, der so genannte »Mann des rechten Beines« mehr als der des linken. Ein bei dieser Zeremonie neu hinzugewonnener Vater hatte stets großen Einfluss auf das weitere Leben seines Schützlings, und ich war froh, dass ich mich mit Lpetatis »zweiten Vätern« gut verstand.

Nach den Ansprachen folgten noch einmal Gebete. Langsam näherte sich der Moment mit dem Ringwechsel. Vor mir, auf der besonderen Ziegenhaut, wo damals Lpetatis Beschneidung stattgefunden hatte, stand das kleine helle Kästchen mit den Eheringen. Ich konzentrierte mich sehr auf das, was ich nun gleich in Kisuaheli zu sagen hatte. Mir war heiß und kalt zugleich. Lieber hätte ich meinen Text in Kisamburu vorgetragen, aber Kulalo, die ich um Hilfe beim Übersetzen gebeten hatte, hatte behauptet, es bringe Unglück, wenn man schon vorher dieselben Worte wie bei der späteren Zeremonie gebrauchte.

Mit zitternden Händen nahm ich den Ring für Lpetati und steckte ihn mit den Worten »Hiermit nehme ich dich, Lpetati, vor allen hier Anwesenden zu meinem Mann. Ich will dich lieben und respektieren und dir eine gute Frau sein«, an den Ringfinger seiner rechten Hand. Der Goldreif glitt mühelos an seine Stelle. »*Sasa wewe*, jetzt du«, bedeutete ich ihm leise und hielt ihm, nach einem langen Blick, meine rechte Hand entgegen.

Lpetati griff nach dem Ring, schob ihn mir auf den Finger und brachte vollkommen überwältigt, aber mit klarer Stimme »Ab heute bist du *nketok ai*, und ich liebe dich für immer. Ich respektiere dich und werde ein guter Mann für dich sein« heraus.

Tiefe Ergriffenheit machte mir das Atmen schwer. Ich spürte große Rührung in mir und auch bei Lpetati, den Großeltern, Eltern und allen anderen, die wir hier versammelt waren, um die Heiratszeremonie zu begehen. Gespannt hatten alle das öffentliche Heiratsversprechen und den Ringwechsel verfolgt, denn das war etwas ganz Neues für sie. Die Frauen sangen und klatschten in die Hände. Großvater richtete nochmals eine kleine Ansprache an uns, die in ein Gebet überging, für Lpetati und mich, für die Familie, für Wasser und Nahrung, gesunde Herden und gesunde Kinder. Auch der Frieden war ihm ein Anliegen.

Meine Füße waren durch die ungewohnte Haltung eingeschlafen, was mir in all der Feierlichkeit sehr zu schaffen machte. Baba hockte sich vor uns, und auch er betete noch einmal für seinen Sohn und mich, wünschte uns ein glückliches Leben, viele Kinder und eine große Herde. Saito schloss sich ihm an.

Lpetati war in den Anblick seines Eheringes vertieft, dessen Muster an zwei verschlungene flache Kordeln erinnerte. »Ein Ring aus Gold«, strahlte er, »keiner besitzt einen goldenen Ring, nur wir beide. Danke, *nketok ai.*«

Nach und nach bewunderten auch alle anderen den Ring, und Lpetati streckte ihnen stolz seine Hand hin. Damit war die eigentliche »Trauung«, der feierliche Teil mit den Segnungen, Ansprachen und Gebeten beendet. Von den Frauen folgten Glückwünsche, Umarmungen und Küsse für mich.

Draußen war es inzwischen lebhafter und lauter geworden, die Leute redeten und lachten, und überall sah ich neben bereits vertrauten auch fremde Gesichter. Saito und Marissa banden mir die Kalebasse mit Milch so auf den Rücken, dass sie zwar nicht herunterfallen, ich sie aber jederzeit lösen konnte, und drapierten mein Tuch aus Mombasa darüber.

Vor der *manyatta* war ein richtiger Volksauflauf, und auf der Bergkuppe hatten sich die Krieger versammelt. Rot, Weiß, Orange und Blau waren die vorherrschenden Farben der Tücher, Decken und Umhänge unserer Gäste. Kinder und junge Mädchen sangen für uns, während sie neben uns herliefen. Eine große Gruppe bunt gekleideter Frauen mit breiten, wippenden Perlenkragen widmete uns ein Hochzeitslied und klatschte dazu in die Hände. Nun kamen die restliche Familie, unsere Verwandten und Freunde und einige der Gäste, um uns mit Zurufen zu gratulieren, Geschenke zu versprechen und mitgebrachte Geschenke zu Saitos

Hütte zu bringen und natürlich, wie überall auf der Welt, um einen Blick auf die Braut zu werfen, die meist interessanter anzuschauen war als der Bräutigam – besonders in meinem Fall. Ich sah aus, wie eine Samburu-Braut auszusehen hatte, bis auf meine helle Haut, das helle Haar und die hellen Augen, die besondere Neugier erweckten.

Makaio und Lpetati hatten mich in ihre Mitte genommen, und vorbei an einem Spalier von Zuschauern gingen wir hintereinander zu Babus und Gatilias Hütte, danach zu Baba und anschließend auf Umwegen zu Saitos Heim, meinem vorläufigen Zuhause. Unterwegs empfingen wir immer wieder Segenswünsche und gespiene Segnungen, besonders von Baba und Babu, Saito und Gatilia. Auf die jeweiligen Aufforderungen, Milch aus der Kalebasse zu trinken und in die Hütten einzutreten, musste ich mich so lange weigern, bis mir ein Geschenk versprochen wurde.

War mir das zunächst unangenehm, fand ich nach und nach Gefallen daran und betrachtete es als ein Spiel. Gott sei Dank hatten mich Kulalo und Lekian in alles eingeweiht und mir erklärt, wie ich mich zu verhalten hätte und dass es durchaus richtig sei, ein Geschenk zu »erpressen«. Auch vor Saitos Hütte musste ich mich weigern, einzutreten, bevor mir nicht jeder in der Familie ein Geschenk versprochen hatte und an mir vorbeigehuscht war. Wie schon vorher bei Makaio und vielen anderen Familienmitgliedern musste ich Saitos Aufforderung, einen Schluck Milch aus der mir umgebundenen Kalebasse zu nehmen, ablehnen, bis sie mir eine Kuh als Geschenk anbot. Auf dem ganzen Weg, vorbei an den ausgelassenen, bunt gekleideten Menschen, an den Frauen mit ihren ockerfarben und fettglänzenden Köpfen mit den Perlenstirnbändern und Unmengen von Ketten, die den halben Oberkörper bedeckten, an Menschen in roten und blauen *shukas* und an fröhlichen Kindern, durfte ich mich, trotz Zurufen, nicht umdrehen. Ich hatte mit dem Leben hinter mir abzuschließen und in die Zukunft zu schauen – so die Symbolik.

Jetzt verstand ich auch, warum Lpetati bei meinem ersten Besuch nicht gewollt hatte, dass ich mich auf dem Rückweg umblickte, als schon feststand, dass wir heiraten würden. Natürlich galt das nicht generell, und ich konnte mich in Zukunft so oft umsehen, wie ich wollte, nur als Braut war es kein gutes Omen, da es Bedauern ausdrückte und keineswegs schmeichelhaft war für den zukünftigen Ehemann und dessen Familie.

Lpetati verließ Makaio, Saito und mich kurz und kam mit einem Schaf zurück, das er feierlich seiner Mutter übergab. Mit einer Stimme, die mir ein wenig zittrig vorkam, sagte er zu ihr: »Das ist für die Milch, die du deinem Sohn gegeben hast.« Mutter und Sohn sahen sich an, und ich spürte, wie die Rührung mir die Kehle zuschnürte.

Abseits vom *boma* hatte man inzwischen einen Ochsen geschlachtet, der den eigentlichen Ehevertrag zwischen meiner nicht anwesenden Familie und der Familie von Lpetati besiegelte. Manches hatten wir ein wenig abgewandelt und auf unsere persönliche Situation zugeschnitten, und ich staunte, wie viel doch anders gehandhabt werden musste, weil die Beschneidung fortgefallen und niemand aus meiner Familie anwesend war. Unser Dreigespann, Lpetati, Makaio und ich, verharrte noch ein wenig bei Saito, die ihren Sohn und dessen Begleiter segnete. Lpetati versicherte vor seiner Mutter und Makaio, dass er von nun an für mich Verantwortung tragen werde.

»Tamata kulee«, forderte mich Saito erneut auf, und diesmal durfte ich die Kalebasse, die ich noch immer auf dem Rücken trug, abnehmen und die Milch daraus trinken.

Ich konnte mich nun setzen, und eigentlich war für mich der offizielle Teil der Hochzeit beendet. Eine seltsame Stimmung erfasste mein Herz.

Als die Krieger anfingen zu singen, verließen uns Lpetati und Makaio. Draußen wurde es laut, und es duftete bis zu uns nach gebratenem Fleisch.

Im Gegensatz zu mir konnte Lpetati an allen Feierlichkeiten uneingeschränkt teilnehmen. Normalerweise hatte ich von nun an im Haus meiner Schwiegermutter zu bleiben. Aber da ich nicht beschnitten worden war, musste ich mich nicht schonen oder gar das »Bett« hüten.

Natürlich wollte ich keine Bräuche verletzen und mich trotzdem überwiegend in Saitos Hütte aufhalten. Aber ich hatte meine Schwiegermutter gefragt, ob es verwerflich sei, wenn ich einigen der Feierlichkeiten beiwohnte und wen ich dafür um Erlaubnis fragen müsse.

»Es ist dir erlaubt«, hatte Saito nach kurzem Überlegen entschieden, und ich hatte mich überschwänglich bei ihr bedankt. So begrüßte ich nun mit Saito und Gatilia zusammen die Gäste und hieß sie willkommen. Saito stellte mich als ihre Tochter vor, und sie tat es mit einem gewissen Stolz, worüber ich mich freute. Zu wissen, dass all die Menschen gekommen waren, um mit uns dieses wunderbare Ereignis zu feiern, und dass sie dabei Geschenke, auch ganz speziell für mich, mitgebracht hatten oder in Aussicht stellten, machte mich überglücklich.

Die Krieger tanzten, und ein wenig später, auf einem anderen Platz in der Nähe, die Frauen. Als ich mich auch erhob, drückte mich *kokoo* Gatilia wieder auf meinen dreibeinigen Hocker zurück, sehr freundlich, aber bestimmt. Lpetati sah ich bei all den Aktionen zwischen Essen, Trinken, Tanzen, Singen oder beim Herumflanieren kaum, da Männer und Frauen getrennt aßen und feierten. Sie saßen zwar nicht abgegrenzt voneinander, aber man vermischte sich nicht.

Zweimal brachte mein Mann mir einen kleinen Stock mit aufgespießten Fleischstückchen, und ich freute mich sehr über diese zärtliche Geste. Er dachte an mich und erinnerte sich, dass ich Gegrilltes den gekochten Innereien vorzog. Unsere Blicke begegneten sich für kurze Zeit.

»Nketok ai«, sagte er schließlich liebevoll, dann »auf Wiedersehen« und lächelte dabei viel sagend. Damit verschwand er wieder im Gewühl der festlichen Menge.

Meine Schwägerinnen, Cousinen und Nachbarinnen hatten

alle Hände voll damit zu tun, *chai* auszuschenken, dazu Hirsebier und *maradjina,* und die vielen Portionen Reis, Maisbrei und Gemüse zu verteilen.

Es war eine ungewöhnliche Geräuschkulisse um mich herum, immer wieder unterbrochen vom Singen und Tanzen der Krieger und der Frauen. Die unnatürlich hohen Stimmen der jeweiligen Vorsängerinnen und Vorsänger gingen mir unter die Haut. Trotz einer gewissen Ausgegrenztheit fand ich Gefallen an meiner Hochzeit und gönnte meinem Mann, dass er mehr im Mittelpunkt stand als ich, denn ich hockte wieder brav und unsichtbar in Saitos Hütte.

In einer Gesangspause spielte ich leise auf der Gitarre, denn mir war ein Liebeslied für meinen Mann eingefallen, und ich musste es rasch spielen, um es nicht wieder zu vergessen. Ich schrieb mir kurz die Tonfolgen und die Harmonien, die ich dazu greifen konnte, mit einem Ockerstäbchen auf und fühlte mich unsagbar ausgefüllt und glücklich.

Dann geschah etwas, das es auf noch keiner Samburu-Hochzeit gegeben hatte, zumindest nicht in unserem Clan: Die Braut machte Musik!

Einige Gäste hatten mich nämlich gehört, obwohl ich nicht laut gewesen war, und bestanden darauf, dass ich vor ihnen und draußen spielte.

»Fragt meinen Mann«, sagte ich, »und seine Eltern, ob das erlaubt ist.«

»Es ist erlaubt«, sagten sie mir.

Also begann ich, erst zaghaft, dann immer lauter zu spielen. Ich kannte nur vier kenianische Lieder, aber das kümmerte keinen, sie wollten diese Lieder wieder und wieder hören. Schließlich trug ich auch mein neues Liebeslied für Lpetati vor, wenn auch noch mit zurückhaltendem und nicht endgültigem Text.

Da saß ich in meiner schönen, farbenfrohen, aber etwas unbequemen Hochzeitstracht, behängt mit einigen Kilos an buntem Perlen-, Leder- und Silberschmuck, und unterhielt die große Menschenmenge, die zu unserer Hochzeit gekommen war.

Immer wieder hörte ich, wie »*keisupat*, schön« unser Fest sei, und meine Schwiegereltern und Großeltern schienen mächtig stolz zu sein. Ich selbst war froh, entgegen meinen Befürchtungen kein Tabu verletzt zu haben. Allerdings hätte ich ohne Erlaubnis niemals gesungen und gespielt. So tanzte ich zwar nicht auf meiner eigenen Hochzeit, aber ich musizierte, was mindestens ebenso schön war. Nach meinem Auftritt zog ich mich wieder artig zurück, bekam Milch gebracht von Saito und *chai* von Marissa und Lekian. Später in der Nacht schlich ich mich bis dicht an die *manyatta* heran. Die jungen Mädchen sangen, und dazwischen waren immer wieder die Krieger zu hören. Ihre Stimmen und der Rhythmus machten mir eine Gänsehaut. Ich wollte mir diesen Anblick keinesfalls entgehen lassen, schließlich wollte ich mich später an all dieses Einmalige und Aufregende meiner Hochzeitsfeier erinnern. Ich hörte, wie sie in die Hände klatschten und mit den Füßen stampften, und verfolgte die eigenartige Gesangstechnik.

Kaum dass ich wieder zurück in der Hütte war, kamen Lpetatis Schwestern und waren mir beim Ablegen der Kleidung und des Schmucks behilflich.

Ich trug nur noch das rote, mit grün-goldenen Streifen verzierte Tuch und die Fruchtbarkeitskette, die mir genug Anlass zum Nachdenken gab. Die Nacht verbrachte ich allein in Saitos Gesellschaft. Wir sprachen nicht viel, doch sie schien zufrieden mit mir. Ich war ziemlich unsicher, was ich ihr sagen sollte, aber sich zu bedanken war sicher nicht verkehrt, und tatsächlich fühlte sie sich geschmeichelt. Ob denn die *arusi* in meinem Land anders seien, wollte sie wissen.

»Ja, sie sind anders, aber gefeiert wird genauso gern wie bei euch. Es war ein schönes Fest. Ich bin euch sehr dankbar, dass es so schön war.«

Später, als die Stimmen der Nacht die Wildnis heimsuchten, als sich dumpfes, tiefes Löwenbrüllen mit dem hohen Stakkato der Hyänenrufe abwechselte, als die Zebras heiser bellten, Nachtvögel seltsame Laute von sich gaben und die Esel unserer Nachbarn Geräusche machten wie rostige Pumpen, lag ich ganz still und nahm Afrika in mich auf. Ich dachte an Lpetati, der nun seit vielen Stunden mein Mann war und der irgendwo übernachtete. Ob er an mich dachte? Oder schlief er bereits, müde vom Tanzen, Singen, Essen, Trinken und Palavern?

Wie hatte er den heutigen Tag empfunden? War alles nach seinen Wünschen verlaufen? War er glücklich, mein Mann geworden zu sein? War er überhaupt glücklich? Ein bisschen traurig war ich schon, dass jeder für sich allein nächtigte. Aber unsere Hochzeitsnacht würde nicht weniger schön werden, nur weil wir sie ein wenig verschieben mussten. Doch zunächst musste ich unsere neue Hütte fertig stellen. Sicher würden mir die Frauen und Mädchen dabei helfen, denn mit dem Mischen des *matope* kam ich noch nicht zurecht. Aber ich würde es schnell und gern lernen, besonders im Hinblick darauf, dass mit dem Einzug in unser neues Zuhause auch unser gemeinsames Leben beginnen würde.

Plötzlich hörte ich Geräusche an der Tür, ein Schaben und ein leises Klopfen, das sich wiederholte. Als Saito nicht reagierte, tastete ich mich durch den engen Gang.

»*Nani*, wer?«, fragte ich leise.

»Wir sind es, dein Mann und dein Brautführer.«

Vorsichtig entfernte ich die Querstange, mit der Saito die Tür abgesichert hatte, und als ich im Mondlicht meinem Mann und Makaio gegenüberstand, tat mein Herz einen gewaltigen Sprung.

»Ich möchte meiner Frau *lala salama* sagen.«

»Das ist eine gute Idee. Es hat mir gefehlt, dir nicht gute Nacht sagen zu können, und auch, wie glücklich ich bin. Und dir auch gute Nacht«, wandte ich mich an Makaio, »und *hashe oleng* für alles.«

»Es war ein schönes Fest«, nickte Makaio, »und es wird morgen noch einmal schön.«

»Ja«, fiel ihm Lpetati ins Wort, »es gibt noch genug zu essen und zu trinken. Deine Familie war sehr großzügig. Es wird noch für zwei Tage reichen.«

Wir standen ein bisschen verlegen an der kleinen Hüttentür herum. In der Nähe war ein Fauchen zu hören, und ich erschrak. »Ein Leopard?«, fragte ich.

»Ja. Ein *chui*.«

»Ich mag Leoparden«, sagte ich, »auch wenn sie so gefährlich sind.«

»Sie sind ein bisschen wie du«, lachte Lpetati, »aber du bist dazu noch so gut, wie eine Frau nur sein kann. Alles darf ich hier aber nicht sagen«, meinte er mit einem Seitenblick auf Makaio.

Mein Brautführer grinste fröhlich. Jetzt erst merkte ich, dass die beiden *moran* ihre Speere mitgebracht hatten. Oft war es zu gefährlich, ohne Waffe in der Nacht unterwegs zu sein, so wie heute, in unserer unerfüllten Hochzeitsnacht.

»Wir sehen uns morgen«, verabschiedete sich mein Mann nach einiger Zeit, »schlaf gut, meine Frau.«

Ich sah den beiden Kriegern nach, wie sie durch die helle Nacht gingen. Die Speerspitzen glänzten im Mondlicht, und in der Luft lag neben dem Duft des feuchten Grases noch immer Grillgeruch. Mein Mann blieb kurz stehen. »Chui«, sagte er in meine Richtung, »auf Wiedersehen, Chui *ai*.«

»Simba, Simba *lai*«, rief ich leise zurück, und Lpetati quittierte mit mehrmals erhobenem Speer, dass er verstanden hatte.

Lange noch verharrte ich vor der Hütte. Über mir strahlte ein intensiver Äquatorhimmel. Die Sterne schienen zum Greifen nahe, besonders wieder das Sternbild des Orion, das ich aus den klaren Winternächten in Deutschland kannte. Die drei Gürtelsterne funkelten, als wären sie lebendige Wesen. Makaio, Lpetati und ich, ging es mir durch den Kopf.

Die wundervolle, milde Nacht war voller trügerischer Lieblichkeit, eine Nacht, die durch unzählige Stimmen und Laute leicht erzitterte und in der Schatten und Spuren ihre Pfade suchten, eine Nacht, wie sie großartiger und sehnsuchtsvoller nicht hätte sein können.

Unser erstes eigenes Heim

Dank Saitos und Marissas Hilfe sowie der tatkräftigen Unterstützung von Lpetatis Schwestern war unsere Hütte vier Tage nach unserer Hochzeit bezugsfertig.

Und dann, endlich, waren wir das erste Mal allein in unserer neuen Behausung, die ein klein wenig größer war als die anderen Hütten. Bis jetzt hatte ich nur wenig Zeit mit meinem Mann verbringen können. Aber wir wussten, dass uns bald so viel Zeit gehören würde, wie wir haben wollten.

Die letzten Tage hatten wir damit zugebracht, unsere zahlreichen Geschenke zu betrachten – darunter wunderschöne, mit Perlen und Kaurimuscheln verzierte Kalebassen, ein aus stabilen Zweigen geflochtenes Regal, *kangas* in Orange, Grün und Weiß, Kuh- und Ziegenhäute für unser Nachtlager, ein handgeschriebenes Kisamburu-Kisuaheli-Wörterbuch von Makaio, eine Samburu-Familie aus Ton, dazu Ziegen, Kälber, Kühe und Schafe, zwei Hühner und ein Hahn. Auch hatten wir uns zugesagte und versprochene Tiere abgeholt oder zumindest schon einmal begutachtet. Überall hatten wir kleine Schwätzchen gehalten, fast in jeder Hütte *chai* getrunken und hier und da kleine Gaben, Schnupf- und Kautabak oder Bonbons, verteilt. Ich war glücklich, dass ich mich mit meinen neuen Verwandten so gut verständigen konnte. Lpetati war ungeheuer stolz auf mich gewesen und hatte oft anerkennend und glücklich den Arm um mich gelegt.

Inzwischen hatte ich ohne Hilfsmittel, wenn auch recht mühsam, Feuer gemacht. Mein erstes Feuer stand als Symbol dafür, dass von jetzt ab die Hütte mit Leben erfüllt sein würde und auch für das gemeinsame Leben von Lpetati und mir. Das Feuer galt als wärmender Mittelpunkt, als Quelle für den täglichen *chai* und die tägliche Mahlzeit – sofern möglich. Es dauerte ziemlich lange, bis die kleinen Flämmchen größer und beständiger wurden und sich in dickere Holzscheite fraßen. Aber dann loderte das Feuer, und ich war mit mir zufrieden. Viele Gedanken waren mir dabei in den Sinn gekommen, und ich konnte mich einer feierlichen Stimmung nicht erwehren.

Ergreifend war es geradezu, als Lpetati – nach einem erwartungsvollen *»Hodi?«* und meiner aufgeregten Einladung *»Karibu sana, lpayan lai,* Herzlich willkommen, mein Mann« – in unsere erste gemeinsame Unterkunft eingetreten war.

Das erste Mal in seinem Leben kam er zu mir, seiner Frau, nach Hause ans Feuer. Das war ein großer, ein erhabener Augenblick für uns beide. Entsprechend befangen verhielten wir uns, als wir nun an unserer eigenen Feuerstelle saßen. Eigentlich hätte es unsere erste gemeinsame Mahlzeit geben müssen und *chai*. Aber wir hatten erst bei Lpetatis Cousine Susanah gegessen und dann noch einmal bei Saito, und *chai* hatten wir auch zur Genüge getrunken. Doch ich reichte Lpetati den traditionellen Schluck Milch aus einer unserer neuen Kalebassen als Willkommensgruß und als Zeichen dafür, dass ich von nun an Sorge für ihn tragen würde. Von jetzt ab waren wir füreinander verantwortlich, wir gehörten zusammen.

Glücklich betrachtete ich Lpetati. An seinen geschorenen und ockerfarbenen Kopf musste ich mich nach wie vor gewöhnen, aber sicher würde ihn bald wieder eine neue Kriegerfrisur zieren.

Die Flammen der Herdstelle warfen tanzende Lichtreflexe auf unsere noch immer bemalten Gesichter. Draußen hörten wir die Gesänge der Krieger und Mädchen aus der Zeremonien-*manyatta*. Morgen und übermorgen würde immer noch ein wenig Festtagsstimmung herrschen, und einige Verwandte hielten sich weiterhin in unserem *boma* auf.

»Jetzt bin ich also dein Mann«, sagte Lpetati, »wie ich es gewollt und gewusst habe.«

»Wie konntest du so sicher sein?«

»Ich bin ein sehr schöner und ein guter Mann.« Dagegen vermochte ich nichts einzuwenden, aber es amüsierte mich jedes Mal, wenn er seine Vorzüge pries, was öfter vorkam.

»Ja, du bist ein schöner Mann. Ob du aber auch ein guter Mann bist, werde ich bald wissen«, erwiderte ich, und wir lachten beide, glücklich, selig.

Es war ein erhebendes Gefühl für mich, in meiner eigenen Samburu-Hütte unter dem Himmel Kenias zu sitzen, den geliebten Mann an der Seite, voller Pläne, voller Wünsche, voller Zuversicht und voller Gewissheit, dass unsere Heirat der richtige Schritt in die Zukunft war.

Mein großer finanzieller Einsatz hatte mich zunächst skeptisch gemacht, aber ich bereute ihn nicht. Natürlich hatte ich keine Ahnung davon gehabt, wie teuer eine »nur« traditionelle Hochzeit sein konnte.

Irgendwann mussten wir die Heirat noch in Maralal registrieren lassen, damit ich einen entsprechenden Eintrag in meinem Pass bekommen und in Kenia bleiben konnte. Oder ich musste, was ich sowieso vorhatte, ein Konto eröffnen, auf dem monatlich festgelegte Einzahlungen eingehen würden, und mit diesen Unterlagen beim Emigration Office den Status *resident* beantragen, was wahrscheinlich schneller ging und einfacher und billiger sein würde.

Von draußen drangen wieder die Gesänge der Krieger zu uns herüber, verzauberten uns auf ganz eigene Weise und verliehen auch unserer Hütte ein ganz besonderes Flair. Ich hatte erst nur auf einer Seite einen Schlafplatz vorbereitet, groß genug für fünf Leute, und viel weiches Gras unter den neuen Kuh- und Ziegenhäuten verteilt. Wir benötigten aber noch warme Decken. Lpetati öffnete ein Schnupftabakdöschen, bot mir eine Prise an und nahm selbst eine.

Durch die kleinen Wandöffnungen – ich hatte eigentlich eine Art Fenster haben wollen, aber nicht gewusst, wie das zu bewerkstelligen gewesen wäre – drangen Mondlicht und gleichzeitig die nächtliche Kälte. Lpetati hielt mich im Arm, und ich drängte mich dankbar an ihn. Ich war erfüllt von seinem geliebten Geruch, fühlte die Glätte seiner Haut, spürte seinen Herzschlag an meinem Arm.

Irgendwann sanken wir zurück. Wir warfen große, unruhige Schatten an die Hüttenwand, die Fußsohlen warm vom nahen Feuer. Wir liebten, schenkten und verschenkten uns, erfuhren unsere Hochzeitsnacht in vielen Variationen und schliefen, eng aneinander gerückt, Wärme suchend und spendend, erst ein, als der Morgen mit seiner kältesten Stunde die Nacht verdrängte.

Neben meinem Mann aufzuwachen erfüllte mich mit Seligkeit.

Leise erhob ich mich, wischte ein wenig an dem ockerverschmierten Gesicht und meinen Haaren herum, deckte zwei der neuen *kangas* über den noch schlafenden Lpetati, blies vorsichtig ins Feuer, um es zum Lodern zu bringen, und ging zum Wasserholen an den Bach. Dann kümmerte ich mich um Milch. Dazu musste ich wissen, welche Kühe – außer unseren eigenen – ich melken konnte und durfte.

Ich begrüßte meine Schwiegermutter, Marissa, Kulalo und Kakomai am Rinderpferch. Die Frauen sahen mich aufmerksam an, und fast hörte ich ihr ungefragtes »Na, wie war es? Lief alles zu deiner Zufriedenheit?«.

»Dein Sohn ist ein guter Sohn«, sagte ich zu Saito, damit sie beruhigt war und wusste, dass wir die Ehe vollzogen hatten. Nun erst war ich in ihren Augen eine richtige Frau.

Sie hielt mir eine hohe Kalebasse hin. »Nimm diese Milch«, sagte sie, »und bring sie deinem Mann.«

Zum ersten Mal bezeichnete sie ihren Sohn als meinen Mann, und das machte mich sehr glücklich.

Ich wusste nicht, ob ich sie nun zum Tee einladen sollte. Zum einen wollte ich das erst mit Lpetati besprechen, zum anderen musste ich auch erst noch einige der Becher einsammeln, die Lpetatis Schwestern von meinem Geld für das Fest gekauft hatten und die irgendwo abgeblieben waren. Einen Wasserkessel, einen Kochtopf und einige Teller hatte ich schon gestern aus der *many*-

atta mitgenommen, doch es würde noch ein bisschen dauern, bis ich die wichtigsten Dinge beisammen hätte, um kochen, servieren und bewirten zu können.

Als ich zurückkam, stand Lpetati am Feuer und reckte sich. »Guten Morgen, hungriger Löwe«, sagte ich, »deine Mutter schickt dir diese Milch.«

Er betrachtete mich zärtlich. *»Nketok«,* sagte er, *»nketok ai.«* Und nach einer Pause: »Wir werden die Milch für den *chai* nehmen. Ich habe schon Teeblätter und Zucker in das Wasser getan. Ja«, fügte er auf meinen fragenden Blick hinzu, »da staunst du. Aber ein *morani* kann auch Tee zubereiten.«

Etwas später saßen wir an unserer Feuerstelle und tranken den *chai*, der entsetzlich süß war, aber dennoch vorzüglich. »So ein Kriegertee ist schon etwas Feines«, lobte ich ihn.

»Ja, ich weiß.«

»Ich bin glücklich«, sagte ich dann, »und ich war in der Nacht glücklich.«

»Ich weiß«, sagte er wieder. »Ich bin ein guter und starker Mann.« Mit Schalk in den Augen betrachtete er mich und wurde wieder ernst. »Ich war auch sehr glücklich. *Hashe*, Chui *ai*«, fügte er meinen neuen Kosenamen hinzu.

Wie üblich aßen wir nichts am Morgen. Ich wollte erst einmal sehen, wie ich damit auf die Dauer zurechtkam, und sonst vielleicht doch ein »Frühstück« einführen. Lpetati würde das sicher gefallen, denn wir hatten während der Hotelaufenthalte an der Küste schon darüber gesprochen. Zudem waren wir ja auch Besitzer von Hühnern geworden, da würde sich zumindest ein Frühstücksei gut ausnehmen. Vielleicht konnte ich später auch Brot backen und Butter und Käse herstellen, alles Dinge, die niemand bei uns kannte. Aber ein bisschen würde das alles noch dauern.

Zusammen gingen wir zum Rinderpferch, nachdem mein Mann unser neues Zuhause und meine Baukunst ausgiebig von innen und außen bewundert hatte.

Daktari

Seit einiger Zeit hatte Onkel Lolowas Kummer mit einem Kalb, das an Durchfall litt, und kurz darauf entdeckten wir plötzlich drei weitere Tiere mit denselben Symptomen. Nun kam mir mein Besuch bei dem Tierarzt in Deutschland zum ersten Mal zugute. Ich suchte das Durchfallmittel, das ich eigentlich für mich mitgenommen hatte, und dosierte es so, dass es den Kühen und Kälbern helfen konnte. Einige Mitglieder meiner neuen Familie standen neugierig um mich herum, während ich mich mühte, den Tieren das Medikament – es handelte sich um Kapseln – mit Wasser und Gras zu verabreichen.

In der Nacht litten wir fürchterlich unter dem Gestank der Ausscheidungen, denn Lpetati hatte zwei der erkrankten Kälber, wie es üblich war, mit zu uns in die neue Hütte genommen, und ich wollte mich nicht dagegen auflehnen. Aber gegen Morgen ging es den Tieren besser, und sie waren offensichtlich über den Berg.

Lpetati war mächtig stolz auf mich, und ich war es auf mich selbst. »Guten Morgen, *veterinary*«, begrüßte er mich, und ich blieb daraufhin freundlich, obwohl es meine Toleranz sehr strapazierte, dass ich nach dem Aufstehen erst einmal die tierischen Exkremente beseitigen musste.

Weil die Behandlung der Kühe Erfolg gehabt hatte, kamen nun nach und nach auch Dorfbewohner zu mir, die sich nicht wohl fühlten oder deren Tieren etwas fehlte. Zunächst wurde ich schüchtern und verschämt gefragt, ob ich *dawa*, Medizin, hätte. Doch die Angelegenheit gestaltete sich äußerst schwierig, da die meisten Patienten zwar hartnäckig darauf beharrten, Medizin zu wollen, jedoch kaum genaue Angaben über ihre Beschwerden machen konnten. Es überraschte mich, dass viele, außer dem Magen, keine weiteren Organe genauer kannten, und so dauerte es sehr lange, bis ich durch gezielte Fragen ungefähr herausfand, was den Kindern, Frauen oder Männern fehlte.

Manchmal hielt ich auf einer ausgebreiteten Decke vor der Hütte so etwas wie eine Sprechstunde ab, gab allen Patienten jedoch zu verstehen, dass ich zwar keine *daktari*, Ärztin, sei, ihnen aber bedingt mit Medikamenten helfen oder einen richtigen Arzt einschalten könne. Für eine Behandlung im Distrikt-Hospital oder der privaten, kirchlich geleiteten Krankenstation hatte niemand Geld. So kamen die von mir in Deutschland gesammelten Medikamente immer öfter zum Einsatz. Fortan verbrachte ich Stunden damit, diese zu sortieren, die Beipackzettel durchzulesen und mir eifrig Notizen zu machen.

Natürlich nahmen die meisten Anwohner bei Krankheitsanzeichen zunächst die überlieferten Heilmethoden in Anspruch, kamen aber auch direkt zu mir. Bei Verständigungsschwierigkeiten assistierten mir Lpetati und Losieku, doch inzwischen wusste ich, welche Leiden die meisten Menschen in meinem neuen Zuhause plagten: Hautinfektionen, Augenkrankheiten, meist Bindehautentzündung, rheumatische Erkrankungen, Wurmbefall sowie sehr häufig Erkrankungen der oberen Luftwege und immer wieder Verbrennungen, denn die offenen Feuerstellen in den Hütten bargen große Gefahren, besonders für Kleinkinder. Ich lernte viel durch meine Gespräche und Beobachtungen, erfuhr auch häufig Privates dabei, und es war ein erhebendes Gefühl, den Menschen helfen zu können. Natürlich genoss ich auch die Bewunderung und Dankbarkeit der Familie, der Nachbarn und Freunde. Längst hatte ich mir meinen Platz in der Gemeinschaft erobert, es gab keinerlei Berührungsängste mehr, dafür ein freundschaftliches Miteinander.

Alltagsbetrachtungen

Der Alltag hatte Einzug gehalten, er war bunt und stressfrei, mit nur wenigen zeitlich festgelegten Pflichten. Die noch nicht einmal sechzehn Quadratmeter umfassende Hütte mit dem gestampften Fußboden, von der knapp ein Drittel auf den Eingangsbereich und die Feuerstelle entfiel, erforderte keinen großen Reinigungsaufwand, dafür aber der Gang, in dem die Jungtiere nachts blieben. Der Abwasch war unbedeutend, wie auch das Wäschewaschen. Wir besaßen nicht viele Textilien und wechselten unsere Kleidung, meist T-Shirt und Wickeltuch, nicht allzu oft, besonders nicht in Zeiten, in denen das Wasser knapp war.

Wesentlich anstrengender waren das ständige Wasserholen und Feuerholz-Sammeln. Aber da wir Frauen das oft gemeinsam taten, konnte ich diesen Tätigkeiten ebenfalls interessante Seiten abgewinnen. So blieben im Grunde nur die Einkaufswege nach Maralal, die meistens zu Erlebnissen wurden und deshalb bei mir hoch im Kurs standen, obwohl sie jedes Mal einen ganzen Tag beanspruchten, und das Kochen von einer oder auch zwei einfachen Mahlzeiten.

Weil es mir Freude machte, begleitete ich Lpetati und unsere Tiere sehr oft zu den Weiden. An solchen Tagen war mir mein Mann auf eine ganz besondere Weise nahe, und wir konnten, ungestört und losgelöst von Alltäglichkeiten, intensiv miteinander reden oder auch nur unseren Gedanken nachhängen. Bei solchen Gelegenheiten spürten wir eine große Vertrautheit, und unser Zusammengehörigkeitsgefühl war dann ausgeprägter.

An vielen Tagen saß ich aber auch zwischen den Frauen vor den Hütten oder ein wenig abseits davon im Schatten eines der *morindje*-Bäume. Nach und nach brachten sie mir verschiedene Fertigkeiten bei, etwa Perlenarbeiten herzustellen, Kalebassen zu verzieren oder Tierhäute gebrauchsfertig zu machen.

Ich revanchierte mich, indem ich sie im Stricken unterwies, ihnen zeigte, wie man Knöpfe annähte oder Gummibänder einzog, und verschenkte kleine Nähutensilien. Bevor ich gekommen war, hatte es im ganzen *boma* keine Schere, keine Nadeln und kein Nähgarn gegeben. Wenn Fäden gebraucht wurden, zog man sie einfach aus irgendeinem Kleidungsstück, oft aus einer locker gewebten *shuka* oder auch aus einem Jutesack. Als Bänder dienten bestimmte Gräser, die nach einer uralten Technik miteinander verbunden wurden und erstaunlich haltbar waren. Sogar die Fäden von meinen Teebeuteln fanden Verwendung.

Besonders beliebt waren einige Spiele, die ich den Frauen und Kindern beigebracht hatte, oder die Singstunden zur Gitarre. Zu meiner Überraschung gab es hier auch Spiele, die ich aus Deutschland kannte, wie »Hinkelkasten«, »Seilspringen«, »Mühle« und »Band abnehmen«.

Bei Kerzenlicht vergnügten wir uns in unserer Hütte oft und gern mit Schattenspielen, bei denen wir mit den Händen vor der Kerzenflamme Tiere und Figuren formten, die dann groß und geheimnisvoll an der Wand erschienen und erraten werden mussten.

Wenn es gewünscht und erforderlich war, übte ich mit den Grundschulkindern Schreiben und Rechnen, half ihnen bei den Schulaufgaben und unterrichtete die größeren Schüler in Englisch, das sie nach Kisuaheli als zweite Fremdsprache in der Schule lernten.

Schon häufiger hatte ich mit der Familie über den Schulbesuch von Lpetatis Halbschwestern gesprochen, denn bis jetzt wurden sie ausnahmslos zum Wasser- und Holzholen sowie zum Ziegenhüten geschickt. Dabei hatte ich festgestellt, dass gerade diese beiden Mädchen besonders wissbegierig waren. Manchmal hatten sie mir so gute Fragen gestellt, dass ich bei dem Versuch, sie zu beantworten, regelrecht in Schwierigkeiten geraten war.

Baba gab die Kosten zu bedenken, da die Eltern seinerzeit auch für ABC-Schützen Schulgeld entrichten mussten.

»Einen Großteil des Geldes wirst du zurückbekommen, wenn du sie verheiratest«, versprach ich ihm. »Deine Töchter sind nicht nur schön, sie werden lesen, schreiben und rechnen können. Damit sind sie viel mehr wert als die meisten anderen Mädchen.«

Aber Baba sah das nicht ganz so. Selbst wenn ich in der Lage sein würde, das Geld für die Schulkleidung und Bücher aufzubringen, könnte man seiner Meinung nach so viel Nützlicheres damit machen.

Investitionen in die Ausbildung der Töchter betrachtete man als hinausgeworfenes Geld, da die Familie nichts davon zurückerhielt. Schließlich kamen alle erworbenen Fähigkeiten sowie damit verbundene Verdienstmöglichkeiten nach der Heirat ausschließlich dem Ehemann und dessen Familie zugute. Zwar war die Aussicht, bei einer Hochzeit für ein gebildetes Mädchen einen höheren Brautpreis erzielen zu können, ein verlockender Anreiz, doch noch entsprach eine »studierte Tochter« als Heiratskandidatin nicht dem Wunsch von Eltern und Kriegern.

Um Baba die Entscheidung zu erleichtern, wanderten Lpetati und ich nach Mararal, um Schuluniformen für die beiden Mädchen sowie Bücher, Hefte und Stifte für alle unsere Schulkinder zu kaufen. Zudem benötigten wir dringend einen größeren Salzleckstein für unsere Tiere.

In Maralal angekommen, überließ ich Lpetati ein paar Freunden und ging, den Kopf mit einem großen Tuch vor den aufwirbelnden Staubwolken geschützt, zur Bank, um einige verbliebene Deutsche Mark zu tauschen. Der Umrechnungskurs war günstiger als ein paar Wochen zuvor, wahrlich ein Geschenk, denn bei der großen Familie summierten sich die Ausgaben, egal wie sparsam wir lebten, zudem lief immer alles öffentlich ab.

Jeder in unserem Clan wusste genau, was bei uns vorrätig war, denn in unserer unmöblierten Hütte gab es kein Versteck. Lediglich in meinem Rucksack konnte ich einige kleine persönliche Dinge aufbewahren. Somit gab es nichts, abgesehen von meinem Tagebuch, den Heften und Papieren und, in eingeschränktem Maße, von meiner Gitarre, das ich verbergen oder ganz für mich reservieren konnte.

Vielleicht würde das in einem richtigen Haus anders sein, wo wir Schränke und ganz persönliche Bereiche haben würden. Doch bis es so weit war – noch wusste ich ja nichts Konkretes –, musste ich mich mit der Situation abfinden. Wir konnten uns nun mal keine besonderen Dinge leisten, ohne die Familie einzubeziehen und zu teilen – obwohl ich mir und Lpetati schon gerne den ein oder anderen Sonderwunsch erfüllt hätte.

Wohl teilte ich gern und empfand dabei auch so etwas wie die in der Spruchweisheit erwähnte doppelte Freude, dennoch machte es mir oft zu schaffen. Trug man kleine und größere Wünsche an mich heran, schwankte ich stets zwischen Wohlwollen, nüchterner Überlegung, großzügiger Gelassenheit und Hilfsbereitschaft. Nie zuvor war ich einer mit so viel Würde ertragenen Armut und solch echter Herzlichkeit gleichzeitig begegnet. Und eins wusste ich sicher: Hungern lassen würde ich niemanden um mich herum, es sei denn, ich hätte selbst nichts zu essen.

Im Allgemeinen ließ Lpetati mich schalten und walten. Manchmal hätte ich natürlich schon gern seine Meinung gehört oder seinen Rat eingeholt, vor allem in häuslichen Belangen, doch sein damaliger Kriegerstatus enthob ihn solcher Aufgaben. Erst die nächste große Zeremonie, nach der Kriegerweihe die bedeutsamste für ihn und in diesem Fall auch für mich, würde ihm die Pflicht auferlegen, sich um die Familie zu kümmern, natürlich um die Großfamilie. So, wie es Baba jetzt tat, der dann wieder Aufgaben von Babu übernehmen würde. In der Hierarchie der Samburu-Gesellschaft war alles genau vorgegeben, und wir alle hatten unseren Platz darin. Ich lebte in einer faszinierenden Welt, in der zwar vieles idyllisch, aber nicht immer sorgenfrei war, wenn auch die sorglos scheinenden, freundlichen Menschen um mich herum diesen Eindruck vermittelten. Dennoch gab es durchaus Zeiten, in denen ein behäbiger Friede unser *boma* umschloss, allseitige Zufriedenheit sich ausbreitete und wir besonders glücklich waren. Für mich war es ein ganz neues Lebensgefühl, nicht mehr als Gast hier zu sein, sondern eigenverantwortlich mittendrin leben zu können, in vieler Hinsicht nach Gutdünken und in größerer Freiheit.

Allerdings war ich in unserer neuen Hütte recht empfindlich gegenüber einigen Angewohnheiten verschiedener Familienangehöriger. So störte es mich, ja, es ekelte mich geradezu, wenn sie sich die Nase schnäuzten und das Ergebnis davon mit der bloßen Hand an unsere Wände oder die Pfosten vor unserer Schlafstelle schmierten. Ebenfalls widerlich fand ich, wenn sie überall ausspuckten und die Babys und Kleinkinder, die weder Windeln noch Höschen trugen, beim Herumtollen auch mal in der Hütte ihr Bächlein machten. Ich wusste nicht, wie ich diesen Unarten Einhalt gebieten konnte, ohne jemanden zu verletzen. Als ich mit Lpetati darüber sprach, hatte er zuerst gelacht, war dann aber ernst geworden.

»Du hast Recht, Chui«, sagte er, »unser Haus soll ein sauberes Haus sein. Ich werde mit meinen Leuten reden.«

Ich war ihm dankbar dafür und hoffte in Kürze auf ein sichtbares Ergebnis. Hin und wieder, wenn ich etwas ändern oder erreichen wollte, schaltete ich Lpetati ein, indem ich zunächst sein Interesse an einer Sache weckte und ihm dann meine Beweggründe erläuterte. Vieles sah er danach mit meinen Augen, und ich bemühte mich meinerseits, vieles mit den seinen zu sehen, und machte immer wieder Kompromisse.

Die Integration in einen, wenn auch inzwischen nicht mehr völlig fremden Kulturkreis verlangte mir viel Mitdenken, Mitfühlen und Mitarbeit ab.

Lpetati und ich hatten zwar unsere Liebe, aber außer ihr keine gemeinsame Basis. Die größte Herausforderung stellte für mich die unglaubliche, ungeheuerliche Armut dar, in die ich hineingeheiratet hatte. Jetzt erst erfasste ich in aller Konsequenz, was es bedeutete, wenn es hier keinen Verdiener gab, der am Monatsende einige Shillinge für den Lebensunterhalt auf die Hand bekam.

Die Tierzucht brachte nur dann etwas ein, wenn man Tiere zu verkaufen hatte, wozu man wiederum eine große Herde sein Eigen nennen musste. Doch bei wenigen Tieren und einer großen Familie war daran nicht zu denken, da ein Tier weniger automatisch Nahrungsentzug bedeutete.

Für mich war es bis jetzt unvorstellbar gewesen, ohne jegliche Einkünfte existieren zu können. Aus meiner Sicht kam es einem Wunder gleich, dass die vielköpfigen Samburu-Familien so fröhlich und freundlich und nach außen hin unbeschwert durchs Leben gingen, heute nicht wissend, ob es morgen Essbares geben würde.

Ich war weitsichtig genug, recht bald zu begreifen, dass wir ohne mein Zutun öfter vor leeren Tellern und Bechern sitzen, keine Hilfe in Krankheitsfällen haben und hin und wieder dazu gezwungen sein würden, von der Hand in den Mund zu leben. Ein bisschen hatte aber die afrikanische Gelassenheit schon auf mich abgefärbt, da ich nach wie vor keineswegs mit dem Schicksal haderte, das mich in die Wildnis verschlagen hatte und mich dort nun ziemlich forderte und herausforderte. Ganz im Gegenteil: Mit und durch die Samburu lernte ich, das Heute gebührend zu leben und zu erleben, ohne das unbekannte Morgen gedanklich zu strapazieren. Man gab sich der Gegenwart hin und war dankbar für die elementaren Dinge des Lebens, wie dürftig diese auch sein mochten. Die Sorgen um die Zukunft oder gar ein Planen für ein Später waren hier ungeliebte und unübliche Betätigungen. Ich übernahm diese Lebensphilosophie sehr schnell für mich und erwartete nichts, was es nicht geben konnte. Das war nicht nur bequem und einfach, sondern bewahrte mich auch vor Enttäuschungen. Und sonst blieben immer noch die Träume …

Noch wusste ich natürlich nicht, wie ich auf die Dauer mit dem völligen Verzicht auf technischen und sonstigen Komfort würde umgehen können. Bislang waren mein Optimismus groß und mein guter Wille ungebrochen. Ich würde an vielen unterschiedlichen Fronten »meine Frau stehen« müssen, war aber zuversichtlich, dass Lpetati und ich glücklich sein und bleiben würden, trotz der vielen Belastungen. Natürlich brauchte ich dazu Lpetatis Liebe und sein Verständnis sowie das Wohlwollen seiner Familie.

Gedanken über unsere Ehe

Mein Leben war sehr auf meinen Mann ausgerichtet, ohne dass meine eigenen Belange dabei zu kurz kamen und ohne ihn für gewisse Dinge verantwortlich zu machen, da ich ja inzwischen genau wusste, was ich ihm abverlangen konnte und durfte und was nicht.

Die Faszination für Lpetati war ungebrochen groß, fast gleichzusetzen mit meiner Liebe zu ihm. Das exotische Äußere Lpetatis würde mich vermutlich ein Leben lang heftig anziehen und den Boden bereiten, auf dem Erregung, Sehnsucht, Fantasie und Begehren gedeihen konnten.

Es war allemal erstaunlich, dass es in dieser fremden Welt einen Mann gab, der so vorzüglich zu mir passte, der meine Gedanken beherrschte und ihnen Flügel verlieh, der alle meine Sinne ansprach, der meinem Herzen so nahe war und dessen Liebesbeweise meine Seele nährten. Einige wichtige Voraussetzungen für ein Gelingen unserer Ehe waren gegeben. Allerdings würden wir beide daran arbeiten müssen, denn wir hatten nicht dieselbe Vorstellung von der ehelichen Gemeinschaft. Ich hielt die Partnerschaft zwischen Mann und Frau für sehr wichtig, und eigentlich war sie für mich die einzige Form der Ehe.

Afrikanische Ehemänner jedoch sehen sich im Allgemeinen nicht als gleichwertigen Partner ihrer Frau. Die Männer in Kenia glauben fest an ihre Überlegenheit den Frauen gegenüber, in der Ehe ist der Mann der Herr und die Frau die Dienerin ihres Herrn, ihres Gebieters im wahrsten Sinne des Wortes. Dominante Frauen waren nicht erwünscht, eine selbstständige, unabhängige Frau galt hier im Norden vielfach als unanständig und war gewiss (noch) keine Traumpartnerin für einen Samburu, wie auch für die meisten Afrikaner nicht.

Ich musste also viel Überzeugungsarbeit leisten, denn ich betrachtete mich durchaus als selbstständig und hielt das auch für wichtig, um im Busch überleben zu können. War ich auch keine unterwürfige Frau, so war ich doch fähig zur völligen Hingabe. Daher gelang es mir, eine Brücke von meinem europäischen zu dem von mir erwarteten afrikanischen Verhalten zu schlagen. Wenn ich auch nicht konform ging mit dem devoten Verhalten afrikanischer (Ehe-)Frauen den Männern gegenüber, denn dazu war ich nicht einsichtig, geduldig und leidensfähig genug, wollte ich doch alles daransetzen, dass sich Lpetati in unserer Gemeinschaft wohl fühlte und spürte, dass er für mich etwas Besonderes darstellte. Mein Respekt war ihm sowieso sicher.

Von einer partnerschaftlichen Beziehung hatte Lpetati bis zu unserer Begegnung nichts gehört. Die Vorbilder, die sein Verständnis von einer Ehe bis jetzt geprägt hatten und denen er – vielleicht unbewusst – nacheiferte, entsprachen dann zwar seiner, aber ganz und gar nicht meiner Vorstellung von einem ehelichen Miteinander. So stand ich vor der Aufgabe, möglichst behutsam und diplomatisch vorzugehen, um Lpetati das Wissen und die Einsicht zu vermitteln, wie gut, wie nützlich und wie befriedigend es sein konnte, in der eigenen Frau außer der stets griffbereiten Geliebten und Hüterin des Feuers, des Hauses und der Kinder sowie Arbeiterin für Familie und Gemeinschaft eine wirkliche Partnerin zu haben, eine zuverlässige Freundin, eine gute Kameradin, die Anteil nahm, Anregungen gab und Lösungen bei eventuellen Problemen anbieten konnte. Eine Partnerin, die in der Lage war, Entscheidungen zu treffen, Dinge in die Hand zu nehmen und selbst etwas auf die Beine zu stellen, ohne bei ihm das Gefühl von Unterlegenheit und Unvermögen zu erzeugen.

Lpetatis Stolz durfte nie verletzt werden, und seine Ehre musste unangetastet bleiben. Natürlich wusste mein Mann, dass er mit mir ein etwas anderes Leben gewählt hatte, trotzdem musste er noch lernen, damit umzugehen. Ich dagegen musste lernen, die vielen, teilweise seltsam anmutenden Auflagen und Gebote, denen sich ein Samburu-Krieger zu stellen und unterzuordnen hatte und nach denen auch die Frauen zu handeln gewohnt waren, zu begreifen und ohne Widerspruch zu akzeptieren.

Nun, ich wollte Lpetati ganz bewusst und oft genug das Gefühl geben, wichtig und überlegen zu sein, besonders vor anderen Leuten, und dennoch die Gleichberechtigung zwischen uns pflegen. Durch die Aufenthalte an der Küste und in den Hotels sowie in Nairobi, wo so manches anders war, hatte Lpetati zwar einen Einblick in ein anderes Miteinander zwischen Mann und Frau erhalten. Aber immer noch war es für ihn ein gewohntes und völlig normales Bild, wenn eine afrikanische Frau enorme Lasten schleppte, während ihr Mann unbeschwert und völlig frei von Gewissensbissen und dem Gedanken, der Frau zu helfen, leichtfüßig neben ihr herging. Doch oft genug lachten gerade die Frauen, wenn ein Mann ihnen zu Hilfe kam, sie lachten ihn sogar regelrecht aus, wenn er Arbeiten verrichtete, die einer Frau zustanden – und das waren in der Regel Schwerstarbeiten! Ich konnte solches Verhalten kaum fassen.

Lpetati selbst würde gewiss damit zurechtkommen, wenn ich eine gleichberechtigte Partnerschaft zwischen uns propagierte, aber ich musste aufpassen, dass die Familie und besonders seine Beschneidungsbrüder dieses Bemühen nicht mitbekamen und ihn dann womöglich hänselten und zur Rede stellten. Bis jetzt hatte ich die gute Erfahrung gemacht, dass es Lpetatis Zärtlichkeit mir gegenüber nicht zuließ, tatenlos zuzusehen, wenn ich mich mit irgendetwas besonders abmühte. Er war fast immer zur Stelle gewesen, wenn ich Hilfe gebraucht hatte. Nun, ich nahm mir vor, meinen *morani*, trotz aller Unterschiede zwischen uns, zu einem glücklichen Mann zu machen. Und seine Zufriedenheit würde die meine sein. Eine große Umstellung im Zusammenleben mit Lpetati war nicht nur dadurch bedingt, dass bei uns verschiedene Nationalitäten, Kulturen und Erziehungsprinzipien aufeinander trafen, sondern sehr stark durch das für mich ungewohnte Leben in einer Großfamilie auf ziemlich engem Raum. Unsere Hütten standen teilweise nur wenige Meter auseinander, und es war üblich, die meiste Zeit gemeinsam zu verbringen, besonders die Abendstunden.

Dass ich ab und zu das Alleinsein vorzog, war bei der Familie auf Unverständnis gestoßen, und ich musste mir allerlei einfallen lassen, um diesen Wunsch verständlich zu machen. Lpetati war, außer mit mir, nicht gern allein. Daher verbrachte er viele Stunden in den Hütten von Familienangehörigen, mit Freunden oder mit seinen *moran*.

Da wir beide unsere Freiheit liebten, obwohl wir die familiären

Bande durchaus schätzten, tat ich sicher gut daran, Lpetati »an der langen Leine zu halten«. Aber ich beanspruchte auch viel Freiraum für mich selbst. Denn nur so konnte ich mich, neben meinen Pflichten als Frau eines Samburu, um meine vielen Hobbys und Vorhaben kümmern. Ich wollte zeichnen, komponieren, schreiben, Kisamburu lernen, Gitarre spielen, Kinder unterrichten, Fauna und Flora erkunden und alles lernen, was es überhaupt zu lernen gab. Darüber hinaus wollte ich mich um die Schulangelegenheiten unserer Kinder kümmern, einen Plan zur Wasserbeschaffung verwirklichen und eine bessere Versorgung mit Medikamenten erreichen. Zwar war es mein innigster Wunsch, Lpetati nahe zu sein, doch schwebte mir nicht das ständige Zusammenhocken vor, eher ein wohl dosiertes, dann jedoch sehr intensives Beisammensein.

Wir gehörten zueinander, freiwillig und traditionell festgelegt, aber wir gehörten immer auch uns selbst. Nach meinem Verständnis gehörte Lpetati nicht mir. Er war Vertrauter, Geliebter, Gefährte und Lebensinhalt für mich, und unsere Liebe ging unter die Haut, aber sie unterlag keinen irrigen Gefühlen von Besitz. Ich hatte lange gebraucht, um diese Art Liebe und Gemeinschaft als beglückend für uns beide herauszufinden, und der Erfolg gab mir Recht.

Eine Sache, die mich trotz allem immer wieder beschäftigte, war die praktizierte Polygamie der Samburu. Lpetati und ich hatten darüber schon mehrfach gesprochen, und auch wenn er es ausschloss, tauchte vielleicht eines Tages seitens der Familie die Frage nach einer Zweitfrau auf. Manchmal kam mir der Gedanke, dass einige Familienangehörige, trotz ihres ehrlichen Wohlwollens mir gegenüber, gern zusätzlich eine einheimische Frau an Lpetatis Seite sähen, mit der sie anders als mit mir verfahren konnten. Lpetati standen wenigstens bis zu vier Frauen zu, wenn er es so wollte und für sie aufzukommen bereit wäre. Im Falle eines Falles würde ich den Wunsch nach einer Nebenfrau sicher vorerst abwehren können, aber sicher nicht auf Dauer. Lediglich bei der Auswahl einer weiteren Frau durfte ich mitentscheiden.

Aber das war alles Utopie. Unsere Ehe war viel zu jung und glücklich und verlief in harmonischen Bahnen, was die Familie ohne Schwierigkeiten zu beobachten in der Lage war.

Mich beherrschte der Wunsch, Lpetatis einzige Frau zu sein und es auch zu bleiben, und ich wollte alles dafür tun, damit sich gar nicht erst der Gedanke an eine andere Frau einnistete. Sollte sich wirklich einmal eine Situation ergeben, die eine zweite Heirat erforderlich machte, und sollte ich von deren Notwendigkeit überzeugt sein, so wollte ich Lpetati keine Steine in den Weg legen.

Bei einem Gespräch mit ihm, das wir einmal in einem Anfall von Übermut begonnen hatten, machte mir Lpetati klar, dass ein anderer Mann, sollte ich je einen haben wollen (»Aber du hast ja deinen Simba!«), aus den Reihen der *korroro* und Lpetatis Altersklasse zu sein habe, sonst sei es ein Vergehen. Einen solchen Fehltritt hätte ich dann öffentlich zugeben müssen, was den Ausschluss aus der Gemeinschaft bei bestimmten Festlichkeiten zur Folge gehabt hätte.

Kinder aus außerehelichen Verbindungen wurden wie die eigenen liebevoll aufgezogen. Ihnen wurde nie ein Makel angehängt, denn alle Kinder galten als ein Geschenk des gütigen Ngai.

Als echte Geschwister wurden alle bezeichnet, die dieselbe Mutter hatten, also »aus demselben Bauch« kamen. Vater war der Mann, der die Kinder annahm und sie seinem persönlichen Schutz unterstellte – mit einer Ausnahme: Wurde ein noch nicht beschnittenes Mädchen schwanger, kam Schande über das junge Paar und dessen Familien, die daraufhin ihr Ansehen verloren und von der dörflichen Gemeinschaft ausgegrenzt wurden. Um dieser Schmach zu entgehen, ließen manche Familien ihre Töchter, auch ohne dass eine Heirat in Aussicht stand, so früh wie möglich beschneiden, also sofort nach der ersten Menstruation. Empfängnisverhütende Mittel waren unbekannt – schließlich strebte man reichen Kindersegen an –, aber man kannte einige pflanzliche Mittel, die man bei unerwünschten Schwangerschaften in einem sehr frühen Stadium einsetzen konnte, um eine Fehlgeburt auszulösen.

Nach und nach lernte ich Lpetati immer besser kennen. Zu meiner Freude überraschte er mich nur geringfügig mit bisher verborgen gebliebenen Wesenszügen. Dazu gehörte, dass er äußerst gesprächig war und seiner Familie und seinen *moran*-Brüdern gegenüber gern ein bisschen prahlte und manche Dinge so verdrehte, dass er besonders gut dabei wegkam. Das waren natürlich keine gravierenden Sachen, daher ließ ich ihn auch gewähren und berichtigte nichts.

Nur einmal erwähnte ich, als wir allein waren, eine Begebenheit, in der er sich als Held hatte bewundern lassen, obwohl die Bewunderung eigentlich ein anderer verdient hatte. Mein Mann lachte nur. »Ach, Chui«, sagte er, »das ist so egal. Es ist einfach wichtig, gute Geschichten zu erzählen, sie müssen nicht immer wahr, dafür aber schön sein!«

Das Argument ließ ich gelten, schließlich hatte in Ermangelung von Radio, Fernsehen und Telefon das Geschichtenerzählen und damit auch der Einfallsreichtum des Erzählers einen hohen Stellenwert. Solange Lpetati mich nicht belog, wollte ich gern seinen heldenhaften Geschichten lauschen.

Auch als Hirte und Viehzüchter schätzte ich meinen Mann sehr. Es tat einfach gut zu beobachten, wie gewissenhaft, sicher und beherzt er mit unseren Tieren umging. Ob er nun versuchte, den Charakter einer Kuh zu ergründen, ob er Geburtshilfe leistete, Hufe beschnitt, Fellpflege betrieb, lästiges Ungeziefer entfernte, Wunden behandelte oder Streicheleinheiten verteilte und die Wasserversorgung kontrollierte – stets zeigte er sich sehr besonnen und versiert und merkte man ihm die Liebe zu den Tieren an.

Lpetati beherrschte die Dinge, die für das Leben in der Samburu-Gemeinschaft und für das Überleben in der Wildnis wichtig waren. Er wusste viel über Tiere und Pflanzen, das Wetter, Naturerscheinungen, Traditionen und Zeremonien, ebenso viel über menschliches Verhalten. Dazu kam sein unverbrauchter, sehr wacher Instinkt, der Dinge bemerken, erfühlen und analysieren konnte, zu denen ein Europäer gar nicht in der Lage wäre, und dafür bewunderte ich ihn.

So gesehen war es unwichtig für ihn, etwas über Deutschland zu wissen, über die Politik anderer Länder, über außerafrikanische Kunst, über Literatur und wo und was denn der Pazifik sei. Es gab unglaublich viele Dinge, von denen Lpetati noch nie gehört hatte, so viele, dass es schon wieder faszinierend war. Wenn er mich manchmal nach einem Begriff fragte, machte es mir Freude, ihm diesen mit einfachen Worten zu erklären. *Mwalimu yangu,* meine Lehrerin, nannte er mich dann und machte keinen Hehl aus seiner Anerkennung. Genau das aber musste einem afrikanischen Mann schwer fallen, denn normalerweise wollte er es sein, der einer Frau Dinge erklärte. Natürlich wünschte ich mir hin und wieder gute Gespräche auf der Basis einer umfassenden Allgemeinbildung, die es mit Lpetati nicht gab. Und es wäre gelogen, zu sagen, ich vermisste diesbezüglich nichts. Unsere Gespräche waren anders gelagert, und wir fanden genug Gesprächsthemen, die uns beide fesseln konnten. Abgesehen davon gab es genügend Dinge, die dieses Manko kompensierten, und wenn ich wollte, war die Samburu-Welt ein ganz eigener Kosmos.

Ich wurde mit vielen interessanten Dingen konfrontiert, mit einer reichen, fremden, faszinierenden Kultur. Durch Lpetati lernte ich eine ganz andere Welt kennen und erfuhr nun meinerseits von Dingen, von denen ich noch nie gehört hatte. Ich erlebte packende Zeremonien hautnah mit, lernte Menschen kennen, die völlig anders als in Europa aufwuchsen, dachten, empfanden und handelten. Mir war es vergönnt, Neues und Mystisches zu erfahren, meinen Bildungsgrad erheblich zu erweitern, was mein Verständnis, meine Toleranz forderte und förderte.

Es war ein unschätzbarer Reichtum, der sich in meinem Kopf und auch in meinem Herzen ausbreitete. Ich war dankbar dafür, ebenso wie für meinen einmaligen Mann, in dessen Gegenwart ich mich noch nie gelangweilt hatte und wohl auch nie langweilen würde. Wenn er mit mir sprach, konnten Kleinigkeiten zu Großartigem, Belangloses zu einem Wunder werden. Es kam eben immer auf den Blickwinkel an, auf die Prioritäten, die man sich setzte. Außerdem gab es da noch dieses besondere Wissen, über das nur noch Naturvölker verfügen.

Seit langem hatte ich das Gefühl, dass ich durch Lpetati und mein Leben jenseits der Zivilisation andere Augen, andere Ohren und ein anderes Herz erhalten hatte, was ein anderes Sehen, ein anderes Hören, ein anderes Denken, ein anderes Begreifen, ein anderes Urteilen und ein anderes Fühlen möglich machte. Das war mir wesentlich wichtiger, als die Defizite in unserer beider Bildung abzuwägen. Hier in Nordkenia waren andere Dinge erforderlich, ja lebensnotwendig, Dinge, denen ich als Europäerin noch reichlich ungeübt gegenüberstand. Ein Kopf voller Wissen bewahrte nur sehr bedingt vor Hunger, allenfalls vor einigen Gefahren.

Für mein persönliches Glück mit Lpetati gab es noch ein weiteres einfaches Rezept: Ich akzeptierte ihn ehrlich und ohne Einschränkungen und wollte nicht etwas in Lpetati hineininterpretieren, das nicht vorhanden war, aber meiner europäischen Vorstellung von einem »normalen« Ehemann entsprach. Ich musste begreifen, dass Lpetati eben Lpetati war und immer nur Lpetati bleiben würde. Und ich war dankbar für diesen Menschen.

Babu

Schon seit langer Zeit war mir klar geworden, dass *l'akuyiaa*, Großvater Babu, mein Freund war. Je länger ich mich nun schon im *boma* aufhielt und mich von Tag zu Tag heimischer fühlte, umso öfter hatte ich auch intensiv mit Lpetatis Eltern und Großeltern zu tun. Natürlich war da eine gewisse Scheu auf beiden Seiten, anders als bei seinen Geschwistern, mit denen ich so reden konnte, als wären sie meine eigenen Brüder und Schwestern.

Bei Großvater in der Hütte war vieles anders, der Geruch, die Atmosphäre, obwohl sich die Behausung nicht von den anderen unterschied. Irgendetwas hielt mich dort gefangen.

Lpetati und ich besuchten Babu öfter gemeinsam, und nach und nach besuchte ich ihn auch allein. Hin und wieder überkam mich ganz einfach der Wunsch, Großvater zu sehen, mit ihm zu sprechen. Von dem großen alten Samburu-Mann, unserem Familienchef, ging eine enorme Faszination aus, und aufgrund seines Äußeren und seiner Erfahrung und Weisheit war er geradezu prädestiniert, ein Führer zu sein.

An den Fragen, die mir Babu stellte, und daran, wie er meine Fragen beantwortete, merkte ich sehr schnell, mit wie viel Wohlwollen er mich betrachtete, wie viele Gedanken er sich um mich gemacht hatte. Dabei war Großvater alles andere als ein großer Redner. Oft gab er nur knappe, präzise Auskünfte und Antworten, und dann hatte auch seine Einsilbigkeit Gewicht.

Manchmal jedoch holte er weit aus und sprach in Bildern und Rätseln. Von allen Familienmitgliedern – außer Lpetati natürlich – fühlte ich mich am stärksten zu Großvater hingezogen. Er hatte wirklich etwas Beeindruckendes, nicht nur deshalb, weil er so hoch gewachsen (er musste mindestens zwei Meter groß sein) und noch nicht vom Alter gebeugt war. Es lag so viel in seinem Blick, in seiner Art, in seinen Gesten, eine spürbare Aura umgab ihn.

Auch jetzt, während ich beim Schreiben an Großvater denke, überkommt mich immer noch diese Erhabenheit der besonderen Augenblicke, die ich stets in seiner Nähe verspüre.

Es beglückte mich, seine Ansichten kennen zu lernen, seine Ratschläge zu hören, seine große Gelassenheit zu spüren, der jedoch nicht etwa mangelndes Interesse zugrunde lag. Er besaß die seltene Gabe, in Ruhe und ohne sein Gegenüber zu unterbrechen, zuzuhören. Dann war es, als wenn er über den irdischen Dingen stand, die er jedoch alle durchschaute und genau kannte, was sein wissendes, winziges Lächeln bezeugte. Ich hatte viel Vertrauen zu Großvater und genoss das beruhigende Gefühl, dass ich immer zu ihm kommen konnte, wenn ich einmal nicht weiterwissen sollte.

Sein langes Gesicht glich einer Landschaft aus Furchen und Erhebungen mit irritierend glatten Hautstellen dazwischen. Am meisten beeindruckten mich sein großer Mund und die langen, gedehnten Ohrläppchen, die von den früher getragenen Holzpflöcken und Elfenbeinringen herrührten. Er musste ein atemberaubender Krieger gewesen sein, damals, vielleicht vor fünfzig oder auch schon sechzig Jahren. Babu war der ruhende Pol des Clans, wissend und gütig, aber auch herrisch und unbeugsam, wenn er von der Richtigkeit einer Sache überzeugt war und es galt, diese durchzusetzen.

Niemand besaß mehr Autorität als er, niemand wagte es, sich gegen ihn aufzulehnen. Er war ein spürbar besonderer Mensch, und ich verehrte ihn, wie viele andere das auch taten. Seit meinem zweiten Besuch, als ich in der Absicht wiedergekommen war, herauszufinden, ob ich mit seinem Enkel in dieser Wildnis würde leben und überleben können, interessierte Großvater sich stärker für mich, betete vermehrt für mich und für uns und segnete mich mit samburuischem Ritual. In einem Moment, der mir im Nachhinein eigentlich nicht besonders vorkam, nannte er mich das erste Mal *roho yangu*, meine Seele. Für mich war das eine große Auszeichnung.

Einmal hatte ich den Mut gefunden, zu ihm zu sagen: »Ich mag dich sehr.« Daraufhin hatte er meinen Handrücken gedrückt und bedächtig mit schief gelegtem Kopf dazu genickt. Babu siedelte Deutschland, »Gerrman«, wie er sagte, sehr weit weg von England an. Ich beließ es dabei, nachdem ich wusste, dass er, wie unzählige andere Samburu und kenianische Stämme, unter der Herrschaft Englands gelitten und die von den Kikuyu Mitte der fünfziger Jahre angezettelte Mau-Mau-Bewegung unterstützt hatte. Es war ihm unerträglich, dass Fremde (darunter auch Deutsche) in Kenia eingefallen waren und dort ohne Rücksicht auf die Ureinwohner und ohne Respekt vor ihnen geschaltet und verwaltet hatten. Ich war sehr erleichtert, dass er diese Vergangenheit nie mit mir in Verbindung brachte.

Babu kannte unser Hochtal noch aus der Zeit, als seine Nomadenfamilie es wie in einem Kreislauf immer wieder aufgesucht hatte, wenn die Rinder in anderen Gebieten das Gras abgeweidet hatten. So war die Gegend um das *boma* herum sein »Land der Väter« geworden, denn Babus Großvater und Vater lagen hier bestattet. Zwischen den beiden Gräbern wuchs einer der höchsten Bäume bei uns. »Kein Blitz wird ihn jemals treffen«, hieß es. Dieser ganz besondere Baum, einem Eukalyptus ähnlich, stand in seiner Erhabenheit für Großvater – so empfand ich es.

Gatilia

Großmutter, *kokoo* Gatilia, war völlig anderer Natur. Eher klein und sehr zart wirkte sie, besonders durch ihr hohes Alter, schutzbedürftig. Sie hielt sich nie länger an einem Ort auf. Unstet und flüchtig wie leichter Sommerwind war sie mal hier, mal da, verteilte Wärme und kurze Herzlichkeiten, bevor sie wieder verschwand, immer leichtfüßig, behände und anrührend. Ich mochte ihr klassisches Profil und ihr liebes, ein wenig verknittertes Gesicht unter den stoppelkurzen grauen Haaren. Da sie schwerhörig war, erübrigten sich längere Gespräche, was ich sehr bedauerte, denn sie redete gern mit mir. Leider verstand ich sie kaum, nickte dann nur freundlich und lächelte sie an.

Wenn ich ihr etwas mitbrachte, umarmte sie mich mit ihren dünnen, sehnigen Armen, und jedes Mal war ich überrascht, wie viel Kraft darin steckte. Gatilia bewohnte, wie bei den Samburu üblich, als Babus Ehefrau eine eigene Hütte. Sie war Großvaters Hauptfrau und hatte seine zweite und dritte Ehefrau überlebt.

Bis jetzt hatte ich noch nicht herausgefunden, warum sie so selten bei Großvater anzutreffen war. Meistens sorgte Saito für ihn, brachte ihm Feuer, zu essen und übermittelte den neuesten Dorfklatsch. Auch Kakomai übernahm hin und wieder Hausarbeiten bei Großvater. Einige Male hatte ich beobachtet, dass sie ihm dabei mit großer Ehrfurcht und einer ungewöhnlich demütigen Haltung begegnet war.

Baba-Papa

Bei und für Baba hatte ich, wenn auch anders geartet als bei Großvater, ebenfalls ein gutes Gefühl, obwohl er mich auf eine ihm eigene Weise vereinnahmte, schelmisch und zwingend zugleich. Wenn er mit einem Anliegen zu mir kam, fiel es mir schwer, ihm etwas abzuschlagen, dennoch kam es vor. Er reagierte dann mit Schweigen, ließ lange Zeit verstreichen, bevor er sich mit einem freundlichen »*Wewe si kasirika, sindiyo,* du bist doch nicht verärgert?« wieder an mich wandte.

Es war wie ein Ritual, denn genauso oft antwortete ich: »Ich bin nicht verärgert, Baba, nur traurig, dass nicht alles machbar ist.«

Manchmal hielt er es wochenlang ohne einen neuen Anschlag auf mich aus. Dann kam er vorbei, um mich wissen zu lassen, dass er etwas mit mir zu besprechen hätte. Meistens betraf es die Herde. Da ging es um Medikamente, um Kälberaufzucht, um Wasser – und natürlich um die fehlenden finanziellen Mittel dazu.

Es war für mich eine große Ehre, dass er mit mir über solche Dinge sprach, denn er redete mit mir wie mit seinesgleichen, da er sich weder herabließ noch überwinden musste. Im Grunde brachte er mir sogar mehr Hochachtung entgegen, auch wenn er mich dabei mit »mein Kind« betitelte. Manchmal gebrauchte er auch Großvaters *roho yangu* und, immer ein wenig schelmisch, Chui, wie sein Sohn mich zärtlich nannte. Soviel ich wusste, war ich in unserer Familie die einzige weibliche Person, mit der Baba »männliche Themen« besprach – eine Auszeichnung, die mir viel Achtung einbrachte. Lpetati war sehr stolz darauf. Ich merkte es an der Art, wie er sagte: »Mein Vater hat mit dir zu reden.« Baba akzeptierte mich völlig. Für ihn gehörte ich hierher.

Manchmal besuchte mich Baba bewusst, wenn Lpetati nicht da war. Er lobte dann meine Kochkunst und blieb so lange, dass ich gar nicht anders konnte, als ihn zu verköstigen. Im Gegensatz zu Saito besaß Baba noch alle Zähne und konnte deshalb alles kauen. Bevor er dann ging, bedankte er sich jedes Mal sehr herzlich und versprach, Lpetati ganz schnell zu mir zu schicken, weil ich eine gute Frau sei, die Anspruch auf einen guten Mann habe. Seit kurzem küsste mich Baba auf die Wange.

Saito

Lpetatis Mutter war eine Frau mit vielen Gesichtern. Ich beobachtete sie oft unauffällig und brauchte eine Weile, bis ich sie einigermaßen einordnen konnte. Manchmal gab sie sich auffallend jovial, dann wirkte sie wieder ernst und unnahbar. Sie war zäh, von erstaunlicher Ausdauer und duldete keine Widerrede, wenn sie sprach. Obwohl sie klein und drahtig war, verriet ihre sehr aufrechte Haltung Stolz. Etwas Bezwingendes ging von ihr aus. Sie lachte ebenso gern, wie sie weinte, und manchmal verblüfften mich ihre rasch wechselnden Gefühlsäußerungen.

Ich nannte sie *yeiyio*, Mutter, oder bei ihrem Namen, was bei uns für eine Schwiegertochter eher ungewöhnlich war. Aber Saito gefiel es. Mein Verhältnis zu ihr war sehr herzlich, trotzdem gab es auch Momente, in denen ich sie nicht recht einzuschätzen wusste. Dann fiel es mir schwer, sie sehr zu mögen und gleichzeitig ihre »berufliche« Tätigkeit zu verdammen. Lpetatis Mutter versah ihren Dienst als Beschneiderin in anderen Clans seit Jahren gut und gewissenhaft, oft weitab von uns, denn die Beschneiderin durfte nie der Sippe des zu beschneidenden Mädchens angehören. So legte Saito beträchtliche Fußmärsche zurück und blieb entsprechend lange fort. Hin und wieder zeugten halbe, aber auch ganze Ziegen, die sie mit nach Hause brachte, von der Zufriedenheit ihrer Auftraggeber. In diesen Zeiten vermied ich es, bei Saito zu essen oder sie in ihrer Hütte zu besuchen, denn das Fleisch, das dort drinnen an rostigen Nägeln an der Wand hing, strömte einen Ekel erregenden Geruch aus und war übersät von Fliegen. Meistens aber teilte Saito ihren Verdienst, wenn er noch etwas frischer war, gerecht unter uns auf. So kamen auch wir ab und an in den Genuss von Ziegenfleisch, wofür Lpetati sehr schwärmte, denn Ziegen schlachteten wir nur zu besonderen Gelegenheiten.

Einmal hatte ich Saito ein Stück auf dem Weg zu einer Beschneidung begleitet und vorher wenigstens erreicht, dass ich ihr Handwerkszeug – eine abgebrochene Rasierklinge – in kochendem Wasser hatte sterilisieren können. Das Wort »steril« sagte ihr natürlich überhaupt nichts.

»Die Klinge schneidet dann besser, und die Wunden heilen schneller«, hatte ich ihr versichert und mich schrecklich dabei gefühlt. Ob sie mir wirklich geglaubt hat, habe ich nie erfahren. Die Klinge hatte ich zusätzlich in ein antiseptisches Reinigungstuch eingewickelt. Das war ich zumindest dem unbekannten Mädchen schuldig, das von Saito beschnitten werden sollte. Auch wollte ich Saito dadurch ein bisschen versöhnen, die ich mit ziemlich heftigen Argumenten gegen die Beschneidung von Mädchen verärgert und beleidigt hatte.

Ich befand mich wirklich in einer furchtbaren Lage, da hier etwas geschah, das nach meinem Verständnis nicht hätte geschehen dürfen. Aber was ich persönlich von der *emorata* hielt, befremdete nur und interessierte nicht, und da ich mich nicht mit weiteren Bemerkungen unbeliebt machen wollte, sagte ich nichts mehr. Von heute auf morgen würde sich sowieso nichts ändern lassen, ich musste Geduld haben.

Ganz intensiv war Saitos und mein Zusammensein, wenn ich ihr duftende Seife und Vaseline mitbrachte. Seit einiger Zeit gingen wir an den *langjui*, einen kleinen Fluss, der sich dank der

Niederschläge für begrenzte Zeit hinter der anderen Bergseite durch Wiesen und eine Art Auwald schlängelte.

An dem Bach hinter unserem *boma* gab es wegen der extrem steilen, bewachsenen Böschung keine geeignete Stelle zum Baden. Ganz anders in dem kleinen Fluss: Sein flaches Ufer war übersät von bunten Kieselsteinen, mit hellem, feinem Sand dazwischen und funkelnden Glimmerpartikeln. Dort stellten Saito und ich uns in das niedrige Wasser und seiften uns ein. Zunächst wuschen wir uns nur mit hochgerafften Kleidungsstücken, aber irgendwann warfen wir diese übermütig ab.

Selbstverständlich hatte ich Saito gegenüber ein Schamgefühl, wenn wir so nackt nebeneinander im Wasser standen, aber bald legte sich die Befangenheit, und es wurden recht unterhaltsame und erholsame Badestunden. Saito hatte zwar kein Problem mit meiner Nacktheit, doch dass ich nicht beschnitten war, erwähnte sie öfter mit Bedauern.

Natürlich verkniff ich mir die Bemerkung, dass ihr Sohn da ganz anderer Meinung sei. Aufgrund ihres hohen Amtes, das sie voller Überzeugung ausführte, hatte sie sicher immer noch besondere Schwierigkeiten, mit der Tatsache umzugehen, dass ich unbeschnitten geheiratet hatte – noch dazu ihren Sohn. Andererseits akzeptierte und liebte sie mich, nannte mich »meine Tochter« und wie Baba »*nkerai ai,* mein Kind« und ließ mich wissen, dass ihr meine Gegenwart Freude bereitete.

Saito wachte übrigens streng darüber, dass Marissa nicht mitbekam, wenn wir zum Fluss gingen. Dabei hätte ich nichts dagegen gehabt, denn ich mochte Marissa sehr. Oft hatte ich den Eindruck, als wäre Saito eifersüchtig, als gäbe es ein Tauziehen um meine Gunst.

Zwischen den beiden Frauen herrschte nicht immer gutes Einvernehmen. Einige Male hatten sie sich regelrechte Kämpfe geliefert, waren wild schreiend aufeinander losgegangen, sodass ich Angst bekam. Den Männern war es jedoch gelungen, die wütenden, schimpfenden und sich schlagenden Frauen zu trennen.

Dann wieder gab es Zeiten, da hockten sie einträchtig beieinander, besuchten sich gegenseitig in ihren Hütten oder verschwatzten die Nachmittage im Pferch. Besonders wenn *maradjina* gebraut wurde, waren sich Babas Frauen einig, und nachdem sie den oft noch warmen Alkohol probiert hatten, gingen sie auffallend herzlich miteinander um.

Ich bemühte mich, den beiden mit gleicher Freundlichkeit zu begegnen. Natürlich war ich Saito als Lpetatis Mutter zu Respekt verpflichtet, und eigentlich hätte ich mich ihr gegenüber untertäniger verhalten müssen. Aber irgendwie hatte sich – auch durch die Badestunden – ein ganz besonderes, freundschaftliches Verhältnis zwischen uns entwickelt. Ich war zwar auch von Saitos Wohlwollen abhängig, doch längst nicht in dem Maße, wie es eine Samburu-Frau an meiner Stelle gewesen wäre.

Beim Haarewaschen im Bach war mir Saito zwar behilflich, aber so ganz gefielen ihr meine langen Haare nicht. Eine Samburu galt nämlich als besonders schön, wenn sie einen glatt rasierten, fettglänzenden Schädel hatte und diesen zu besonderen Gelegenheiten mit breiten Perlenbändern schmückte, mit daran befestigten Silber-, Alu- oder Kupferanhängern in Form von Dreiecken, Halbmonden und Kreisen – alles astronomische Symbole, wie ich wusste.

Nach unserem Bad im Bach, bei dem wir auch unsere Kleider wuschen, cremten Saito und ich uns immer sorgfältig ein. Oft halfen wir uns gegenseitig dabei, und es rief schon zwiespältige Gefühle in mir hervor, wenn ich die Haut der Mutter meines Mannes berührte oder wenn Saito mich berührte. Später saßen wir dann noch so lange beisammen, bis unsere Tücher, Röcke, Oberteile und meine Unterwäsche – Saito trug nichts darunter – trocken waren.

Manchmal sangen wir dabei, oder Saito erzählte aus ihrer Kindheit in Narok und wie sie damals hierher gekommen war. Immer wieder freute ich mich, dass ich mit so viel Eifer Kisuaheli gelernt hatte, denn sonst wären viele wichtige, seltsame, interessante, lustige und pikante Dinge ungesagt, unverstanden und unbeantwortet geblieben.

Auf dem Heimweg vom Baden sammelten Saito und ich jedes Mal reichlich Brennholz, denn die vielen trockenen Äste, die überall verstreut lagen, waren als Feuerholz zu nützlich, als dass man sie hätte liegen lassen können. Trotz der Last, die Saito dann auf dem Kopf trug, sang sie gern, meist fromme und spontan erfundene Lieder.

In der Zeit, in welcher der *langjui* Wasser führte, waren die Wiesen übersät von kurzstängeligen rosafarbenen und weißen Winden, von wilden weiß-gelben Tagetes sowie blauen und gelben Korbblütlern, die Ähnlichkeit mit Steinnelken und Habichtskraut hatten. Im ausgedehnten leuchtend grünen Grasland standen oft Kühe, das Wasser des Flüsschens gluckerte, und man konnte sich nur schwer vorstellen, wie trostlos es hier in der Trockenzeit aussah.

Obwohl wir uns in mehr als zweitausend Metern Höhe befanden, gab es um uns herum noch höhere Berge, die, je nach Entfernung, in zarten und dunkleren Blautönen schimmerten oder deren helle Felswände sich scharf gegen einen intensiv blauen Himmel abhoben. Kenia war hier besonders schön. Und es herrschte angenehmes Hochgebirgsklima: sonnenheiße Tage, kühler Wind, kalte Nächte.

Als wir einmal von einem Badeausflug zurückkamen und noch ein wenig zusammen in der Hütte blieben, tat Saito plötzlich sehr geheimnisvoll. Mit ihren vielen Ketten beugte sie sich nach vorn, zog den kleinen blauen Metallkoffer, der als einziges »Möbelstück« am Fußende der Kriegerschlafstelle stand, heran und öffnete dessen Vorhängeschloss mit einem kleinen rostigen Schlüssel, der an einer ihrer Ketten hing. In jeder Samburu-Hütte gab es ein solches oder ähnliches Köfferchen, und nur die Frauen besaßen die Schlüssel dazu und trugen diese stets bei sich. »Kerestina« nannte Saito mich und hob mit viel sagender Miene den Kofferdeckel an. Was ich dann sah, überraschte, freute, rührte und enttäuschte mich insofern, als ich etwas ganz Besonderes erwartet hatte: Obenauf lag ein noch nicht benutzter Esslöffel einer Besteckgarnitur, die Lpetati und ich ihr einmal aus Mombasa mitgebracht hatten, darunter ein großes, pink gemustertes Viskosetuch – ein Geschenk von mir –, Fotos von mir und solche, die ich von der Familie gemacht hatte, meine sämtlichen Briefe an Lpetati sowie sorgfältig geglättetes Silberpapier von meinen Kaugummis. »Kerestina«, wiederholte Saito und strahlte mich an.

Bis auf ein Schreibheft von Raffael bestand der gesamte Inhalt des kleinen Koffers aus Erinnerungen an mich. Ich war zu Tränen gerührt – und bin es noch. Wie sehr musste mich Saito lieb haben! Und wie sehr musste sie ihre Geduld im Zaum halten: Sie erwartete sehnlichst von Lpetati und mir Enkelkinder. Manchmal fuhr sie mir – auch im Beisein von anderen – ungeniert über den Bauch und betrachtete mich prüfend.

Wenn ich dann, ein wenig irritiert über ihre Ungeniertheit, »*bado*, noch nicht« sagte und sie anlächelte, tröstete sie mich. Auf ihre unausgesprochene Frage bestätigte ich ihr, dass zwischen ihrem Sohn und mir alles in bester Ordnung sei. Das aber brachte mich in ziemliche, wenn auch nur kurzfristige Konflikte, und ein wenig Schuldbewusstsein war dabei. Denn ich nahm vorläufig noch – was niemand wusste, auch Lpetati nicht, und niemand kannte – die Pille.

Einige Monate würde mein Vorrat noch reichen, dann wollte ich weitersehen. Mehr als zuvor hatte ich mich inzwischen mit dem Thema »Kinder« befasst – nicht ausreichend, aber einige Realitäten verdrängten bereits das schöne idyllische Bild von Vater-Mutter-Kind. Dadurch, dass es manchmal nichts zu essen gab oder nicht genug, dass es an sauberem Trinkwasser mangelte und eine medizinische Versorgung nicht gegeben war, erschien es mir leichtsinnig, ein Kind in diese Welt zu setzen. Andererseits hätte ich gern ein, zwei Kinder mit Lpetati gehabt. Manchmal kam mir der Verdacht, dass Saito der Ansicht war, ich sei noch nicht in freudiger Erwartung, weil ich unbeschnitten war.

Doch sie behandelte mich liebevoll, vergötterte Lpetati, ihren amtierenden jüngsten Krieger, geradezu und ging ehrerbietig mit ihm um. Sie hoffte, dass Losieku ihm bald ebenbürtig sein würde. Lpetati seinerseits kehrte in Gegenwart seiner Mutter nie den Krieger heraus, was er jedoch bei allen anderen umso mehr tat.

Marissa

In Marissas Hütte musste einiges erneuert werden, so blieb sie mit Lpetatis Halbgeschwistern einige Tage bei uns. Eigentlich war es verwunderlich, wie robust die Samburu-Behausungen waren, die ja nur aus einfachsten Materialien bestanden und in denen normalerweise kein einziger Nagel irgendwo Halt gab. Über Jahre hinweg blieben die Hütten bewohnbar, und im Falle eines Falles war eine neue Hütte innerhalb von wenigen Tagen erstellt.

Ich dachte an die Male, die wir bei Marissa geschlafen hatten, und ich habe diese besondere Stimmung, die in ihrer Hütte herrschte, immer in meinem Gedächtnis behalten. Es war etwas, das ich nicht genau erklären konnte, etwas Heimeliges, gepaart mit Fremdartigkeit und dem Gefühl, beschützt und dennoch in einer anderen Welt zu sein. Irgendetwas in Marissas Hütte zog mich in seinen Bann, ganz ähnlich wie in Babus Behausung.

Die hoch gewachsene Marissa mit ihren ausgeprägten Wangenknochen zeichnete sich durch ihre Herzlichkeit, Einfachheit und Frömmigkeit aus. Zwar sprach sie nicht so gut Kisuaheli wie Saito, kompensierte das aber durch wunderbar passende Gesten und Handbewegungen. Sie war sensibel, spontan und sehr offen. Ihre jeweilige seelische Verfassung war leicht zu erkennen: In ihrem Gesicht ließ es sich lesen wie in einem Buch.

Morgens und abends pflegte sie laut zu beten, allein oder mit den Kindern, manchmal auch mit Lpetati und mir, und die Liste ihrer Fürbitten war ziemlich umfangreich.

In der Hierarchie der Familie stand ihr der Titel der *mama mdogo*, der »kleinen Frau« zu, sie war die *nketok-e-are*, die zweite

Frau, um den Unterschied zu Saito, Babas Hauptfrau, deutlich zu machen. Wörtlich genommen traf die Bezeichnung »kleine Frau« keineswegs zu, denn Marissa überragte Saito um mehr als eine Haupteslänge.

Wie selbstverständlich übernahm Marissa für die Kinder von Saito die Mutterrolle, wie sich Saito ebenso für Marissas Kinder zuständig und verantwortlich fühlte. Die Liebe der beiden Mütter war so gleichmäßig intensiv auf alle Kinder der Familie verteilt, dass ich längere Zeit nicht hatte erkennen können, welches Kind zu wem gehörte. Das war wieder eine von vielen afrikanischen Gegebenheiten, die mir imponierten. Lpetatis Verhältnis zu Marissa erinnerte an das eines großen Bruders zu seiner älteren Schwester. Er ließ sich durchaus etwas von ihr sagen und erteilte ihr seinerseits gute Ratschläge. Wir mochten und mögen Marissa sehr.

Überlegungen

Vieles, was ich überwiegend durch meine Mutter gelernt hatte, war mir – hätte ich es je wissen können? – hier in Afrikas Wildnis eine große Hilfe.

»Geht nicht, gibt es nicht«, pflegte meine Mutter oft zu sagen. »Was man wirklich will, das geht auch irgendwie. Du musst Vertrauen zu dir selbst haben und an dich glauben.« Manchmal dachte ich daran, was meine Mutter, wenn sie noch lebte, wohl zu meiner Verbindung mit einem Samburu-Krieger sagen würde, einem Mann, der nach ihrer Wertschätzung kein Heiratskandidat für mich sein konnte, da er in ihren Augen nichts Rechtes gelernt hatte und auch nichts vorweisen konnte, das zu gesellschaftlichem Ansehen verhalf. Zudem besaß er nicht einen Shilling, um wenigstens einige seiner »Fehler« kompensieren zu können. Mama hätte gelitten! Sie wollte nur das Beste für mich. Das Exotische wäre sicher dabei nicht einmal ein nennenswerter Aspekt gewesen.

Sie hätte einfach Sorge gehabt (und sogar berechtigte), dass mir ein »solcher Mann« nichts würde bieten können. Allen anderen Kummer hätte sie sicher in stillen Gebeten einer höheren Macht vorgetragen. Mama hätte mir nichts in den Weg gelegt, doch sie hätte Furchtbares durchgemacht. Aber ich wusste, dass meiner Mutter mein Glück wichtig gewesen wäre. Dazu war sie zu sehr Mutter – eine wunderbare Mutter, eine außergewöhnliche Frau. Vielleicht hätte sie die Heirat mit Lpetati eines Tages mit meinen Augen sehen können.

Noch kannte ich auch die Reaktion meines Vaters nicht. Doch Papa, künstlerisch veranlagt, viel gereist, sprachbegabt, tolerant und aufgeschlossen, wäre vielleicht ein wenig verwundert, würde jedoch keine großen Probleme damit haben, dass mein Herz einem afrikanischen Krieger gehörte. Ihm würde vielmehr meine ständige oder zumindest sehr lange Abwesenheit von Deutschland zusetzen, denn wir verstanden uns gut, und er liebte meine Nähe. Wir würden eine Lösung finden müssen, denn wie meinen Vater würde ich auch meine Söhne so oft wie möglich sehen und nicht übermäßig lange von ihnen getrennt sein wollen. Natürlich waren sie auch jederzeit in Kenia willkommen.

Wären meine Söhne jünger gewesen, hätte ich sie nicht für längere Zeit verlassen. Wahrscheinlich hätte ich dann schweren Herzens auf Lpetati verzichtet, zumindest hätte es mich in arge seelische Konflikte gebracht, und ich hätte nach anderen Lösungen suchen müssen. Gott sei Dank war mir diese Bedrängnis des Herzens erspart geblieben, denn die Gegebenheiten ließen mir jede Freiheit in meinen Entscheidungen.

Vom Beten und der Religion

Manchmal war der Platz neben mir leer, wenn ich aufwachte. »Ein *morani* darf morgens seinen *chai* nicht allein trinken«, hatte mir mein Mann auf meine verwunderte Frage hin erklärt. »Wenn ich also mal nicht da bin, leiste ich einem Krieger beim Tee Gesellschaft.«

Alle in unserem Clan waren Frühaufsteher, demnach musste bis spätestens kurz vor sieben auch ein Langschläfer aufgestanden sein. Mir kam das sehr entgegen, denn ich liebte die frühen Morgenstunden. Wenn Lpetati woanders *chai* trank, nutzte ich die Zeit, schlich mich schon kurz vor oder mit dem Sonnenaufgang ein Stück den *Marguett* hinauf, entweder mit meinem Tagebuch oder meiner Gitarre.

Was gab es Schöneres als einen neuen Morgen, wenn die Luft noch kühl war und gesättigt vom Duft nach taunassem Gras und Kräutern, wenn die Sonne über den Karisia Hills emporstieg und ihr Licht langsam, aber stetig die Farben veränderte, wenn es nach Tieren roch und nach Holzfeuer und ich die Familienmitglieder beobachtete, die nach und nach ins Freie traten. Meist hatten sie dann die *shukas* über den Kopf gezogen wegen der morgendlichen Kühle, und die Schulkinder machten sich in blau-gelben Uniformen auf den Weg zum Unterricht. Manchmal ertönte auch schon das erste *hatt-hatt, hett-hett,* wenn die Hirten ihre Herde besonders zeitig antrieben.

Das erregendste Erlebnis aber war es für mich, darauf zu warten, dass sich der Mount Kenya langsam und geheimnisvoll aus weißen und rosagrauen Nebelschwaden oder Wolken schälte, um, zunächst noch undeutlich, dann scharf konturiert, in den gelbroten Himmel zu wachsen.

Eines Morgens kam Lpetati von Makaio. Er winkte mir zu und besuchte mich an meinem Lieblingsplatz. Während ich seine anmutigen Bewegungen beim Gehen und Klettern verfolgte, quoll mein Herz über vor Zärtlichkeit.

Lpetati schenkte mir ein liebes Lächeln und setzte sich neben mich. Zu zweit genossen wir den wundervollen Anblick und die herrliche Aussicht.

»Ich weiß, dass du den Berg liebst«, sagte mein Mann, »und Ngai liebt ihn auch. Ich glaube, er hält sich dort genauso oft auf wie auf dem *ol doinyo lengai.*«

»Ja, wahrscheinlich«, pflichtete ich ihm bei, »er könnte von da oben sehr weit ins Land schauen, und dem Himmel wäre er auch viel näher. Vielleicht ist er ja jetzt auf dem Mount Kenya, und vielleicht sieht er uns hier sitzen.«

»Das tut er. Niemand kann so gut und weit sehen wie Ngai. Weißt du, dass er uns das alles hier gegeben hat? Das Land, das Gras und die schönen Rinder, damit wir glücklich leben können, er liebt die Samburu und auch die Massai. Wir sind sein Lieblingsvolk.« Lpetati hatte mit Begeisterung gesprochen und mit einem Hauch von Stolz.

Wie für viele seiner Angehörigen war ihm die Beschäftigung mit Gott wichtig und geläufig, und nie erhob er sich am Morgen oder legte sich abends schlafen, ohne vorher gebetet zu haben.

Die Innigkeit, die Ernsthaftigkeit und besonders die große Selbstverständlichkeit, mit der Lpetati betete, machten mich oft betroffen. Er war auf eine kindlich reine Art fromm. Ich beneidete ihn sehr um seine besondere Art im Umgang mit Gott und liebte ihn dieser Eigenschaft wegen noch mehr. Er besaß zu gleichen Teilen eine innere und eine äußere Anmut. Nur ich allein wusste, dass sich hinter dem respektablen Äußeren eines bewaffneten Kriegers ein gefühlvoller Mann verbarg.

»Als Kind habe ich, wie du, jeden Morgen und jeden Abend gebetet«, sagte ich. »Im Lauf des Lebens gerät oft so viel Gutes in Vergessenheit. Es ist schön, dass ich es bei dir wiederfinde.«

»Es ist mir wichtig, dass meine Frau zu Ngai betet. Man darf ihn keinen Tag vergessen. Er verdient Verehrung und Anerkennung. Es könnte sonst sein, dass Ngai uns Krankheiten schickt, dass er das Wasser verschwinden und die Kühe sterben lässt. Und das darf nicht sein, Chui *ai*.«

»Glaubst du wirklich, Ngai würde ein Unglück schicken, wenn man nicht zu ihm betet?«

»Ja, bestimmt. Wenn wir Ngai nicht ehren und respektieren, werden wir bestraft. Wir sollen gute und dankbare Menschen sein, damit Ngai in unserer Nähe bleibt und es uns und den Tieren gut geht. Ngai erwartet, dass wir uns für schlechte Taten entschuldigen, denn damit beleidigen wir ihn, und er darf nie beleidigt werden.«

Mein eifriger Mann stimmte mich nachdenklich, er und unser Gespräch gefielen mir.

Vieles von dem, was mir meine tief religiösen Eltern mit auf den Lebensweg gegeben hatten, war lange Zeit in mir verschüttet geblieben. Hier in Afrika war das plötzlich wieder anders. Manchmal dachte ich, dass Lpetati mich sogar »missionierte«, wenn man das Wort abgeschwächt oder erweitert auslegen will. Durch ihn fand ich wieder ein gutes Verhältnis zum Gottglauben und schloss mich seiner kindlichen Zuwendung an Ngai an, voller Vertrauen.

Ngai, auch Nkai, war bei den Samburu ein großes Thema, wichtig und allgegenwärtig. Meine gesamte Familie bezog Ngai in den Tagesablauf ein. Sie brachten ihm Vertrauen entgegen, und er war der Mittelpunkt aller Zeremonien. Ngai, der seine Hände freundlich und gerecht über uns alle hielt, hatte uns das Leben gegeben, dazu die Rinder und die heilige Erde, die ohne triftigen Grund nicht verletzt werden durfte und eines Tages unversehrt an ihn zurückgegeben werden musste, da sie seine Leihgabe war. Ngai, der den Hirtenvölkern Ostafrikas näher stand als allen anderen Menschen. Schließlich waren sie seine Hüter auf Erden.

Ich überlegte, wie Lpetati wohl damit zurechtgekommen war, als er das erste Mal durch die weißen Missionare von dem Gott der Christen gehört hatte. *Ngai ake na-rok*, der alleinige Gott der Samburu war schwarz, und das war gut und logisch so. Dann hatten sie von dem alleinigen, aber dreieinigen Gott der Christen erfahren, der zumindest im Verständnis der Missionare weiß war.

»Ist der Gott der Missionare für dich dasselbe wie Ngai?«, fragte ich ihn daher eines Tages.

Lpetati überlegte. »Ngai ist für uns Samburu wichtig. Er kann uns besser verstehen, glaube ich. Er ist ja unser Gott. Father Paolo hat viel von dem Gott der Christen erzählt, was mir sehr gefallen hat, aber er hat einige Dinge verlangt, die Ngai niemals verlangen würde. Er war auch mit Babas zwei Frauen nicht einverstanden. Aber was ist dagegen einzuwenden?«

Ich wusste keine Antwort darauf.

»Father Paolo hat Bilder mit dem Christengott darauf verteilt. Er sieht anders aus als Ngai, ich glaube nicht, dass er gleich aussieht. Ich kann dir die Bilder zeigen. Sie sind sehr schön. Ich bin ja Christ, und der Gott der Christen ist weiß und hat einen Bart.«

Es wurde immer schwieriger für mich, Stellung zu beziehen. Ich erklärte Lpetati, dass noch niemand Gott zu Gesicht bekommen habe, dass man seine Gegenwart höchstens spüren könne, aber dass es Maler und Bildhauer gebe, die sich Gott so vorstellten wie auf den Bildern von Father Paolo. Mit der Wirklichkeit habe das nichts zu tun. Lpetati tat mir fast Leid in seiner Hilflosigkeit.

»Ngai *na-rok* ist hier bei uns und für uns da«, hörte ich mich sagen. »Vielleicht hat er von allen Hautfarben ein bisschen. Und weißt du, hier in Afrika hat so viel begonnen, gar nicht weit von uns, und weiter im Norden, wo Afrika schon zu Ende ist, hat Gottes Sohn gelebt, das glauben zumindest die Christen. Gottes Sohn war Jude. Die Juden bilden eine eigene Glaubensgemeinschaft …« Jetzt war es an mir, hilflos zu werden. Dann dachte ich daran, dass viele Missionare in aller Welt neben vielleicht erfreulichen Aspekten auch großen Schaden anrichten konnten. Und dass viel Kulturgut durch einseitiges, stures Missionieren für immer zerstört werden konnte und bereits worden war, stimmte mich traurig.

Vielfach machte die »Frohe Botschaft« nur bedingt froh. Oft bescherte sie Probleme, wie ich sah. Nach meiner Auffassung wurde, notgedrungen, beim Missionieren etwas Einmaliges zerstört, denn das gut gemeinte Verkünden von »Gottes Wort« musste ja zunächst eine Lücke schaffen, in die »das Wort« hineinpasste. Es gab aber kaum Lebensgemeinschaften, die nicht schon ihre eigene Religion praktizierten, und der Platz für neue Lehren war doch sehr begrenzt. Und dann: Welches war denn nun die »richtige« Religion? Gab es sie, die eine? Oder waren nicht alle Religionen, die ein höheres Wesen anerkannten und ihm dienten, in ihrem Kern irgendwie richtig? Doch das war ein zu weites Feld. Gern hätte ich mit Lpetati darüber diskutiert, aber dazu wusste er zu wenig über andere Religionen und vor allem über das Christentum, dessen wichtigste Lehren man ihm sozusagen im Schnellverfahren beigebracht hatte.

Als er nach fast zwei Jahren gelegentlichen Unterrichts ausreichend vorbereitet und eine gewisse Reife zu besitzen schien, hatten sie ihn in einem Gottesdienst mit anderen Gleichgesinnten getauft und ihm einen christlichen Namen gegeben. Viele Samburu benutzten diese oft alten biblischen Namen, wenn sie sich außerhalb ihres Gebietes aufhielten, aber auch in der Schule, zu Hause trugen sie aber wieder ihre traditionellen Namen, von denen zahlreiche eine besondere Bedeutung hatten. Manche Samburu-Namen beinhalteten Wünsche an die Zukunft, an besondere Fähigkeiten oder leiteten sich aus der Stunde der Geburt ab, wie »in der Morgendämmerung«, »zur halben Nacht«, »mitten am Tag«, oder bezogen sich auf das zur Geburt herrschende Wetter. Die Bestätigung ihrer Namen erfolgte durch eine schöne Zeremonie, eine Art Kindersegnung, lange Zeit nach der Geburt.

Ndorop

Wenn Lekian vorbeikam, wie üblich barfuß und mit klirrenden Kupfer- und Alureifen an den Beinen, trippelte meist die kleine Ndorop hinter ihr her, ein freundliches, fast immer lachendes Mädchen von vielleicht fünf Jahren. Ndorop war wunderschön, und wir liebten ihre Fröhlichkeit und Anschmiegsamkeit. Sie war zwar noch klein, doch schon ganz der Prototyp eines Samburu-Mädchens. Auffallend an der samburuischen Weiblichkeit war die Sanftmut. Solche Kämpfe, wie sie sich Saito und Marissa geliefert hatten, waren wirklich die große Ausnahme.

Die niedliche Ndorop in ihrem braunen zerschlissenen Kleidchen mühte sich täglich mit Wasserkanistern für ihre Oma Marissa ab. Obwohl Ndorop noch so klein war, wurde sie täglich für Arbeiten eingespannt, die ihr nicht gut taten – wie ich fand. Sie schleppte zu viel und zu oft.

Lekians Tochter wuchs im Haushalt von Marissa auf, schlief und aß dort und erledigte die ihr zugeteilten Aufgaben. So sammelte sie Feuerholz, spaltete es mit einem Buschmesser, das fast so groß war wie sie selbst, und wusste geschickt Feuer zu machen und in Gang zu halten. Geduldig trug sie jüngere Kinder auf dem Rücken herum, wenn deren Mütter beschäftigt waren, sprang zwischen den Hütten hin und her, um Wasser zu bringen, Dinge auszuborgen oder Nachrichten weiterzugeben. Sie konnte sogar schon kochen.

Bis zu ihrer Heirat hatte Lekian all diese Arbeiten bei Marissa versehen, nun überließ sie diese Arbeiten ihrer Erstgeborenen, wie es üblich war. Die Kinderarbeit wurmte mich, und obwohl es mir nicht zustand, mich einzumischen, machte ich hin und wieder Bemerkungen wie: »Natürlich ist es richtig, dass Kinder schon früh Pflichten übernehmen, aber die auferlegten Arbeiten müssen dem Alter und der körperlichen und geistigen Verfassung der Kleinen angepasst sein.«

Im Allgemeinen sind Samburu-Kinder ungewöhnlich freundlich, willig und gehorsam. Sie geben so gut wie nie Widerworte, lehnen sich nicht auf, zweifeln nicht an der Kompetenz der Erwachsenen und sind daher unkritisch. Ich wollte den Kindern gern ihr Los erleichtern, musste jedoch behutsam vorgehen und erst die richtige Basis dafür finden. Immerhin konnte ich dazu beitragen, dass sie öfter satt wurden und der Schulbesuch gesichert war. Vielleicht wäre es mir auch bald möglich, eine besondere künstlerische oder praktische Begabung bei einigen Kindern fördern zu können.

Elefanten im Boma

Anfangs war ich dem Naturschauspiel, eine Elefantenherde in Ruhe betrachten zu können, voller Zauber erlegen und mit europäisch geprägtem Tierverständnis begegnet. Inzwischen wusste ich aber, welche Gefahr von den grauen Riesen ausgehen konnte, wie sehr man sie respektieren, fürchten und meiden musste, ohne etwas Böses in ihnen zu sehen. Ein traumatisches Erlebnis änderte meine Einstellung zu den Dickhäutern endgültig, als unser Dorf von ihnen heimgesucht wurde und Schreckliches passierte.

Auf einen für die Jahreszeit ungewöhnlich schwülen Nachmittag folgte ein unheimlicher Abend, in dessen Verlauf ganz unerwartet immer wieder heftige Gewitter zwischen dem Mount Kenya und Maralals Bergen tobten. Irritiert durch nahe Blitzeinschläge, geriet eine Elefantenherde – es mussten mindestens zwanzig Tiere sein – in Panik und nahm Kurs auf unsere Hütten. Einem Erdbeben gleich vibrierte der Boden unter unseren Füßen, Schreie übertönten das Donnergrollen. Plötzlich nahmen die Frauen Töpfe in die Hand, schlugen sie fest gegeneinander und verursachten einen ohrenbetäubenden Lärm. Die Krieger und Clan-Älteren rannten mit lodernden Holzscheiten vor die Hütten und beschrieben große brennende Kreise in der Luft. Dennoch kam das Vibrieren näher, wurde immer bedrohlicher. In wilder Panik und Hysterie erstürmten wir den felsigen *Marguett*, da hörten wir hinter uns auch schon ein Bersten und Krachen, dazu das Stampfen vieler Elefantenfüße.

Kinder weinten, Frauen beteten und stießen schrille Angstschreie aus, die an den Felswänden ein schauriges Echo fanden. Ich hatte mehrere Kinder an der Hand, wusste nicht, wo Lpetati war, hörte unsere Kühe aufgeregt muhen und sah im Schein der Blitze und vielen Fackeln unsere Schafe und Ziegen frei herumlaufen. Ich kann im Nachhinein nicht sagen, wie lange dieser Spuk gedauert hat. So plötzlich, wie er begonnen hatte, war er vorbei, und die Elefanten, die noch immer aufgebracht trompeteten und die Rüssel schwenkten, zogen davon.

Weitere Blitze erhellten das Hochtal, Donnerschläge folgten, der prasselnde Regen durchnässte uns, aber vor Aufregung und Angespanntheit registrierten wir das kaum. Langsam krochen wir auf der rutschigen Erde zu unseren Behausungen zurück. Als ich Baba traf, fragte er nach Ndorop und Laimon. Ramboni hatte ich an der Hand, Dijeni und Bestana hielten sich dicht neben mir, Tito hatte sich an einem scharfkantigen Stein verletzt. Gott sei Dank standen unsere Hütten noch, lediglich die alte Behausung von Saito war dem Erdboden gleichgemacht. Die Tür von Kulalos Haus lag zersplittert auf der Fläche, die unseren Kühen als Übernachtungsplatz diente.

Sofort machten sich die Krieger auf die Suche nach den entlaufenen Tieren, die geflohen waren, nachdem die Elefanten unsere Einfriedung an einer Stelle durchbrochen und niedergetrampelt hatten.

Im Schein eines grellen Blitzes sah ich zwei getötete Ziegen, da verstand ich plötzlich in dem lauten Durcheinander, dass die dreijährige Kweni und unser Nachbar Lentan vermisst wurden. Kurz darauf zerrissen markerschütternde Schreie die Nacht. Sie stammten von den Frauen, die die *moran* bei ihrer Suche nach den Vermissten und den Tieren begleitet hatten. Was ich dann sehen musste, werde ich mein Lebtag nicht vergessen können. Ich war wie betäubt und stand sehr lange unter Schock.

Kweni und Lentan waren von den Elefanten regelrecht zertreten worden. Unser Nachbar war bereits seinen schweren Verletzungen erlegen, das Kind starb noch vor dem Morgengrauen. Die Männer trugen die furchtbar zugerichteten Leichen, in viele Tücher gewickelt und mit Zweigen des wilden Ölbaums belegt, zu ihren Hütten. Während die unheilvolle Nacht uns alle, fassungslos und stumm vor Entsetzen, seelisch in die Knie zwang, stieg ein strahlend heller Morgen über den Bergen auf. Der Himmel zeigte sein unschuldigstes Blau, das gar nicht zu unserer Trauer und unserer Erschütterung passte und die unfassbaren Geschehnisse ins Absurde führte.

Noch immer habe ich das Lamentieren bei den Beerdigungen in den Ohren, die Gesänge der Krieger, höre die ergreifenden Gebete und das ungehemmte Schluchzen, das schaurig laute Wehklagen. Manchmal höre ich auch das blecherne Scheppern der aneinander geschlagenen Töpfe und das erregte Trompeten der Elefanten, die sonst so friedlich dahinstampften.

Miterleben zu müssen, wie ein Mann und ein Kind auf furchtbare Art den Tod gefunden hatten, ging an die Substanz. Doch im Laufe der Zeit musste ich schmerzhaft erfahren, dass wir vor derart tragischen Unglücken auch in unserer idyllischen Abgeschiedenheit nicht gefeit waren. Einige Zeit später wurden Nachbarn von einer Büffelherde angegriffen, wobei ein Freund und sein erst fünfjähriger Sohn ihr Leben lassen mussten.

Da es auch die nächsten Abende gewitterte, stellten wir vorsichtshalber Wachen auf. Eigentlich mieden die Dickhäuter die Nähe menschlicher Siedlungen, aber in besonderen Situationen konnte es doch – wie wir es hatten erleben müssen – zu dramatischen Zwischenfällen kommen. Die Furcht und der Respekt vor Elefanten waren bei den Samburu sehr ausgeprägt.

Ich besuchte Lpetati auf seinem Wachposten und brachte ihm Tee. Der Abendhimmel verlor nach und nach seine zartgelbe Farbe, der erste Stern erschien und blinkte, als wäre er lebendig. Wir betrachteten die Venus, die mir hier am Äquator und in der Höhe, auf der wir uns befanden, besonders groß und nah erschien.

»Das ist *lakirra lasseran*, der Abendstern«, erklärte mir Lpetati. »Von dort kamen vor langer Zeit die Samburu. Wusstest du das? Die Alten sagen das, auch Großvater glaubt, dass wir nicht immer hier auf der Erde waren. Aber das ist wirklich schon ganz, ganz lange her.«

Ich war sehr überrascht. »Weißt du mehr darüber?«

»Ngai hat unsere Ahnen von dort oben hier heruntergelassen, um auf seiner Erde zu leben. Sie gehört ihm, und er hat sie uns überlassen für die Zeit, die wir leben. Auch die Rinder hat Ngai heruntergelassen, auf festen Strahlen, die wie Seile waren. Auf die Erde sollen wir gut aufpassen, damit ihr nichts geschieht, und glücklich sein mit den Rindern. Vielleicht gibt es auf *lakirra lasseran* kein Gras.«

Verzaubert lauschte ich Lpetatis Ausführungen und sah den Sternenhimmel mit anderen Augen. Dann diskutierten wir darüber, ob und inwieweit Sterne bewohnbar seien. Von der ersten Mondlandung hatte Lpetati gehört, und das war für ihn die Bestätigung, dass man zu den Sternen hinauf- und hinunterkommen konnte. Die immense Technik, die wahnsinnigen Berechnungen, aufwändigen Vorbereitungen, Konstruktionen und Kosten, die Flüge ins All erst möglich machen konnten, interessierten und berührten Lpetati nicht. Für ihn war das alles viel einfacher: Ngai konnte das möglich machen, und zwar ohne großen Aufwand. Während ich ihm zuhörte und immer mehr Sterne sichtbar wurden, schob sich ein praller, runder Mond über die Karisia Hills. Wir genossen das Wunder schweigend.

In den frühen Morgenstunden erhoben wir uns, steif vor Kälte und unter Seufzern, aus dem feuchten Gras, tranken den Rest heißen *chai* aus der Thermoskanne, reckten und streckten uns. Die Elefanten waren nicht noch einmal zurückgekommen. Es war eine wunderschöne Nacht gewesen, mit einer wunderschönen Geschichte.

Gedanken

Unsere Hochzeit lag nun schon einige Zeit zurück. Immer noch lief mein Herz über vor Glück und Zärtlichkeit, ich fühlte mich hilflos ausgeliefert an ein wundersames, naturnahes, pures Leben voller Abenteuer, Überraschungen erfreulicher und schockierender Art, voller Seligkeit über tausend kleine Dinge, und ich war ständig dabei, Verzicht zu üben. Lpetati und ich hatten inzwischen im Umgang miteinander Erfahrung gesammelt, und Gott sei Dank hatten wir nicht vor unüberbrückbaren Schwierigkeiten kapitulieren müssen. Wir waren ein glückliches Paar, ich hatte es noch keinen Tag bereut, Lpetatis Frau geworden und ihm in die Wildnis gefolgt zu sein.

Selbstverständlich gab es schwere Zeiten, die jedoch nichts mit Lpetati persönlich zu tun hatten, sondern vielmehr mit dem Fremden, Ungewohnten, Unbekannten, das auf mich einstürmte und mit dem ich umzugehen lernen musste. Dazu kamen die vielen Schwierigkeiten, die uns die Umstände aufzwangen, zum Beispiel die Natur, die uns manchmal feindlich gesonnen war. Etwa wenn der Regen länger als gewöhnlich ausblieb und die Wasservorräte bedrohlich schwanden, wenn es nichts zu essen gab und auch kein Geld da war, wenn die Haustiere erkrankten oder starben, wenn Ungeziefer sich vermehrt breit machte, Krankheiten gehäuft auftraten und wenn wilde Tiere uns gefährlich nahe kamen. Doch all das war nicht ständig so, und es gab immer wieder gute Zeiten.

Das Leben in der Wildnis blieb zwar entsagungsreich, schenkte aber selbst aus seiner Kargheit heraus Schönes und Liebenswertes. Ich war sicher, dass ich nirgendwo auf der Welt so bewusst und frei würde leben können wie hier bei den Samburu. Manchmal fühlte ich mich in Lpetatis Gegenwart in die Tage meiner Kindheit zurückversetzt, in die glückselige Welt eines kleinen Mädchens, das in einer Margeritenwiese versinkt, das zwischen Sumpfdotterblumen am Bachufer rotbauchige Molche beobachtet, das aus Gänseblümchen kleine Kränze für die Hörner weidender Kühe anfertigt und bunten Löwenmäulchen in den Gärten eine Liebeserklärung macht.

Es waren viele kleine Dinge, oft nur Nebensächlichkeiten, die mir Kraft gaben und womit Lpetati mich glücklich machen konnte. Wir beide brauchten und ergänzten uns, waren ausgeglichen und zufrieden in der Nähe zueinander.

Manchmal allerdings bekam ich Heimweh nach meinen Kindern und meiner Familie in Deutschland. Hin und wieder gab ich mich auch profanen Träumen hin, wünschte mir, in einem »richtigen« Badezimmer hantieren zu können, zu duschen oder warm zu baden und anschließend mit Cremetöpfen und Lotionen verschwenderisch umzugehen. Ich dachte an den Geruch von frischer Bettwäsche, an eine blitzblanke Küche, an die morgendliche Zeitung zu einem fürstlichen Frühstück oder an ein bequemes Sofa zur Fernsehzeit und das nützliche Telefon. Es war einfach schön, daran zu denken und zu wissen, dass es bei einem Deutschlandbesuch möglich war, viele Annehmlichkeiten für einige Wochen genießen zu können, allein oder auch zusammen mit Lpetati.

Die Krieger und die Küste

Eigentlich wäre es längst Zeit für unsere immer wieder aufgeschobenen Flitterwochen gewesen. Ich hatte den Plan schon verworfen, aber Lpetati bestand darauf. Zudem wollte Losieku uns an die Küste begleiten – es war sein innigster Wunsch. Einerseits freute ich mich darüber, andererseits erzeugte diese Idee Unbehagen. Ich hielt es für unverantwortlich, einen so unverdorbenen, unschuldigen jungen Mann wie Losieku der so völlig anderen Welt an Mombasas Stränden auszusetzen. Das Leben dort war oberflächlicher, auch unmoralischer in mancher Hinsicht und geprägt von für Samburu unbekannten Werten. Es war und blieb eine fremde Welt für jeden Kenianer, der aus einer abgeschiedenen ländlichen Gegend kam, besonders wenn der Lebensweg bisher von strengen Hierarchien geprägt war.

Ich konnte mir inzwischen ein Urteil darüber erlauben, denn ich kannte das Leben an der Küste und hatte dort Krieger kennen gelernt, die mit Weißen in Berührung gekommen waren, mit einer Art Wohlstand, mit Geld, mit technischen Errungenschaften, mit einem Leben, in dem ihre bisherigen Wertvorstellungen ihre Gültigkeit eingebüßt hatten. Viele der jungen Männer verloren bei der

Konfrontation mit der ihnen fremden Leichtlebigkeit häufig nicht nur den Boden unter den Füßen, sondern auch jeglichen Bezug zur Realität und erlagen allzu leicht den materiellen Reizen. Sie passten sich, erschreckend konsequent, dem modernen Leben an und entfernten sich immer mehr von ihren Traditionen. Einige Krieger lebten von ständig wechselnden Frauenbekanntschaften und dem Geld, das die weißen Touristinnen ihnen gutgläubig und ziemlich blauäugig zusteckten, ja, in sie investierten. Viele solcher Samburu befanden sich in unglückseligen Situationen, aus denen es kaum einen akzeptablen Ausweg gab, und der Stolz verwehrte es ihnen, sich vor der Familie und den Freunden geschlagen zu geben. Zudem war es schwer, sich von dem verlockenden Komfort wieder zu trennen und sich für das einfache Leben in einer Hütte zu entscheiden. Je nach Veranlagung und Charakter hatten fast alle Krieger ein Problem damit, darunter auch zwei Brüder von Lpetati.

Aber viele *moran* blieben gottlob standhaft gegenüber den vielfältigen Verlockungen und sparten zielstrebig jeden Shilling für ihre Zukunft im Samburu-Distrikt, für eine Familiengründung und eine eigene Herde, ein Leben im Einklang mit der Natur, im Schoße der Großfamilie. Viele unterstützten mit ihrem Verdienst auch ihre Daheimgebliebenen und sicherten deren Überleben, verbrachten nur ein oder höchstens zwei Jahre an der Küste und kehrten ihr dann gern wieder den Rücken, oft, um nie mehr wiederzukommen.

Diese Abwanderungen an die Küste gäbe es nicht, wenn nicht große Not, furchtbare Armut und der ständige Hunger sowie die Wasserknappheit die Menschen dazu trieben. Die meisten jungen Krieger hatten – dank ihrer Schönheit – das »Glück«, von Hotelmanagern engagiert zu werden, um vor den Gästen zu tanzen und damit deren Bedarf an Exotik zu decken. Für fast alle Tänzer war es die erste Gelegenheit in ihrem Leben, eigenes Geld verdienen und darüber verfügen zu können.

Kenia stand vor der gewaltigen Aufgabe, wirtschaftlich an Bedeutung gewinnen zu müssen, war aber nur teilweise in der Lage, geeignete und ausreichende Voraussetzungen dafür zu schaffen, was sich auf die Bevölkerung verheerend auswirkte. Bildung tat Not, war aber für viele Kenianer aus Kostengründen unerschwinglich. Da gezielte staatliche Hilfen und spezielle Bildungsprogramme für die einfachen Leute fehlten, wurden diese häufig gezwungen, aus ihrer zwar ärmlichen, aber noch weitgehend heilen Welt zu flüchten – meist in eine noch ärmlichere hinein, weil dort auch der moralische Halt nicht mehr gegeben war.

Ganz besonders traf das, wie ich selbst gesehen hatte, auf etliche Krieger der Samburu zu, die mit falschen Vorstellungen und fehlenden Voraussetzungen in die Städte abgewandert und dort sehr bald gestrandet waren. Das tat mir persönlich weh, denn ich wusste, dass dieses ehemalige Nomadenvolk über ein bewundernswertes Kulturgut verfügte, das es zu schützen galt. Es durfte nicht wegrationalisiert werden, weil es angeblich nicht mehr in einen modernen Staat passte. Das kulturelle Erbe macht doch erst ein Volk aus.

Wunsch und Verlust

Seit längerem hatte ich Probleme mit den Augen. Sie tränten oft, und die Bindehaut war chronisch gereizt – ausgelöst durch den ständigen Rauch in der Hütte. Das beflügelte meinen Wunsch nach einem kleinen Haus mit einem Kamin als Feuerstelle und einem Rauchabzug nach draußen. Kochen, so malte ich mir aus, würde ich in einer richtigen Küche, mit Paraffin oder Petroleum – oder vor dem Haus. Einige Möbelstücke sollte es auch geben, vielleicht ein richtiges Bett, und als Krönung würde durch drei, vier Fenster Licht hereinfallen. Ein anderer Aspekt, der mich bedrückte, war die zunehmende Rußablagerung in der Hütte. Egal, wo man hinfasste, es gab schwarze Hände und Rußflecken, verschmutzte Kleidung. Das konnte nicht gesund sein. Wohl wusste ich: Das Feuer in der Hütte war wichtig und hatte seine besondere Bedeutung. Es symbolisierte Leben, und der Rauch hielt weitgehend Ungeziefer und Schlangen ab.

Der Gedanke an ein helles, freundliches Haus elektrisierte mich geradezu, wurde dann jedoch jäh gedämpft durch Charlymans Verhalten. Seltsam apathisch stand unser Stier herum, fraß nicht, bewegte sich im Kreis und machte einen gequälten Eindruck. Verzweifelt mussten wir mit ansehen, wie seine kraftlosen Beine immer wieder nachgaben, und dann knickten sie regelrecht unter ihm weg. Alles deutete auf eine Infektionskrankheit hin, vermutlich Rinderwahn. Dagegen konnten wir nichts ausrichten, es gab nichts, womit wir Charlyman hätten helfen können. Als er sterbend zusammenbrach, war die ganze Familie krank. Das erste Mal sah ich in Lpetatis Augen Tränen, und es berührte mich tief. Der Verlust von Charlyman beschäftigte uns lange. Er war ein ungewöhnlich fröhliches Tier gewesen, wenn man diese Eigenschaft auf einen Stier übertragen konnte, und wir verbanden viele gute Erinnerungen mit ihm.

Drei unserer Kühe zeigten bald darauf ähnliche Krankheitssymptome wie Charlyman. Wir befürchteten, noch mehr Tiere zu verlieren, was eine Katastrophe gewesen wäre. Mit einer eilig in Maralal besorgten Desinfektionslösung, viel zu wenig und sehr teuer, besprühten wir den Pferch und nahmen jedes Tier genau in Augenschein, um es bei eventuellen Auffälligkeiten sofort von der Herde absondern zu können. Ich ging kilometerweit für sauberes Trinkwasser, das wir mit Vitaminen anreicherten, und wir hatten bis auf einen weiteren Verlust Erfolg damit.

Um Lpetati aufzumuntern, sprach ich mit ihm über meinen Wunsch, ein Blockhaus für uns zu errichten. »Oh, Chui, wir werden ein großes Haus bauen, wie niemand es hat.« Er lachte über das ganze Gesicht, strahlte regelrecht, war Feuer und Flamme. »Gleich werden wir es Baba und Babu sagen. Sie müssen gefragt werden. Bei unserem Haus, das nicht mitten im *boma* stehen kann, ist es anders als bei einer normalen Hütte, bei der die Frau alles bestimmen und machen muss. Babu wird den Platz festlegen. Es ist das Land seiner Väter. Oh, Chui, ein Haus!«

Seine Reaktion auf meine Idee wärmte mein Herz, und die Aussicht, mit Lpetati in einem kleinen, richtigen Haus wohnen zu können, erfüllte mich mit Seligkeit. Ich versprach mir nur Positives von einem Zusammenleben in anderer Umgebung.

Schließlich könnten wir dann auch Regenrinnen anbringen und so das Regenwasser in eine große Tonne leiten. Das würde nicht nur eine enorme Hilfe und sehr bequem sein, sondern wir würden auch mehr Wasser zur Verfügung haben – ich verliebte mich mehr und mehr in diese Vorstellung. Denn schon jetzt, wo es langsam trockener wurde, verlängerten sich die ohnehin sehr anstrengenden Wege zum Wasserholen beträchtlich. Zusammen mit meinem seit einiger Zeit gehegten Plan, die Vertiefungen neben dem Bachbett zu betonieren, damit sie als kleine Sammelbecken fungieren konnten, hätten wir für trockene Zeiten gut vorgesorgt.

Würde ich die Erlaubnis für beide Bauvorhaben erhalten, würde demnächst eine Menge Arbeit auf uns zukommen – und auf mich eine Menge Kosten. Noch wusste ich gar nicht, ob und wie meine Ideen finanziell realisiert werden könnten, doch ich war voller Zuversicht.

Unverhofft kam Lpetati mir mit einem Vorschlag entgegen. »Wenn wir an die Küste gehen, Chui, können wir ein bisschen Geld verdienen. Du wirst sehen, dein Simba kann auch arbeiten. Wir werden das schönste Haus haben und viele Wasserstellen. Wir können ein wenig Handel treiben, etwas von dem Schmuck verkaufen, den ihr Frauen angefertigt habt. Und ich kann jeden Tag tanzen, wirklich.«

Unsere Flitterwochen in Mombasa hatte ich mir zwar anders vorgestellt, aber warum nicht das Nützliche mit dem Angenehmen verbinden?

Inzwischen hatten wir Gelegenheit gefunden, mit Babu und Baba über unser Blockhaus zu sprechen, und ich hatte ihnen meine Gründe dafür und die Vorteile erläutert. Ihre Gesichter waren immer freundlicher geworden, und dann hieß es zu meiner Erleichterung: »Wir sind einverstanden, Kind. Ngai segne dein Vorhaben.«

Allerdings hatte ich irritiert feststellen müssen, dass weder Baba noch Babu wussten, was »zementieren« bedeutet. Das stimmte mich dann doch sehr nachdenklich.

Trockenheit

Die Trockenheit schuf mehr und mehr Probleme. Nach dem Gewitter und dem Ansturm der Elefanten auf unser *boma* hatte es nur an zwei Tagen kurz geregnet, gerade so viel, dass die Tiere noch Futter fanden, aber nicht genug, dass der Bach hinter unserem Dorf Wasser führte. Wasser, das bei uns in der Gegend ohnehin eine Kostbarkeit war, wurde noch ein bisschen kostbarer, und das schränkte uns sehr ein.

In solchen Zeiten wuchs meine Sehnsucht nach Getränken aller Art und nach einem ausgiebigen Bad. Wurde die Sehnsucht unerträglich, machte ich mich – manchmal mit Lpetati, aber auch ohne ihn – auf nach Maralal, und der lange Weg kam mir dann gar nicht mehr lang vor. Das Ziel war die Kariara Lodge, besser gesagt das wohltemperierte Wasser in einer kleinen Zinkwanne in einem dürftigen Zimmerchen – für mich ein Traum.

Die letzten Tage hatten wir wieder nicht ausreichend gegessen, und die gesamte Familie betrachtete mich als rettenden Anker. Ich hatte sehr zwiespältige Gefühle dabei, und auch Lpetati saß wie zwischen zwei Stühlen. Wo konnten wir Grenzen ziehen? Wie und wann konnten wir zwei uns genügend isolieren? Durften wir etwas mehr haben als andere um uns herum? Für ihn war die Familie ebenso wichtig wie ich, und es brächte ihn sicher in Schwierigkeiten, sich im Ernstfall entscheiden zu müssen.

Manchmal weigerte er sich zu essen, wenn seine Eltern und Geschwister nichts zu essen hatten. Seine Selbstlosigkeit beschämte mich und brachte mich dazu, dass ich mich wie eine Sünderin fühlte, wenn ich heimlich Reste von kaltem Maisbrei oder etwas Kokosfett in mich hineinstopfte. Aber immer wieder meldeten sich mein gesunder Verstand und mein Selbsterhaltungstrieb, und ich fand das »Naschen« vernünftig, nicht verwerflich. Kürzlich hatte ich festgestellt, dass ich gar keine großen Mengen mehr essen konnte. Es war, als hätte sich mein Magen aufgrund der immer geringeren Portionen verkleinert. Meine Familie hingegen konnte, wenn genügend vorhanden war, sozusagen auf Vorrat essen und dann ohne allzu große Schwierigkeiten einige Tage fasten.

Wirklich Sorge bereitete mir aber nicht das Defizit an Nahrungsmitteln, sondern die Wasserknappheit, die in mir anhaltende Angstzustände erzeugte.

Es gab immer weniger Tee, das Trinkwasser wurde von Tag zu Tag knapper und die Wege, um es herbeizuschaffen, immer länger. Die Kühe gaben kaum noch Milch, und die Rippen unserer Haustiere ließen sich selbst aus großer Entfernung mühelos zählen. Nur die Ziegen und Schafe kamen einigermaßen zurecht. Ihnen reichte der Tau am frühen Morgen und Abend, um Flüssigkeit aufzunehmen. Zu den unangenehmen Begleiterscheinungen der Trockenheit zählten die Unmengen von Ungeziefer, die sich überall breit machten. Ständig sprangen einen Flöhe an, Fliegen saßen auf den Köpfen, an den Augen, den Mundwinkeln, und wenn man nicht sofort den Tee mit der Hand abdeckte, schwamm eine dicke, quirlige Schicht von Insekten darauf.

»Was meinst du zu einer weiteren Kuh, auch wenn es kein frisches Gras gibt?«, fragte ich Lpetati nach einem langen, heißen trockenen Tag.

»Es gibt sicher viele günstige Notverkäufe. Chui, was hast du vor?«

»Ich weiß noch nicht. Ich möchte nach Maralal zur Bank.

Vielleicht ist die Überweisung schon da. Da könnten wir doch bei der Gelegenheit mal über den Viehmarkt gehen. Wenn ich hier nur sitze und die dunklen Wolken beobachte, die doch nicht über uns abregnen, werde ich nervös. Ich muss irgendetwas tun. Außerdem könnten wir nach Zement fragen und die Becken und den Damm am Bach bauen, falls es welchen in Maralal gibt und genug Wasser zum Anmischen da ist. Ich möchte mir auch Wellblech ansehen für unser Haus.«

Meine finanziellen Möglichkeiten waren zwar ziemlich eingeschränkt, aber eine neue Kuh wäre sinnvoll und die Auffangbecken sowie der Damm äußerst wichtige Investitionen. Ich dachte an die geplante Regentonne direkt neben unserem Haus, verlor mich in herrlichen Vorstellungen und entging damit für längere Zeit meiner düsteren Stimmung. Manchmal träumte ich mich mit Lpetati in ein saftig grünes Tal, in dem frisches Wasser fröhlich plätscherte und Kühe zufrieden weideten. Beim Erwachen verhöhnten mich dann die dicken Quellwolken, weil sie sich erst in lichte Schleier verwandelten und schließlich vollkommen auflösten.

Besorgungen in Maralal

Wir verließen das *boma* beizeiten, denn es würde wieder sehr heiß werden. Unterwegs spannen wir unsere Träume weiter, ja, es würde uns irgendwann wieder gut gehen. Kurzzeitig erwogen wir den Kauf von einem oder zwei Kamelen, die nur wenig Wasser brauchten, mehr und fetthaltigere Milch gaben als Kühe und gern die Blättchen zwischen den Dornen der Akazien fraßen. Davon gab es immerhin genug bei uns.

Wir folgten einem anderen Pfad als sonst durch einen urigen Zedernwald, der schattiger und von mehreren großen Felsbrocken und steilen Hängen geprägt war. In dem sich anschließenden kleinen Laubwald hatte ich sogar schon einige Male Champignons gefunden. Ich liebte diesen Wald, der mich mehr als andere Gegenden um Maralal herum an meine deutsche Heimat erinnerte.

Jetzt, in der Trockenzeit, sah alles anders aus: nichts als welkes Laub und dürres Gras. Unzählige kleine »Sandteufel« wirbelten über den schmalen Weg, wie säulenartige, weiße Nebelgeister drehten sie sich rasant und verschwanden im staubigen Gelände.

In Maralal angekommen, gingen wir als Erstes zur Post, um meine Briefe für meine Söhne, meinen Vater und eine ehemalige Kollegin einzuwerfen und in unsere Postbox zu schauen. Zu meiner Freude entdeckte ich darin einen Brief von meiner Familie, las ihn entzückt und hielt, vollkommen überwältigt, zweihundert Mark in der Hand, die dem Brief samt einem Familienfoto beilagen. Welche Überraschung! Und welche Freude, dass das Geld überhaupt angekommen war. Lpetati stand glücklich neben mir, nachdem ich ihm einige Passagen aus dem Brief übersetzt und ausgerechnet hatte, wie viel Shillinge zweihundert Mark bringen würden.

Der erste Gedanke galt dann unserem leiblichen Wohl.

Vorbei an Unrat und den Abfällen der Marktstände in Maralals Zentrum strebten wir, gierig und erwartungsvoll, dem nächsten Restaurant zu. Endlich konnten wir wieder trinken und essen, so ausgiebig, so gut, so lange und so viel, bis wir wirklich satt waren. Dieses heimliche, wunderbar befriedigende Vergnügen genossen wir beide, es verband uns und schenkte uns ein besonderes Glücksgefühl. Also beschlossen wir, auch abends noch einmal ins Restaurant zu gehen und anschließend – als Tüpfelchen auf dem i – in Maralal zu übernachten, in einem weichen Bett.

Nach dem Essen kauften wir Zement und Wellblech und wollten beides am nächsten Vormittag abholen, sofern wir einen Pickup fanden.

Langsam, Hand in Hand und immer noch wunderbar satt, schlenderten wir durch aufgewirbelte Staubwolken zur Lodge, an deren Gemäuer die Prunkwinde immer noch blau leuchtete. Ich freute mich unbändig auf das Bad in der Zinkwanne und darauf, mir die Haare zu waschen, weil zu Hause die tägliche Hygiene schon länger auf ein Minimum geschrumpft war. Ich wunderte mich selbst über meine Gelassenheit, andererseits hätte es nichts gebracht, sich über Dinge aufzuregen, die nicht zu ändern waren. In Maralal gab es oft noch Wasser, wenn es bei uns schon versiegt war, einmal wegen der anderen Boden- und Höhenverhältnisse, zum anderen verfügte Maralal über ein größeres Rückhaltebecken.

Am nächsten Morgen war der kleine offene Nissan, den wir tatsächlich hatten mieten können, hoffnungslos überfüllt. Außer uns drängten sich Freunde, Bekannte und völlig Fremde neben den gestapelten Zementsäcken, einer dank Schmiergeld ergatterten Kiste mit Limonade sowie Tüten mit Tee, Zucker, Reis, Fett, Tomaten, Zwiebeln und Kohlköpfen auf der Ladefläche. Und mittendrin standen eine völlig verängstigte schwarz-weiße Kuh und ein kräftiger, blökender Schafbock, den wir noch unterwegs auf den Namen Walter tauften. Die Kuh, der Lpetati den Namen »Kristin« gab, war uns auf dem Viehmarkt spontan einige Schritte gefolgt, was zunächst Gelächter und dann unseren Kaufentschluss ausgelöst hatte. Wir würden das wegen der Dürre magere Tier schon aufpäppeln.

Bald strich der Fahrtwind frisch und kühl über uns hinweg, und ich blickte trotz der unbequemen Fahrt, bei der alle kräftig durchgerüttelt wurden, in glückliche Gesichter. An einer Stelle stießen wir auf eine größere Zebraherde, mehrere Impalas und Thomsongazellen. Normalerweise war in der Trockenzeit nicht wie sonst mit Tieren in unserer Nähe zu rechnen, was glücklicherweise auch Löwen, Leoparden, Geparde und Hyänen von uns fern hielt. Manchmal trat aber auch genau das Gegenteil ein, und die Räuber lauerten mangels anderer Nahrung unseren Haustieren auf, was uns schon den einen oder anderen Verlust beschert hatte.

Schließlich erreichten wir unser Dorf und wurden freudig begrüßt. Inzwischen war es Abend geworden. Wie immer begutachteten wir die Tiere, wenn sie vor Einbruch der Dunkelheit vom Weiden kamen, und trafen uns zum Palavern am Pferch. Hier versammelte sich Alt und Jung, und es gab kaum einen schöneren Tagesausklang, wenn die Sonne schon tief stand und ihre letzten schrägen Strahlen gerade noch den Berghang mit unseren Hütten erreichten. Kurz danach wurde es meist empfindlich kühl.

Den Milchtee gab es diesmal wieder bei uns. Dank meiner Gitarre wurden solche Abende immer besonders lebhaft und kreativ, so recht dazu geschaffen, das Herz aufgehen zu lassen, Abende voller Gitarrenklänge, voller Lieder, voller Poesie, voller gesungener Banalitäten und Gefühlsduseleien – so schön. Eng zusammengedrängt hockten wir um unsere Feuerstelle. Krieger und Frauen wurden besungen, vor allem unsere Kühe, und deren wahre und erwünschte wunderbare Eigenschaften geschildert.

Ein Bauplatz

Als Standort für unser Haus hatte ich den »Blaublumenhang« gewählt. Mit Babu, Baba und zwei Mitgliedern des Ältestenrats hatten wir verschiedene Plätze abgeschritten, aber diese Stelle am Berghang, die in Rufweite zu den anderen Hütten lag, war schon lange mein Lieblingsplatz und nach meinem Dafürhalten ideal. Den Sonnenaufgang würden wir hier jeden Morgen erleben können, ebenso wie den Aufgang des Mondes, wenn er sich dick und gelb über die Karisia Hills schieben würde. Das Schönste aber wäre – bei klarem Wetter – der Blick auf den Mount Kenya und, nach der Regenzeit, ein Teppich von kurzstängeligen tiefblauen Blumen.

Seltsamerweise hatte mich Lpetati nicht auf der Suche nach einem Bauplatz begleitet. Vielleicht vertraute er mir ganz einfach, vielleicht war ihm auch der Platz egal, womöglich ließ er sich gern überraschen, oder es hatte damit zu tun, dass dies eine typische Aufgabe der Frauen war.

Während des Rundgangs mit den Ältesten erfuhr ich, dass unser Gebiet nur bis zu einer bestimmten Berghöhe zum Stammeseigentum zählte, alles darüber hinaus war »Regierungsland«, was bedeutete, dass ich oberhalb der unsichtbaren Grenze eine mit Kosten verbundene Baugenehmigung beantragen müsste. Natürlich sollte unser Haus auf dem Land unseres Stammes stehen, dafür entschied ich mich allein schon wegen der Freiheit und der unüberwindbaren Abneigung gegen Verordnungen aller Art. Allerdings war der Begriff »Stammeseigentum« nicht ganz korrekt, denn es gab keine verbrieften Rechte an dem Stück Land, das meine Sippe besiedelt hatte. Abgesehen davon war eine Veräußerung von Land auch nicht im Sinn von Ngai, wie ich inzwischen wusste. Es war eher eine Art Gewohnheitsrecht, denn seit Urzeiten hatte unsere Familie hier ihr Vieh weiden lassen, war dann weitergezogen, in einem regelmäßigen Turnus hierher zurückgekehrt und schließlich, im Zuge kenianischer Regierungsmaßnahmen, unfreiwillig sesshaft geworden. Sicher war diese Umstellung schwer gewesen, denn sie beschnitt die Freiheit gehörig und zwang zu einem völlig anderen Lebensrhythmus. Die Sesshaftigkeit hatte eine ständige Überweidung der zugewiesenen Landflächen zur Folge, sofern diese sich überhaupt als Weideland eigneten. Reichte das Futter nicht aus, war das Vieh unterernährt und damit anfälliger, und krankes Vieh hieß weniger Milch. Durch diesen verheerenden Kreislauf waren Hungersnöte praktisch vorprogrammiert. Schafften die Menschen dagegen mehr Vieh an, weil die halb verhungerten Herden das Überleben nicht sicherten, war das der Natur unzuträglich.

Ein anderes heikles Thema waren die Wildschutzreservate. Die seit ewigen Zeiten dort mit und von der Natur lebenden Menschen, Samburu ebenso wie Massai, die nicht jagten und nicht ausbeuteten, wurden aus großen Gebieten vertrieben, weil man meinte, die Natur vor ihnen schützen zu müssen! Die Völker, die die Natur respektierten und besser kannten als die ausgebildeten und bezahlten Wildhüter und die vor allem im Einklang mit ihr lebten, galten auf einmal als Störfaktoren.

Unzählige Gespräche hatte ich mit Großvater darüber geführt, und der große, stolze, wissende Babu litt immer noch sichtbar darunter, dass man in den wunderbaren Ablauf von Mensch und Natur, wie er meinte, gewaltsam eingegriffen hatte. Sein einziger Trost war, dass Ngai eines Tages etwas geschehen lassen würde, um alles diesbezügliche Leid vergessen zu machen. »Es wird einmal alles wieder so sein, wie es sein muss«, hatte er gesagt.

Noch widersetzten sich viele Clans erfolgreich den oft plumpen Versuchen der Regierung, aus den Samburu und Massai und einigen anderen kleineren Stämmen »moderne« Menschen zu machen. Noch gab es genug traditionsbewusste Stammesangehörige. Zwar machten die langen Hungerperioden hier und da mürbe, bröckelte immer mal wieder ein Stück Überlieferung ab, wurden schweren Herzens Zugeständnisse gemacht, doch bis jetzt waren die meisten Stammesverbände intakt. Um diesen erfreulichen Zustand zu erhalten, wäre eine spürbare, aber sehr differenzierte und sensible Hilfe nötig, eine Hilfe, die nicht demütigte und vergewaltigte, sondern lediglich die Lebensbedingungen der Samburu und Massai verbesserte – allem voran eine gesicherte Wasserversorgung. Dann könnte, wenn auch noch vielerorts bei den Stämmen unbekannt und ungeliebt, Landwirtschaft betrieben werden. Freiwillig wäre garantiert keine Sippe in einer Gegend, in der es keinen direkten Zugang zum Wasser gab, sesshaft geworden. Wenn erreicht werden könnte, dass die Menschen nicht aus Not abwanderten, sondern ihnen bessere Lebensbedingungen an Ort und Stelle zuteil würden, so wäre das ein großer Beitrag zum Erhalt der Menschenrechte. Seltsamerweise stammten derartige Hilfsprojekte ausschließlich aus dem Ausland.

Eine zusätzliche Bedrohung für die noch bestehenden Weidegebiete kommt aus einer ganz anderen Richtung: Die rapide wachsende Einwohnerzahl – Kenia liegt dabei an der Spitze der afrikanischen Staaten – fordert mehr und mehr Land, und die Hirtenvölker werden in immer kleiner werdende Gebiete verbannt, müssen noch beengter leben, wodurch der Hunger für

Mensch und Tier zu einem aus eigener Kraft unlösbaren Problem wird.

So vieles ging mir durch den Kopf. Die gewaltsame Zivilisation konnte keinen Segen bringen, keinen Vorteil, denn sie würde immer lückenhaft bleiben, weil die Voraussetzungen fehlten, um diesen Menschen eine echte Alternative zu ihrem bisherigen Leben zu bieten. Sie würden vielleicht keine Hirtenvölker mehr sein, aber was wären sie dann? Sie würden sich nur einreihen in das große Heer der Arbeitslosen, der Bettler.

Ich wünschte so sehr, dass der Erhalt des kulturellen Erbes der Samburu und Massai – immerhin Kenias Vorzeige-Stämme, wenn es um den Tourismus ging – bei den Hilfsprojekten den Rang einnehmen könnte, den es verdiente. Besser als traditionsbewusste Stämme zu modernisieren wäre es, einer weiteren Entwurzelung und Orientierungslosigkeit entgegenzuwirken.

Unwillkürlich fielen mir die entsetzlichen Bilder von den Slums in Nairobi ein, und ich bekam eine Gänsehaut. Viele, zunächst hoffnungsvoll beschrittene Wege von Not leidenden Kenianern endeten dort in noch größerem Hunger, im Schmutz, in Krankheiten und einem unbeschreiblichen Elend.

Ich ereiferte mich ziemlich, während ich rote, warme Laterit-Erde durch meine Hände rieseln ließ. Kämpferische Gefühle bewegten mich, die ich eine Mitstreiterin für das Recht auf ein uneingeschränktes traditionelles Leben der Samburu und Massai geworden war. Noch war ich glücklich, denn ich lebte bei uns im Distrikt auf einer erholsamen Insel, fernab von einer im Konsumrausch versinkenden und von falschen Idolen geblendeten zivilisierten Welt. In dieser Abgeschiedenheit hatte ich zu mir selbst gefunden, was mir sonst womöglich nicht gelungen wäre.

Meine Erregung legte sich, als Lpetati, groß, schlank und schön, zu mir kam.

»Hodi?«, fragte er lachend und klopfte mit dem Ende seines *rungu*, das mit bunten Streifen verziert und einer dicken Eisenmutter beschwert war, gegen einen nahen Baumstamm, als wollte

er Einlass in ein Haus erbitten. »Ich weiß, dies ist der Bauplatz«, nickte er, »*nafurahi sana, kweli*, ich freue mich sehr. So ein Haus, wie du es haben willst, habe ich noch nicht gesehen, wir brauchen viele Baumstämme dafür, das weiß ich, und *fundis*, Handwerker. Ich kenne zwei Männer, die große Häuser bauen können. Wir werden sie besuchen.«

Ich fand es interessant, dass auf einmal von Männern die Rede war, die beim Hausbau helfen würden, weil doch beim Bau einer Hütte nie ein Mann Hand anlegte.

»Werden wir so ein rotes Bett haben wie in dem großen Laden in Nairobi?«, fragte Lpetati unvermittelt.

»Das kannst du wohl gar nicht vergessen«, lachte ich, »wenn du willst, werden wir das rote Bett kaufen, sofern es nicht zu teuer ist.«

Ich war gerührt, als ich an den Nachmittag zurückdachte, an dem wir das Bett bei einem Schaufensterbummel in der Hauptstadt entdeckt hatten. Lpetati war völlig fasziniert gewesen von der Luxusschlafstätte, die ganz mit rotem Samt bezogen und ebensolchen Kissen und Decken ausgestattet gewesen war.

Ohne Frage war es ein aufregender Gedanke, auf einer so exklusiven Liegestatt mit meinem Mann nächtigen zu können.

Hakunakitu und eine neue Frisur

Lpetati erinnerte mich daran, dass ich versprochen hatte, ihm eine neue Kriegerfrisur zu ermöglichen. Jeden Tag prüfte er, ob sich seine noch recht kurzen Haare schon so weit in die Länge ziehen ließen, dass man Baumwollfäden oder Nylonhaar einflechten konnte.

Ich selbst hatte mich sehr an meinen anderen Mann gewöhnt, freute mich nun aber darauf, wieder einen »wilden« Krieger zu bekommen, obwohl die komplizierte üppige Haartracht für unsere in wenigen Wochen geplante Reise nach Mombasa völlig ungeeignet war, wegen der großen Hitze dort. Aber natürlich machte sich die typische Kriegerfrisur gut bei den Folklore-Abenden in den Hotels, bei denen Lpetati mitwirken wollte.

Inzwischen wäre ich lieber zu Hause geblieben, denn das einfache, das »wirkliche« Leben hatte mich längst in seinen Bann gezogen, wenn ich auch oft darunter litt, dass es nur wenig zu essen und nicht genug Wasser gab. Diese Sorgen gab es an der Küste natürlich nicht. Zudem bot sich dort die Möglichkeit zu einem Gelderwerb, und ich hielt es für sehr wichtig, dass Lpetati selbst verdientes Geld zur Verfügung hatte – nicht, um mich zu entlasten, sondern einfach, um nicht so sehr von mir abhängig zu sein. Es war eine Sache des Stolzes. Vielleicht war es ihm selbst noch nicht so recht klar geworden, wie sehr er sich, auch in finanzieller Hinsicht, in meine Hand begeben hatte. Zwar würde ich es ihn nie spüren lassen, dafür kannte ich die Hintergründe nur zu gut, doch ich wollte, dass er sich frei fühlte.

Es war kühl, Atemwolken stiegen aus den Nüstern der in der Nähe grasenden Zebras, und auch unsere Kühe dampften vor sich hin, als Lpetati an ihnen vorbei zu Hakunakitu am gegenüberliegenden Berghang ging, um den alten Mann zu bitten, ihm die Haare zu flechten. Niemand verstand besser als er, so dünne, straffe Zöpfchen aus Baumwollfäden oder Kunsthaar in eigene Haare einzuarbeiten. Weit und breit war er der beste Haarkünstler für die traditionellen Frisuren der Samburu-Krieger.

Gedankenverloren sah ich meinem schönen Lpetati nach, bis er in seinem pinkfarbenen Überwurf hinter den rotbraunen Türmen eines gewaltigen Termitenbaus in der Senke verschwunden war. Nur wenig später tauchte er wieder auf, zusammen mit seiner Mutter, die gerade von einer Beschneidungstour zurückkam, und Hakunakitu.

Saito lachte breit und umarmte mich. Der Leder- und Silberschmuck in ihren lang gezogenen Ohrläppchen berührte ihre schmalen Schultern, und sie verbreitete einen gar nicht unangenehmen Geruch nach Holzfeuer und Schweiß.

Hakunakitu, hager, drahtig und zahnlos, trug seine geliebte

leuchtend lilafarbene Strickmütze. Er lachte viel und gern, auch über seinen Spitznamen »Ich habe nichts«, und wir mochten seine Fröhlichkeit, seine vor Übermut sprühenden Augen.

Nach einem gemeinsamen *chai* bei uns trafen Hakunakitu und Baba die Vorbereitungen für Lpetatis neue Haartracht. Sie schütteten Ockerpulver, Fett und Asche in kleine Dosen und Schalen und verrührten einen Teil davon. Mit dem wenigen Wasser unseres Vorrates und sehr viel Kernseife wusch sich Lpetati den Kopf. Leider war unser Handtuch nicht mehr ganz sauber, aber wir besaßen nur zwei, und jeder benutzte sie für alles Mögliche, sofern sie greifbar irgendwo herumlagen.

Bei unserem nächsten Aufenthalt in Maralal oder Mombasa mussten wir unbedingt noch zwei weitere besorgen. Ich hatte darüber hinaus schon eine Liste von Dingen notiert, die wir dringend benötigten. Vielleicht würden wir bald sogar ein kleines Wäscheregal in unserem neuen Haus haben – in einem hellen, rauchfreien Raum, in dem man überall aufrecht würde stehen können. Kurz dachte ich an meine überquellenden Wäscheschränke in Wennigsen, und es beschämte mich.

Baba schwitzte unter seinem unentbehrlichen Lederhut, während er Hakunakitu fachgerecht assistierte. Ab und zu ließ Lpetati ein »Ssssst« hören, wenn die beiden seine kurzen Haare so sehr zogen, dass es schmerzte.

Nach zwei Tagen hatte Hakunakitu sein Kunstwerk vollendet und meinen Mann in einen höchst attraktiven Krieger verwandelt. Ich war genauso glücklich wie Lpetati und bezahlte Hakunakitu gern für seine gute Arbeit.

Löwenjagd

Unser Stier Kalle war eines Abends nicht mit der Herde zurückgekommen. Es gab einen heftigen Aufstand, alle palaverten laut durcheinander, wobei die verstörten Halbwüchsigen, die die Tiere begleitet hatten, mehrfach beteuerten, Kalle kaum aus den Augen gelassen zu haben. Lpetati war außer sich, und Baba schwang wortreiche, ungewöhnlich harte Reden. Dabei wussten wir alle, wie leicht ein Tier, das sich abgesondert hatte, hungrigen Beutejägern zum Opfer fallen konnte. Der Verlust wog aber nichts gegen die Freude darüber, dass die jungen Leute und die restliche Herde wohlbehalten zurückgekehrt waren. Der Abend verging damit, dass die Hirten die Stelle genau beschreiben mussten, an der der Löwe oder die Löwin zugeschlagen hatte.

Als wenige Tage später die Kuh eines Nachbarn gerissen wurde, stand fest: Der Löwe oder die Löwin musste erlegt oder verjagt werden. Die gesamte Großfamilie und mehrere Krieger beratschlagten daraufhin ausgiebig. Die Löwenjagd würde eine Gemeinschaftsarbeit der Krieger sein, und da Milyon und Lpetati die erfahrensten *moran* in unserem *boma* waren, würde ihnen eine entscheidende Rolle bei der Abwicklung der Jagd zufallen. Sie übernahmen die Aufgabe mit einem gewissen Stolz, und ich hatte den Eindruck, dass es sie mehr befriedigte als ängstigte. Nach dem Segen der Ältesten brachen neun mit Speeren bewaffnete Krieger in der Dämmerung auf.

Meinem Mann hatte ich mit dem Daumen ein ganz kleines Kreuz auf die Stirn gezeichnet, so wie meine Mutter uns Kindern früher täglich ihren Segen mit auf den Weg gegeben hatte. Es war ein schöner Brauch, fand ich, der mich oft beruhigt und stark und selbstsicher gemacht hatte. Und so war es auch jetzt, als ich diese Handlung bei Lpetati vornahm. Er verstand ihren Sinn sehr gut, da Segnungen in der Kultur der Samburu einen beachtenswerten Platz einnehmen.

In der kalten Nacht begleitete ich Lpetati in Gedanken zu den teils felsigen, teils bewaldeten Höhenzügen hinter dem *marguett*. Die ganze Nacht hindurch hielt ich das Feuer in Gang, sah ab und zu fröstelnd durch die Maueröffnungen in die klamme Dunkelheit und lauschte angestrengt nach draußen.

Gegen Morgen hörte ich den Gesang der Krieger, und gleich

darauf öffneten sich von jeder Hütte die kleinen Lattentüren. Aufgeregt warteten wir auf unsere *moran*. Ihr Singen signalisierte Erfolg, und wir bereiteten ihnen einen gebührenden Empfang. Stolz präsentierten die Heimgekehrten ihre Trophäen: Fellstücke, Schweifhaare und die fast komplette Mähne. Mit zwiespältigen Gefühlen betrachtete ich sie und tauschte einen langen, verwirrten Blick mit meinem Mann, der erstaunlich erregt und laut war.

»*Shujaa*, Held«, nannte ich ihn. Dankbar bereitete ich für alle »Helden« *chai* zu, den es dann den ganzen Tag in allen Hütten für die tapferen, erfolgreichen Krieger gab.

Die Mähne und das Stück Löwenfell rochen eklig, außerdem nistete entsetzlich viel Ungeziefer darin. Unser Hund Simba-ya-Simba gebärdete sich ängstlich und ärgerlich zugleich. Doch später reinigten Lpetati und seine Freunde ihre Trophäen mit Bürste und Kernseife und legten sie zum Trocknen auf unser Hüttendach. Am Abend, bei Babu, erfuhren wir Daheimgebliebenen die Einzelheiten der erfolgreichen Jagd. Anstatt nur zu berichten, erzählten die Krieger singend von ihrem gefährlichen Unternehmen, wie schnell sie den Löwen hatten aufspüren und in die Enge treiben können, wie stark, wie gefährlich er gewesen war und dass der gütige Ngai ihnen beigestanden hatte. Es war schön, den Gesängen der *moran* zu lauschen. Es war wieder ein besonderes Afrika.

Karo und Karolina

Im Hinblick auf unsere bevorstehende Fahrt nach Mombasa wanderten wir für einige Besorgungen nach Maralal, bei strahlendem Himmel und einer intensiv aufheizenden Sonne. Nach längerem Fußmarsch kam aus dem nahen Zedernwald eine Herde Rinder auf uns zu, begleitet von zwei *korroro* mit ockerfarben eingeriebenen Oberkörpern. Sie waren unterwegs, um einige Tiere in Maralal zu verkaufen, darunter einen sandfarbenen jungen Stier, der es mir sofort angetan hatte. Trotz einer kompakten Massigkeit wirkte er graziös und hatte mächtige Halsfalten, die wie helle Volants unter seinem Kopf wippten, dicke, kurze Hörner und gütige Augen. Auch bei Lpetati löste das Tier Entzücken aus. Er ahnte ja nichts davon, dass ich in Maralal nach einem Stier für uns Ausschau halten wollte, als er sehnsüchtig sagte: »Das ist der Mann, den ich mir für unsere Kühe wünsche.«

Die beiden *moran* lobten die guten Eigenschaften des Stieres, während wir uns ihm vorsichtig näherten, denn er schien viel Kraft zu haben. Aber das Tier zuckte nicht zurück, im Gegenteil: Es genoss die Berührung unserer Hände.

»Macht uns einen fairen Preis, dann nehmen wir ihn mit«, sagte ich gut gelaunt, und der überrumpelte Lpetati war einen Moment unfähig, sich zu bewegen oder etwas zu äußern. Die beiden Krieger bekamen unsere letzten Shillinge, und so erübrigte sich der weitere Marsch in die Stadt. Nun hatten wir zwar weder etwas zu essen noch unsere Besorgungen erledigt, aber dafür einen neuen Mann für unsere Kühe.

»Als Belohnung für deine Tapferkeit, Simba«, sagte ich, da mir gerade eingefallen war, dass der erfolgreiche Kampf mit dem Löwen auf diese Weise Anerkennung finden könnte. *Pakiteng*, nannte mich Lpetati viele Male, und auch *pakishu,* und dann mixte er übermütig *pakishuteng* daraus. Die ganze Familie lief zusammen, um unseren Neuzugang zu begutachten und zu begrüßen.

Am Abend standen wir an unserem Pferch und beobachteten den Stier, der sich wie selbstverständlich mit der immer noch namenlosen Braun-Weißen von Onkel Lolowas zusammentat. Die Tiere standen nebeneinander und legten sich auch gemeinsam zum Schlafen.

»Wie findest du Karo und Karolina?«, fragte ich meinen Mann und deutete auf die beiden Rinder. »Sie sollten ähnliche Namen haben. Sie passen so gut zueinander.«

»Karo und Karolina«, wiederholte er, »Karo, ja, und Karolina auch, *pakishuteng*, das sind schöne Namen!«

Marlene und Sali-Salbei beäugten den soeben getauften Stier der Herde, und unsere schwarze Kuh Layla reckte ein wenig überheblich den Kopf in eine andere Richtung.

»*Shujaa lai*«, sagte ich glücklich zu meinem Mann, »was haben wir für schöne Tiere!«

Zwei der als Hochzeitsgeschenk versprochenen Kühe standen immer noch aus, aber wir hatten die Zusicherung bekommen, dass wir sie bald bekämen. Manchmal zog sich das Aushändigen von versprochenen Geschenken über Jahre hin.

»Zwei Glocken hätte ich gern für die beiden«, ließ mich mein Mann wissen, als wir abends in Ermangelung von etwas Essbaren beim *chai* an unserer Feuerstelle saßen.

Ich stimmte zu, denn ich mochte den Brauch, den Leittieren eine Glocke umzuhängen. Oft hatte es mich an Deutschland erinnert, wenn die Samburu ihre Herden mit Glockengebimmel über die Hügel trieben.

Mit Losieku an die Küste

Nachdem wir in Maralal die erforderlichen Einkäufe nachgeholt hatten, bereiteten wir uns auf die Reise an die Küste vor, wo wir drei Monate, vielleicht auch weniger, bleiben wollten. Baba und seine beiden Frauen versprachen, während dieser Zeit gut auf unsere Tiere zu achten.

Für mich stand allerdings nicht nur Mombasa auf dem Programm, sondern auch der Rückflug nach Deutschland, wo es für mich einige wichtige Dinge zu erledigen gab. So hatte mich die Zeitung zwar für eineinhalb Jahre freigestellt, doch ich war immer noch Angestellte des Verlags. Die Reise bedrückte mich ein wenig, aber ich freute mich unbändig auf meine Kinder und meinen Vater. Oft bedauerte ich es, dass ich mich nicht mal eben in ein Auto setzen und sie besuchen konnte.

Am Tag der Abreise, dem die beiden Männer regelrecht entgegengefiebert hatten, wanderte Losieku barfuß neben mir her und balancierte meine Gitarre. Alles, was er besaß, trug er auf dem Leib. Auch Lpetati war früher so an die Küste gekommen. Soweit ich wusste, hatte er damals nicht einmal ein zusätzliches Tuch dabeigehabt, und das Geld für die Reise hatte er irgendwie zusammengebettelt.

In Maralal mieteten wir ein Zweibettzimmer in der uns inzwischen vertrauten Kariara Lodge und amüsierten uns wie jedes Mal über das Schlüsselritual der Kikuyu-Mama. Auf dem Markt kauften wir später für Losieku schwarze, robuste Kreuzband-Sandalen aus Autoreifen und eine blau-rote *shuka*. Am Abend ließ ich die beiden Brüder allein essen, denn Losieku war, was die Feder in seinem ocker gefärbten Haar deutlich signalisierte, ein sehr traditionsbewusster junger Mann. In seinem jetzigen Kriegerstatus würde er nie mit und vor Frauen eine Mahlzeit einnehmen. Ich mochte meinen Schwager nicht irritieren und akzeptierte daher seine Wünsche und Ansichten. In der Nacht schlief er das zweite Mal in seinem Leben in einem Bett und war wie Lpetati sehr davon angetan.

Als wir nach Rumuruti weiterfuhren, bestaunte Losieku die Beleuchtung unseres *matatu* und die Tatsache, dass wir so lange Zeit brauchten, um die Savanne zu durchqueren. »Kenia ist aber ein großes Land«, wunderte er sich. Von Nyahururu war er, der nie aus Maralal herausgekommen war, ziemlich eingeschüchtert, und in Nairobi verlor er dann vollends die Fassung. Die verstopften, lauten Straßen, die vielen hohen Häuser, endlosen Autokolonnen, die vielen fremden Menschen und Geschäfte sowie das Gedränge an manchen Ecken nahmen ihn einfach mit. Er wirkte ziemlich verloren zwischen all der Hektik, Armut und Eleganz, und wir hatten ihm viel zu erklären.

Aufgeregt bestieg Losieku den ersten großen Bus in seinem Leben, die Fahrt durch das nächtliche, reklameleuchtende Nairobi begeisterte beide Brüder, doch auf der dunklen Straße, die fünfhundert Kilometer durch wildes Buschland an die Küste führte, übermannte sie die Müdigkeit. Und dann, ganz früh am Morgen, war Mombasas seidige, linde Luft um uns. Der Unterschied zur Bergregion um Maralal war wirklich verblüffend und erstaunte und fesselte mich immer wieder.

Wir übernachteten im Hotel Fontana, und der nette Oscar wies uns das gleiche Zimmer zu wie bei unserem letzten Aufenthalt. Während wir uns ausruhten, untersuchte Losieku interessiert den Wasserhahn in der Dusche, drehte von »kalt« auf »warm« und knipste begeistert das Licht an und aus.

Beim Frühstück am nächsten Morgen erklärte Lpetati ihm dann, dass wir hier im Hotel zusammen essen würden wie die *wazungu* und dass es in Mombasa keine »Kriegerräume« wie in Maralals Restaurants gebe, was er verwundert akzeptierte.

Am Spätnachmittag beobachteten wir zusammen die hereinströmende Flut, und wir saßen auf der hohen Strandmauer, um das Schauspiel zu genießen. Losieku sah zum ersten Mal den Ozean, verfolgte ungläubig die kleinen Rinnsale, die sich schnell mit Wasser füllten, bis das Meer die riesige Fläche bis zum Horizont vereinnahmte. Es war eine Bereicherung, die Küste mit Losiekus Augen zu sehen, das Wunderwerk der Natur als großartiges Geschenk zu empfinden.

Am Tag darauf in Mtwapa fühlte Losieku sich unter den Kriegern dort sehr wohl, und als er gar zwei Beschneidungsbrüder wiedersah, bat er darum, sich ihnen anschließen zu dürfen. So ließen wir ihn ziehen, versorgten ihn mit Geld und guten Ratschlägen und versprachen, oft nach ihm zu sehen, wie er auch jederzeit bei uns im Fontana willkommen sei. Allerdings wollten wir noch vor meinem Abflug nach Deutschland nach Mtwapa übersiedeln.

»Ich möchte dein Land gern sehen«, sagte Lpetati, »und deine Familie. Aber das kostet viel Geld, mehr als dreißigtausend Shilling, hast du gesagt. Das sind ja vier oder fünf Kühe!«

»Du hättest also lieber die Kühe?«

»Du kennst die Antwort«, entzog er sich einer genauen Auskunft.

»Es liegt bei dir. Deutschland ist sehr schön, es würde dir gefallen und meine Leute auch.«

Für Lpetati wäre es sehr aufschlussreich, meine »alte« Heimat kennen lernen zu können und die Art, wie wir dort lebten. Sicher würde er danach viele meiner Ansichten und Reaktionen besser verstehen.

Voller Wehmut dachte ich an die Strapazen der Reise und auch an die Kosten, die ich aber gern auf mich nahm, an die Abschiede hier wie dort. Auch wenn ich mich gut bei uns im Samburu-Distrikt eingelebt hatte und mit meinem Mann, seiner Familie und meinem Leben glücklich war, so liebte ich doch auch Deutschland und hing natürlich an meiner deutschen Familie.

Ich liebte das deutsch-kenianische »Kontrastprogramm«. Sooft es möglich wäre, wollte ich nach Deutschland reisen, auch mit Lpetati. Die erhöhten Herzschläge beim Wiedereintreffen auf beiden Kontinenten würden immer Herzschläge der Freude, der Liebe, des Glücks sein.

In Deutschland

Deutschland war wohltuend grün, überall in Wennigsen blühten Blumen, die Obstbäume hingen voll – schön und viel versprechend.

Meine Söhne hatten mich schon lange erwartet. Die Wohnung war aufgeräumt und sauber, der Kühlschrank gefüllt, im Heizungskeller hing Wäsche, alles war in bester Ordnung. Meine Kinder hatte ich nach dem Tod ihres Vaters zur Selbstständigkeit angehalten, was sich nun auszahlte. Sie konnten kochen und bügeln und kannten die erforderlichen Handgriffe und Fertigkeiten, die zu einem gut funktionierenden Haushalt nötig waren. Obwohl sie durch ihr Studium sehr eingespannt waren, gab es nirgendwo voll gekramte Ecken. Ich war mächtig stolz darauf und freute mich. Die Freundinnen meiner Söhne fanden meine volle Anerkennung, und ich wünschte meinen Kindern viel Glück für ihre Beziehungen. Diese Freundschaften würden mich leichter nach Kenia zurückgehen lassen, da sie inzwischen neben dem beruflichen Fortkommen den wichtigsten Platz im Leben meiner Söhne einnahmen. Als Mutter würde ich natürlich immer wichtig sein, wie eben eine Mutter für ein Kind wichtig ist, aber ich würde nicht wichtiger für meine Söhne sein als ihre Freundinnen. Das wusste und akzeptierte ich, auch wenn ich das Ablösen, letztlich nur ein Zugestehen von Freiheit und nicht etwa Liebesentzug, noch üben musste. Zwang und Pflichtgefühl erdrückten jede Liebe, Freiheit aber verlieh ihr Flügel.

Wir verbrachten viele angenehme Stunden, führten schöne Gespräche miteinander, auch mit meinem Vater, den ich für seine Ideen und seinen Intellekt immer bewunderte. Mein neuer Wohnsitz und dass ich meinen Job bei der Zeitung kündigen wollte, fanden allerdings keine Zustimmung. Meine Familie hatte ja Recht: Ich wäre in Zukunft weit fort und gäbe jede Sicherheit aus der Hand.

Ich wurde sentimental, als ich – ganz bewusst das letzte Mal – die Pförtnerloge passierte und mit dem Fahrstuhl in meine Abteilung fuhr. Mein Drehstuhl und mein Computer standen verwaist an meinem ehemaligen Arbeitsplatz vor den großflächigen Fenstern, wo ich immer so gern gesessen und so gern gearbeitet hatte. Es war dann tatsächlich, als würde ich ein Stück aus mir herausreißen. Meine enttäuschten Kolleginnen verließ ich ebenso ungern wie meinen bisherigen Wirkungsplatz. Man kann nun mal nicht alles haben, aber man kann viel haben, und ich hatte viel, mehr als genug sogar. Es gab also eigentlich keinen Grund zur Traurigkeit.

Ich regelte alle wichtigen finanziellen Angelegenheiten, den Unterhalt für meine Kinder wie auch die Überweisungen nach Kenia, verkaufte meinen Wagen und war am Ende meines Aufenthaltes einigermaßen beruhigt.

Mit den neuesten Fotografien von meinen Söhnen und meinem Vater sowie der Zeichnung für ein Blockhaus in meiner Umhängetasche erwartete ich gemeinsam mit meiner Familie und lieben Freunden die Maschine nach Nairobi.

Wieder zurück in Mtwapa

Als ich in der Thika Lodge ankam, in die wir vor meiner Abreise nach Deutschland umgezogen waren, war Lpetati unterwegs. Einer der Boys wollte ihn drei Tage nicht gesehen haben und löste furchtbare Angst in mir aus.

Bei unserem gemeinsamen Freund William erfuhr ich dann zu meiner Erleichterung, dass die Gruppe, mit der Lpetati seit einiger Zeit tanzte, Auftritte in Malindi hatte und am Abend zurück wäre. Aber Lpetati ließ sich nicht blicken. Ich wartete in Williams Restaurant, bis er das Ngao schloss, und stapfte durch den hohen Sand zur Lodge zurück.

Unterwegs traf ich Rhoda, die Betreiberin der Lodge, mit ihrem klapprigen Taxi, mit dem sie in den Nachtstunden zusätzlich Geld verdiente, und wir plauderten ein bisschen. Rhoda imponierte mir sehr, war sie doch bis auf ihr Äußeres ganz und gar nicht der Prototyp einer Afrikanerin, denn ihr fehlte das Devote Männern gegenüber. In dieser Hinsicht war sie wirklich ganz anders: Stolz, eigenwillig, geradlinig und irgendwie pfiffig meisterte sie ihr unabhängiges Leben – ohne einen Mann an ihrer Seite haben zu wollen.

»Wenn ich einen Mann brauche«, lachte sie und schämte sich kein bisschen, »dann pfeife ich, und jedes Mal kommt mehr als einer gelaufen. Hinterher gehen die Männer wieder, und ich kann alles tun, was ich will.«

Ich mochte Rhoda sehr gern.

Am frühen Morgen fiel mir Lpetati völlig übermüdet in die Arme.

»Oh, Chui, meine liebe Frau, wie schön, dass du zurück bist!« Mit diesen Worten streifte er sich die Sandalen ab, warf sich auf das Bett und war innerhalb von Sekunden eingeschlafen.

Voller Liebe betrachtete ich seine schönen, ebenmäßigen Gesichtszüge, seine glatte Haut, den mit Schmuck verzierten Körper, die ockerroten Haare. Ich sog seinen typischen Geruch in mich hinein und war glücklich, als er sich im Schlaf an mich drängte, obwohl der Morgen bereits einer unerträglichen Mittagshitze Platz machte.

Lpetati wachte erst am Abend wieder auf. »Oh, Chui«, jammerte er, »zwei Nächte bin ich nicht zum Schlafen gekommen, und es gab viele Auftritte und viel Ärger!« Er zog mich auf das schweißnasse Laken und das verfärbte Kopfkissen. »*Shida tu*, aber jetzt bist du da. *Ni mzuri kweli kukuona wewe, nketok ai*, es tut gut, dich wiederzusehen.«

Ich ließ ihm Zeit und fragte nichts.

»Wir hatten etwas Wichtiges vergessen«, sagte er dann, »nämlich dass Losieku keinen Ausweis hat.«

Ich war überrascht, denn natürlich hatte ich angenommen, dass Lpetatis Bruder über einen Ausweis (die ID-Karte) verfügte, wenn er zur Küste ging. Andererseits, wo sollte er das Dokument herhaben? Er hatte es bis jetzt ja noch nie gebraucht, und die Anschaffung war teuer.

»Gab es deshalb Schwierigkeiten? Wo ist Losieku?«

»Wenn er nicht getrödelt hat, ist er wieder zu Hause.«

»Zu Hause?«

»Ja, Chui. Zuerst ging alles gut, Losieku hat mit anderen *moran* ein bisschen *business* am Strand betrieben. Aber dafür braucht man jetzt eine Lizenz, die Geld kostet, und wir hatten nicht so viel. Die anderen Krieger wussten Bescheid und haben sich früh genug bei einer Razzia in Sicherheit gebracht, doch Losieku hat die Polizei mitgenommen. Ich war sehr verärgert und habe mein ganzes Geld gebraucht, um ihn von der Bamburi Police abzuholen. Zwei Tage später gab es wieder Ärger mit der Polizei, obwohl Losieku nur noch in Mtwapa geblieben ist. Er hat bei einer Schlägerei zugesehen zwischen Leuten, die er gar nicht kannte, er war nur so vorbeigekommen. Aber man hat ihn mitgenommen, und da er sich nicht ausweisen konnte, gab es neue Schwierigkeiten. Ich habe ihn dann mit nach Malindi genommen. Inzwischen haben sie ihm Geld und die neue *shuka* gestohlen, und in Malindi bekam er auch noch Malaria. Wirklich, Chui, es gab nur Sorgen und Rennerei und Kosten! Als es ihm wieder besser ging, habe ich ihn nach Hause geschickt, drei andere Krieger sind mit ihm gefahren.«

Ich war außer mir. »Das tut mir schrecklich Leid. Er war doch so glücklich, mit uns an die Küste kommen zu können. Und für dich tut es mir auch Leid. Seid ihr bei einem Arzt gewesen?«

»Ja, sicher. Ich habe Angst gehabt, als mein Bruder krank wurde. Alle *korroro* haben für Losieku gesammelt, so konnte ich Medizin und Arzt bezahlen, dazu das Ticket von Malindi nach Nairobi und ihm etwas Geld geben, damit er bis nach Hause kommt. Wie geht es in Deutschland?«, fragte er in verändertem Tonfall. »Was machen dein Vater und deine Kinder? Ist alles in Ordnung, sind sie gesund?«

»Es ist alles in bester Ordnung. Ich hatte eine gute Zeit und habe so sehr gewünscht, du hättest bei mir sein können.«

»Das nächste Mal, Chui.«

Ich dachte liebevoll an meine Söhne, an meinen Vater, an das spätsommerliche Wennigsen mit seinen Gärten und seiner deutschen Aufgeräumtheit, bis von draußen Rhodas volle Stimme ertönte, die mit irgendeinem Mann zankte.

Als wir wenig später bei braunen Bohnen und einem süßen *chai* in Williams Restaurant saßen, besprachen Lpetati und ich unseren weiteren Aufenthalt. Einige Wochen würden wir noch brauchen, um ein bisschen Profit herauszuschlagen. In Mombasa erstanden wir in den nächsten Tagen einige hübsche Tücher, die ich nach meinem europäischen Empfinden für Farben und Muster aussuchte – schließlich sollten Europäerinnen die Kundinnen dafür sein –, und zum Selbstkostenpreis einige dekorative Ketten und sehr geschmackvolle Armreifen passend zu den Stoffen. Denn unser Ausflug an die Küste sollte sich wenigstens finanziell auszahlen.

Eine neue Freundin

Beim Geldumtauschen lernte ich eines Tages Marlen kennen, eine Deutsche, die es vor Jahren nach Kenia verschlagen hatte. Sie führte ein gut gehendes Safari-Unternehmen und stellte mir in Aussicht, gelegentlich für sie tätig sein zu können, etwa um Kunden anzuwerben, Büroarbeit zu erledigen oder Gespräche und Kontrakte zu übersetzen, da ich es mit Kisuaheli inzwischen auf fünf Sprachen brachte.

Lpetati war stolz auf meine neue *mzungu*-Arbeit, die ich bald danach aufnahm, und begleitete mich zu Marlen, die sehr von meinem Mann angetan war. Am Abend begleitete ich Lpetati zu seinen Tanzdarbietungen, in deren Anschluss wir Batiktücher und afrikanischen Schmuck anboten. Wenn ich mit Hotelgästen ins Gespräch kam und sie wissen ließ, dass ich eine Samburu-Frau war, stellten sie mir viele Fragen zu meinem Leben. Meist verkauften wir dann besonders gut und gewannen auch neue Freunde, von denen uns einige schrieben, die von uns gemachten Fotos zuschickten und uns sogar Monate oder Jahre später in Kenia besuchten.

Einige Wochen hielten wir die Geschäftigkeit durch, bevor wir, inzwischen reicher an Shillingen und Erfahrungen, unsere Rückreise nach Maralal vorbereiteten. Die tagtägliche Konfrontation mit dem kenianischen Alltag hatte mir viel gegeben, und der Umgang mit den einfachen Leuten und einem einfachen Leben hatte mich vieles gelehrt. Längst wusste ich, dass die Vorstellungen, die ich damals als »Nur«-Touristin von Afrika gehabt hatte, weit von der Realität entfernt waren.

Ich höre von Mama Anna

Auf dem Weg durch den Busch nach Hause sprach Lpetati zum ersten Mal von einer gewissen Mama Anna.

»Da drüben, irgendwo da drüben, lebt Mama Anna. Sie kann in den Himmel sehen«, erklärte er und deutete nach Westen. »Hast du von ihr gehört?«

»Nein. Wer ist sie?«

»Eine ganz besondere Frau mit großen Kräften.«

»Du hast nie von ihr gesprochen. Warum jetzt?«

»Ich habe in Maralal erfahren, dass sie zu uns kommen wird. Sie ist viel unterwegs und besucht die Menschen, um ihnen Rat zu geben, zu helfen und mit ihnen zu beten. Sie sieht den Himmel offen und kann mit Gott sprechen, anders als wir es können. Sie redet direkt mit ihm, so, wie ich es mit dir jetzt tue.«

»Hm.«

»Sie spricht wirklich mit Ngai. Du kannst es mir glauben, Chui. Mama Anna besitzt besondere Kräfte, große Kräfte, von Ngai.«

Ich sah in die Richtung, in die Lpetati gedeutet hatte, wo sich endlose Busch- und Baumgruppen im fahlen Licht des Horizonts verloren, begrenzt von dem zart zerfließenden Blau undeutlicher, ferner Gebirgszüge.

»Glaubst du nun die Sache mit Mama Anna?«, fragte Lpetati nach einer Weile.

»Warum sollte ich sie nicht glauben? Es gibt auch in Europa Geschichten von besonderen Menschen, die einen anderen Kontakt zu Gott haben als die übrigen Leute. Es gibt so viele Dinge auf unserer Erde, die sehr seltsam sind und doch wahr. Man muss nicht immer alles genau sehen, hören und erklären können, um es zu glauben. Es gibt noch viele Geheimnisse und Wahrheiten, von denen wir keine Ahnung haben. Also ich bin gespannt auf diese Mama Anna. Gibt es einen Grund, warum sie gerade jetzt kommt?«

»Sie war vor vielen Monaten bei uns und hat versprochen, wiederzukommen, wenn sie gebraucht wird. Nun, ich habe gehört, sie wird gebraucht.«

»Bei uns?«

»Baba wartet auf sie, aber er hat nicht nach ihr geschickt.«

»Ich bin neugierig, wie die Frau aussieht.«

»Sie sieht normal aus«, meinte Lpetati, »du siehst ihr nicht an, was für eine besondere Frau sie ist.«

Über dieser angeregten Unterhaltung verging die Zeit unseres Heimwegs schnell. Bald wurden die Bäume dichter, die alten, markanten Zedern – die mir als Orientierungshilfe dienten, wenn ich allein unterwegs war – tauchten auf. Nachdem wir die Leopardenfelsen überwunden und einen Abhang voller Geröll und wuchernder Büsche durchquert hatten, sahen wir schon die Spitze des Naiparikedju und dahinter die Karisia Hills.

Die Begrüßung in unserem *boma* fiel sehr herzlich und lärmend aus. Es gab viel *chai*, schließlich hatten wir Nachschub mitgebracht, und alle waren glücklich. Die Frauen genossen den Kautabak und hinterließen überall braunen Speichel, die Männer frönten vergnügt dem Schnupftabak. Für die Kinder gab es Kekse und Bonbons, und unser *boma* war eine einzige fröhliche Gemeinschaft. Man habe uns sehr, sehr vermisst, ließ man uns wissen.

Als Losieku und Lessirema mit der Herde vom Weiden zurückkamen, gab es für Lpetati nichts Wichtigeres, als unsere Tiere zu begutachten. Zu unserer Freude führte uns Baba zwei neue Zicklein und ein Lämmchen vor. Mein Mann nahm unsere Kühe in Augenschein, befühlte hier und da Körperstellen, sah in die Ohren, ins Maul, überprüfte die Gelenke und Hufe.

Ich begrüßte Losieku, sprach ihn jedoch nicht auf die Ereignisse an der Küste an, und er schien dankbar dafür zu sein.

»Es tut gut, wieder hier zu sein«, sagte Lpetati, als wir nachts fast allein waren. Ramboni, Labaion und Bestana waren noch bei uns, aber die Kinder schliefen schon. Mein Mann holte die kleinen Ziegen und das Lämmchen herein und band sie vorsichtig dicht neben unserer Schlafstelle fest, streichelte und beruhigte sie.

So schön es auch in Mombasa gewesen war, ich freute mich sehr, wieder zu Hause zu sein, wenn wir auch in unserem sehr kargen Heim auf der Erde schlafen mussten. Mit Lpetati an meiner Seite entbehrte ich nichts.

Endlich Regen

Schon seit Wochen warteten wir auf Regen. Das letzte Gespräch mit Großvater hatte mir Zuversicht gegeben. Nicht einen Moment lang zweifelte ich an der Richtigkeit seiner Vorhersage, dass der Regen nahe sei. Aus dem Grund hatten wir bereits begonnen, neben dem Bach die Vertiefungen und Auffangbecken anzulegen. Lpetati und Losieku waren extra nach Kisima und Maralal gegangen, um geeignetes Werkzeug zu besorgen, denn es gab im ganzen Dorf keinen Spaten, keine Schaufel, keine Spitzhacke, nicht einmal etwas Ähnliches.

Die Arbeit war besonders schweißtreibend, da die rote Erde durch die Trockenheit ungewöhnlich hart geworden war. Männer und Frauen schafften gleichermaßen fleißig, und ich fühlte mich als Initiatorin der ganzen Angelegenheit ein bisschen schuldig. Andererseits verköstigte ich die Helfer am Abend, und Lpetati hatte Zucker, Tee und Kautabak verteilt. Außerdem würden bald alle Haushalte davon profitieren, wenn in der Nähe des Dorfes für einen längeren Zeitraum Wasser gespeichert werden konnte. Froh über solche Aussichten arbeiteten alle begeistert an unserem ersten größeren Gemeinschaftsprojekt mit. Genau genommen war der Bach gar kein Bach und hatte deshalb auch keinen Namen, denn er wurde nicht von einer Quelle gespeist. Es war vielmehr ein an manchen Stellen fast drei Meter tiefer Graben, den die Wassermassen im Laufe der Jahre bei den heftigen Regengüssen in die Hänge des *marguett*-Ausläufers gefressen hatten.

Wir holten Wasser von weit her, um Wände und Boden der Vertiefungen zu zementieren, arbeiteten dabei unter primitivsten Bedingungen, ohne große Hilfsmittel, und waren alle stolz auf das Ergebnis. Die Männer hatten sogar Stufen in das Erdreich gehauen, um problemlos an die Wasserreservoire gelangen zu können. Nun fehlte nur noch der Regen.

Knapp eine Woche später erreichten unsere Region herrlich

erfrischende Schauer. Der Regen kam schnell und überraschend, kündigte sich nur durch einen plötzlichen, sehr heftigen, aber kurzen Sturm an. Sein Rauschen war wie ein wunderschönes Lied, das von Hoffnung sang und so viele Versprechungen machte, Übermut wachsen ließ und Freude.

Das Wasser stürzte mit anschwellendem Tosen den Berg hinunter und füllte die neuen Becken. Neugierig standen wir alle am Hang, auf einmal war überall Wasser um uns herum, immer mehr Bäche entstanden, bis ein riesiger See sich in der Talsohle ausbreitete und die Landschaft zusehends veränderte. Wasser, so weit das Auge reichte! Was für ein Schauspiel!

Bald waren die vertrauten Pfade überschwemmt, das Wasser lief durch unsere Hütten, und wir mussten eilig alles, was in den Hütten auf der Erde stand oder lag, auf den erhöhten Schlafplätzen in Sicherheit bringen. Der Regen fiel und fiel, stürzte aus tief hängenden Wolken und von den Berghängen hinab, begleitete Tage und Nächte mit monotonem Rauschen, veränderte sie und machte uns und unseren Tieren bald ernsthaft zu schaffen.

Dann, nach fünf Tagen, strahlte der Himmel über uns wieder tiefblau, spiegelte sich im neu entstandenen See, glänzte auf jedem Gegenstand, weckte Freude und Unternehmungslust.

Auf jedem Hüttendach lagen Kuhhäute, Decken und *shukas* zum Trocknen, ebenso auf vielen Sträuchern. Der Geruch von nasser, satter Erde war um uns, und innerhalb kürzester Zeit zelebrierte die Natur um uns herum ein Fest der Sinne. Die Luft war erfüllt von Gezwitscher in allen Tonlagen, vom Quaken der Frösche, von taumelnden Faltern und summenden Insekten. Ein unbeschreiblich bunter Farbenteppich überzog das Land, intensiv und mächtig, er explodierte geradezu in seiner leuchtenden Fülle. Ein Zauberreich aus Blüten und Blumen, aus hellem und dunklem Grün, aus zarten und kräftigen Farbtönen dehnte sich um unsere Hütten herum aus und wuchs zu einem Märchenland zusammen. Luft und Erde vibrierten vor Leben – welch wunderbare Welt!

Ackerbau

Dankbar staunten wir noch lange über dieses Naturschauspiel und schmiedeten eifrig neue Pläne, glücklich darüber, in einer bunten Zeit zu leben und Wasser nur wenige Schritte vom *boma* entfernt zur Verfügung zu haben. Noch hatte ich nicht um Erlaubnis gebeten, ein Feld anlegen zu dürfen, ich hatte bisher einfach nicht den Mut gefunden, Babu und Baba und die Ältesten und auch Saito zu fragen. Immerhin hatte ich in Kulalo, die der Feldarbeit sehr positiv gegenüberstand, eine große Fürsprecherin. Die ganze Sache wäre zwar nicht weiter aufwändig gewesen, dafür war sie aber ein absolutes Novum. Die Samburu waren Viehzüchter und Hirten und stolz darauf – Ackerbau zu betreiben war ihnen hingegen suspekt und eigentlich unter ihrer Würde. Dazu waren andere Stämme da, wie die Kikuyu, die Kamba oder die Luo. Doch der tatsächliche Grund für die Ablehnung der Feldwirtschaft war tieferer, religiöser Natur.

Nach dem Glauben der Samburu war die Erde eine göttliche Leihgabe, die sie zu respektieren und zu schützen hatten, und außerdem sollten sie, wie es Ngai wünschte, im Kreislauf Mensch-Rind-Gras glücklich leben. So gesehen war es wirklich etwas Ungewohntes und Verwerfliches, plötzlich mit Feldarbeit zu beginnen, bei der die Erde – das wichtige Gras – abgetragen und umgegraben werden müsste. Da dies einer Missachtung von Ngais Geschenk gleichkam, waren sicher viele Diskussionen nötig, und auf jeden Fall würden die Auslegungen der weisen *mzees* richtungsweisend sein.

Da ich inzwischen wusste, was die Samburu unter einem Ngaigefälligen Leben verstanden, konnte ich mich gut in die Nöte der Clan-Ältesten, allen voran Babu und Baba, hineinversetzen, wenn entschieden werden musste: Ackerbau – ja oder nein? Sicher war es nicht gerade förderlich für mein Projekt, dass meine Familie sehr traditionsbewusst und Ngai-gläubig lebte. Andererseits hatten viele vorausgegangene Hungersnöte einige fortschrittliche Viehzüchter nach und nach dazu gebracht, zumindest einmal in Erwägung zu ziehen, ob sie Ackerbau zusätzlich zur Viehzucht betreiben sollten.

Lpetati verhielt sich neutral. Offensichtlich wollte er weder mir noch seinem Vater und Großvater Schwierigkeiten machen. Einerseits war er begeistert von der Idee, eigene Bohnen, Kartoffeln und Mais haben zu können, andererseits war auch er sich nicht sicher, ob Ngai die Feldwirtschaft dulden würde. »Wenn Babu und Baba einverstanden sind, helfe ich dir«, hatte er aber in Aussicht gestellt.

Eines Nachmittags nahm ich mir ein Herz und trug den Ältesten meine Bitte vor. Fast bekam ich Herzklopfen bei der Aussicht, außer von *ugali* – der kenianischen Nationalspeise, einem Maisbrei –, Reis und Milch hin und wieder auch von frischem Gemüse satt werden zu können, und träumte von knackigen Salaten und zarten Butterbohnen. Mit großer Nervosität wartete ich auf Babus und Babas Antwort, wollte mich jedoch – ganz gleich, wie sie ausfallen sollte – damit zufrieden geben.

Schon zwei Tage später rief man mich zu Baba. »Du kannst ein Feld anlegen, Kind«, sagte er freundlich und sehr bestimmt.

Kurz darauf kam Babu zu uns, um den Platz für das Feld auf dem »Land der Väter« festzulegen. Vielerorts war auf dem felsigen Untergrund nicht genügend Mutterboden abgelagert worden, doch schließlich fanden wir eine geeignete Stelle.

Es war Schwerstarbeit, die verfilzten Grasnarben umzugraben, denn die Erde außerhalb unseres Hüttenbereiches war noch nie bewegt worden. Wir buddelten unzählige Strünke und Steine aus und suchten die Erde Meter für Meter ab. Die ganze Familie begutachtete die umgegrabene Fläche, und das neue Feld war das Ziel etlicher Besucher aus der Nachbarschaft.

Einmal kam *cancellor* James, der ein internes Versuchsprogramm über Ackerbau im Kisima-Distrikt erlaubt hatte und einiges von Agrarwirtschaft verstand, zu Besuch. Nachdem er für wenige Minuten gekonnt zum Spaten gegriffen und uns einige Tipps für die Feldbestellung gegeben hatte, war der Bann gebrochen. Plötzlich fühlten sich auch die Männer berufen, mitzuhelfen. Die Arbeit verlieh unserer Familie ein neues Gemeinschaftsgefühl, und für sämtliche Dorfbewohner war es »*shamba letu*, unser Feld«. Ich fühlte mich unsagbar gut.

Optimistisch legten wir Kartoffeln, Bohnen, Mais und Steckzwiebeln, außerdem säte ich Kohl, Gurken und Tomaten. Voller Ungeduld warteten wir darauf, dass sich an der Erdoberfläche die ersten grünen Triebe zeigten. Sie kamen sogar recht schnell zum Vorschein und gediehen prächtig. Nach und nach aber schwanden die Wasservorräte und reichten bald nicht mehr aus, um das gesamte Feld zu bewässern. Die tropische Sonne und der ständige, durch die Höhenlage bedingte Wind trockneten den Boden rasch aus.

Meine Hochstimmung war dahin und ebenso das angenehme Gefühl einer gewissen Genugtuung, und selten hatte ich mich einer höheren Macht so ausgeliefert gefühlt. Am Ende machte ich mir bitterste Vorwürfe, dass ich zu lange gewartet und viel zu spät wegen des Feldes um Erlaubnis gefragt hatte. So waren segensreiche Wochen ungenutzt verstrichen, in denen es noch genug Wasser gegeben hatte. Ich war frustriert und unglücklich und fragte mich, wie Großvater und Baba wohl darauf reagierten. Und wie die übrige Familie? Wenn die bisher so viel versprechend gewachsenen Feldfrüchte tatsächlich eingingen, würde das dann als das ausgelegt werden, was es in meinen Augen war, nämlich schlichtweg Wassermangel, oder würden sie darin den Willen und die Zurechtweisung Ngais sehen?

Wenigstens auf einem kleinen Teil des Feldes standen noch einige Kartoffeln, Bohnen, Zwiebeln und Tomatenpflänzchen, wie auch etliche Maishalme mit angesetzten Kolben. Inzwischen brachten wir gezielt nur den Pflanzen das kostbare Wasser, die noch nicht völlig vertrocknet waren, und retteten damit am Ende zumindest eine kleine Ernte.

Selten schmeckten mir die von Lpetati zubereiteten Kartoffeln so gut, und zum Glück betrachteten Baba, Saito, Marissa und vor allem Großmutter Gatilia die karge Ernte als »Segen Ngais«.

Als einige Zeit später zu meiner großen Freude Geld auf dem Konto in Maralal eingetroffen war und auch noch genug Regen gefallen war, starteten wir einen neuen Versuch und kauften zusammen mit der ganzen Familie Mais, Bohnen und Kartoffeln für die erneut vorbereiteten Felder. Tomaten und Kohl hatten wir bereits gesät. Wie in einem Treibhaus wuchs alles sehr schnell heran, weckte täglich unsere Neugier und erzeugte freudig erregtes Herzklopfen, als es Wochen später ans Ernten ging. Wir lebten in einem Paradies, und endlich gab es keinen Zweifel mehr: Ngai war mit dem Ackerbau einverstanden.

Für Kaffee nach Maralal

Schon ganz früh waren wir draußen im Pferch, um unsere Lieblinge zu begutachten, und Lpetati entging nicht die kleinste Veränderung. Er entdeckte eine wunde Stelle über Karos rechtem Huf, die wir gemeinsam verarzteten. Schlimm waren die zahllosen Zecken, die besonders die unbehaarten Körperregionen der Rinder heimsuchten, etwa die Euter und die Innenseite der Ohren. Manchmal saßen gleich mehrere dieser Plagegeister an einer Hautstelle über- und nebeneinander wie kleine Trauben. Der Anblick tat uns richtig weh, und wir brauchten dringend Medikamente, um die Zecken abzutöten und fern zu halten.

Da kam Baba zu uns. »Wir brauchen Kaffee«, sagte er.

»Kaffee? Wer trinkt denn von euch Kaffee?«, fragte ich erstaunt.

»Mama Anna, sie trinkt nur Kaffee.«

Ich wunderte mich. Kaffee, ein besonders guter sogar, wurde zwar in Kenia angebaut, und zwar gar nicht weit von uns entfernt, aber er ging überwiegend in den Export. Für die meisten Kenianer war Kaffee unerschwinglich, zudem galt der *chai* seit vielen Jahren als Nationalgetränk.

»Geht nach Maralal und holt Kaffee oder schickt jemanden«, sagte Baba sehr bestimmt, was mich ziemlich störte. Vier Stunden nach Maralal und genauso lange zurückzugehen, nur für etwas Kaffee! Es kam mir auch sehr seltsam vor, dass eine wie eine Heilige verehrte Frau so weltliche Gelüste hatte.

»Gut, wenn es sein muss, gehen wir. Aber wir sind dann erst morgen zurück. *Unakubali*, einverstanden?«, fragte ich Lpetati, der gerade Karo streichelte, was dieser sichtlich genoss.

»Wir können sofort gehen«, sagte mein Mann.

War ich zunächst noch verstimmt, kam mir nun der Gang nach Maralal ganz recht. Die Besorgung ließ sich vortrefflich mit einem Bad in der Lodge verbinden, außerdem musste ich dringend wieder Haare waschen. Zu meinem großen Kummer und unter Tränen hatte ich bereits einige verfilzte Strähnen herausschneiden müssen.

Unterwegs, im Schatten einiger tief hängender Zweige, machten wir eine kurze Rast, als ich plötzlich vor Schreck aufschrie. Von einem Ast über uns glitt eine lange, sehr dünne grüne Mamba und schlängelte sich nach unten. So schnell waren wir noch nie aufgesprungen, und gleich danach war auch der Ast leer. Wir hatten einen Schutzengel gehabt.

Wie erwartet war es schwer, in Maralal ein Geschäft zu finden, in dem wir Kaffee bekommen konnten – heutzutage ist das kein Problem mehr. In einem Laden fanden wir zwar zwei Packungen, doch ich kaufte sie nicht, da sie so unansehnlich waren. Doch nachdem wir uns in anderen Läden vergeblich bemüht hatten, kamen wir auf die bessere der beiden beschädigten Kaffeepackungen zurück.

Als wir anschließend in einem neuen Restaurant am Fenster saßen, entdeckten wir draußen Lpetatis Verwandte, einen Cousin und eine Cousine, die nach uns Ausschau zu halten schienen. Es kam öfter vor, dass Familienangehörige wie zufällig im etwa zwanzig Kilometer entfernten Maralal auftauchten, wenn Lpetati und ich dort weilten. Immer zeigten sie dann in den kleinen Geschäften, die ich betrat, bittend und lächelnd auf etwas, das sie gern hätten, oder sie verlangten einfach danach. Mich störte es entsetzlich, dass sie mich so massiv auf ihre Wünsche hinwiesen, und mir wäre wesentlich lieber gewesen, wenn sie mich einfach gefragt hätten, ob ich ihnen dieses oder jenes mitbringen könne, als mit der halben Verwandtschaft durch Maralals Läden zu ziehen. Niemand verstand, dass ich sehr wohl rechnen musste, um über die Runden zu kommen, denn keiner aus der Familie hatte eine Relation zu Geld, noch waren ihnen irgendwelche Bankvorgänge vertraut. Es machte mir zu schaffen, wenn sie in den Läden alles Mögliche anfassten oder auch hartnäckig in der Hand behielten und ich es ihnen wieder fortnehmen und an seinen Platz zurückstellen musste. Damit zwangen sie mich stets in eine mir unangenehme Rolle. Nach einem Gespräch mit Lpetati darüber kam er mir öfter erfolgreich zu Hilfe.

Mama Anna

Ich war inzwischen recht neugierig geworden auf die geheimnisvolle Mama Anna und war fast ein wenig enttäuscht, als ich sie zum ersten Mal sah. Sie war sehr rundlich, trug zwei weite bunte Kleider übereinander, ebenso zwei Strickmützen in Lila und Grün, dazu fast elegante Schuhe und Silberschmuck. In ihrer Begleitung befanden sich zwei junge Mädchen in nicht mehr ganz weißen Gewändern.

Zu ihrer Begrüßung hatten wir uns alle unter dem *morindje*-Baum versammelt. Mama Anna plauderte freundlich mit uns über dies und jenes, lachte herzhaft und gab uns Gelegenheit zu besonderen Fragen, persönliche Probleme dagegen behandelte sie auch ganz persönlich und nicht vor allen. Sie konnte zuhören, ließ jeden ausreden, gab Ratschläge, nannte Beispiele, traf mit bedächtiger

Stimme Anordnungen und betete für uns. Ich hatte schon ein wenig an Hokuspokus geglaubt, aber nun, da ich ihr gegenübersaß, spürte ich, dass etwas Besonderes von ihr ausging. Mochte das, was von ihr behauptet wurde, auch nicht zutreffen, so hatte sie zweifelsohne seherische und seelsorgerische Fähigkeiten. Überraschenderweise wusste sie einiges von mir und konnte mich gut einschätzen, ohne dass sie – soweit ich beurteilen konnte – vorher mit jemandem über mich gesprochen hatte.

»Ich freue mich über dich«, sagte sie freundlich zu mir und zu Lpetatis Eltern: »Ihr habt Freude an dieser Frau.« Saito weinte fast, Baba nickte ernst, und ich musste schlucken.

»Ihr seid voller Liebe füreinander«, wandte sich Mama Anna dann an Lpetati und mich, »es ist, wie es sein soll.« Ich spürte Lpetatis warme Hand in meiner. Obwohl ich mir vorgenommen hatte, mich nicht von ihr einwickeln zu lassen, musste ich zugeben, dass ich völlig überrumpelt wurde von einem starken, unerklärlichen Gefühl. Um uns herum saß die vollzählige Familie, und eine fast feierliche Stille breitete sich aus. Ich versuchte mich abzulenken und aus dem Bann zu lösen, indem ich an Mama Anna als eine Frau dachte, die nichts mehr liebte als starken Kaffee, doch es gelang mir nicht so recht. Mama Anna schloss die Augen, keiner wagte es, sie zu stören. Interessiert betrachtete ich ihr rundes Gesicht, das nun ganz alltäglich aussah.

»Ich will euch segnen«, sagte sie dann und forderte Wasser und Milch. »Eure Liebe ist von Ngai gewollt und wird euch bleiben«, fuhr sie mit schleppender, monotoner Stimme fort. »Bald wird euer Weg in ein dunkles Tal führen. Jenen Weg geht ihr nicht gemeinsam. Am Ende des Weges findet ihr den Ort der Helle, Licht wird euch umgeben. Ihr werdet zusammen glücklich sein. So will es Ngai.«

Irritiert versuchte ich, den Sinn ihrer Worte zu ergründen. Lpetati sah mich eindringlich an. »Was bedeutet das?«, fragte ich ihn ganz leise.

»Ihr werdet es verstehen, eines Tages, und wissen, dass ich die

Wahrheit gesprochen habe«, antwortete Mama Anna. Wie hatte sie hören können, was ich im Flüsterton gesagt hatte? Wir empfingen ihren ganz persönlichen Segen, indem sie einen feinen Regen aus Milch und Wasser über unsere Köpfe spie, mit und für uns betete, unsere Hände übereinander legte und sie lange festhielt. Es war ein seltsamer Moment, irgendwie fühlte ich mich benommen und unwohl und wünschte mir, weit fort zu sein.

Großmutter, Saito und Tante Kakomai hatten immer noch vor Rührung feuchte Augen, als sich Mama Anna nach Kaffee und einer Schlafgelegenheit erkundigte. Baba ließ uns wissen, dass er viel Wichtiges mit Mama Anna zu besprechen habe. Gab es etwa Probleme?

Lange konnten wir in der Nacht nicht einschlafen. »Was hältst du von dem, was Mama Anna gesagt hat?«, fragte ich meinen Mann. »Ich muss ständig an das dunkle Tal denken. Was soll das sein? Das gefällt mir überhaupt nicht. Wie kommt sie dazu, so etwas zu sagen?«

»Was können wir tun, wenn es wahr wird?« Lpetati setzte sich auf und blickte in die züngelnden Flammen der Feuerstelle. Der Schatten seines Kopfes erschien riesengroß hinter uns an der Wand.

»Und was soll das für ein dunkles Tal sein, durch das wir gehen sollen, noch dazu getrennt. Warum sollten wir uns trennen?«

Er sah mich lange nachdenklich an und starrte wieder ins Feuer. Dabei knetete er unaufhörlich seine Finger.

Am nächsten Morgen rief man mich, um für Mama Anna Kaffee zu kochen, was nach ihrer Meinung niemand so gut konnte wie eine *mzungu*. Das mochte zwar sein, aber ohne Filter, ohne gutes Wasser und ohne geeignete Kanne würde ihr mein Kaffee sicher nicht schmecken. Doch Mama Anna war sehr zufrieden.

Noch immer wusste ich nicht, was ich überhaupt von dieser Frau und dem von ihr Gesagten halten sollte. Ein dunkles Tal, Trennung, Licht – was sollte das bedeuten?

Initiation

Schon sehr früh am Morgen ertönte der seltsam traurige Ruf des Kuduhorns, um die Festlichkeiten einzuleiten. Alle jungen Männer der näheren und weiteren Umgebung, die bereits beschnitten worden waren und danach in kleinen Gruppen die vorgeschriebenen drei Monate fernab von ihren Familien im Busch verbracht hatten, um zu beweisen, dass sie allein, nur auf sich gestellt, überleben konnten, empfingen heute einen besonderen Segen und wurden offiziell in einen neuen Kriegerstand erhoben. Sie würden eine eigene Gruppe bilden und die Nachfolge der *korroro* antreten. Am Abend würde die neue Kriegergeneration einen eigenen Namen erhalten.

Aus unserer Verwandtschaft waren fünf junge Männer dabei, im Alter von vierzehn bis siebzehn Jahren. Der Nächste aus der engeren Familie würde Raffael sein. In zwei, spätestens vier Jahren würde er in dieselbe Kriegergruppe aufgenommen werden, die heute ihren großen Tag feierte.

Lpetati hatte mir damals im Neptun Beach schon einiges über die verschiedenen Kriegergenerationen erzählt, und inzwischen wusste ich, dass er schon bald, bei einer der nächsten Initiationen, den Kriegerstatus für immer verlassen würde, um ein »Älterer«, ein *mzee*, zu werden, mit weniger festgelegten Verhaltensregeln, was so manches für uns vereinfachen würde. Darüber freute ich mich zwar, doch fand ich es bedauerlich, dass dann auch die schmückenden Statussymbole wegfallen würden, angefangen bei seiner kunstvollen Kriegerfrisur und den Körperbemalungen mit Ocker bis hin zu bestimmten Ketten und Perlenschnüren. Auch der lange Speer gehörte dann nicht mehr zu seiner Ausrüstung, stattdessen würde ihn der *soboa*, ein besonderer Stock, als gehobenes und gereiftes Familienmitglied ausweisen.

Ein Abschied von der Kriegerzeit war für jeden Krieger ein sehr schwerer Schritt. Ein *morani* war nun einmal in der Hierarchie der Samburu-Gesellschaft etwas ganz Besonderes – ein Mensch in der Blüte seiner Jahre, dem große Anerkennung gezollt wurde, der trotz aller gesellschaftlichen Auflagen viel Freiheit besaß und der nie mehr so viel Aufsehen erregen würde wie als Krieger.

Auf dem Weg zum etwa einen Kilometer entfernten Festplatz war ich aufgeregt und voller Vorfreude. Wir Frauen boten einen sehr farbenfrohen Anblick: Über wadenlangen bunten Röcken trugen wir leuchtend blaue Tücher und unseren gesamten Besitz an bunten Perlenketten und Silberschmuck. Vor der *manyatta* herrschte reges Treiben. Die *korroro*, meist in Weiß und Rot, tanzten den *adumu*. Ihr Anführer trug mit unnatürlich hoher Stimme spontane und althergebrachte Liedertexte vor, änderte sie immer wieder ab und erhielt von seinen Brüdern in kehligem Singsang mit hörbaren wilden Atemstößen die Antwort im Chor. Der Vorsänger hetzte die *moran* mit rhythmischen, monotonen Aufforderungen, mehr zu geben, gut und den Ahnen und Vätern zu Ehren tapfer zu sein, außerdem die Herden, Familien und das Land der Samburu zu schützen und zu verteidigen. Es folgten Lieder, die den tapferen Müttern gewidmet waren oder die Schönheit der Rinder sowie die der Frauen, Mädchen und Krieger lobten und beschrieben.

Unter den Tänzern entdeckte ich auch Lpetati. Er schien völlig entrückt und nahm mich gar nicht wahr. Seit zwei Tagen hatte ich ihn nicht gesehen, da er mit den *moran* seiner Altersgruppe unter Aufsicht des *l'oiboni* und Mitgliedern des Ältestenrats in der *manyatta* geblieben war. Etwas abseits vom Tanzplatz hatten sich die Krieger der neuen Generation in mehreren Reihen aufgestellt. Sie empfingen Segnungen und erhielten eine Art Ring aus dem Fell eines rituell geschlachteten Bullen, dessen Blut sie zuvor aus dem geöffneten Kehlsack getrunken hatten. Ich war fasziniert und verfolgte die Vorgänge aus angemessener Entfernung. Die jungen Krieger, von denen manche noch richtige Kindergesichter hatten, sahen noch gar nicht wie *moran* aus. Erst nach und nach würden sie den üblichen Schmuck erhalten, oft Geschenke aus der Familie und von älteren Kriegern. Sie würden bald mehrere bunte Perlenarmbänder, Hals- und Schulterketten tragen, Ohr- und Stirnschmuck und natürlich die traditionelle Kriegerfrisur. Die Krieger würden kleine Döschen mit Ockerfarbe bei sich tragen, um Gesicht, Haare und Oberkörper damit zu verschönern. Aber das erste sichtbare Zeichen ihres ehrwürdigen Kriegerstatus würden rote *nguos* und rote *shukas* sein, das *olalem*, der *rungu* und der *mberre*, Messer, Schlagstock und Speer. Bald würden die neuen *moran* farbenprächtige Männer sein, deren Anblick einem den Atem rauben konnte.

Gerade gelobten die jungen Krieger vor dem *l'oiboni* und den Ältesten, ehrbar und mutig zu sein und treu zu den Traditionen zu stehen, als meine Schwägerinnen auf mich zukamen. »Komm zum *chai*, *nkanashe*!«

Wir tranken aus Schalen und Emaillebechern, die kleineren Kinder um uns herum, die größeren schauten den Kriegern auf der Wiese der Bergkuppe zu. Verwandte und Freunde waren gekommen, überall sah man festlich gekleidete Menschen, eine bunte Palette in Blau, Rot, Orange und Weiß inmitten von saftigem, kräftigem Grün. Beim Tanz der Frauen und Mädchen stand ich in einer der vordersten Reihen. Eine junge Vorsängerin gab uns mit hoher Stimme Melodie und Worte vor, und wir antworteten und bewegten unsere Oberkörper so, dass sämtliche Ketten auf und ab wippten. Köpfe, Schultern, blaue Tücher und bunte Perlen wogten im Takt: die stolzen Mütter, Frauen, Schwestern und Freundinnen der *moran*, die deren Schönheit und Mut besangen. Mit kleinen Schritten näherten wir uns der Gruppe der Krieger, standen bald voreinander, formierten uns neu und tanzten erst reihenweise miteinander, ohne jede Berührung. Aber dann näherten wir uns den Männern noch mehr, standen ihnen dicht gegenüber, Oberkörper an Oberkörper, Gesicht an Gesicht, und hielten uns an den Händen.

Eine seltsame Stimmung überkam mich. Ich war hochgradig

erregt. Das Singen, die rhythmischen Bewegungen, die Nähe und der Schweiß der Krieger und Frauen versetzten auch mich wie alle anderen Beteiligten in einen Rauschzustand. Mit einem Mal empfand ich es als natürliche Forderung und Erleichterung, mich einfach mitreißen und hineinfallen zu lassen in die unbekannte Welt. Starke Gefühle überwältigten mich und brachten mich an einen Punkt seliger Erschöpfung, fast wie bei meinem ersten Tanz nach unserer Hochzeit.

Bis zum Abend hielt das Tanzen an, bis das zeremonielle Kuduhorn erklang. Benommen von all den Eindrücken setzte ich mich ins Gras. Nicht weit von mir war gerade ein zweiter Stier von eigens dafür auserwählten Älteren getötet worden. Diesmal durften nur die *korroro* sein Blut trinken. Auch Lpetati war unter den *moran*, die sich über den Hals des Stieres beugten und aus dem Kehlsack wie aus einer Schale tranken. Ich hatte plötzlich den Blutgeruch in der Nase, und mein Magen rebellierte.

Einmal hatte Lpetati, unmittelbar nachdem er das Blut eines Stieres getrunken hatte, mich übermütig zu küssen versucht. Er hatte nach Blut gerochen und Mund, Kinn und Wangen nur notdürftig mit dem Handrücken abgewischt. Das waren die Momente, in denen Afrika und Europa weit auseinander drifteten. Hin und wieder gab es schon Situationen, in denen es für mich nicht leicht war, die Frau eines Samburu zu sein, das Richtige zu denken und das Richtige zu tun. Doch was war richtig? Schließlich kam es auf die Betrachtungsweise an, die europäische und die afrikanische. Eine völlige Übereinstimmung beider Ansichten war eher die Ausnahme. Doch gerade dieses Anderssein nährte meine Faszination für Lpetati, der mir manchmal fremd war, obwohl wir doch so eng zusammen miteinander lebten, und dann wieder so vertraut, als wären wir miteinander aufgewachsen.

Ich hörte Lpetatis Stimme, aber er blieb bei den Kriegern und kam nicht zu mir. Drüben auf unserem Hang wurden unsere Behausungen bereits von der Dunkelheit verschluckt. Der fahlgelbe Himmel ließ die Konturen der Berge und Felsen scharf hervortreten, und der *lakirra lasseran* blinkte geheimnisvoll. Inzwischen roch es nach gegrilltem Fleisch. Immer wieder fesselte es mich, mit welcher Schnelligkeit ein Tier enthäutet, ausgenommen und zerlegt werden konnte. Die Männer aßen abseits von uns, die Krieger ebenfalls für sich und nach Altersklassen getrennt. Überall saßen zufriedene, genüsslich schmatzende, mit den Händen essende Clan-Mitglieder und Gäste beisammen. Ich hatte noch nie so viele Samburu bei uns gesehen, weder bei unserer Hochzeit noch bei den Beschneidungen.

Der Mond stand schon sehr hoch, als mich Lpetatis Schwestern aufforderten, mit ihnen nach Hause zu gehen. Saito schien ziemlich betrunken zu sein, und auch Marissa lachte und redete anders als üblich. Als ich mich im Gehen zu den Kriegern umdrehte, bemerkte Kulalo es und schüttelte den Kopf.

»Nein, dein Mann wird später nach Hause kommen.«

So wanderten wir durch das feuchte kühle Gras, Kinder auf dem Rücken und an der Hand, hinüber zu unserem *boma*. Und als meine Schwägerinnen und die Kinder längst schliefen, saß ich allein am Feuer, schürte es, lauschte den Gesängen der *moran* und schaute dabei durch eine der kleinen Maueröffnungen in die Nacht.

Plötzlich bildete ich mir ein, Lpetati und eine Frauengestalt, sehr dicht beieinander und beide in Weiß, zu erkennen, und trat vor die Tür. Aber ich sah nichts. Unruhig geworden, setzte ich mich in den Mondschatten der Hütte. Mein Herz klopfte laut. Was war das eben überhaupt gewesen? Fantasierte ich? Die schöne afrikanische Nacht schien mir auf einmal feindlich. Ich strengte mich an, die Umgebung mit den Augen abzusuchen, doch dann kamen die Zweifel. Was hatte ich wirklich gesehen? Wen? Bildete ich mir etwas ein? Wie sehr konnte ich meinem Mann vertrauen? Wie viel Freiheit musste ich ihm zugestehen?

Zweige knackten. »Seit wann schläft meine Frau vor der Tür?«, fragte Lpetati und ging in die Hocke. Ich wollte es nicht, aber ich war verstimmt. Unbeholfen drückte er mich an sich, er roch nach

Schweiß und *maradjina*. »Du bist nicht zufrieden? Warum? Heute ist Festtag!«

Beruhigend tätschelte er meine Schulter und glitt dann mit seiner Hand unter die Decke. Ich fühlte seine kühlen Finger auf meiner Haut. Schließlich zog er die Decke fort, die ich vor meinem Hals festhielt. Er roch nach Erde und feuchtem Gras. Lpetati war da und blieb bei mir. Ich vergaß den nächtlichen Spuk, fragte nicht und forschte nicht. So, wie es war, war es gut.

Loasakats Beschneidung

Es regnete seit Tagen, warm und leise, und es sah nach einer viel versprechenden Ernte aus. Loasakats Beschneidung rückte näher.

Ich wusste, was meiner kleinen Schwägerin bevorstand, es ließ mich erschaudern, und ich war heilfroh, nicht an ihrer Stelle zu sein. Eine Frau zu werden bedeutete für die Samburu-Mädchen seit ewigen Zeiten, dass ihnen die Klitoris – in einigen Sippen auch die kleinen Schamlippen – entfernt wurde. Diese »Korrektur« der weiblichen Genitalien wurde ohne Betäubung vorgenommen, nur so wurde ein Mädchen zur Frau, eine reine, ehrwürdige Frau. Ich konnte nichts für Loasakat tun. Saito war zum ersten Mal mir gegenüber ungehalten und unfreundlich geworden, als ich meine Argumente und Bedenken gegen die Beschneidung der Mädchen vorgebracht hatte. Nachdrücklich ermahnte sie mich, alle Zeremonien der Samburu zu achten. Ich begriff, dass ich mich in eine derart private Angelegenheit einer traditionsbewussten Familie nicht einmischen durfte.

Eine Zeremonie war etwas Großes, demnach konnte ich sie weder infrage stellen noch deren Ausführung beeinträchtigen oder gar verhindern. Alle waren von diesem Tun überzeugt, und selbst die jungen Mädchen, denen diese Genitalverstümmelung noch bevorstand, äußerten sich positiv und schienen dieses im wahrsten

Sinne des Wortes einschneidende Fest geradezu herbeizusehnen. Nur ganz unter uns gaben sie dann zu, dass sie »ein bisschen starke Angst« hätten.

Die Beweggründe für Beschneidungen wie auch deren Handhabung waren bei den einzelnen Völkern verschieden, allen gemein aber war die Absicht, die Mädchen dadurch heiratsfähig zu machen. Aufklärungskampagnen, die sich an die armen Mädchen und Frauen oder an die Beschneiderinnen wandten, waren sinnlos. Da die Männer bei uns eine beschnittene Frau verlangten, musste man als Erstes sie darüber aufklären, dass ein Mädchen auch ohne diese Zeremonie eine Frau werden, rein sein sowie Kinder empfangen und gebären und damit eine gute Ehefrau sein konnte. Natürlich wäre es ein langer Prozess, Männer, Eltern und Mädchen davon zu überzeugen, dass ein unbeschnittenes Mädchen eine gute, taugliche und letztendlich bessere Ehefrau abgeben würde.

Lpetati war mir in dieser Angelegenheit leider keine große Hilfe. Er fand mich, was das betraf, zwar so, wie ich war, in Ordnung und genoss unser intimes Beisammensein, von dem er sehr genau wusste, dass keiner seiner Brüder und Freunde mit ihren Samburu-Frauen vergleichbare Stunden hatte. Aber er ließ all das eben nur für eine *mzungu* gelten, obwohl er davon als mein Mann gerne profitierte.

Ich kannte die Gründe, die bei uns eine Beschneidung rechtfertigten: So wie die Knaben dadurch erst zum Mann wurden, so wurden die Mädchen zur Frau. Sie verließen an dem Tag ihre Kindheit, und das Ritual reinigte, heiligte und befähigte sie, in den achtbaren Stand einer Ehefrau und später in den noch höher geachteten der Mutterschaft einzutreten. Bei den Samburu galt die Klitoris als ein dem Penis entsprechendes Organ, und das gehörte nun einmal nicht zu einer Frau.

Zwar gab es ein Verbot seitens der Regierung, doch konnte es nur wenig ausrichten. Abgesehen davon saßen in den Ministerien, die für die Einhaltung des Verbots zuständig waren, nicht selten Männer, die selbst eine beschnittene Frau hatten und für die eine

Beschneidung von Mädchen normal war. Und wer wollte durch den Busch wandern, um herauszufinden, wo eine illegale Beschneidung eines Mädchens stattfand? Wer wollte sich mit Dorfbewohnern anlegen, bedroht, verflucht und mit Steinwürfen vertrieben werden? Es war wirklich schwer, die Befürworter einer für uns Europäer grausamen Zeremonie davon zu überzeugen, dass die Beschneidung von Mädchen nicht von Gott gewollt und das Unbeschnittensein ein durchaus ehrbarer Zustand war. Erst wenn sich dieser Gedanke durchsetzen und die Männer nur noch nach unbeschnittenen Mädchen Ausschau halten würden, wäre der Bann gebrochen. Aber noch sorgte jedes Elternpaar nach bestem Wissen und Gewissen dafür, dass seine Töchter heiratsfähig wurden, und bestellte die Beschneiderin.

Am Vorabend von Loasakats Beschneidung feierten die ganze Großfamilie und zahlreiche Gäste mit *maradjina* und Ziegenfleisch. Gegessen wurde, wie üblich bei großen Feiern, nach Geschlechtern getrennt, dazu noch unterteilt in verschiedene Altersgruppen. Viele der kleinen Kinder saßen bei solchen Anlässen oft bei mir, vielleicht weil ich gerne mit ihnen sang und kleine Spielchen mit ihnen trieb. Ich fütterte gerade Lekians kleinen Giliyan und hielt ihm ein Stückchen Ziegenleber zum Abbeißen hin, als mir jemand den Kleinen plötzlich gewaltsam entriss und aufgebrachte Stimmen auf mich einredeten.

»Was machst du da? Wie viel hast du ihm schon gegeben?« – »Ngai, Ngai.« – »Warum hat niemand aufgepasst?« – »*Mzungu.*« – »Sie weiß das nicht!«

Sie hielten den schreienden Giliyan an den Füßen hoch und brachten ihn zum Erbrechen.

»Was ist denn los?«, fragte ich erschreckt. »Was ist mit Giliyan? Was macht ihr mit ihm?«

»Du hast ihn mit Innereien gefüttert«, warf mir Lpetati vor, während Baba, der neben ihm stand, missbilligend den Kopf schüttelte.

»Mein Gott«, sagte ich, inzwischen sehr verstimmt, »was ist daran denn Schlimmes? Verträgt er keine Innereien?«

»Das Schlimme daran ist«, stieß Lpetati ziemlich erregt hervor, »dass bei einem solchen Fest kein Mann aus der Hand einer Frau isst. Und schon gar nicht Innereien.«

»Mann?«, fragte ich verständnislos. »Welcher Mann? Giliyan ist noch nicht einmal zwei Jahre!«

»Aber er ist ein Mann!«

Ich verstand nicht sofort, doch dann begriff ich. »Hör zu«, ich war den Tränen nahe, »ich wollte das Kind füttern, das ist richtig, aber es hat noch nichts von der Leber gegessen. Das müsst ihr mir glauben. Beruhigt euch doch! Wenn ich etwas falsch gemacht habe, tut es mir Leid.« Damit stand ich auf und verließ den Platz, lief immer schneller in die Dunkelheit hinein, litt und weinte.

Bald darauf suchten sie mich, aber ich war so enttäuscht und aufgewühlt, dass ich mich unter einem Busch verkroch und mich nicht zu erkennen gab. Es dauerte geraume Zeit, bis ich einsah, dass es keinen Grund für mich gab, beleidigt zu sein, und nach und nach näherte ich mich auf Umwegen wieder unserem *boma*. Saito schimpfte gerade mit Lpetati, und Babu sprach bedächtig erst auf Baba und dann ebenfalls auf Lpetati ein. Marissa betete mit weinerlicher Stimme.

Als sie mich sahen, verstummten sie.

»Verzeihung«, sagte ich noch einmal, »aber es ist wirklich nichts passiert.«

Gegen meinen Willen fühlte ich wieder Tränen aufsteigen. Saito nahm meinen Arm und zog mich beherzt zurück auf den Platz, an dem ich zuvor so glücklich mit den Kindern gesessen hatte. Nach einem halben Emaillebecher *maradjina* konnte ich auch wieder lachen. Erst als ich Loasakat sah, in ungewohntem dunklem Ziegenleder und ohne ihre zahlreichen Ketten, die sie sonst wie einen breiten Kragen um den Hals getragen hatte, erinnerte ich mich an den Anlass des Festes, und mir wurde mulmig.

Als ich ganz früh am nächsten Morgen die Frauen zum Beschneidungsplatz vor Marissas Hütte eilen sah, beschloss ich, nicht an Loasakats Zeremonie teilzunehmen. Ich hätte es nicht ertragen können, bei einer solch blutigen Angelegenheit dabei zu sein, schon gar nicht nach den Ereignissen vom Vorabend.

Lpetati fragte nicht, stattdessen überreichte er mir feierlich ein kleines Stückchen Holz, das er gefunden hatte und das mit etwas Fantasie wie ein liegender Löwe aussah. »Simba liebt seine Chui«, sagte er, genau in dem Moment, als entsetzliches Geschrei zu uns herüberhallte.

»Jetzt ist es passiert«, dachte ich und bekam eine Gänsehaut.

Der Hausbau

Wieder einmal gab es genügend Wasser. Der Bach beruhigte und ermunterte gleichzeitig mit seinem steten Dahinrauschen, und die Frösche quakten auf einmal an Orten, an denen man es nie vermutet hätte. Wie schon so oft breitete sich in kürzester Zeit ein verschwenderisches Grün in allen Schattierungen aus, Büsche und Bäume blühten, dazu tausendfach und farbenfroh die Blumen. Unser Dorf verwandelte sich wieder einmal in unser ganz persönliches Paradies. Jeden Tag wurden wir satt, und unseren Tieren mangelte es an nichts.

Voller Tatendrang vergrößerten wir das Feld unter Mithilfe der ganzen Familie. Baba und Lpetati errichteten aus Stöcken einen Zaun und pflanzten stachelige Kakteen und Euphorbien dazwischen, die mit der Zeit zu unüberwindbaren Hecken heranwachsen sollten. Über all dem Tun lagen viel Freude und Eifer, und ich war glücklich, dass meine schüchtern vorgetragene Bitte nach einer kleinen Anbaufläche auf so fruchtbaren Boden gefallen war.

Zur Freude aller steckten Lpetati und ich auch unseren Bauplatz ab, und unser Hausbau war überall ein Gesprächsthema, ein Ereignis. Baba hatte schon Vorbereitungen dazu getroffen, damit einige Büsche und Bäume, die sehr dicht am Haus stehen würden, abgeholzt werden konnten. Aber gerade das wollte ich nicht und versuchte, ihm das klar zu machen.

»Es ist zu eurer Sicherheit«, erklärte er mir, »ihr werdet hier Leoparden und Löwen am Haus haben und sie nicht sehen können. Oder auch Schlangen.«

Bei dem Gedanken, von Löwen, Leoparden und Schlangen besucht zu werden, beschlich mich dann doch ein ungutes Gefühl.

»Wenn du meinst«, willigte ich ein, »können ein paar von den Sträuchern gerodet werden. Aber die Bäume sollen bleiben. Sie sind für uns alle wichtig, und ich liebe Bäume.«

Etwas später freute ich mich über meine Entscheidung, denn Babu, groß, aufrecht und erhaben, kam zu uns herauf und schritt gezielt auf mich zu. *»Roho«*, sagte er feierlich und zeigte auf den Berghang, »ab heute vertraue ich dir diesen Ort an. Trage Sorge für ihn und schütze ihn, wenn ich es nicht mehr kann. Seine Bäume sollen in keinem Feuer verbrennen.« Gerührt und überrascht nickte ich, woraufhin Babu seine große, kräftige Hand mit leichtem Druck auf meinen Kopf legte. Der ehrenvolle Auftrag erfüllte mich mit Stolz. Spontan versprach ich Babu, in seinem Sinn für diesen Platz Sorge zu tragen und ihn zu schützen, und kam mir irgendwie ganz wichtig vor. Damals ahnte ich noch nicht, dass mich mein Versprechen noch oft in Schwierigkeiten bringen sollte, denn immer wieder musste ich Mädchen und Frauen vertreiben, die auf der Suche nach Feuerholz waren, und Krieger und Männer, die für Zeremonien gerade gewachsene Baumstämme brauchten.

Inzwischen hatten wir von der Forstverwaltung die Erlaubnis erhalten, zweihundertvierundsechzig Stämme aus einem Waldstück abfahren zu dürfen, das ein Feuer verwüstet hatte und das für die Wiederaufforstung vorgesehen war. Die Aktion erwies sich dann aber als kleines Abenteuer und zog sich einen ganzen Tag lang hin. Die Stämme waren zwar bereits geschlagen, aber weder gekennzeichnet noch zusammengetragen worden und lagen daher überall verteilt, mehr oder weniger gut sichtbar und zugänglich, herum. Um dieser schweißtreibenden Arbeit noch die Krone aufzusetzen, versackte der hohe Holzlaster einen halben Kilometer von unserem Bauplatz entfernt in einer feuchten Senke. Mühsam mussten wir nun jeden einzelnen Stamm zum Blaublumenhang schleppen – anfangs halfen uns noch Männer dabei, doch bald waren es nur noch die Frauen.

Und es gab noch weitere Hürden: Wir hatten viel Zeit gebraucht, um Handwerker aufzutreiben. Schließlich kam Lpetati auf die Idee, die Angestellten der Baustoff-Handlung nach Handwerkern zu fragen, die mit unserem Material umgehen konnten. Unter den sechs *fundis*, die sich daraufhin meldeten, war auch Sebastiano. Er machte einen gewandten Eindruck und konnte rechnen, schreiben und lesen, was hier in Maralal durchaus nicht selbstverständlich war. Also überließen wir es ihm, sich aus den Männern, die sich bei uns vorgestellt hatten, drei Helfer auszusuchen. Bezahlen wollten wir täglich, entsprechend der geleisteten Arbeitsstunden. *Fundi* Sebastiano war sofort einverstanden.

Während Lpetati losgegangen war, um die *fundis* am Leopardenfelsen abzupassen, schritten Baba und Babu den Bauplatz ab. Seine Lage war traumhaft schön, und ich jubilierte innerlich. Und dann, irgendwann am Vormittag, erklang das erste Geräusch, das eindeutig dem Hausbau zuzuordnen war: ein Hämmern und Sägen.

Als es darum ging, die Löcher für die Stämme auszuheben, halfen neben Lpetati, Baba und Onkel Lolowas nur wenige Frauen. Es war interessant, wie sich die Auffassung von Frauen- und Männerarbeit angesichts des ungewohnten Bau-Objektes verschob.

Besorgt stellten wir fest, dass einige Stämme voller Termiten saßen, und da es ohnehin schon so viele Termiten um uns herum gab, mussten wir laut Sebastiano dringend etwas dagegen unternehmen. »Ohne Schutzanstrich werden die Termiten das ganze Haus fressen«, meinte er.

So zogen Lpetati und ich am nächsten Morgen auf der Suche nach einem Mittel, mit dem wir das Holz vor den Termiten schützen konnten, schon wieder nach Maralal. Doch außer Farben fanden wir nichts. »Nehmen Sie Altöl«, empfahl der Ladenbesitzer, dem wir unser Problem erklärt hatten. In der einzigen Tankstelle des Ortes fragten wir danach. Der Besitzer witterte ein gutes Geschäft und kam uns mit Fantasiepreisen.

»Sie müssten eigentlich froh sein, dass Sie Altöl loswerden«, sagte ich verärgert.

Wir verließen die Tankstelle, und ich erklärte meinem Mann erst einmal, was es mit Altöl auf sich hatte, denn natürlich wusste er nicht, was das ist. Woher auch? In einem Laden, der nur gebrauchte Konservendosen, Gläser, Flaschen, Eimer und Kanister und riesige Ölfässer verkaufte, fanden wir schließlich eine mittelgroße, leicht verbeulte Tonne und einen großen Kanister. Damit machten wir uns wieder auf den Weg zur Tankstelle, und nach einigem Hin und Her einigten wir uns notgedrungen auf einen völlig überhöhten Preis. Wir ließen die Behälter zum Füllen gleich da und brachten einige Kilo Nägel in den von Sebastiano geforderten Stärken zu unserem mit Mühen organisierten Mietwagen. Der sah schon kurze Zeit später aus wie ein Sammeltaxi, weil überall Männer, Frauen und Kinder auf der Ladefläche hockten. Immer wieder kam das vor, wenn wir ein Auto gemietet hatten, und ich wunderte mich, wie schnell und woher so viele Leute davon wussten.

Am nächsten Tag wollten Lpetati, Baba und ich die befallenen Stämme mit Altöl einstreichen. Da wir vergessen hatten, Pinsel mitzubringen, fertigten die beiden Männer aus gebundenem Gras und Laub wunderbare Pinsel an. Dann gab es allerdings eine große Enttäuschung: Wir hatten am Vortag in der Hauptsache Schmutzwasser transportiert, und nur obenauf schwamm eine vielleicht zwanzig Zentimeter dicke Altölschicht. Mir kamen vor

Wut die Tränen. Baba war tief geknickt darüber, dass es jemand gewagt hatte, seine Kinder zu betrügen. »Ein Samburu hätte so etwas nicht gemacht«, kommentierte er verbittert. Auch Lpetati war sehr aufgebracht und plante eine Vergeltungsaktion, die ich sogar mit ihm zusammen ausmalte, um mich abreagieren zu können. Der Tankwart erlitt in unseren Gedanken Fürchterliches, bevor wir bekümmert, aber gewissenhaft das bisschen Altöl verstrichen.

Kaum waren wir fertig, berichtete Sebastiano, dass er Werkzeug und Material vermisste, und bat um Ersatz. Es dauerte ein wenig, bis wir ihn durchschauten.

Ich hatte auf einmal ein ungutes Gefühl, was sich noch verstärkte, als etwas später bei den Arbeiten am Dachgerüst angeblich wieder eine Sorte Nägel oder eine Latte fehlte und ein Versehen unsererseits dabei nicht infrage kam. Als erneut Nägel fehlten und die Handwerker deshalb nicht weiterarbeiten konnten, den Tag aber bezahlt haben wollten, hatte ich zum ersten Mal nicht nur Zweifel, sondern war mir ziemlich sicher, dass wir betrogen wurden. Ich behielt meine Vermutung nicht für mich und sprach mit Lpetati darüber, der nicht auf den Bauplatz kommen konnte. Er war in einen spitzen Holzspan getreten, und die Stelle hatte sich sofort entzündet. Unsere Heilsalben-Vorräte hatte ich alle für Loasakat verbraucht, aber da ich wusste, wie gefährlich Hautverletzungen bei uns hier draußen im Busch waren, plante ich für den nächsten Tag einen Gang zur Klinik nach Maralal. Natürlich würde ich auch Nägel mitbringen, aber diesmal würde ich sie nicht einfach für die Handwerker bereitlegen, sondern ihnen abgezählt zuteilen.

Auf dem Weg vergaß ich meinen Ärger über die Handwerker, sang sogar vor mich hin und formulierte im Geist einen Brief an meine Kinder, den ich, wie mir jetzt erst einfiel, in Maralal schreiben und aufgeben konnte. Die Post war nämlich nicht weit vom Distrikt-Hospital entfernt, wo ich versuchen wollte, eine gute

Salbe für Lpetati zu bekommen. Mit allen Besorgungen musste ich mich sehr beeilen, um auf dem Rückweg nicht in die kurze Dämmerung oder gar Dunkelheit zu geraten. Zum Glück konnte ich alles, was ich mir vorgenommen hatte, in kürzester Zeit und zu meiner Zufriedenheit erledigen, nur an den Nägeln hatte ich erheblich zu schleppen. Auf dem langen Weg kamen mir die Packpapiertüten von Stunde zu Stunde schwerer vor. Irgendwann machte es »kling«, und als ich auf den Boden sah, entdeckte ich einen Nagel, dann ein Loch in einer der Tüten. So stellte ich die Tüten ab, ging noch einmal ein Stück den Weg zurück und sammelte mehrere Nägel wieder ein, ohne aber aus Zeitgründen angestrengt danach zu suchen. In einiger Entfernung grasten neben den allgegenwärtigen Zebras, Impalas und Thomsongazellen auch einige schwarze Büffel, allerdings nicht so nah, dass ich mich bedroht fühlen musste. Unruhig war ich dennoch, und das flaue Gefühl in der Magengegend kam sicher nicht nur davon, dass ich noch nichts gegessen hatte. Als eines der Tiere seinen mächtigen Kopf hob, um zu wittern, ging ich vor Angst in die Hocke. Doch die Büffel grasten weiter und nahmen keine Notiz von mir.

Als ich endlich erleichtert unser *boma* betrat, gerade noch vor Einbruch der Dunkelheit, machte mir Baba mit einer Bemerkung sehr zu schaffen. »Wo ist der Reis?«, fragte er mit leichtem Vorwurf in der Stimme.

»Ich bin wegen der Nägel nach Maralal gegangen und wegen einer Heilsalbe für deinen Sohn. Die Nägel waren schwer genug. Ich habe sonst nichts gekauft«, sagte ich und rang mir ein Lächeln ab, aber im Stillen ärgerte ich mich über die Selbstverständlichkeit, mit der er mich vereinnahmte. Schließlich war ich nicht verpflichtet, jedes Mal etwas für die anderen aus Maralal mitzubringen.

Lpetati humpelte mir entgegen. »*Pole*, Chui«, sagte er ehrlich bedauernd, »*pole* für die Schlepperei.«

Nachdem ich mir die Hände gewaschen hatte, rieb ich die infizierte Stelle an seinem Fuß, die immer noch heiß und hart war, mit der Salbe ein.

Als wir später beim Tee saßen, kam Baba vorbei. Offensichtlich hatte es ihm keine Ruhe gelassen, dass er mich verstimmt hatte, dennoch sprach er nicht darüber. Erst beim Nachhausegehen sagte er freundlich: »Du musst nicht ärgerlich sein, ich bin es auch nicht. Gute Nacht, mein Kind.«

»Warum nimmt Baba an, dass du verärgert bist?«, fragte Lpetati und zündete eine neue Kerze an.

»Er hat Reis haben wollen, aber dafür bin ich ja nicht nach Maralal gegangen.«

Noch ehe Lpetati sich zu der Angelegenheit äußern konnte, begehrten mehrere seiner Beschneidungsbrüder Einlass. Die Krieger kamen gern und oft zu uns und fühlten sich hier offensichtlich wohl. Bei *chai* und Kerzenlicht saßen wir dann zusammen, und meist schliefen auch einige von ihnen bei uns.

Ein Überfall mit Folgen

Seit mittlerweile drei Tagen ließen sich die Handwerker nicht blicken, und wir wussten einfach nicht, warum. Einer der *fundis*, ein älterer, hagerer Mann aus Kisima, wunderte sich ebenfalls, warum seine Kollegen nicht kamen. Er wartete ein wenig und ging dann wieder. Meine Unruhe wuchs, denn wir warteten wieder einmal vergebens.

Da Lpetati nicht gut laufen konnte, blieben wir zu Hause und machten uns einen gemütlichen Abend. Mein Mann spielte auf der Gitarre und besang unsere Kühe und auch mich als gute Köchin und Hüterin des Feuers. Es war schön bei uns, und ich war glücklich.

Nach Mitternacht, wir hatten schon geschlafen, klopfte es an der Tür. Es klang dringlich, und Lpetati humpelte zum Eingang, um zu öffnen. Da drängten auch schon drei Männer mit Schlagstöcken in den Händen in unsere Hütte, sie schoben meinen Mann regelrecht vor sich her.

Ich erschrak fürchterlich und zitterte am ganzen Körper, denn die Männer, die um unsere Schlafstelle standen, flößten mir Angst und Entsetzen ein. »Jetzt ist es so weit«, durchfuhr es mich, »jetzt bringen sie uns um!«

Lähmende Sekunden vergingen. Dann erschien ein großer, schwerer Mann, ein Kikuyu, der sich wichtigtuerisch als *chief* von Maralal ausgab. »*We've got good reasons to arrest you*«, polterte der Widerling. »Sie sind eine Betrügerin! Sie lassen Handwerker für sich arbeiten und weigern sich, die Männer zu bezahlen. Außerdem halten Sie die Verträge nicht ein! Und sich jetzt schnell nach Nairobi absetzen, das haben wir gern. Das werden wir verhindern!«

»*Wie bitte?*« Ich verstand kein Wort.

»Auch wenn du der *chief* bist, du redest großen Unsinn, Bwana«, mischte sich jetzt Lpetati ein, dessen persönliche Ehre verletzt war. »Alles ist bezahlt, und Verträge gibt es nicht.«

»Das habe ich aber anders gehört«, lachte der *chief*, »über fünfzigtausend Shilling habt ihr noch nicht herausgerückt.«

»Das ist doch blanker Unsinn. Fünfzigtausend sind überhaupt nicht versprochen, und es steht auch keine Zahlung aus!«

Blitzschnell entfernte ich die Lappen aus der Maueröffnung und schrie: »*Yowe, wezi!* Hilfe, Diebe!«

Kurze Zeit später quoll unsere Hütte über von mit Speeren und großen Messern bewaffneten Alten und Kriegern.

»Schämst du dich nicht?«, sagte Baba ruhig und trat dem *chief* mutig entgegen. »Was willst du von meinen Kindern mitten in der Nacht, wie ein Dieb?«

»Bring endlich deine Männer raus«, sagte Lpetati, der mich die ganze Zeit mit einem Arm hinter sich hielt, um mich zu schützen. »Bring sie raus, und dann rede von Mann zu Mann zu mir. Wofür brauchst du Leute, die nachts mit Knüppeln in unsere Hütte eindringen und meine Frau bedrohen?«

»Ich gehe erst«, sagte der *chief* auf Englisch, »wenn ich zwanzigtausend Shilling Kaution von euch bekommen habe. Ich mache keinen Schritt ohne Kaution. Wir wissen, dass ihr morgen nach Nairobi wollt.«

Wie ich jetzt erst sah, wurden die drei Helfer des *chiefs* regelrecht von den Speeren einiger Krieger in Schach gehalten. »Zwanzigtausend!«, forderte der Mann.

»Wir haben keine zwanzigtausend.«

»Dann gebt zehn.«

»Die haben wir auch nicht. Willst du nicht nachsehen?«, fragte Lpetati.

Der *chief* wurde unruhig. »Ich bin als Vertreter des Gesetzes da, und ich gehe nicht ohne eine Kaution!«

So gab ich ihm viertausend Shilling, das Geld, das wir am Wochenende ausgezahlt hätten, wenn die *fundis* gekommen wären. Ich hatte die Scheine vorher hochgehalten und ihm gezeigt. »Wann kann ich die Kaution wiederhaben?«

»In vier Tagen, um zehn Uhr, vor der Verhandlung. Hiermit ordne ich an, dass ihr am Freitagmorgen in Maralal vor dem *district officer* zu erscheinen habt. Die weiße Lady ist angeklagt.«

Er steckte das Geld in die Brusttasche seines rot karierten Hemdes und bahnte sich einen Weg durch die Anwesenden. Draußen hörten wir Lärm, und um Schlimmes zu verhindern, gingen wir nachsehen. Tatsächlich hatten sich einige *moran* mit ihren langen Speeren in den erhobenen Händen dicht um die fremden Männer aus Maralal geschart.

»Lasst sie gehen«, sagte ich, nur mühsam beherrscht, »wir werden das klären.«

Die halbe Nacht saßen wir dann am neu entfachten Feuer, und auch die Frauen wagten sich nun zu uns. Bis auf die Kinder war die ganze Familie versammelt, dazu Nachbarn und Freunde und natürlich Lpetatis *korroro*-Gruppe. Wir konnten uns einfach keinen Reim auf den unglaublich dreisten Vorfall machen, und je länger ich darüber nachdachte, umso unbehaglicher wurde mir. Es war ganz offensichtlich, dass jemand versuchte, Geld von mir zu erpressen, und mich in Maralal angeschwärzt hatte. Ausstehende

Zahlungen und Zahlungsschwierigkeiten waren völlig normal in Kenia und durchaus kein Grund, derartig von Gesetzeshütern verfolgt zu werden. Es musste also etwas anderes hinter dem nächtlichen Eindringen in unser Heim stecken.

Dass ich, wenn auch zu Unrecht, des Betruges beschuldigt wurde, irritierte und beleidigte mich sehr. Woher kam diese Anschuldigung? Obwohl es sicher Neid gab, schloss ich die Familie und Nachbarn aus. So blieben eigentlich nur die Handwerker, bis auf den Alten, der umsonst zur Arbeit gekommen war. Also einer der drei anderen … Plötzlich fiel mir ein, dass es nur einer der *fundis* gewesen sein konnte, denn der *chief* und seine Männer hatten genau gewusst, in welcher Hütte Lpetati und ich wohnten. Das konnte ihnen nur einer der Handwerker beschrieben haben. Bis in die Morgenstunden redeten wir, und ich war sehr dankbar über so viel Anteilnahme.

Als alle gegangen waren, trösteten Lpetati und ich uns gegenseitig. »Wir werden morgen zu James gehen«, sagte mein Mann, »es ist mir eben erst eingefallen. Als *cancellor* hat er mehr zu sagen als der *chief* und auch mehr als der *district officer*. Ihn wird die Geschichte sehr interessieren. Du kannst sicher sein, dass er uns hilft.«

Erleichtert kuschelte ich mich in seine Arme. Schlafen konnte ich aber nicht, wenn ich mich bei ihm auch sicher und beschützt fühlte. Der Gedanke an eine Gerichtsverhandlung machte mir mehr und mehr zu schaffen. Was wäre, wenn sie mir nicht glaubten? Könnte ich wirklich verhaftet werden? Würden sie mich womöglich ins Gefängnis stecken?

Zweimal hatten wir *mzee* James bereits aufgesucht, das eine Mal kurz vor unserer Hochzeit, um ihn persönlich mit seinen drei Frauen einzuladen, das zweite Mal war ich mit Babu und Baba zu ihm gegangen, um die drei Felder seiner Frauen zu besichtigen.

Lpetati und Losieku hielten auf dem Weg zu ihm oft meine Hände und gaben mir Zuversicht. Immer noch hatte ich die Ungeheuerlichkeit, die uns wie ein Blitz aus heiterem Himmel getroffen hatte, nicht verkraftet, und die Angst saß tief.

Cancellor James begegnete uns auf halbem Wege, eingehüllt in die obligatorische rot-blau gestreifte Decke und barfuß. Nach der langen und sehr herzlichen Begrüßung gingen wir gemeinsam in sein Büro, das sich ein wenig von den anderen Hütten seiner Familie abhob, weil es quadratisch anstatt rund gebaut war. Die Wände innen waren gelb getüncht und mit allerhand Zeitungsberichten, ausgeschnittenen Fotos aus Illustrierten und Heiligenbildern dekoriert. Natürlich hatte auch das Porträt von Präsident *arap* Moi seinen Ehrenplatz.

Cancellor James rief einen jungen Mann herein, den er als seinen Sekretär vorstellte, um Notizen vom Hergang des nächtlichen Überfalls aufzeichnen und sich vorlesen zu lassen. »*Sijui kusoma na kuandika,* ich kann nicht lesen und nicht schreiben«, gestand er entwaffnend ehrlich, strahlte dabei jedoch so viel Würde und Autorität aus, dass es gar nicht wichtig erschien.

Cancellor James war über das Vorgehen des *chiefs* sehr entrüstet, wenn auch Diplomat genug, den Mann nicht voreilig zu verurteilen. Er machte mir viel Mut, und nachdem wir alle Einzelheiten erklärt und geklärt hatten, verabredeten wir uns für den übernächsten Morgen, gleich nach Sonnenaufgang, um gemeinsam nach Maralal zur Verhandlung zu gehen.

Pünktlich, obwohl nur drei Leute in meinem Clan, mich eingerechnet, eine Uhr besaßen, waren sie versammelt: meine Schwägerinnen und Schwäger, Onkel und Tanten, dazu Baba, Saito und Marissa, befreundete Krieger und natürlich *cancellor* James, der heute anstatt seiner gestreiften *shuka* einen schwarzen Nadelstreifenanzug trug, dazu blank geputzte Schuhe, ein weißes Hemd, eine in den Farben Kenias gestreifte Krawatte mit silberner Nadel und als Zeichen seines Amtes ein Zepter. Wie eine Prozession setzten wir uns in Bewegung, und ich war nach anfänglicher Furcht und Nervosität voller Hoffnung auf einen guten Ausgang der Verhandlung.

In Maralal suchten wir zuerst nach dem Gebäude des *chiefs*, der bei meinem Anblick vorgab, dringend telefonieren zu müssen und keine Zeit zu haben. Als er jedoch die vielen Leute und Krieger sah, rückte er widerwillig die viertausend Shilling Kaution heraus.

Die Verhandlung begann mit einer halben Stunde Verspätung.

Ich saß auf einem Stuhl in der Mitte eines kleineren Saales, dem *district officer*, seinen Leuten und *cancellor* James gegenüber. An den Wänden drängten sich meine Familie, Freunde und Nachbarn und unbekannte Neugierige.

Und dann erfuhr ich das Unfassbare: Sebastiano hatte mich zu einer Kriminellen gemacht! Ausgerechnet er, dem ich vertraut hatte. Aus Geldgier hatte er mich wegen Betruges angezeigt und behauptete, diverse vereinbarte Zahlungen trotz mehrmaliger Aufforderung nicht erhalten zu haben. Angeblich hatten Lpetati und ich seine Gutgläubigkeit ausgenutzt und ihn hereingelegt. Immer wieder verwies er auf einen mit mir abgeschlossenen Kontrakt, der aber leider auf mysteriöse Weise verschwunden war.

Mir grauste. Wie konnte man sich so in einem Menschen täuschen? Sebastiano war zweifelsohne einer der besten Schauspieler, die ich je gesehen hatte. Seine Stimme klang gebrochen, als er von seiner kranken Ehefrau und fünf Kindern sprach, die nun ebenfalls meinetwegen leiden mussten. Zwar führte er seine Mitarbeiter als Zeugen an, doch konnte sich niemand zur Sache äußern.

Dann war ich an der Reihe und erläuterte anschaulich und glaubwürdig, dass Sebastiano versuchte, mich zu erpressen. Ich berichtete von unseren Lohnverhandlungen mit den Handwerkern, von dem fehlenden Material und von den Tagen, an denen nur einer der Handwerker gekommen war. Abschließend schilderte ich mit drastischen Worten den nächtlichen Überfall des *chiefs* in unserer Hütte, der uns immerhin in Todesangst versetzt hatte.

Nachdem der *chief* sich wortreich und mit kaum zu überbietender Penetranz für sein Verhalten gerechtfertigt hatte, wobei er sich immer wieder darauf berief, dass er nur seine Pflicht getan habe, besprach sich *cancellor* James mit dem *district officer*. Anschließend riefen sie Sebastiano noch einmal in den Zeugenstand und forderten ihn auf, sich bei uns, vor allem bei mir, zu entschuldigen. Zwar musste er eine leider nur kleine Geldbuße entrichten, doch er sollte sich künftig von mir und meinen Leuten fern halten und nie mehr etwas Schlechtes über mich sagen.

Dann fragten sie mich, ob ich mit den Auflagen für Sebastiano einverstanden sei. Natürlich war ich das, was hätte ich auch tun sollen? Die Entscheidung war zwar nicht befriedigend, aber immerhin war sie weise, afrikanisch weise, und sie trug eindeutig die Handschrift von *cancellor* James. Dass er als Analphabet in sein Amt gewählt worden war, hatte er sicher seinem Einfühlungsvermögen, seinem Einsatz für andere, seinem Verständnis für die Dinge des Lebens und dem Wissen um Abgründe, Nöte und Wünsche seiner Mitmenschen in besonderen Situationen zu verdanken. Der Kisima-Distrikt konnte stolz auf solch einen *cancellor* sein.

Auch Großvater, der notgedrungen zu Hause geblieben war, hätte wie *mzee* James reagiert. Die Garde der alten, weisen Männer im Samburu-Gebiet war eine Institution für sich, die ich voller Respekt bewunderte, und das exotische Äußere dieser Alten faszinierte mich.

In den Tagen nach der Verhandlung kümmerten wir uns nicht besonders um die Baustelle, räumten nur ein wenig auf und sortierten Bretter und Nägel. Dann gab es noch einmal eine Überraschung für uns. Als Losieku und Raffael in Kisima Hocker kaufen wollten, sagte die Inhaberin des Ladens verwundert: »Aber die haben die Handwerker eurer Schwägerin doch neulich erst gebracht.« Da war natürlich schlagartig klar, weshalb immer wieder Holz und Nägel gefehlt hatten.

Oft standen wir unschlüssig vor unserem Rohbau. Der Dachstuhl war zwar fertig, aber der Fußboden und die Wände noch nicht, es gab erst eine Tür, die Haustür, und die Liste der noch ausstehenden Arbeiten war lang. Nach einer Zeit der Lustlosigkeit regte sich in mir ein gewisser Trotz, packte mich der Ehrgeiz, und ich verdrängte all den Ärger, die Angst und die Erinnerung an Sebastiano und den *chief*. Mit neuem Schwung stimmte ich Lpetati gern zu, endlich gezielt am Haus weiterzuarbeiten, auch wenn noch unzählige Stunden erforderlich waren, bis alles am und im Haus so aussah wie auf unserem Plan.

Der Umzug und die Badewanne

Wir haben ein Haus, mein Liebling,
es duftet nach Zedern und atmet Liebe.
Wir haben ein Haus, mein Liebling,
das uns Zuflucht ist,
wenn die Nächte kalt sind,
wenn die Tage laut sind,
in jedem Augenblick,
dem Sonne und Mond Wichtigkeit geben,
wenn sie ihre kurze Bahn ziehen
über den Äquatorhimmel.
Wir haben ein Haus, mein Liebling.
Es duftet nach Zedern und atmet Liebe.

Endlich war unser Blockhaus so weit fertig, dass wir es bewohnen konnten. Lpetati veranstaltete voller Stolz Führungen und schwärmte von den in seinen Augen großen hellen Räumen. Ich selbst war geradezu verliebt darin und wunderte mich nun, wie ich all die Zeit glücklich und zufrieden in der beengten, rußigen Hütte hatte leben können.

Der Umzug in unser Haus war eine aufregende Angelegenheit, obwohl wir an Möbeln nur zwei Hocker und ein aus Zweigen geflochtenes Regal besaßen. Außerdem einige wenige Tassen, Teller, Töpfe, Besteck, etwas Werkzeug und unsere persönlichen Sachen wie Kleidung, Perlenschmuck, einige Hefte und Bücher und natürlich die Gitarre. Das Aufregende an dem Umzug war allein die Tatsache, dass wir in ein richtiges Haus überwechselten, in dem wir uns, wie ich hoffte, jeder auf seine Art verwirklichen konnten, noch ohne zu wissen, wie das aussehen würde.

Unsere Hütte wollten wir auch weiterhin nutzen, nicht jeden Tag, aber beispielsweise bei Ausflügen zu später Stunde, wenn wir Freunde besuchten und erst nachts heimkehrten oder bei geselligem Beisammensein. Da unser Haus ein wenig abseits lag, sorgte noch keine schützende Hecke für Sicherheit vor wilden Tieren. Außerdem hatten wir unsere Herde noch im Pferch zwischen den Familienhütten, und es sollte noch eine Weile dauern, bis wir einen neuen Übernachtungsplatz für unsere Lieblinge angelegt hatten. So freundlich und heiter unser neues Zuhause auch bei Tag war, ohne Feuerstelle und ohne dicht schließende Fensterläden war es bei Nacht kälter, als wir gedacht hatten. Die erste Nacht im neuen Haus, von der ich eine so besondere Vorstellung gehabt hatte, verbrachten wir dann dick angezogen und dennoch bebend vor Kälte. Von unserem abgetrennten Schlafraum, auf den wir all die Jahre in unserer Hütte hatten verzichten müssen, erwartete ich aber mehr Intimität, mehr Romantik. Lpetati träumte immer noch von dem roten Bett aus Nairobi, aber im Augenblick reichte unser Geld nicht für Extravaganzen, und so hatten wir nur zwei Matratzen gekauft.

Unser eigenes Haus machte mich sehr glücklich, schon eine eigene Hütte zu haben war ein großartiges Gefühl gewesen, aber das Blockhaus an den Ausläufern des *Marguett* krönte alle diesbezüglichen Empfindungen.

Nach und nach kamen Möbel ins Haus, Stühle, ein Schrank und ein Tisch, und seit kurzem gab es eine große himmelblaue Plastikwanne – die einzige ihrer Art im *boma*. Lpetati liebte die Regenwasser-Bäder in dieser Wanne über alles und mehr noch den duftenden Badezusatz, den ich eifersüchtig hütete und versteckte, bis wieder Badetag war. Denn die wohlriechende rosafarbene Essenz wäre im Nu aufgebraucht gewesen, und in Maralal konnten wir so etwas Schönes damals nicht kaufen. Lpetati bereitete das Baden in der Wanne so viel Vergnügen, dass er sogar den Speer ins Haus holte, der seine Anwesenheit verraten konnte, und den Türriegel vorschob, um nicht gestört zu werden. Die Badetage blieben lange unser Geheimnis, und inzwischen behielt Lpetati Dinge, die wir so ganz für uns hatten, immer öfter für sich.

Als wir einen Garderobenspiegel günstig erstanden, kam das einer Sensation gleich. Fortan wurden wir belagert, jeder kam vorbei, um sich in dem großen Spiegel zu bewundern, manche sogar mehrmals. Mehr als einmal verwünschte ich im Stillen unsere Neuanschaffung, aber Lpetatis Stolz und die naive Freude der Neugierigen versöhnten mich immer wieder.

Allerdings war nicht alles von Anfang an wunderbar. Die Ockerfarbe, mit der mein Mann sich und manchmal auch mich verschönerte, verfärbte fast alle Gegenstände im Haus. In der dämmrigen Hütte war mir das nie so aufgefallen, zudem hatten wir dort keine Möbel gehabt, aber jetzt störte es mich schon. Zuerst wischte ich dauernd an allem herum, verwünschte die Farbe sogar, und es war erhebliche Denkarbeit erforderlich, bis eine gewisse Gelassenheit von mir Besitz nahm. Schließlich fand ich die Farbe wunderschön, hatte sie immer schön gefunden, wie die gute rote Samburu-Erde.

Ich erinnerte mich, dass wir in allen Lodges außerhalb des Samburu-Distriktes immer einige Shillinge extra für die verfärbte Bettwäsche zahlen mussten. Besonders an der Küste hatte man nicht allzu viel Verständnis für diese traditionellen Bräuche der Samburu. Man belächelte so etwas vielerorts, mokierte sich darüber und fürchtete sich gleichzeitig vor den »Eingefärbten«.

Lpetatis Söhne

An einem der nächsten Tage geriet ich gehörig aus dem Gleichgewicht. Talone, ein junger Krieger aus unserer unmittelbaren Nachbarschaft, kam wie schon so oft bei uns vorbei.

»Ich möchte gern den Vater sprechen«, begrüßte er mich. »Es ist wichtig.«

»Das tut mir Leid, *morani*«, sagte ich, »dein Vater ist nicht bei uns, ich habe ihn heute noch gar nicht gesehen.«

Talone lachte, und sein ebenmäßiges, zartes Gesicht hätte ebenso gut einem Mädchen gehören können.

»Es ist nicht der Vater, aber es ist mein Vater, dein Mann.«

Ich glaubte, mich verhört zu haben, und zweifelte dann an Talones geistiger Verfassung. »*Dein* Vater? *Mein* Mann?«

Talone nickte mit einem freundlichen Lächeln, und ich fühlte meine Knie weich werden. Mir wurde heiß, und mein Herz hämmerte plötzlich bis zum Hals. Verwirrt ging ich ins Haus, während ich fieberhaft nachrechnete und das geschätzte Alter Talones von dem meines Mannes abzog. »Mein Gott«, dachte ich hochgradig erregt, »das kann doch nicht wahr sein!« Ich nahm alle Kraft zusammen. Irgendwie musste es sich ja gleich aufklären. »Dein ... dein Sohn möchte dich sprechen«, bekam ich mühsam heraus, als ich vor meinem Mann stand, und beobachtete ihn genau. Während ich auf sein Lachen wartete, auf irgendetwas Befreiendes, brachte mich Lpetati völlig aus dem Konzept, indem er fragte: »Welcher der Söhne?«

»Wie, du hast noch mehr Söhne?«

»Ja, Chui«, lachte Lpetati vergnügt, »zwei. Und welcher, sagtest du, will mich sprechen?«

»Es ist ... Talone.«

»Bitte ihn herein, Chui, auch ich habe mit ihm zu reden.«

Ich verstand die Welt nicht mehr. War ich denn blind gewesen? »*Karibu*«, sagte ich abwesend zu dem feingliedrigen Talone, der erstaunlich schmale Hüften hatte, und mir war gar nicht wohl. Ich ließ Vater und Sohn allein und ging vor das Haus, wo ich missmutig einige größere Quarzbrocken als Wegmarkierung zu unserem Eingang an die Seite rollte und versuchte, meine Gedanken zu ordnen. Was hatte mein Mann mir da so lange verheimlicht? Warum hatte mir Lpetati nie gesagt, dass er schon zwei große Söhne hatte? Mein Gott, er musste sie bereits in jugendlichem Alter gezeugt haben! Die Mutter Talones war eine liebe Freundin von uns und infolgedessen oft in unserem Haus. Ich bekam kaum Luft bei dem Gedanken an sie. Verzweifelt trat ich heftig gegen die in der Sonne glitzernden Steine und verletzte mich dabei am Zeh, der dann mit der Enttäuschung um die Wette schmerzte.

Aus meiner ersten Ehe in Deutschland wusste ich, wie gut eine Gemeinschaft funktionierte, wenn jeder eine kleine Ecke in seinem Herzen als »Geheimplatz« behalten durfte, in der Gefühle, Gedanken, Wünsche und Taten – vom Partner unangetastet und unbeansprucht – gehegt, begraben oder aktiviert werden konnten, ohne Rechenschaft darüber ablegen zu müssen. Aber zwei Söhne hätte mir Lpetati nicht verheimlichen dürfen, fand ich.

Da rief mein Mann nach mir. Aufgeregt und mit Herzklopfen wartete ich auf ein paar erklärende Worte.

»Chui, ich weiß gar nicht, warum ich nie gesagt habe, dass wir zwei prächtige Söhne haben, zwei gute Krieger. Du kennst Talone schon so lange und Ledjinan auch. Und du kennst unsere Zeremonie der Beschneidung vor der Kriegerweihe. Ich war Pate für die beiden bei der Zeremonie, ich habe sie in ihrem wichtigsten Moment an den Schultern gehalten und bin dadurch nach uraltem Brauch zu einem Vater für sie geworden. Daher bist du als meine Frau wie ihre Mutter.«

Ich musste weinen, vor Erleichterung, Rührung und Beschämung, woraufhin die beiden Männer erst sich und dann mich verwundert ansahen. »Ich … ich habe etwas ganz anderes gedacht«, stotterte ich und fing mich nach einem tiefen Seufzer. »Ich hätte es wirklich längst wissen sollen, Simba.«

Nach diesem Zwischenfall genoss ich die Besuche der beiden »Söhne« ganz bewusst, vor allem an den Hausmusik-Abenden, an denen sie gerne unsere Lieder auf der quadratischen *gitaa* begleiteten. Sie waren mir in einer Weise ergeben, die mich glücklich machte.

Als ich meinem Mann irgendwann verriet, was ich über ihn und seine beiden »Söhne« gedacht hatte, lachte er nur ungläubig. »Zu viel Ehre, Chui. Dein Simba ist zwar jetzt ein starker Mann, aber als Kind war ich doch eher normal.«

Ein Leopard auf dem Dach

Einmal kehrten Lpetati und ich wegen einer Versammlung erst spät in unser *boma* zurück und mussten sehr vorsichtig sein wegen der wilden Tiere, deren Laute uns umgaben. Im Schein des Mondes, der riesengroß und in fleckigem Gelb erstrahlte, folgte ich Lpetati durch das feuchte Gras. Es roch würzig nach Kräutern und vermodertem Holz. Ab und zu blieben wir stehen, um zu lauschen, was ich ungemein aufregend fand, denn die Bewunderung für die Schönheit des nächtlichen Hochtales lag so dicht bei den Angstgefühlen, dass beides zusammen ein wohliges Kribbeln erzeugte. Wie zuvor schon Elefanten und Hyänen waren in den letzten Tagen vereinzelt Löwen und Leoparden nicht weit von unserem *boma* entfernt gesichtet worden. Aus der Richtung des Naiparikedju drang der Gesang von Kriegern herüber, kehlig und rhythmisch, und ich bekam Gänsehaut. Wie liebte ich diese Nächte in der afrikanischen Wildnis, wie liebte ich die Gesellschaft von Lpetati!

Zu Hause angekommen, setzten wir uns auf die Eingangsstufe unseres nach Zedern und feuchter Erde riechenden Hauses und lauschten weiter dem Gesang der jungen Leute. Lpetati summte leise mit und bewegte den Oberkörper rhythmisch vor und zurück. Plötzlich hielt er inne, griff nach mir und dem riesigen

Hausschlüssel, den er in sein *nguo* eingeknotet hatte, und öffnete eilig die Tür.

Da erst hörte ich das leise Fauchen, das den Gesang und die Rufe der Zebras und Hyänen überlagerte und daher aus der Nähe kommen musste. »Ein *chui*?«, fragte ich.

»Ja, Chui, Besuch für dich«, scherzte er. Wir lachten darüber und fühlten uns sicher, doch nur wenig später erstarrten wir, denn der Leopard strich um das Haus herum. Wir hörten sogar seinen hechelnden Atem, und dann sprang er auf irgendetwas, es hörte sich an, als befände er sich über uns. Ob er das Ziegenfleisch roch, das Saito uns gebracht hatte? Voller Entsetzen dachten wir an unser Dach, das nach wie vor an einer Stelle offen war, weil immer noch die bestellte Wellblechbahn fehlte. Das Raubtier verhielt sich ruhig, doch die Stille zerrte an unseren Nerven. Beobachtete es uns? Dann, als wir den Leoparden wieder hörten, auf dem Dach über uns und dicht an der Stelle, die noch nicht abgedeckt worden war, handelte Lpetati.

Kurz entschlossen zog er einen unserer beiden neuen, rot gepolsterten Stühle, auf die wir so stolz waren, unter die Dachöffnung, griff nach den Streichhölzern, Paraffin, Holzspänen und einer Kerze und zündete ihn damit an, was ein erhebliches Stück Arbeit war. Alles Bedauern zählte jetzt nicht, wir mussten ein Feuer machen, denn nichts sonst konnte den Leoparden am weiteren Vordringen oder gar an einem Sprung durch die Dachöffnung hindern. Unser Feuerholz lag, fein säuberlich aufgeschichtet, draußen auf der überdachten Terrasse, in der jetzigen Situation unerreichbar, und Lpetatis Speer befand sich ebenfalls draußen. Das brennende Polster roch sehr eklig, und es bildete sich starker Rauch, der uns heftig husten ließ. Über uns vernahmen wir jetzt ein seltsames Schnurren und ganz nah ein leises Tappen, bis es auf einmal verdächtig ruhig wurde.

Dafür ertönten nun die Angstschreie der Ziegen, besonders ein Schrei, hoch und lang gezogen wie der Schrei eines Babys, fuhr uns durch Mark und Bein. Dazwischen hörten wir Baba, Saito und Marissa und dann Mousses und Elias Stimme. Mit größter Vorsicht öffneten wir einen der Fensterläden und versuchten, etwas zu erkennen. Ich reichte Lpetati unsere Taschenlampe, deren Batterie aber viel zu schwach war.

Unser Feuer zischte und verlöschte, und ich starrte bedauernd auf die klebrige Masse, die vorher ein schönes rotes Polster gewesen war und nun entsetzlich stank und qualmte. Wir verhielten uns ganz still und horchten an der Fensteröffnung. Die Ziegen meckerten aufgeregt, unsere Schafe blökten, und dann mischten sich in die Laute verängstigter Tiere wieder kurze Schreie, die denen von Kleinkindern ähnelten.

Nach einiger Zeit öffnete mein Mann vorsichtig die Haustür und schwenkte mit der Taschenlampe über den Weg zu uns herauf – nichts. Mit Herzklopfen horchten wir in die Nacht. »Wir brauchen unbedingt eine Außenbeleuchtung«, dachte ich. *»Chuuiii«*, schrie Lpetati in Richtung *boma*, »Vorsicht!«

In den Hütten war man längst aufmerksam geworden und auf den Beinen. Wie schon bei der Elefantenattacke trugen die Männer Feuer nach draußen, und die Frauen schlugen lautstark irgendwelche blechernen Gefäße aneinander.

»Ich muss zum Pferch«, sagte Lpetati, trat mit der Taschenlampe in der Hand auf unseren Vorplatz und griff nach seinem Speer.

Als ganz in der Nähe ein ärgerliches Fauchen ertönte, gab Lpetati mir die Taschenlampe, zeigte auf einen Baum und hob den Arm mit dem Speer. Im schwachen Schein der Lampe erblickte ich einen Leoparden, der auf einem der oberen Äste eines großen *njerinjei*-Baumes kauerte, neben sich seine Beute: eine unserer Ziegen. Auf einmal sprang die Großkatze behände durchs Geäst und am Stamm herunter und entfernte sich mit drohendem Fauchen; ihre Beute hatte sie dabei fallen lassen. Mein Mann nahm mir die Taschenlampe wieder ab und leuchtete unter den Baum. Da lag unsere Ziege Kitty, die trächtig gewesen war und daher einen besonders großen Verlust bedeutete. Die restliche Nacht und auch die nächsten Nächte schliefen Lpetati und ich in unserer alten Hütte, um unseren Tieren näher zu sein, doch der Leopard blieb unsichtbar.

Nur wenige Wochen später sah ich mich erneut einer gefährlichen Raubkatze gegenüber. Ich war gerade mit Lpetatis kleinem Neffen Ramboni im Wald unterwegs, um Zedernzweige zu holen, als uns ein Gepard begegnete. Zwar fuhr mir der Schreck in alle Glieder, doch geistesgegenwärtig fiel mir ein, was mir mein Mann für solche Situationen eingeschärft hatte: leise sein und sich nur im Zeitlupentempo von der Gefahrenquelle fortbewegen. Der Gepard beobachtete uns, geduckt, mit vorgestrecktem Kopf. Mein Herz hämmerte zum Zerspringen. Aufgeregt versprach ich Ramboni Bonbons, wenn er sich ruhig verhielte. Schritt für Schritt zogen wir uns zurück und erreichten unbehelligt unser *boma*, wo ich mich nach überstandener Angst übergeben musste. Ramboni betrachtete mich interessiert dabei und forderte ungerührt seine Bonbons.

Weihnachten

Es war Mitte Dezember geworden und entsetzlich heiß, da in Kenia jetzt Hochsommer war, und bald würde Weihnachten sein. Wie so oft wusste ich das aktuelle Datum nicht, denn wir lebten nicht nach dem Kalender und nicht nach der Uhr – eine besonders beglückende Erfahrung für mich. Von Weihnachtsstimmung war bei uns im *boma* nichts zu merken, in anderen Gegenden Kenias dagegen schon, besonders in den Städten, wo die Geschäfte, öffentlichen Gebäude und großen Plätze, ähnlich wie in Europa festlich und auch kitschig geschmückt, die Kunden und Passanten erfreuten und anlockten. In vielen *matatus* flimmerten gold- und silberfarbene Glitzergirlanden, und oft hingen auch welche in Palmen und Casuarinen. Nur in ganz wenigen Augenblicken überkam mich eine Art Heimweh nach diesem Fest, das aus unerklärlichen Gründen das sentimentalste aller Feste war. Zum wiederholten Mal verbrachte ich nun Weihnachten in der Fremde, was natürlich so nicht stimmte, denn ich war ja auch hier zu Hause.

Meine Gedanken weilten bei meinen Kindern, die ich über die Feiertage auf einer Skihütte in Österreich wusste, bei meinem Vater und der Oma, die aber beide nicht allein sein würden. Nur wenige Male dachte ich an die heimeligen Heiligabende in Deutschland, die ich immer so gern gestaltet hatte. Harmonie und Gemütlichkeit standen in meiner Erinnerung für Weihnachten, und es erfüllte mich mit Dankbarkeit, dass ich so viel Schönes Jahre um Jahre hatte erleben dürfen.

Diesmal würde ich zu Weihnachten in unserem neuen Haus und auch in unserer einfachen Lehmhütte am Feuer sitzen, mich aber dem Geschehen aus dem Neuen Testament viel näher fühlen, fast als wäre ich in dem bewussten Stall und die Tiere wären wirklich um mich herum. Meine Samburu-Familie konnte mit Weihnachten nicht viel anfangen, dennoch liebten sie die schöne Geschichte von Jesus. Aber es war schwer für sie, Ngai *na-rok* und den Christengott als identisch zu betrachten.

An einem der Feiertage wollten wir zum rosafarbenen Kirchlein in den Nachbarort pilgern, da einer der italienischen Patres dort einen Gottesdienst abhielt.

In unserer Hütte sollte es auch ein bisschen feierlich sein, daher brachte ich Zedernzweige an Wand und Tür an, die wirklich unnachahmlich weihnachtlich dufteten, und verzierte sie sogar mit roten Stoffstreifen. Überall verteilte ich rote Stumpenkerzen, die wir seinerzeit aus Nairobi mitgebracht und die bis jetzt gut versteckt im neuen Schrank gelegen hatten. Lpetati und Baba schlachteten zwei Ziegen, es gab reichlich zu essen, und ich überraschte Groß und Klein mit Vanille- und Schokoladenpudding. Den kannten sie zwar nicht, doch er schmeckte ihnen allen, denn sie waren ausnahmslos versessen auf Süßes.

Festliches Glockengeläut gab es nicht, einzig das von unseren Leittieren, dafür aber einen wundervollen, äquatorialen Sternenhimmel, in den ich die Grüße und Wünsche für meine Lieben in Deutschland entsandte. In den »heiligen Nächten« verbrachten wir – wie es üblich zu Festen war – einen Teil der Nacht draußen, wo wir zusammen sangen und tanzten. Dazu gab es reichlich Mais- und Hirsebier, das Babas Frauen gebraut hatten. Es war ein wunderschönes, fröhliches Weihnachtsfest geworden.

Das neue Jahr begrüßten wir in einer klaren Sternennacht mit Singen und Tanzen, von innen erwärmt mit *maradjina*. Draußen, zwischen unseren Tieren, wünschte ich Lpetati feierlich ein gutes Jahr, spürte seinen Arm auf meiner Schulter und die Beklommenheit in meinem Herzen, wenn ich an die Worte von Mama Anna dachte. Ich wünschte mir sehnlich, das von ihr Prophezeite möge niemals eintreten, nicht dieses Jahr, nicht nächstes Jahr, überhaupt nie. Bis jetzt hatte es nichts gegeben, das unser Beisammensein beeinträchtigte, und wenn es Sorgen gab, waren sie klimatisch bedingt oder finanzieller Natur. Nach wie vor gab es keine Unstimmigkeiten zwischen uns. Diese Erkenntnis erfüllte mich mit tiefer Dankbarkeit, und ich wünschte mir den Fortbestand dieser harmonischen Zweisamkeit für das begonnene Jahr, für viele andere Jahre, für immer.

Wasser ist rar

Daheim in Deutschland blühen jetzt die Rosen.
Hier flimmert Hitze über ausgedörrten Weiten.
Du lachst mit mir. Nun fehlt mir keine Rose.

Die zweite große Dürre – von den üblichen Trockenzeiten abgesehen – wurde zu einer großen Bewährungsprobe für mich. Immer wieder hatten fette Monate die mageren abgelöst und umgekehrt, es hatte Hunger gegeben und fast schon gefährliche Einschränkungen der Flüssigkeitszufuhr, dann wieder ausreichende Mahlzeiten, Trink- und sogar Badewasser.

Diesmal aber sah es bedrohlich aus, denn der übliche und heiß ersehnte Regen wollte einfach nicht kommen. Das kostbare Trinkwasser wurde knapp und knapper – längst konnten wir uns keine Körperwäsche mehr leisten –, auch Milch und Nahrungsmittel wurden weniger. Dann kam der Tag, an dem es so gut wie gar nichts mehr gab. Ich war fahrig und nervös und stand wahnsinnige Ängste aus, hier in dem verdorrten Land verdursten zu müssen. Baba und zwei Nachbarn hatten bereits den Verlust von vier Kühen zu beklagen.

Weit war ich mit den Frauen, von denen viele den steinigen Weg barfuß zurücklegten, durch die sengende Hitze gegangen, um an Wasser zu gelangen. Zwar gab es eine Felsenhöhle, die ein kleines, unterirdisches Wasserloch in ihrem Innern barg, doch natürlich kannten alle Menschen der Umgebung diese Stelle und auch die wilden Tiere. So trafen wir auf einen nur noch geringen und stark verschmutzten Wasservorrat. Dennoch halfen wir Frauen uns gegenseitig, die kleinen Kanister zu füllen, die wir mit Stirnbändern und Gurten befestigt auf dem Rücken trugen. Meine Schwägerinnen und Kakomai tranken an Ort und Stelle von der Brühe, Marissa, Saito und ich hielten uns zurück, und auch Susanah beherrschte sich.

»Das gibt Krankheiten«, wusste sie. Aber ich war fast so weit, dass die Vernunft einer völligen Gleichgültigkeit Platz machen wollte. Hauptsache, irgendetwas zu trinken! Ich war schon einmal kurz in Ohnmacht gefallen, als ich während einer langen Dürreperiode mit Lpetati, ohne etwas getrunken zu haben, stundenlang in der Hitze unterwegs gewesen war, und wusste, wie gefährlich der Flüssigkeitsentzug sein konnte.

Auf dem Rückweg schwieg ich, viel zu sehr damit beschäftigt, Speichel zu sammeln und den Mund feucht zu halten. Allmählich bekam ich das Gefühl, dass meine Zunge und die Lippen anschwollen, sie fühlten sich eigenartig pelzig an. Zu Hause schüttete ich hastig und aufgeregt die braune Brühe in den Aluminiumkessel, und es bedurfte großer Disziplin, nicht schon vor dem Abkochen davon zu trinken. Endlich ertönte das Geräusch von siedendem Wasser. Hatte je ein Tee besser geschmeckt als dieser?

Wenn ich mit Lpetati zusammen war, vergaß ich zwar die ernste Lage nicht, konnte sie in seiner Gegenwart aber besser ertragen, zumal wir mit unseren Tieren sehr beschäftigt waren. Da ihnen außer spärlichsten trockenen Halmen und den rar werdenden Schoten der Dornenakazien wieder nur *njerinjei*-Blätter als Nahrung dienten, mussten wir bei ihnen bleiben und darauf achten, dass sie nicht zu viel von dem Laub verschlangen, weil das zu gefährlichen Blähungen führen konnte. Für die Nacht entfernten wir deshalb die Zweige wieder aus dem Pferch, um die Tiere am Weiterfressen zu hindern. Das Melken war fast überflüssig. Die geringen Milchmengen in den kleinen Eutern der Kühe, Ziegen und Schafe reichten fast nur für den Nachwuchs.

Im *boma* waren wir alle zermürbt und besorgt, es wurde ein bisschen mehr gebetet als sonst, aber die Herzlichkeit untereinander blieb lebendig. Babas Frauen, Großmutter und meine Schwägerinnen sagten mir alle etwas Liebes und dass *mungo iko,* Gott da sei. Ich bewunderte ihre große Gelassenheit und ihr beispielloses Gottvertrauen. Es waren vor allem die Frauen, die mich aufrichteten, mir moralischen Halt gaben.

Zu allem Übel bedrohte uns in jenen schweren Wochen auch noch eine andere Gefahr. Zweimal war eine grüne und schwarze, tödlich giftige Mamba in unser Haus eingedrungen. Eine von ihnen hatte hinter einem großen Kochtopf auf dem Regal gelegen, die andere hatten wir entdeckt, als sie sich an einem Fensterladen entlanghangelte. Wie durch ein Wunder hatten wir die Tiere früh genug bemerkt und konnten sie erschlagen, dennoch hatte Baba ein Schaf durch sie verloren und zwei Ziegen.

Die lang anhaltende Trockenheit und die daraus resultierende mangelnde Hygiene hatten allerdings noch weitere schlimme

Auswirkungen: Hautinfektionen, Ekzeme, Flechten und Krätze nahmen beängstigend zu. Die Köpfe mancher Babys und Kinder waren voller Eiterstellen und Schrunden, manche hatten offene Stellen und juckende Ausschläge zwischen den Fingern, unter den Armen und hinter den Ohren. Bei mir selbst hatte ich seltsame rote Pusteln behandeln müssen, doch das war nicht alles. Als sich eines Morgens kleine, weiße Maden aus einer zuvor sehr schmerzenden dicken Beule unter meinem rechten Zehennagel schlängelten, hatte ich mich vor Ekel übergeben müssen.

Die derzeitige Situation war für mich insofern besonders beängstigend, als ich diesmal über keine finanzielle Reserve verfügte. Allein das Wissen, dass ich im Notfall darauf zurückgreifen konnte, hatte mich sonst immer seelisch gestärkt. Nun gab es aber so gut wie kein Geld mehr, das uns über die schweren Zeiten hinweghelfen konnte. Stets schwang die pochende Gewissheit mit, dass Lpetati und ich allein weniger Entbehrungen hinzunehmen hätten, dass wir außerdem fortgehen könnten an die Küste, wo es Arbeit und damit Essen und Trinken gäbe. Aber wir blieben, weil wir es nicht fertig brachten, einfach davonzulaufen und die Familie sich selbst zu überlassen. Mein Verantwortungsgefühl und das schlechte Gewissen kämpften oft genug in mir gegen einen gesunden Selbsterhaltungstrieb und auch meinen normal ausgeprägten Egoismus.

In Zeiten wie diesen funktionierte auch das sonst übliche Tauschen nicht, denn das, was alle so heftig begehrten und brauchten, besaßen auch die Nachbarn nicht. Ein Ziegenfell – wogegen? Eine Kalebasse – wozu, wenn es nichts darin einzufüllen gab? Die Hühner brachten etwas ein, aber vier Hennen und einen Hahn behielten wir wegen der Eier, da es oft sonst nichts gab. Doch drei, vier Eier für eine Großfamilie – das war viel zu wenig. Einige Hühner hatten wir geschlachtet, auch wenn Geflügel eigentlich nicht zum Speiseplan der Samburu gehörte. »Wir essen nur, was sich auf vier Beinen bewegt und davon auch nur drei Sorten«, hatte mir Lpetati schon ganz zu Anfang unserer Beziehung erklärt und mich gleich mit den Essgewohnheiten seines Stammes bekannt gemacht – damals im Neptun-Hotel, als wir vor überladenen, köstlich duftenden, appetitlich hergerichteten Büfetts gestanden hatten. Wenn ich jetzt daran dachte, krampfte sich mir der Magen zusammen, und der Mund wurde noch trockener.

Von Küche konnte bei den Samburu keine Rede sein, von Kochkunst noch weniger. Die Grundernährung bestand aus Milch, Tee mit hohem Milchanteil, Rauchmilch (dafür wurde eine Kalebasse mit einem glühenden Stöckchen ausgeräuchert und zugleich gereinigt, bevor die Milch hineinkam) und selten Milch mit eingerührtem Rinderblut. Zu essen gab es Maisbrei, Reis, der sehr beliebt, aber etwas Besonderes war, und an Gemüse hauptsächlich Weißkohl, braune Bohnen, Mais und eine Art Mangold. Fleisch stand nur selten auf dem Speiseplan, da Ziegen oder Schafe lediglich bei besonderen Anlässen geschlachtet wurden, und Rindfleisch gab es sowieso nur bei ganz wichtigen Ereignissen. Geradezu unvorstellbar war es für fast alle Samburu, Fisch zu essen. Sie hegten eine unverhohlene Abneigung gegen alles, was aus dem Wasser kam, und ekelten sich geradezu vor dem Aussehen und dem Geruch von Fisch und anderen Meeresfrüchten.

Lpetati trug es mit Fassung, dass ich ihm seit drei Tagen nichts Essbares vorsetzen konnte. Manchmal plagten mich Sprüche, wie »Liebe geht durch den Magen« und auch »Ein leerer Bauch studiert nicht gern«, und ich wunderte mich darüber, was alles in meinem Unterbewusstsein ablief. Wie viele Tage würden wir wohl noch ohne ausreichende Nahrung und Flüssigkeit überstehen können, ohne krank zu werden? Oft hielten wir nach erlösenden Anzeichen von Regen Ausschau, und manchmal bauten sich wunderbare Wolkengebilde auf, besonders abends, wenn der Wind und die untergehende Sonne das prächtige Formen- und Farbenspiel veränderten.

Zum Zeitpunkt tiefster Besorgnis besuchten uns Makaio und Milyon und berichteten aufgeregt von zwei neuen Brunnen, die etwa zwei Stunden von uns entfernt lagen. Erst noch vorsichtig, dann aufgeregt und geradezu übermütig beschlossen wir, diese Stelle am nächsten Tag gemeinsam aufzusuchen. Ich zitterte vor freudiger Erwartung, aber dann kamen mir Bedenken, ob eine andere Sippe uns überhaupt erlauben würde, Wasser zu schöpfen. Die Krieger wurden laut. »Wasser ist Leben«, hieß es, und: »Wasser gehört allen!« Natürlich waren davon alle überzeugt, aber ich wusste auch, dass in schweren Zeiten die Wasserreservoire gehütet, beschützt und notfalls gegen »unrechtmäßige« Nutzung verteidigt wurden. Hier in Nordkenia war es schon mehrfach zu kriegerischen Auseinandersetzungen zwischen Samburu, Rendille, Pokot, Turkana und Gabbra gekommen, und immer war es um Wasserrechte gegangen.

Am Abend, Lpetati und ich hatten uns ein gekochtes Ei geteilt, saßen wir noch lange vor unserem Haus in der kühlen, klaren Nacht und sprachen aufgeregt über die neu gebohrten Brunnen. Die Hoffnung auf Wasser, selbst wenn es nicht viel war, löste eine unbändige, befreiende Freude aus. Die trockenen Büsche um uns herum erschienen mir im milchigen Mondlicht wie bizarre, helle Zauberwesen, die Bäume wie ihre gebieterischen Aufseher. Die Fantasie war hinausgezogen in das Samburu-Land, in eine magische Welt.

Einige Tage später gab es endlich zu essen: »Komm, Chui, Onkel Lolowas hat eben eine Kuh verloren«, rief Lpetati schon von weitem, »sie hat zu viel *njerinjei* gefressen. Du siehst, dass wir gut aufpassen müssen.«

Kaum hatte sich die Geschichte von der verendeten Kuh herumgesprochen, zogen wahre Prozessionen hungriger Männer, Frauen und Kinder zu unserem Nachbarn, wobei die Frauen und Kinder aufgrund der Rollenverteilung sicher den Kürzeren ziehen würden.

Noch in der Nacht suchte uns ein Wunder heim, das wir mit Redseligkeit und ausgelassener Fröhlichkeit begrüßten: Wie von

Zauberhand hatten sich schwere Gewitterwolken über die Karisia Hills geschoben und uns – wenn auch nur für kurze Zeit – mit dicken Regentropfen beglückt. Niemand ging in seine Hütte, und niemand legte sich zum Schlafen, denn ungewaschen, wie wir alle waren, genossen wir die leichte Abhilfe durch das Nass aus den Wolken. Nach dem Regen roch unser Haus besonders würzig nach Zedernholz und irgendwie auch nach Sägespänen. Zu der Tonne am Regenrohr hatten wir alle verfügbaren Gefäße nach draußen gestellt, um so viel Regenwasser wie möglich auffangen zu können. Optimistisch ließen wir über Nacht alle Schalen, Kannen, Töpfe, Kanister und Becher draußen. Vielleicht wiederholte sich das Wunder ja. Wie glücklich waren wir! Es hatte – wenn auch durch für Onkel Lolowas traurige Umstände – zu essen und es hatte etwas Regen gegeben. So konnten wir nur dankbar und zuversichtlich sein, dass es, auch wenn die Lage ausweglos schien, doch irgendwie weitergehen würde.

»Du siehst, Ngai lässt uns nicht im Stich«, triumphierte Lpetati und umarmte mich froh gelaunt. Ich spürte seinen heißen Atem, den angenehmen Geruch nach *iliki*, das er seit einiger Zeit mit Vorliebe kaute, um das Hungergefühl einzudämmen. Auch ich hatte mir diese Angewohnheit zu Eigen gemacht, und vor unserem Haus lagen überall die kleinen beigebraunen Schalen des Kardamom.

Naraya taucht auf

Wenn ich zurückdenke, kann ich gar nicht mehr genau sagen, wann Naraya in unser Hochtal gekommen war. Eigentlich war sie zurückgekehrt, wie ich hörte, denn sie hatte früher nicht weit von uns gewohnt. Viele Jahre habe sie auf einer Farm in der Nähe von Nakuru gearbeitet, so hieß es, und nun wolle sie, da nicht mehr ganz gesund, in ihrer Heimat bleiben.

An einem heißen Tag machten Lpetati und ich unseren ersten

Besuch bei Naraya, die drei Söhne hatte, dazu zwei Hühner und eine Hütte auf der anderen Bergseite. Als ich Naraya sah, fühlte ich mich seltsam zu ihr hingezogen, und gleichzeitig wusste ich, dass ich sie nie zur Feindin haben durfte – ein seltsamer Gedanke, aber er drängte sich mir förmlich auf. Freundlich und höflich gingen wir miteinander um, doch wenn wir zusammen lachten, dann lachte in Narayas Gesicht nur der Mund, die Augen blieben seltsam unbeteiligt. Natürlich machte ich mir das nicht sofort klar, auch betrachtete ich die Frau keineswegs kritisch, aber manchmal spürte ich ein Unbehagen in ihrer Nähe. Ich gab mir Mühe, das Gefühl zu unterdrücken, fühlte mich sogar ein wenig schuldbewusst, denn Naraya war eine zuvorkommende Gastgeberin.

Obwohl sie kaum etwas besaß, teilte sie das Wenige ganz selbstverständlich mit uns, was mich bewog, bei unseren nächsten Besuchen Tee und Zucker mitzubringen, manchmal auch Reis. Naraya verstand es außerordentlich gut, uns zu unterhalten. Sie saß dabei auf der »Frauenseite« mit ihren drei kleinen, hübschen Jungen und beeindruckte uns sehr mit allerlei neuen Gesprächsthemen, einer guten Beobachtungsgabe, viel Menschenkenntnis und Lebensweisheit. Ständig animierte uns Naraya wiederzukommen. »Ihr seid meine liebsten Besucher«, hatte sie gesagt. Wir übernachteten manchmal sogar in ihrer Hütte, wenn es sehr spät geworden war oder wenn Elefanten, Hyänen oder Löwen unseren Rückweg gefährdeten. Seltsamerweise folgte Naraya unseren Gegeneinladungen nie. Sie kam zwar manchmal bis dicht an unser *boma* heran, betrat aber weder unsere Hütte noch unser Haus, das sie dennoch sehr lobte. Einige Male ließ sie durchblicken, dass es dort drinnen sicher noch genügend Platz für sie und die Kinder gebe – sie habe sich immer ein großes Haus gewünscht, und wir seien doch nun Freunde. Mit dieser Äußerung beunruhigte sie mich sehr. Spielte sie etwa mit dem Gedanken, dass sie bei uns einziehen könnte? Nicht einmal im Traum wäre es mir eingefallen, unser Haus mit ihr und den Kindern zu teilen, obwohl sie als Gäste natürlich immer willkommen waren.

Um vorzubeugen, sagte ich ihr ehrlich, dass Lpetati und ich nicht vorhätten, das Haus zu unterteilen, und dass wir es allein bewohnen wollten. Sie lächelte, allerdings ohne Beteiligung ihrer Augen, und versicherte, dass es kein Problem sei und sie auch nicht wirklich damit gerechnet habe, nur so ein bisschen. Aber das sei nicht wichtig. Ganz offensichtlich war sie enttäuscht, doch unabhängig davon lud sie uns weiterhin ein, und unsere Besuche bei ihr wurden nach und nach zu einem festen Bestandteil in unseren Unternehmungen. Mindestens einmal pro Woche wanderten wir auf die andere Bergseite.

Lpetati wird krank

Wir hatten den Abend zusammen mit Naraya verbracht, hatten erzählt und gelacht, und Lpetati hatte auch ein wenig *maradjina* getrunken, den Naraya eigens für ihn gebraut hatte.

Da es sehr spät geworden war und wir in aller Frühe nach Maralal aufbrechen wollten, schlugen wir diesmal das Angebot, in ihrer Hütte zu übernachten, aus. Es war eine dieser wundervollen Vollmondnächte, die Geist und Herz beflügeln und die Seele mit Staunen, Dankbarkeit und dem Wunsch nach etwas Großartigem erfüllen. Eng nebeneinander schritten wir durch die Nacht. »Du hast heute ganz warme Hände«, sagte ich zu Lpetati, der manchmal den Eindruck erweckte, als müsse er sich an mir festhalten. Ich lächelte und schob es auf den *maradjina*, der wohl ein bisschen zu stark gewesen war.

Nachdem wir ein Stück gegangen waren, tauchten wie aus dem Nichts vor uns die hohen, dunklen Schatten von Elefanten auf. Da die Tiere direkt auf uns zukamen, liefen wir zu Narayas Hütte zurück und warteten dort mit klopfenden Herzen, bis die Elefanten gemächlich und fast lautlos vorbeigezogen waren. Erst danach schlichen wir, immer noch auf der Hut, die Talsenke hinunter. Plötzlich, auf halbem Weg, brach Lpetati zusammen. Es ging so schnell, dass ich ihn nicht mehr auffangen konnte. Entsetzt beugte ich mich zu ihm hinunter, als er gekrümmt und wie ohnmächtig im taufeuchten Gras lag. Ich rief aufgeregt seinen Namen und klopfte auf seine Wangen, wieder und immer wieder. Endlich reagierte er und versuchte, sich aufzurichten. »Es geht nicht. Lauf nach Hause, *nketok*.«

»Ich lass dich doch nicht hier liegen!« Als ich seine Haut berührte, erschrak ich. Sie war sehr heiß.

»Malaria«, flüsterte er. »Hast du Medikamente?«

Ich schüttelte den Kopf. Malaria? War dies hier ein Malaria-Anfall? Es deutete zwar alles darauf hin, aber wodurch sollte mein Mann daran erkrankt sein?

Lpetati schlief einfach ein. Ich war fürchterlich aufgeregt und voller Angst über seinen Zustand und auch darüber, dass er hier draußen lag, unweit der Stelle, die vor kurzem die Elefanten passiert hatten. Lpetati durfte hier nicht liegen bleiben, so viel stand fest, doch ich konnte auch nicht erst laufen und Hilfe holen.

Nach einigen erfolglosen Versuchen gelang es mir, meinen Mann Stück für Stück in Richtung *nkang* zu ziehen. Ich hielt ihn dabei unter den Armen und musste immer wieder eine Pause machen, da es zu uns ziemlich steil bergan ging. Zweimal versuchte er, mir zu helfen, indem er sich aufrichtete, doch er war zu schwach und sackte immer wieder in sich zusammen. Aber irgendwie schaffte ich es! Wie lange ich gebraucht hatte, wusste ich nicht, und wie sehr mein Rücken schmerzte, merkte ich erst viel später, denn die Furcht vor wilden Raubtieren hatte mir unsagbare Kräfte verliehen.

Lpetati zitterte jetzt am ganzen Körper. »*Kerobi*, kalt«, stieß er zähneklappernd hervor. Ich wickelte ihn in mehrere Decken, legte alle verfügbaren Textilien auf ihn und dicht um ihn und schürte das Feuer, um Tee zu kochen. Ausgerechnet heute, wo ich Hilfe hätte brauchen können, waren wir allein in der Hütte. In meinem Kosmetiktäschchen fand ich noch zwei Aspirin und ein Probepäckchen eines Multivitaminpräparates, das ich im Tee auflöste, nachdem er etwas abgekühlt war. Es war anstrengend, Lpetati den Tee einzuflößen, da er immer wieder einschlief oder so mit den Zähnen klapperte, dass er die Flüssigkeit nicht aufnehmen konnte.

Die Nacht schien endlos. Ich dachte an Europa und die Möglichkeit, einen Notarzt zu holen. Hier im Busch war man von derartigen Segnungen der Zivilisation weit entfernt, es gab kein Telefon, um Hilfe herbeizurufen, kein Auto, nicht einmal eine asphaltierte Straße, keine Apotheke mit Nachtdienst, und es gab nicht genügend Licht, um Lpetati genauer betrachten zu können. Ich bedauerte, dass ich unsere Malaria-Tabletten Lpetatis Brüdern gegeben hatte, die beide verschiedentlich an Malaria erkrankt waren, wie so viele Küstenbewohner.

Wenn es auch reichlich Ungeziefer bei uns gab, die Anopheles-Mücke, die Überträgerin dieser tückischen Krankheit, kam bei uns wegen der höhenbedingten kühleren Witterung und des meist fehlenden Süßwassers, das für die Fortpflanzung erforderlich ist, kaum vor.

Lpetati strampelte, um die Decken loszuwerden. »*Keriwa, moto*, heiß«, stöhnte er, und ich beeilte mich, alles, womit ich ihn zugedeckt hatte, wieder zu entfernen. Jetzt konnte und wollte er wenigstens etwas trinken. Nachdem ich ihn gestützt hatte, schüttete ich aus dem gelben Plastikkanister Wasser in eine Schale und tauchte ein Handtuch hinein. Damit befeuchtete ich Lpetatis Stirn, seine Waden und rieb auch seinen Körper damit ab. Noch trug er seine Ketten und Armbänder, die ich ihm nicht abnehmen mochte. Das hatte ich bis jetzt noch nie getan. Immer wieder feuchtete ich das Handtuch an und kühlte die heiße, glatte Haut.

Die Stille und Dunkelheit in der Hütte, nur vom Schein des sonst so angenehmen Feuers erhellt, machten mir nun durch Lpetatis Zustand Angst. Ich fühlte mich so hilflos und wie am Ende der Welt. Als Lpetati wieder einschlief, machte ich ihm, so gut es ging, Wadenwickel, deckte ihn zu und legte mich eng neben ihn. Irgendwann schlief auch ich völlig erschöpft ein.

Beim Aufwachen tastete ich sofort nach ihm. Das Fieber

schien wieder höher zu sein. Ich legte Feuerholz nach, setzte den Teekessel auf die Feuersteine und fuhr fort, Lpetati mit dem nassen Handtuch zu bearbeiten. Dann weckte ich ihn, um ihm Tee einzuflößen.

Beim ersten Tageslicht lief ich zu Saitos Hütte, wo ich auch Baba vorfand. Schon kurze Zeit später erschienen beide bei uns. Während Saito ihren Sohn unter Tränen und Gemurmel tätschelte, hockte sich Baba neben ihn und hielt seine Hand, ein Bild von Liebe und Fürsorge.

Dann quoll die Hütte über von Familienangehörigen und Freunden, da sich die Nachricht von Lpetatis Malaria-Anfall wie ein Lauffeuer verbreitet hatte. Alle wollten sich ein Bild verschaffen, schwatzten wild durcheinander und erteilten mir gute Ratschläge.

»Chui!«, rief Lpetati irgendwann gequält. »Sag ihnen, sie sollen ruhig sein.«

Ich gab den Wunsch weiter, vorsichtig genug formuliert, um niemanden zu beleidigen. Lekian drängte sich zu ihrem Bruder vor, umarmte ihn und weinte.

Während sein Vater und die Schwestern bei Lpetati blieben, machte ich mich mit Saito auf den Weg nach Kisima, um Malaria-Tabletten zu kaufen. Ich hätte auch jemanden schicken können, doch ich wollte selbst gehen, falls mehrere Medikamente zur Auswahl standen oder es sonstige Fragen gab. Selbstverständlich konnte mich niemand in dem kleinen Lädchen beraten, geschweige denn einen Beipackzettel verstehen, falls es diesen überhaupt gab. Meistens wurden Heilmittel lose und stückweise verkauft. Ich schwor mir, nie wieder Arzneimittel einfach so aus der Hand zu geben.

Saito lief barfuß, mal neben und mal hinter mir her. Wir waren bekümmert und nervös und rannten überall dort, wo der Weg es zuließ. In dem Laden gab es nur noch fünf lose gängige Tabletten, die bei Malaria helfen sollten. Da ich dieses Medikament schon mehrfach in Mombasa in den Shops und im Supermarkt gesehen hatte, kaufte ich es. Wir nahmen noch ein wenig Maismehl mit, klebrige Bonbons und einen Kohlkopf und rannten den langen Weg wieder zurück.

Zwei Tage bangten wir um Lpetati, dann zeichnete sich eine deutliche Besserung ab.

»Chui«, sagte er, »dein Simba hat Hunger, und er möchte *chai*.«

Überglücklich nahm ich ihn in den Arm und beeilte mich, seinen Wünschen nachzukommen.

Naraya und Lanah

Nach langer Zeit besuchten wir Naraya wieder, und als wir eintrafen, stand zu unserem Erstaunen neben ihrer Hütte eine neue.

»Für meine Tochter«, erklärte Naraya, »sie wird demnächst zu mir kommen.«

Bis jetzt hatte ich nichts von einer Tochter gewusst, nie hatte jemand sie erwähnt, nicht einmal Naraya, was mich sehr wunderte.

Als ihre Tochter Lanah dann kam und zwei kleine Jungen mitbrachte, begrüßten wir sie freundlich. Sie war eine sehr hübsche Frau, vielleicht Mitte zwanzig, und erinnerte in ihrem Äußeren nur wenig an eine Samburu. Sie trug modische Kleidung und eine modische, mit Haarteilen gefertigte Frisur. Wir verstanden uns auf Anhieb gut, und es gab andere Gesprächsthemen mit ihr als mit Lpetatis Schwestern. Seit Jahren hatte Lanah, teilweise zusammen mit Naraya, auf einer Farm bei Nakuru gearbeitet. Auf Geheiß ihrer Mutter sei sie nun in unsere Gegend gekommen, ließ sie uns wissen. Von einem Mann oder einem Vater ihrer Kinder war keine Rede, er tauchte ebenso wenig auf – auch nicht in Gesprächen – wie der von Naraya.

Dunkle Wolken

Nach mehreren Wochen, in denen sich Lpetati besonders gut gefühlt hatte, erlitt er, plötzlich und ohne jede Vorwarnung, einen erneuten Malaria-Anfall.

Die Sorge um ihn machte mich fast verrückt, als ich, selbst fiebrig vor lauter Unruhe, für ihn nach Maralal ging. Die Medikamente, die ich dort in der Klinik erstehen konnte, wurden hoch gelobt und waren entsprechend teuer.

Als ich, verstaubt, verschwitzt und abgehetzt, nach vielen Stunden unser *boma* erreichte, erfuhr ich, dass Naraya bereits eine gute Medizin geschickt hatte. Mein Mann bestand darauf, diese besondere *dawa* einzunehmen, und ich stand hilflos daneben, mit meinen teuer erworbenen Tabletten in der Hand.

An diesem Abend weinte ich mich bei Saito und später bei Babu aus. Ich war einfach seelisch und körperlich fertig, noch dazu nagte die Angst um Lpetati im Kopf und im Herzen. Abgesehen davon spürte ich zum ersten Mal, dass etwas Unnatürliches über uns lag und dass sich etwas zwischen Lpetati und mir veränderte. Es war längst nicht immer so, aber mein Mann war von Zeit zu Zeit anders zu mir; er redete anders, handelte anders. Er war, so seltsam das klingen mag, ein anderer Mann, um dann wieder so sehr mein Simba zu sein. Ich fürchtete mich und wusste nicht, wovor.

Magie

Ich weiß zwar nicht mehr, wer sie erwähnte, weil mir die Wörter zunächst nichts bedeuteten, aber irgendwann schnappte ich immer wieder Begriffe wie *sakut*, *setan* und *ngurumbeta* auf, wenn von Lpetatis Krankheit die Rede war. Ich fragte Kulalo, die mir am neutralsten erschien, und bei ihrer Antwort erstarrte ich. Die ersten beiden bedeuteten so viel wie »Zauberei«, »Hexerei«, und *ngurumbeta* war das in unserer Gegend gebräuchliche Wort dafür. Das Wort erschreckte mich in seiner nicht definierbaren Bedeutung. Was sollte ich mir darunter vorstellen? Warum gebrauchte man dieses Wort neuerdings? Was war hier eigentlich los? Was sollte denn bei uns Magie sein? Etwa Lpetatis Malaria-Anfälle? Aber das würde sich doch aufklären lassen. Magie! Hexerei!

Während ich mich noch bemühte, einigermaßen objektiv zu bleiben und mich nicht hysterisch in irgendwelchen absurden Gedanken an einen bösen Zauber zu verlieren, wurde mein Herz zunehmend unruhig, und mein Verstand ließ sich nicht ausschalten. Es half einfach nichts, dass ich mir einzureden versuchte, all das Getuschel über *ngurumbeta* sei nur dummes Zeug. Die Leute redeten, sie hatten offensichtlich Angst, da Lpetatis Anfälle sehr konkret und bis jetzt mysteriöser Herkunft gewesen waren. Außerdem lagen deutliche Verhaltensstörungen bei ihm vor.

Dann wieder dachte ich an unser Haus, unsere Tiere – wir hatten so viel erreicht. Aber sosehr ich mich damit abzulenken versuchte, das Unbehagen und eine dumpfe Furcht blieben. Ich war hin und her gerissen zwischen vernünftigen Überlegungen und einem vorsichtigen Spekulieren, und immer mehr neigte ich dazu, an geheimnisvolle Kräfte zu glauben.

Nur eines verstand ich nicht: Dieser Zauber musste doch irgendwoher kommen, es war doch vorher nichts von alledem bei uns spürbar gewesen. Falls es schon einen Verdacht gab, dass jemand hier bei uns irgendetwas tat, um einem anderen zu schaden oder ihn stark zu beeinflussen, warum ging man ihm dann nicht nach und zog gegen die Person zu Felde, stellte sie zur Rede oder verwies sie des Tales? Warum unternahm man nichts? Oder gab es gar nichts zu unternehmen? Hatte ich da etwas missverstanden? Aber man konnte doch nicht »falsch« fühlen? Oder fürchteten sich unsere Leute etwa davor, dass sie als Strafe sozusagen selbst mit einem Fluch belegt werden könnten? Ich wunderte mich über solche Gedanken, genau wie über den Wirrwarr in meinem Kopf.

»Fluch« – das war ein Begriff aus Märchen, aus den Abenteuerromanen meiner Kindheit.

Manchmal wusste ich wirklich nicht mehr, was nun Realität war und was nicht. Aber die Tatsache, dass ich mich in Afrika befand – für mich das wirkliche Land der unbegrenzten Möglichkeiten –, dass ich die großen Geheimnisse zwar spürte, aber mein Wissen darüber reichlich unvollständig war, beeinflusste meine Empfindungen und mein daraus resultierendes Verhalten sehr. Ich reagierte anders, als ich es in Deutschland getan hätte, wäre ich mit dem Begriff »Magie« konfrontiert worden. Es war, als blickte ich in einen riesigen Brunnen, der mir nur eine leichte Kräuselung an der Wasseroberfläche zeigte, harmlos und heiter, darunter aber unergründlich tief und dunkel blieb und nicht wenige Gefahren barg – sollte ich mich denn zu weit über den Brunnenrand beugen und das Gleichgewicht verlieren.

Erste Unstimmigkeiten

Durch Lpetatis Anfälle und seinen zeitweiligen abrupten Sinneswandel sowie das Gerede von Magie war ich hochgradig nervös geworden. Außerdem schien auch mit mir etwas nicht ganz zu stimmen. Ich fühlte mich an manchen Tagen furchtbar elend, besonders in den Morgenstunden. Zusätzlich steckte ich aufgrund der erneuten Dürre in Geldschwierigkeiten. Immer öfter hatte ich Kopf- und Herzschmerzen, irgendwie war mir, als drücke mir jemand die Luft zum Atmen ab.

Seit fast vier Jahren waren Lpetati und ich nun schon sehr glücklich miteinander. Und jetzt, wo wir stolze Hausbesitzer waren, über eine ansehnliche Herde verfügten und es uns eigentlich nur noch besser gehen konnte – von der Dürre und gelegentlichen finanziellen Engpässen einmal abgesehen –, gab es plötzlich dunkle Tage, gab es Angst vor etwas, das nicht greifbar war, lag eine Bedrohung über uns, blieb so vieles rätselhaft. Auf einmal wurde mir bewusst, dass all dies so war, seit Naraya ins Tal gekommen war.

Ich konnte es nicht erklären, spürte nur, dass da irgendetwas mit Naraya und ihrer Tochter Lanah zusammenhing. Mein Verdacht ließ sich nicht begründen, und auch bei genauerem Hinsehen gab es nichts Konkretes. Das nagte an mir, und ich begann, bei Dingen, die mich sonst nicht aus der Fassung bringen konnten, hysterisch zu reagieren. So auch an diesem Morgen, der die erste größere Unstimmigkeit zwischen Lpetati und mir mit sich brachte.

Eine gedrückte Stimmung schwelte zwischen uns, denn mein Kummer machte mich empfindlich. Auslöser für weiteren Unmut war am frühen Morgen Kulalos harmlose Bitte, ihr eine Schlafdecke für Domonian mitzubringen. Lekian brauchte Seife und Zucker, Baba wartete auf ein neues *panga*, nachdem das andere verschwunden und bislang unauffindbar war, und Großmutter hatte mir schon Tage zuvor den leck gewordenen Wasserkanister vorgeführt. Das Vertrauen meiner Leute rührte mich, ebenso wie die Hoffnungen, die sie in mich setzten, aber sie schafften mir auch Probleme. Geld war zurzeit keines vorhanden, das Konto war leer. Meinen Mann beschäftigten die finanziellen Schwierigkeiten nicht weiter, für ihn zählte nur das Heute, das Morgen würde sich schon irgendwie erleben und überleben lassen. Schließlich stand ja alles schon geschrieben …

Wir lehnten am Eingang unseres Blockhauses, das unser ganzer Stolz war, und mein Blick umfasste meinen schönen Mann und hinter ihm in der Ferne »meinen« Mount Kenya.

»Hör zu, Simba«, begann ich wieder, »ich kann nicht für alles sorgen. Es geht einfach nicht. Wir müssen eine Lösung finden. Ich könnte vielleicht eine Zeit lang bei Marlen an der Küste arbeiten. Ich hätte da sicher eine Möglichkeit, doch wäre es mir lieb, wenn du hier in unserem Haus und bei unseren Tieren bliebest.« Ich wusste selbst nicht, warum ich auf einmal Mombasa erwähnte. Es war mir gerade erst eingefallen, und ich merkte sofort, dass ich etwas Falsches gesagt hatte.

»Ich kann auch gute Arbeit finden«, regte sich sein Stolz und mit »Ich will nicht, dass meine Frau allein in Mombasa bleibt« seine Eifersucht.

»So, wie es aussieht, müssen wir uns etwas einfallen lassen. Du und ich, wir können gut zu zweit leben. Aber wir sind nicht allein, die Familie ist groß.«

»Das stört dich.«

»Dass die Familie groß ist? Ach was. Aber die Ausgaben erhöhen sich dadurch gewaltig.«

»Und das tut dir Leid.«

»Nein, das tut es nicht. Nur geht es einfach so nicht weiter.«

»Ich werde mit Baba sprechen.«

»Das ist ein finanzielles Problem, das Baba nicht lösen kann.«

»Baba löst alle Probleme«, beharrte er trotzig. Und dann sah er mich an, wie er mich noch nie angesehen hatte: kalt und geringschätzig. »Wir sind eine arme Familie, ja, Chui, wusstest du das nicht? Aber wir sind eine gute Familie, eine bessere findest du nicht!«

Ich spürte, dass ich Lpetati sehr verletzt hatte, und reagierte wütend darauf, wütend auf mich selbst und darüber, dass ich meinen Mann so in die Enge getrieben hatte und dass es für den Moment keine Alternativen gab, um unser Problem in den Griff zu bekommen.

»Du siehst mich böse an, warum?«

Ich fühlte mich der Diskussion nicht mehr gewachsen. »Ich bin nicht böse auf dich. Warum auch? Ich bin gern bei dir, bin gern deine Frau und bin gern hier. Ich will nicht ohne dich sein. Lass uns jetzt besser aufhören, Simba. Ich werde über Möglichkeiten nachdenken. Aber es kann wirklich sein, dass ich eine Weile nach Mombasa gehe, um mir und uns zu helfen.«

Verärgert griff Lpetati nach meinem Oberarm, dass es wehtat. »*Mzungu!*«, sagte er, und es klang wie ein Schimpfwort. Gegen meinen Willen kamen mir die Tränen. »Leoparden weinen nicht«, kommentierte er nur ungerührt und ließ mich stehen. Mit verschwommenem Blick sah ich ihm nach. Geliebte, liebe Gestalt in Rot, wohin gehst du?

Sehr aufrecht und ohne sich nach mir umzudrehen, blieb er vor der Hütte seiner älteren Schwester stehen, ging dann weiter, bis er in der Talsenke hinter Büschen verschwand, um kurz darauf auf der anderen Seite des Berges wieder aufzutauchen. In mir tobte ein Kampf. Ich fühlte mich im Recht, wenn auch gleichzeitig schuldig, und konnte mich kaum beruhigen. Nach langer, ratloser Untätigkeit entschloss ich mich, Babu aufzusuchen.

Unbeobachtet und daher unbehelligt gelangte ich in seine Behausung. Er saß trotz der Hitze eingehüllt in seine dicke rot-grüne Decke auf seinem Lager aus Kuhhäuten. Nach der Begrüßungsformel nahm ich allen Mut zusammen und kam zur Sache.

»Ich habe ein Problem, ein sehr großes.« Babu kreuzte die Arme vor der Brust und senkte den Kopf ein wenig, wie er es oft beim Zuhören tat. »Du weißt, dass ich glücklich bin, wenn es uns allen gut geht, denn ich kann viel dazu beitragen. Aber manchmal ist es eine große Last für mich. Es reicht nicht immer für so viele Leute. Ich könnte eine Zeit lang nach Mombasa gehen und dort Geld verdienen, aber das will dein Enkel nicht. Nun habe ich mit ihm gestritten. Er denkt, es tue mir Leid, dass ich mein Geld mit der Familie teilen muss. Ich bitte um deinen Rat, Babuangu.«

Großvater saß wie eingesunken vor mir. Einen Moment dachte ich sogar, er sei eingeschlafen. Lange verharrte er in seiner Stellung, und ich wagte nicht, mich zu rühren. Ich starrte auf die Haut seiner Arme und Beine, die noch immer glatt war. Seine Augen tränten heute mehr als sonst, und die ausgeweiteten Ohrläppchen berührten seine Schulter, als er den Kopf beugte.

»Wir freuen uns«, begann er nach langer Pause. »dass du bei uns bist. Gräme dich nicht, du bist uns eine liebe Tochter. Deine Gedanken machen dich krank, Kind. Du hast viel geholfen, ja, das hast du, aber denke nicht, dass wir dir gram sind, wenn es nicht mehr so ist. Ngai wird für uns da sein. Geh, wenn du es willst, aber komm ohne Groll wieder, und vergiss nie, dass dein Platz hier ist, bei uns.«

Wir sahen uns an, und ich fühlte mich erleichtert und ruhiger, besonders als er mir die Hand auf den Kopf legte und ein Gebet murmelte. Wärme und eine gewisse Erhabenheit durchströmten mich, und ich fühlte mich auf seltsame Weise gestärkt. Schweigend saß ich ihm noch länger gegenüber.

»Der Streit mit deinem Enkel tut sehr weh«, begann ich erneut. »Wir haben uns noch nie vorher gestritten. Kannst du vielleicht mit ihm reden, Babu?«

»Schick ihn zu mir. Es ist Zeit, mit ihm zu reden.«

»*Hashe*, Babu. Könntest«, ich nahm allen Mut zusammen, »kannst du auch das … dieses Andere beeinflussen? Kannst du das tun?«

Großvater sah mit seinen trüben Augen an mir vorbei. »Du musst Ngai vertrauen. Er wird helfen, *etii ake* Ngai », sagte er dann bedächtig und legte mir noch einmal die Hand auf den Kopf. Ich verhielt mich ganz ruhig und wartete, bis mir der Moment richtig erschien, um mich zu erheben.

Am Abend kam Lpetati in unser Haus, als wäre nichts gewesen. Er war lebhaft und gut aufgelegt, wie immer. Später saßen wir zusammen und tranken *chai*. »Ich war bei Großvater«, sagte er. »Chui, glaube mir, ich will diesen Ärger nicht. Ich will ihn wirklich nicht zwischen uns.«

»Ich auch nicht, bestimmt nicht, Simba. Aber im Moment gibt es so viel, das macht mich fertig, und dann kommt auch noch jeder und will etwas von mir, wo ich doch kein Geld habe. Wir beide haben kaum noch zu essen. Was soll denn werden?«

»Dein Simba wird sich etwas einfallen lassen.«

»Ja?«

»Ja, sicher.«

»Da ist auch noch dieses Andere, von dem ich nicht weiß, wie ich es nennen soll, wenn du so anders zu mir bist. Das tut mir weh und macht mir Angst. Ich glaube, nur deshalb haben wir auch streiten können. Das war sonst nie, und es ging uns doch schon öfter schlecht.«

Mein Mann schwieg und drückte mit dem nackten Fuß einen kleinen Ast in das Feuer, das wir abends, um es warm zu haben, auf einem Blech in unserem Schlafraum brennen ließen. »Wir werden zusammen nach Mombasa gehen«, sagte er.

»Ist das eine Lösung?«

»Vielleicht. Wir können Geld verdienen, Chui. Und dort werde ich nicht krank werden.«

Ich holte unsere Schlafdecken, und wir hüllten uns darin ein. Vielleicht war die Küste wirklich die Lösung, aber was war, wenn wir zurückkämen? Wir würden sicher nicht allzu lange fortbleiben, jetzt, wo das Haus fertig war und die Tiere uns brauchten. Ich schlief sehr unruhig, obwohl Lpetati mich dicht an sich herangezogen hatte und ich mich, wie so oft, in seinen Armen geborgen und beschützt fühlte. Vor dem Einschlafen hatte er mir gesagt, dass er mich sehr lieb habe, und ich solle niemals auf jemanden hören, der etwas anderes behaupten würde. »Du bleibst meine einzige Frau. Das will ich so.« Warum hatte er das so betont?

Neuerdings hielt Lpetati große Stücke auf Narayas Meinung. Ich verstand überhaupt nicht, wieso diese Frau und ihre Tochter einen solchen Einfluss auf meinen Mann nehmen konnten. Das, was ich sagte, wog zeitweise nichts gegen das, was die beiden von sich gegeben hatten. Es war mir unbegreiflich und unheimlich. Wie blind folgte Lpetati irgendwelchen Anweisungen und tat, ohne nachzudenken, was Naraya verlangte, gerade so, als hätte er gar keinen eigenen Willen mehr. Das alles war nicht ständig so, sondern wechselte mit Phasen, in denen ich in Lpetati wieder ganz meinen »alten« Mann fand. Er regte sich dann sogar furchtbar über Naraya und Lanah auf, darüber, was diese Frauen sich herausnahmen und dass sie keinen Respekt vor ihm hatten.

Ich witterte sofort Gefahr, als mein Mann vorschlug, die beiden Frauen mit ihren Kindern während unseres Aufenthalts in Mombasa in unserem Haus einzuquartieren. Honigsüß schilderte er mir die Vorteile davon, die es aber, genau genommen, nicht gab.

Das waren auch nicht Lpetatis Gedanken. Er war viel zu sehr stolzer Hausbesitzer, um anderen Leuten, außer Familienmitgliedern, Aufsichtspflichten zu übertragen. Er, der außer einem Tuch, einem Messer, Schlagstock, Speer und Kriegerschmuck nie etwas ganz für sich besessen hatte, würde den Hausschlüssel nur jemandem aus der Familie geben. Ich wusste sofort, wer dahinter steckte, und weihte Baba ein. Mit Babu wollte ich später sprechen.

»Ich werde achtsam sein«, hatte Baba sehr ernst gesagt, und da hatte ich plötzlich begriffen, dass es hier um mehr ging als um die Frage, wer auf unser Haus aufpasste. »Ich werde sehr achtsam sein, mein Kind«, hatte er mit besorgter Miene wiederholt. Inzwischen war fast die gesamte Familie gegen unsere Besuche auf der anderen Bergseite, und wir gingen nun seltener zu Naraya und übernachteten kaum noch bei ihr. Dennoch kam es vor, dass Lpetati manchmal heimlich zu ihr ging und länger dort blieb. Wenn er zurückkam, wirkte er verändert, und es dauerte eine Weile, bis er wieder normal reagierte.

»Stell dir vor, Chui«, sagte er nach einem dieser Ausflüge, »man wollte, dass ich noch eine Kikuyu heirate, weil das gut für mich wäre und für dich. So was Unmögliches! Ich würde ja nicht einmal zu der Hochzeit von meinem besten Freund gehen, wenn der so etwas vorhätte.«

Lpetati erschreckte mich mit dieser Äußerung mehr, als er ahnen konnte. Hilflos musste ich mit ansehen, wie er offensichtlich ganz gezielt bearbeitet wurde, und da er von einer Kikuyu sprach, war ich nun ganz sicher, dass Naraya und Lanah damit zu tun hatten.

An manchen Tagen war meine Angst grenzenlos. Lpetati musste der anderen Bergseite fernbleiben und den Umgang mit den beiden Frauen unbedingt meiden – aber der Wunsch dazu oder die Einsicht mussten von ihm kommen. Wie konnte ich meinem Mann nur helfen? Er wollte ja Hilfe, oft genug signalisierte er es, das spürte ich, und er wandte sich an mich, ohne Konkretes zu fordern.

Eines Abends reagierte er besonders seltsam. Ich saß auf unserer Terrasse und zog ein neues Gummiband in Lpetatis blau-rote Sporthose, die er so gern unter seiner *shuka* trug. Er sah mir bewundernd zu und bat mich, ihm zu sagen, dass er bleiben solle. Auf mein verwundertes »Bitte, bleib hier« war sofort die Antwort gekommen: »Natürlich bleibe ich. Warum sollte ich von dir fortgehen?«

Die Abende danach waren gemütlich und unterhaltsam. Die Kinder kamen oft, ebenso Lpetatis Schwestern. Wir tobten mit den Kleinen, machten Würfelspiele, und nichts wies auf eine Krankheit, auf eine Bedrohung hin.

Bis jetzt hatten wir gedacht, wir wären gegen Anfeindungen von Dritten gefeit, weil wir in einer gefestigten Beziehung lebten. Doch nun mussten wir enttäuscht und hilflos mit ansehen, wie eine unbekannte Macht sich zwischen uns zu drängen und Unfrieden zu stiften versuchte. Ich fürchtete mich vor den Veränderungen, die uns bereits einige Tage und Nächte aus dem gewohnten Gleichgewicht hatten werfen können. Und ich fürchtete mich vor den Zweifeln, die gesät worden waren und die sich nun immer wieder in meine Gedanken schlichen. Was konnte ich nur dagegen tun? Jedes Opfer wäre mir recht. Die Ungewissheit machte mich krank, besonders als es Lpetati für zwei Tage wieder gar nicht gut ging. Sollte ich ihn nun endlich ins Hospital bringen?

In der Nacht, als ich ihm Stirn und Waden mit einem nassen Handtuch kühlte, sprach ich mit ihm darüber, obwohl ich nicht sicher war, dass er mich in seiner fiebrigen Verfassung überhaupt verstand. Wieder quälten mich Gedanken an Hexerei, und ich verstieg mich in wilde Fantasien. Wenn es nun wirklich *ngurumbeta* war – welche Zauberformel vermochte dann Lpetatis Anfälle auszulösen? Wer konnte dermaßen auf ihn Einfluss nehmen, und wie funktionierte das? Warum wollte ihn überhaupt jemand beeinflussen? Ausgerechnet ihn? Wozu? Was wollte derjenige damit bezwecken? Konnte man tatsächlich einen Menschen »verhexen«? Nein, das durfte ich gar nicht erst denken! Das gehörte ins Reich der Märchen. Aber – gab es da nicht doch etwas? Lpetati war manchmal einfach nicht Lpetati. Warum? Wem war er oder waren wir ein Dorn im Auge? Wollte jemand ihm oder uns Böses? Wir hatten Neider, natürlich, aber war das ein Grund?

Ich plagte mich damit, objektiv zu bleiben, und überlegte, wie ich einem Arzt die Situation glaubhaft schildern könnte, ohne mich lächerlich zu machen. Wie würde ein Mediziner darauf reagieren, noch dazu als Afrikaner? Würden wir einem Geheimnis auf die Spur kommen, oder gab es gar keines? Litt Lpetati womöglich an einer gefährlichen Krankheit, während ich dem Gerede von Magie glaubte und es hinnahm, dass er sich ab und zu auffällig verhielt und von Fieberschüben heimgesucht wurde?

»Wir werden nächste Woche nach Mombasa gehen«, verkündete Lpetati eines Abends. »Wenn wir gehen, wird alles anders. Das sagt mir mein Gefühl«, fuhr mein Mann fort, »ich weiß nicht, was anders werden soll, aber sicher ist es die Sache mit meiner Gesundheit. Und du möchtest doch einen starken Simba?«

Eine Zeit lang schien es Lpetati wieder gut zu gehen, und es war zwischen uns so harmonisch wie früher. Dann klagte er plötzlich über Kopfschmerzen, die er früher nicht gekannt hatte, und fieberte. Auf banale Alltäglichkeiten reagierte er äußerst gereizt und vergriff sich mir gegenüber manchmal im Ton, was bisher noch nie vorgekommen war. Es quälte mich und ihn auch, wenn er sich dessen bewusst wurde. »Dein Simba will das nicht«, entschuldigte er sich dann.

Gibt es Hexerei?

Eines Morgens dämmerte mir etwas, das heißt, ich kam einer Sache plötzlich viel näher, die mich schon des Längeren beschäftigte, aber die ich dann doch als zu unwahrscheinlich abgetan hatte. Ich war gerade vor unser Haus getreten und entdeckte Naraya und ihre Tochter Lanah im Gespräch mit meinem Mann. Baba kam hinzu und verjagte die beiden Frauen.

»*Nisamehe, kuna shida namna gani,* verzeih, was gibt es Unangenehmes?«, fragte ich ihn höflich.

Baba schnaubte, spie in Richtung der beiden Frauen, sah seinen Sohn an und schüttelte missbilligend den Kopf.

Als ich meinen Mann zur Rede stellen wollte, lächelte er zwar, winkte aber ab und stieg ein Stück die Bachböschung hinauf. »Was ist hier los?«, rief ich ihm aufgebracht hinterher, doch er drehte sich nicht um.

Unglücklich setzte ich mich vor die Haustür. Unheil lag in der Luft, ich spürte es förmlich, irgendetwas Drohendes braute sich um uns zusammen, und es hatte eindeutig mit Naraya zu tun.

Vor einiger Zeit hatte Baba mir die Schlafmatte, die ich zum Übernachten bei Naraya unter dem Arm trug, einfach fortgerissen. »Du schläfst hier«, ordnete er an und duldete keinen Widerspruch. So kannte ich ihn gar nicht und war sehr irritiert. Später am Abend ließ ich mich dennoch von Lpetati dazu überreden, zu Naraya zu gehen. Aber am Morgen saß Baba vor ihrer Hütte, um mich abzuholen.

»*Karibu chai,* Tochter«, sagte er einfach, und ich folgte ihm. »Habe ich etwas falsch gemacht?«, fragte ich.

»Du nicht«, gab er zurück, »es gibt Schlechtes hier, das sitzt in Simbas Kopf.«

Lpetati folgte uns in großem Abstand, bog dann jedoch plötzlich ab und ging am *boma* vorbei. Ich war enttäuscht, unerträglich erregt und hoffte so sehr, ein klärendes Gespräch mit ihm führen zu können. Nach Babas Reaktion zu urteilen, musste es wirklich einen triftigen Grund geben, der meinen Besuch auf der anderen Bergseite nicht gestattete.

Unruhe war in mir, wenn ich darüber nachdachte, dass Baba sofort losmarschiert war, um mich persönlich zurückzuholen, nachdem er wusste, wo wir übernachtet hatten. Was ging hier vor? Warum hatte sich Babu noch nicht eingeschaltet?

Während ich darüber grübelte und auf Lpetatis Rückkehr wartete, erschien Losieku. »Du bist traurig, *nkanashe*«, sagte er und setzte sich neben mich.

»Ja«, nickte ich, »ich bin traurig. Irgendetwas stimmt hier nicht. Baba hat mich von Naraya geholt, Simba ist verärgert und hat nicht einmal *chai* getrunken. Was ist hier los? Weißt du etwas?«

»Vielleicht … aber nicht viel.« Ängstlich sah er sich nach allen Seiten um. »Dein Mann bekommt Medizin«, flüsterte er.

»Medizin? Was für Medizin? Wer gibt sie ihm und warum?«

»Damit er etwas tut, was er sonst nicht tut.«

»Damit er etwas tut, was er sonst nicht tut?«, wiederholte ich. »Das verstehe ich nicht.«

»Du musst leise sprechen, Schwester«, ermahnte mich Losieku. Er betastete die Adlerfeder in seinem ockerrot eingefärbten krausen Haar. Die gleiche Farbe glänzte auf seinem Gesicht und seinem Oberkörper. Um die Hüften hatte er sein Lieblingstuch geschlungen, das ich ihm vor langer Zeit geschenkt hatte.

»Ist der *morani* im Haus?«, fragte Makaio, nachdem er uns freundlich gegrüßt hatte. Wir hatten ihn gar nicht kommen hören.

»Er ist den Weg am Bach hinauf«, gab ich Auskunft.

Als Makaio sich zu uns setzte, weihte ihn Losieku in unser Gespräch ein.

Makaio schwieg eine Zeit lang. »Weißt du«, begann er dann in seiner bedächtigen, belehrenden Art, »es gibt in Afrika Dinge, die du als *nkeshumpai* nicht verstehen wirst. Hast du schon mal etwas von Magie gehört?«

»Ja, aber …«, mir wurde ganz flau. »Magie? Hier bei uns? Meinst du *ngurumbeta*?«

Die beiden Krieger sahen mich überrascht an. »Du weißt es?«

»Nein, ich weiß nichts, aber ich habe das Wort vor kurzem öfter gehört und Kulalo gefragt, was es bedeutet. Ich muss endlich wissen, was los ist. Was tut sich hier bei uns?«

»Psst«, machten beide, weil ich in meiner Erregung sehr laut gesprochen hatte. »Du denkst, dein Mann hatte Malaria?«, fragte Makaio. »Ich bin sein bester Freund, wie du weißt, und ich sage dir, dass es keine Malaria war.«

»Aber wenn ihr doch wisst, dass es Simba schlecht geht, warum sagt ihr dann nichts? Warum tut keiner etwas?«

»Weil wir nicht krank werden wollen«, meinte Makaio.

Losieku hatte die ganze Zeit geschwiegen, nur ab und zu genickt und gedankenverloren mit meinen Haarspitzen gespielt. »Wir passen auf dich auf, auch wenn du es nicht merkst«, sagte er nun.

»Könnte es sein, dass alles mit denen da drüben zusammenhängt?« Ich wies mit dem Kopf auf die andere Bergseite. »Ist es Naraya? Und was ist mit ihrer Tochter? Warum ist sie gerade jetzt gekommen?«

Die beiden Krieger schwiegen. Makaio machte Anstalten, etwas zu sagen, hielt aber wieder inne.

»Warum sagt ihr nichts? Versteht ihr nicht, dass es mich verrückt macht? Es geht um meinen Mann!«

»Die Tochter soll einen Mann haben.« Losieku flüsterte wieder. »Sie will deinen Mann, und dein Mann soll sie wollen!«

Ich erstarrte. *»Was?«*

»Das ist so. Und damit er das will, bekommt er Medizin.«

Mir wurde schlecht vor Angst. Mir war, als fiele ich aus einer großen Höhe unsanft auf harten Boden.

»Dein Mann hat ein schönes Haus und viele Tiere – aber mehr darf ich nicht sagen. Es ist schon zu viel.«

»Ihr meint also ...«, mir blieben die Worte im Hals stecken, »dass Simba ...« Ich brachte es nicht heraus.

»Es wird nicht passieren«, tröstete mich Losieku und legte den Arm um mich.

»Aber es passiert doch schon«, schluchzte ich.

»Liebe Chui, glaube daran, dass es nicht passiert.« Er tätschelte mich betulich, um mich zu beruhigen.

»Es wird alles gut«, sagte Makaio, »auch das andere, denn es war ja nicht dein Mann.«

Ich holte tief Luft. »Was denn noch? Was gibt es denn noch?«

»Jemand aus der Familie ist schuld, dass die Frau damals fortgehen musste, aber es war nicht Simba! Der war ja noch ein kleiner Junge.«

Ich nahm mich zusammen. »*Kisasi?* Rache?«, fragte ich ungläubig. Sie nickten mehrmals.

»Aber warum will sich jemand an Simba rächen? Das ist doch Wahnsinn! Er hat doch nichts Unrechtes getan!« Es war lange still zwischen uns.

»Mit ihm trifft man alle«, sagte Makaio, und dann erzählte er mir die ganze Geschichte: Jemand aus der Familie soll schuld daran sein, dass sie nach Nakuru gehen musste, wo sie in einem sklavenähnlichen Verhältnis hart arbeiten musste und fürchterlich ausgenutzt wurde, auch sexuell. Zwar war Lpetati zu dem Zeitpunkt, als Naraya nach Nakuru geflohen war, noch viel zu jung und hatte damit nichts mit der Angelegenheit zu tun. Doch sollte er, indem er ihre Tochter ehelichte und so die Versorgung für sie und ihre Kinder übernahm, eine Art Wiedergutmachung leisten. Was für ein teuflischer Plan!

Ich schluckte. Mein Hals wurde immer enger. In meinem Kopf arbeitete es fieberhaft. »Soll er büßen für etwas, das er nicht getan hat?«

»So ist es«, sagte Makaio, und Losieku bestätigte es.

»Mein Gott, wer denkt sich so was aus? Was kann man da tun, was kann ich tun? Man muss da doch was tun. Das ist alles so absurd. Das kann doch nicht einfach so bleiben.«

Als Baba und *mzee* Elia auf uns zukamen, verstummten wir. Aber auf einmal hatte ich das Verlangen, mit allen Familienmitgliedern ganz offen über diesen Wahnsinn zu sprechen, der bei uns ablief. Wie viele wussten darüber Bescheid? Wie viele hatten Angst? Ich fror und schwitzte und quälte mich entsetzlich.

Nicht einen Moment zweifelte ich daran, dass alles stimmte, was mir die beiden Krieger anvertraut hatten. Seltsamerweise hatte nicht einmal die Feststellung, dass tatsächlich Zauberkraft im Spiel war, mein Misstrauen geweckt! Nur manchmal regte sich meine unangebrachte europäische Überlegenheit diesem undurchsichtigen Tun gegenüber, um dann aber gleich wieder die Möglichkeit in Erwägung zu ziehen, dass es doch Magie gab. Vielleicht war ich schon zu lange in Afrika, um noch zu zweifeln.

Austreibung

Einige Tage später wurde ich Zeugin eines geheimen Rituals. Mir war das geheimnisvolle Gehabe von Baba, Onkel Elia und *mzee* Mousse aufgefallen. Sie hatten in einem Eimer ausgehackte Baumwurzelstücke und Akazienrinde gesammelt, diese mit Wasser in die Sonne gestellt und anschließend den Sud gekochter Blätter von verschiedenen Büschen dazugeschüttet. Irgendetwas in dem Verhalten der Männer hielt mich davon ab, sie nach dem Sinn ihres Tuns zu fragen.

Am nächsten Morgen war ich sehr früh wach, den Platz neben mir fand ich bereits leer. Auf dem Weg zum Pferch entdeckte ich die alten Männer und Lpetati, die den Bachlauf entlanggingen. Ich schaute mich um, ob jemand in der Nähe war, stellte meine Kalebasse ab, folgte ihnen, einem inneren Impuls gehorchend, und schlich mit klopfendem Herzen und in geduckter Stellung dichter an den Platz heran, an dem sie stehen geblieben waren.

Mzee Mousse rührte in einem Eimer, während Lpetati sich auf die Erde setzte. Baba sprach eindringlich mit ihm, und dann beteten die Alten, zwar laut, doch kaum verständlich und sehr schnell. Danach flößten sie Lpetati, der kaum Widerstand leistete, von der dunklen Brühe aus dem Eimer ein. Etwas später wand mein Mann sich schreiend und erbrach sich, und ich hätte mich fast in meinem Versteck verraten, weil ich vor Angst und auch Empörung laut aufstöhnte. Ich sah nur Lpetatis Gesicht, seine verzerrten Züge, seinen zitternden Körper, hörte immer wieder das qualvolle Röcheln, als er sich wiederholt übergab, und litt ebensolche Qualen wie er. Gern hätte ich ihn in den Arm genommen und in unser Haus gebracht. Immer wieder verwünschte ich meine Neugier, aber nun musste ich ausharren, bis der Spuk vorüber war.

Lpetati lag jetzt im Gras, zitternd schlug er mit den Beinen auf die Erde und hielt sich unter Jammern den Kopf. Die Alten berieten sich, da nickte Baba, und *mzee* Mousse hielt die Hand hoch, um Einhalt zu gebieten. Anschließend schütteten sie die Wurzel- und Rindenbrühe oberhalb von Lpetatis Kopf ins Gras. Es sah wie ein riesiger Blutfleck aus.

Erst als die Männer mit meinem Mann den Platz verlassen hatten, kam ich vorsichtig aus meinem Versteck. Es war immer noch früh, das Gras noch feucht von der Kälte der Nacht, und mir fiel auf, dass weder Kinder noch Frauen in der Nähe gewesen waren.

Wen würde ich nach dem Geschehen fragen können? Sollte diese Behandlung die »böse Malaria« endlich aus dem Körper herausbringen, wie Baba gesagt hatte? Sollte sie Lpetatis Tun beeinflussen, das nicht in den üblichen Ablauf unseres Zusammenlebens passte? Ich wollte meinen Mann dieser unheilvollen Macht entreißen, doch wie? Mal fühlte ich die Ohnmacht einer Fremden in einer fremden Welt, mal packte mich ein wirrer Optimismus, und irgendwo tief in mir wühlten mich die Worte von Mama Anna auf. Würde sich tatsächlich etwas von dem ereignen, das sie vorausgesagt hatte? Befanden wir uns auf dem Weg ins »dunkle Tal«? Das Ritual beängstigte mich sehr, und ich war sicher, einer Austreibung von bösen Geistern beigewohnt zu haben. Also nahm man *ngurumbeta* bei uns ernst.

Mir war fast schlecht, und ich begab mich auf die Suche nach Lpetati. Vor Babas Hütte entdeckte ich den blauen Eimer, in dem sich der dunkelrote Sud aus Wurzeln und Rinden befunden hatte. Leer und unschuldig trocknete er in der Sonne. Lpetati saß mit angewinkelten Beinen an der Rückseite unseres Hauses, Saito war bei ihm. Ich ließ Mutter und Sohn eine Weile allein, ging dann um das Haus herum und lud sie zum *chai* ein.

Erst unterhielten wir uns über Belanglosigkeiten, dann war es mir, als hätte Saito Tränen in den Augen, aber sie gab sich deutlich sichtbar einen Ruck und erhob sich. »*Karibu chakula*«, sagte sie beim Hinausgehen.

»Sie hat gearbeitet und eine halbe Ziege mitgebracht«, erklärte Lpetati.

Nach einiger Zeit hielt ich es nicht mehr aus. »Baba hat gestern Wurzeln und Rinde gesammelt. Ist das für die Tiere?«, fragte ich und versuchte, meine Stimme unbefangen und harmlos klingen zu lassen.

Lpetati begegnete meinem Blick ganz offen, aber er mühte sich mit einer Antwort, die er zuerst stumm formulierte. »Das ist eine besondere Medizin, wie wir Samburu sie manchmal brauchen«, sagte er dann.

Wir schwiegen, ich schenkte Tee nach. »Chui«, begann Lpetati nach einer Weile, »die Medizin war für deinen Simba.«

Ich bekam feuchte Augen. Die Stimmung, die Angst und seine Ehrlichkeit rührten mich.

Lpetati tröstete mich ungeschickt. »Leoparden weinen nicht«, hörte ich seine ruhige, leicht singende Stimme. Das hatte er vor kurzem schon einmal zu mir gesagt, allerdings nicht so liebevoll wie jetzt.

Die Zeit danach

Es ging Lpetati tatsächlich besser, und auch ich fühlte mich gut. Wir vertrauten beide der Behandlung durch die Ältesten. Ich hoffte so sehr, dass mein Mann in Zukunft unbehelligt bliebe von Krankheiten, Veränderungen und auch von Magie. Ich stufte Zauberei wirklich als eine reale Sache ein.

Lpetati und ich hatten eine glückliche Zeit, die uns erst so richtig bewusst machte, wie viel ungetrübte Zweisamkeit uns in den letzten Wochen entgangen war. Wir holten sie nach, indem wir sehr oft unsere Herde zu weit entlegenen Weideplätzen begleiteten. Unterwegs entspannen sich meist sehr intensive Gespräche, auf unsere Tiere bezogen und auch auf uns selbst. Nur von *ngurumbeta* sprachen wir nicht. Dabei brannten mir viele Fragen auf der Seele.

Als wir eines Nachmittags unter einem großen, ausladenden *sanauguri* saßen und unseren grasenden Tieren zusahen, sagte Lpetati plötzlich ohne Zusammenhang: »Eine Kikuyu heirate ich nicht … niemals!«

»Das, das würde ich auch nicht wollen«, stotterte ich verwirrt und fühlte mich, als hätte man mir ins Gesicht geschlagen. Auf einmal war die Angst wieder greifbar.

Ich ertappte mich dabei, dass ich Lpetati fortan aufmerksam beobachtete, seinen Worten eine andere, lauernde Aufmerksamkeit widmete, um auch die kleinsten Anzeichen eines anormalen Verhaltens entdecken zu können. Das war auf die Dauer belastend, denn ich fühlte mich Lpetati gegenüber schuldig, nicht zuletzt deshalb, weil ich immer noch nicht den Mut gefunden hatte, ihm von meinem belastenden Gespräch mit Losieku und Makaio zu erzählen. Jetzt schien es mir ratsam, schließlich hatte er ein Recht darauf, zu erfahren, was man im Dorf über ihn redete.

»Es wird gesagt«, begann ich tapfer, »dass jemand Einfluss auf dich zu nehmen versucht, damit du zustimmst, eine Kikuyu als zweite Frau zu nehmen, und es wird von einer Wiedergutmachung oder Rache gesprochen.« Mein Herz klopfte, hart und ängstlich.

Wie elektrisiert fuhr Lpetati zu mir herum. »Was sagst du da?« Der Blick, der mich traf, durchbohrte mich.

»Schau bitte nicht so«, flehte ich, »ich will dich doch nur wissen lassen, was im *boma* geredet wird.«

Lpetati musterte mich immer noch betroffen. »Ssssst«, machte er wütend, stand auf, blickte kurz auf unsere Herde und ging.

Unglücklich blieb ich zurück, und sein aufgebrachtes »Ssssst« hörte ich noch eine ganze Weile. Weggehen, dachte ich, ich werde einfach weggehen. Karo kam dicht an mich heran und Layla und Karolina, und als sie friedlich weitergrasten und Sali-Salbei sich dazugesellte, streichelte ich die Tiere mechanisch und schluchzte und heulte vor ihnen.

Als die Sonne schon so tief stand, dass ich unser *boma* gerade noch vor Einbruch der Dunkelheit mit den Tieren erreichen konnte, trieb ich die Herde zusammen. Auf einmal entdeckte ich zwischen den dichten *sunai*-Büschen das leuchtende Pink von Lpetatis *shuka*. Er erwartete mich, lächelte zaghaft, nahm meine Hand und drückte einen heißen Kuss in die Innenfläche. Schweigend trieben wir die Tiere in unsere Mitte und fanden unsere Sprache wieder. *»Pole, nketok«*, sagte mein Mann zerknirscht, *»pole sana. Nisamehe, tafadhali.«*

Am Abend sprach Lpetati erneut darüber, nach Mombasa zu gehen, und bald entstand ein konkreter Plan daraus. Wir würden dem Gerede eine Zeit lang entkommen, würden in einer anderen Umgebung vielleicht abgelenkt sein von dem, was uns die letzte Zeit hier belastet hatte. Vor allen Dingen würde Lpetati Naraya oder Lanah nicht mehr begegnen können. Letzteres sprachen wir aber nicht aus, wünschten es uns nur – jeder auf seine Weise.

Am nächsten Tag suchte ich, nach langen inneren Kämpfen, noch einmal Großvater auf. Ich wollte endlich wissen, was es mit der Hexerei auf sich hatte, weniger weil mich interessierte, was Babu davon hielt, eher mit dem Wunsch, Großvater möge mich beruhigen.

Zum ersten Mal hatte ich Angst vor einem Gespräch mit ihm, denn diesmal ging es um ein brisantes Anliegen, das etwas Mystisches, sehr Afrikanisches berührte. Aber in der Hoffnung auf Babus Verständnis sprach ich mutig vor ihm das Wort *ngurumbeta* aus. Es war mir, als zuckte er leicht zusammen. »Gibt es Magie hier bei uns, Babu? Wendet sie jemand bei Simba an?«

Großvater saß ganz still. Seine vom Rauch entzündeten Augen sahen an mir vorbei. »Es gibt Böses. Es hat viel Kraft, und es hat seine Zeit. Ngai hat es zugelassen, und Ngai wird es abwenden. Sorge dich nicht, *roho*. Alles hat seine Zeit.« Er sprach in Rätseln, im Grunde war der ganze Zauber ein einziges großes Rätsel.

Ich fühlte mich elend, aber ich nahm beherzt einen erneuten Anlauf. »Es ist von einer zweiten Frau für Simba die Rede, angeblich einer Kikuyu.«

Wieder schwieg Babu lange. Er nahm etwas Kautabak aus einem rußverschmierten Döschen, einem ausgedienten Cremetöpfchen von mir, kaute den Tabak gründlich durch und spie dunkelbraunen Priem in Richtung Feuerstelle. »Keine zweite Frau«, sagte er dann, »es steht keine Frau neben dir.«

Eine ungeheure Spannung fiel von mir ab. Ich hätte Großvater umarmen können. »*Hashe*«, brach es aus mir heraus, sehr laut und dem Weinen nahe. »Ich habe solche Angst gehabt«, erklärte ich.

Großvater nickte mehrmals. Dann lächelte er aufmunternd. Wusste er, wie sehr er mir helfen konnte? Obwohl er meine Fragen nicht eindeutig beantwortet hatte, fühlte ich mich besser. Was hätte ich in dieser schwierigen Situation nur ohne ihn gemacht? Wieder plagten mich Vorwürfe, dass ich Lpetati die ganze letzte Zeit ohne ärztliche Betreuung gelassen hatte. Doch was hinderte mich eigentlich daran, Hilfe von außen einzuschalten?

Babu erhob sich, fast wie ein Jüngling. Groß und hager, mit einem freundlichen Lächeln, folgte er mir nach draußen. Am liebsten hätte ich mich an ihn angelehnt, und unsere Freundschaft hätte das durchaus zugelassen, doch mein Respekt vor ihm nicht. Es war ein wunderschöner klarer Morgen, der wegen seiner Besonderheit schwer auf mir lastete und dessen Schönheit leise Wehmut in sich barg. Ich konnte nicht so recht begreifen, was mich so seltsam empfinden ließ, das Atmen fiel mir trotz der frischen, reinen Luft schwer und bedrückte mein Herz in ungewohnter Weise.

Ein schwerer Abschied

Unser Abschied von der Familie stand unmittelbar bevor. Wenn es auch nicht richtig war, gerade in dieser Zeit fortzugehen, so würde es uns doch helfen, Abstand zu den unerfreulichen Vorkommnissen zu gewinnen. Ich fühlte mich hin und her gerissen und merkte nun ganz deutlich, wie sehr ich an allem hing, ob es die Umgebung war, die Menschen, die Tiere, unser Haus. Es war, als würde alles und jeder zu mir sagen: »Bleib!«, und das machte mich fast krank. Sollten wir unsere Reise nach Mombasa abblasen oder verschieben?

Aber dann war da wieder die Angst um Lpetati, und sie war letztendlich stärker als die leisen Stimmen in meinem Innern, die mich zurückhalten wollten. Schon bald sollte ich erfahren, dass ich auf diese Stimmen hätte hören sollen.

Am Abend vor unserer Abreise saßen wir alle bei uns zusammen. Ich hatte Kohl und Tomaten geschmort, Reis gedünstet, *chapatis* gebacken und *chai* gemacht. Wir erzählten und lachten viel, dennoch war alles ein bisschen anders als sonst, vielleicht auch, weil ich irgendwie traurig war.

Lange hatten Lpetati und ich uns vorher bei unseren Tieren aufgehalten, wir hatten, bis auf unsere Hühner, jedes von ihnen umarmt, und den Kühen und Karo hatte ich zärtliche Dinge ins Ohr geflüstert. Die Tiere waren unsere ganze Freude, noch vor unserem Haus, noch vor unserem Feld. Über ihnen allen stand nur noch die Familie. Diesmal verließ ich unser Dorf nicht gern, auch wenn es nur für einige Wochen sein würde. Für wie lange es wirklich werden sollte, ahnte ich damals noch nicht.

Die ganze Familie hatte sich versammelt. Wir schüttelten Hände, ich bekam dazu feuchte Küsse, und wir versprachen, auf uns aufzupassen und bald zurückzukommen. Zuletzt suchten wir Babu auf und ließen uns seinen großväterlichen Segen geben, bevor wir uns auf den Weg machten.

Lpetati und ich drehten uns öfter zu Großvater um, der hoch gewachsen dastand und mit zunehmender Entfernung immer kleiner wurde, winzig fast, bis er nur noch ein roter Fleck war, da die grünen Streifen seiner *shuka* längst nicht mehr auszumachen waren.

Noch bevor wir Maralal erreichten, wusste ich auf einmal, dass der Abschied von Babu ein Abschied für immer sein würde, und es schnürte mir die Kehle vor Angst zu. Ich rang mit mir, ob ich darüber mit Lpetati sprechen sollte, aber ich wollte ihn nicht mit Dingen belasten, die ebenso gut nur in meiner Einbildung existieren konnten.

»Ich werde Babu sehr vermissen«, sagte ich stattdessen, »er ist ein ganz besonderer Mensch.«

»Oh ja, das ist er!«, stimmte mein Mann zu. »Wir haben ihm viel zu verdanken. Oft war er mein Vater.«

Am oberen Bachlauf trafen wir Makaio und Milyon, die schon auf uns gewartet hatten, um uns zu begleiten. Etwas später, hinter dem Leopardenfelsen, stießen wir plötzlich auf Lanah. Ich ärgerte mich maßlos darüber, denn ihre Absicht war unverkennbar. Seit dem Gespräch mit Makaio und Losieku war ich ihr und ihrer Mutter aus dem Weg gegangen.

Als ich die rote Bluse erkannte, die Lanah trug, wurde mir fast schlecht: Diese Bluse hatte ich vor kurzem bei Marissa in der Hütte gelassen, als ich mit Lpetati dort allein gewesen war. Ich hatte mich schon gewundert, dass Marissa nie etwas über eine Bluse geäußert und sie auch nicht getragen hatte. Bei Gelegenheit wollte ich mit Lpetati darüber sprechen, aber nicht jetzt in meiner Erregung, denn da hätte ich sicher nicht sachlich bleiben können.

Ich kanzelte Lanah ab, obwohl Lpetati das in diesem Fall vielleicht verdient hätte. Lanah war betont freundlich, lachte und plauderte, als wäre nie etwas vorgefallen. Doch in mir nagte und arbeitete, was ich direkt und indirekt erfahren hatte: Sie und ihre Mutter hatten es auf unser Haus, unsere Tiere und vor allem auf Lpetati abgesehen. Naraya, so hieß es, sei jedes Mittel recht, ihre von den Samburu aufgrund ihrer Herkunft und einiger unliebsamer Umstände verschmähte Tochter und deren zwei Kinder wie auch ihre drei eigenen gut zu versorgen. Sie kenne genügend Wege und Möglichkeiten, um zu erreichen, was sie erreichen wolle.

Hatte ich zu Anfang alles, was nur entfernt mit Hexerei und Zauberei zu tun haben sollte, fast überheblich abgetan – immerhin hielt ich mich doch für gebildet und aufgeklärt –, wusste ich aber nun, dass es Wahrheiten gab, die dazwischen lagen. Es gab übersinnliche Kräfte, und es gab Menschen, die sie sich zunutze machen konnten. Menschen aus zivilisierten Ländern leben mit verkümmerten Instinkten, und Ursprüngliches, Naturhaftes beherrscht ihre Sinne längst nicht mehr. Meine Gedanken wanderten zurück. Lanah redete viel.

»Wie lange bleibt ihr in Mombasa?«, wollte sie jetzt wissen.

»Nicht lange«, wich ich aus. Verstimmt dachte ich daran, dass sie und ihre Mutter einer der Gründe, wenn nicht der Hauptgrund waren, weswegen wir unser Heim vorübergehend verließen.

»Euer schönes Haus ist ganz allein«, sagte Lanah.

Ich schwieg grimmig, denn ich verspürte nicht die geringste Lust, mit dieser Frau darüber zu streiten, ob unser Haus verwaist sein würde und ob es für zwei Menschen zu groß sei. Natürlich hatte Baba den Hausschlüssel bekommen, nachdem ich mit Lpetati gesprochen und er – als wäre es die selbstverständlichste Sache der Welt – zugestimmt hatte. Nur unsere Familie würde sich um das Haus und die Tiere kümmern.

Dann, endlich, Maralal lag schon über Erhebungen und Senken vor uns ausgebreitet, verabschiedete sich Lanah von unserer Gruppe, um eine Bekannte zu besuchen. Vorher hatte sie es geschickt verstanden, mit Lpetati allein zu reden, was mich entsetzlich aufregte.

»Dir geht es gut?«, fragte Makaio. »Du redest gar nicht.«

Ich rang mir ein Lächeln ab. »Ich bin immer traurig, wenn ich fortmuss.«

Am Abend verließen uns Makaio und Milyon, und Lpetati und ich suchten unsere Lodge auf. Es war das erste und einzige Mal, dass wir in der Lodge nicht miteinander schliefen.

»Wie kannst du wegen der Bluse so sein?«, fragte mein Mann unvermittelt in die Dunkelheit des Raumes. Wieso erwähnte er die Bluse? Welchen Zusammenhang gab es da?

»Es ist nicht nur die Bluse«, sagte ich, »ich bin heute sehr traurig.«

Die Bluse war wie ein Verrat, wie sollte ich ihm das erklären? Vielleicht war es auch ganz harmlos, und mein Mann hatte sie Lanah gar nicht geschenkt.

Lpetati war verwirrt, weil ich nicht auf sein Drängen reagierte. Um ihn nicht weiter zu beunruhigen, fasste ich nach seiner Hand, und so schlief er ein, lieb und unschuldig unter dem schweren, etwas klumpigen Oberbett in einem grün-lila Bezug.

Ich dagegen lag noch eine Weile wach und spürte Übelkeit in mir aufsteigen. Seit kurzem wurde mir hin und wieder schlecht, ohne dass ich einen Grund dafür hätte finden können. Dabei war ich nicht gerade empfindlich, was meinen Magen anging, und ich hatte, seit ich in Afrika lebte, schon die unmöglichsten Dinge gegessen, mit und ohne Ekel, und manches war wirklich nicht appetitlich gewesen. Ich nahm mir vor, in Mtwapa Ljuba, die nette amerikanische Ärztin, aufzusuchen, deren Praxis der Thika Lodge gegenüberlag, falls es mir nicht besser gehen sollte.

Abgesehen davon war ich ein wenig unruhig und fühlte mich nicht wohl bei dem Gedanken an Großvater, an unser einsames Haus. Und da war wieder diese Stimme in meinem Herzen, die mich dauernd wissen ließ, dass ich beides nicht hätte verlassen dürfen. Die Stimme war so deutlich. Ich konnte mich nicht erwehren. Und ich wusste es nun genau: Wir hätten Babu und unser Haus nicht verlassen dürfen.

In Mtwapa

In den ersten Tagen in Mtwapa machten wir viele Besuche und erkundeten, was sich seit unserer Abwesenheit Neues getan hatte. Unverkennbar war ein regelrechter Bauboom. Wir entdeckten zahlreiche mehrgeschossige Häuser, neue Läden und Restaurants. Zwar mutete der Ort immer noch sehr afrikanisch an und hatte nach wie vor Atmosphäre, aber derart verändert gefiel er mir nicht mehr so recht. Überall begegneten uns Europäer, die hier schicke Häuser gebaut hatten, auf den unbefestigten staubigen Straßen fuhren mehr und teure Autos, meist gesteuert von Weißen.

Der so offensichtliche krasse soziale Unterschied trug natürlich nicht gerade zur Völkerverständigung bei, weckte bei den Kenianern höchstens Unmut und Neid und führte ihnen ihre eigene bescheidene Lage überdeutlich vor Augen. Denn nur wenige profitierten vom höheren Lebensstandard der Europäer, wie etwa der Besitzer des neuen Supermarktes mit einem auf europäische Bedürfnisse zugeschnittenen Warenangebot, die Eigentümer von zwei kürzlich eröffneten Restaurants und einer neuen Lodge oder das Heer der Hotelangestellten. Und es kamen immer mehr Prostituierte beiderlei Geschlechts an die Küste.

Wir wohnten wieder in der Thika Lodge, wo Rhoda uns das Eckzimmer reserviert hatte, und Rhoda und ich fanden nun öfter Gelegenheit zu einem Gespräch.

Unser Leben an der Küste verlief in einem anderen Rhythmus und bekam andere Wertigkeiten. Lpetati trug sich in die Liste für die Tanzveranstaltungen ein und war mit Eifer bei der Sache, ich dagegen arbeitete mit Freude zwei- bis dreimal pro Woche vormittags bei meiner Freundin Marlen im Büro.

Mein Mann war mir gegenüber fürsorglich und aufgeräumt, und wir galten als glückliches Paar. Die Angst, die mich im *boma* beschlichen hatte, war irgendwo hinter uns geblieben. Der Aufenthalt in Mtwapa gestaltete sich im Grunde so, wie wir es uns erhofft hatten, es waren schöne, viel versprechende Tage. Lpetati und ich konnten uns nicht nur gutes Essen leisten und hier und da auch mal eine überflüssige Kleinigkeit, es war uns sogar möglich, etwas Geld auf die hohe Kante zu legen, für unsere Vorhaben im *boma*.

Wie schon einmal vor langer Zeit begleitete ich meinen Mann wieder, um mit ihm zusammen Tücher und afrikanischen Schmuck in den Hotels zu verkaufen, in denen er vorher aufgetreten war.

Bald lagen einige Wochen hinter uns, wir waren sehr vergnügt, hatten schon einen ansehnlichen Betrag sparen können und dachten an die Rückkehr. Dann mischte sich eines Tages völlig unerwartet in meine Freude über unsere bisherigen Erfolge wieder eine dumpfe Angst: Lpetati erlitt nach längerer Zeit erneut einen dieser mysteriösen Malaria-ähnlichen Anfälle, der einen Sinneswandel nach sich zog. Ich verstand nicht, wie mein Mann, der eben noch vital und mir gegenüber liebevoll gewesen war, plötzlich krank und aggressiv werden konnte. Brauchte Lpetati ärztliche Hilfe?

Hexerei

Inzwischen stand ich mit Marlen auf vertrauterem Fuß, und wir führten so manches gute Gespräch von Frau zu Frau. Hinter der knallharten Geschäftsfrau, als die Marlen oft bezeichnet wurde, kam eine zarte Seele zum Vorschein, die durchaus Angst vor Einsamkeit und Liebesentzug hatte.

Ich bewunderte sie und liebte ihr Haus am Meer, in dessen Erdgeschoss sie ihre Safari-Agentur betrieb. Neben meiner Freude an der Aushilfstätigkeit hatte ich jetzt die Möglichkeit, mir Briefe an Marlens Postfach senden und mich in ihrem Büro von meiner Familie und Freunden aus Deutschland anrufen zu lassen. So schrumpfte die Entfernung zwischen den beiden Kontinenten zumindest gefühlsmäßig.

In einer Mittagspause berichtete Marlen von mysteriösen Dingen, die sich angeblich auf dem von ihr gepachteten Grundstück zugetragen hatten. Das nahm ich zum Anlass, um sie auf das Thema *witchcraft* anzusprechen. Ich wagte es, ihr einige unerklärliche Dinge zu berichten, während sie gespannt zuhörte und ganz und gar nicht ungläubig lächelte. So sprach ich zu ihr das erste Mal über meine Ängste und Befürchtungen, ohne jedoch allzu Privates vor ihr auszubreiten. Was Lpetati anging, so hielt sie eine Art Hexerei durchaus für möglich und versetzte mich dadurch in Panik, denn ich hatte mich wohl zu sehr an die Hoffnung geklammert, dass sie mich beruhigen würde.

Als sie meine erschrockene Miene bemerkte, fuhr sie lebhaft fort: »Wenn du so lange in Afrika bist wie ich, glaubst du fest daran und an noch ganz andere Sachen. Ich könnte dir da Dinge erzählen, du kämst aus dem Staunen nicht heraus. Afrika ist immer noch ein unerforschter Kontinent. Es gibt hier ungeahnte Kräfte, die etwas bewirken können, und noch so viel Geheimnisvolles.«

»Wenn ich dich so höre, bin ich ganz schön verunsichert. Ich weiß wirklich nicht, was ich machen soll. Ich liebe meinen Mann aufrichtig und möchte ihm helfen, mir natürlich auch. Unser Zusammenleben leidet enorm unter dieser Belastung. Man spürt, da stimmt etwas nicht, aber Genaues weiß man auch nicht.«

»Wir werden schon eine Lösung finden«, beruhigte mich Marlen. »Sei auf jeden Fall auf der Hut. Kümmere dich um den Umgang, den dein Mann hat. In Afrika, meine Liebe, gibt es mehr zwischen Himmel und Erde, als deine Vorstellungskraft hergibt. Aber genug mit der Unkerei. Jetzt gibt's erst mal Kaffee. Stanley ist mit Charles in der Stadt, da haben wir schön Ruhe. Nachher wollen noch Safari-Kunden kommen.«

Wir setzten uns auf die Terrasse zwischen Blumen und grüne und blühende Büsche und blickten auf das Meer. Da ich meine Gitarre dabeihatte, spielte und sang ich ein bisschen, weil ich mich dabei so wunderbar abreagieren und beruhigen konnte, und Marlen war sehr glücklich.

»Das gefällt mir, und ich hab da eine Idee. Kannst du morgen Früh noch mal die Gitarre mitbringen?«

»Ich kann sie hier lassen bis morgen. Worum geht es denn?«

»Darüber können wir morgen sprechen.«

Als ich am frühen Abend zur Lodge ging, tat es mir fast Leid, dass ich mit Marlen über Lpetati gesprochen hatte, denn nun war ich noch mehr verunsichert.

Lpetati war noch nicht zurück. Dabei brannte ich darauf, ihn zu sehen, ihn zu spüren. Manchmal hatte ich das Gefühl, ich müsste ihn beschützen, dann kam ich mir wieder schutzbedürftig vor. Je stärker ich zu sein hatte, umso mehr wünschte ich mich in den Momenten der Schwäche in Lpetatis schlanke, muskulöse Arme. Mein Platz, mein Zuhause war an seiner Seite, wo immer ich hingehen, was immer ich tun, was immer geschehen würde. Ich wusste es, nur dort.

Etwas später traf Lpetati ein. Er war gut aufgelegt, lieb und zärtlich wie seit Tagen nicht mehr. Bei einer *kamba*-Mama, die uns gut kannte, erstanden wir für wenige Shillinge einen Eintopf aus Kochbananen, Karotten und Süßkartoffeln und brachten später den Topf zurück.

In den Abendstunden war Mtwapa überaus lebendig. Die fehlende Straßenbeleuchtung ersetzten unzählige Petroleumlampen in den vielen kleinen Verkaufsständen. Hunderte von Krähen veranstalteten ein Heidenspektakel, da sie um diese Zeit ihre Schlafbäume aufsuchten und ihre Plätze verteidigten. Bei prallem Vollmond stapften wir durch den losen Sand zur Thika Lodge und saßen dann noch lange auf den Stufen des Eingangs.

In unserem Zimmer war es trotz der geöffneten Fenster und Türen heiß, da auch der Nachtwind sehr lau war und kaum auffrischte. Die Stunden in Lpetatis warmen festen Armen versöhnten und beglückten mich in ganz besonderem Maße, gerade nach meinem Gespräch mit Marlen.

»Dein Simba ist glücklich«, sagte Lpetati, als wir am nächsten Morgen zum Duschen in den Holzverschlag auf dem Hof gingen. Ich freute mich über sein Geständnis.

Beim Frühstück beobachtete er mich lauernd. »Lekaitik ist da, interessiert dich das?« Kaum hatte er den Satz ausgesprochen, streichelte er mit einem anderen, zärtlichen Gesichtsausdruck meinen Arm. »Du bist meine Frau.«

»Ja, das bin ich.«

»Und du bleibst meine Frau für immer.«

»Ja, für immer.«

Unsere Stimmung war ausgelassen, wir waren sogar fast ein wenig albern.

Etwas später begleitete Lpetati mich zum *matatu* nach Bamburi. »Vielleicht komme ich nachher bei dir vorbei«, stellte er in Aussicht.

»Es war schön mit dir«, sagte ich leise beim *lessere*, »kann es jetzt so bleiben?«

»Ich liebe dich«, antwortete Lpetati, »das ist, was ich weiß.«

Eine Chance und ein nie bereuter Entschluss

Auf dem Schreibtisch in Marlens Büro lagen kleine Zettel, die sie wohl eilig bekritzelt hatte und die ich nur mühsam lesen konnte. Meist waren es Telefonnummern von Hotels, wo es etwas zu klären gab, und von Lieferanten. Aus dem nahen Bamburi kamen Gäste zum Geldwechseln und dann eine Gruppe jüngerer Leute, die Näheres über eine Samburu-Game-Safari wissen wollten. Zwischendurch hatte mich Lpetati besucht. Als ich Männerstimmen aus dem Vorzimmer des Büros hörte, wollte ich behilflich sein.

»Wir warten auf Marlen«, sagte ein sehr großer Mann in einem schwarzen T-Shirt in einem harten Englisch, »sie weiß Bescheid.«

Endlich hörte ich den Rover vorfahren, den Charles steuerte, neben sich eine ziemlich genervte Marlen, die sich über einen Stau vor der Nyali Bridge aufregte, von einer Kirschtorte am Ratna Square schwärmte und nach Kaffee rief.

»Du hast einen Safari-Auftrag für Mittwoch, fünf Tage, sieben Leute«, begrüßte ich sie gut gelaunt.

»Das habe ich auch dringend nötig. Dank dir. So, jetzt erst mal eine kurze Pause, und du spielst was Schönes. Die Gitarre steht hinterm Schrank, oben im Zimmer.«

»Nebenan warten fünf Männer auf dich. Die gehören wohl zusammen.«

»Ja, ich weiß. Dazu kommen wir gleich.«

Ich fand Marlens Verhalten ein wenig befremdend, holte aber meine Gitarre und setzte mich zu ihr. »Was möchtest du denn hören?«

»Irgendwas mit Herzschmerz. Gestern hast du ein tolles Lied gespielt, *African Boy* oder *African Dream*. Deine Eigenkomposition. Spiel das doch.«

Ich fühlte mich geschmeichelt und sang mein *African Boy*, das ich Lpetati gewidmet hatte, nur für sie, wie ich meinte. Doch dann hörte ich Applaus aus dem Nebenraum. Marlen öffnete die breite Schiebetür, und ich blickte auf die fünf Männer, die immer noch klatschten und freundlich lächelten.

»Darf ich vorstellen? Meine Band!«, sagte Marlen stolz.

»Deine Band? Na, das ist ja mal eine Überraschung!«

»Hier ist meine Freundin, von der ich euch erzählt habe«, stellte sie mich nun auf Englisch vor. »Und jetzt zu meiner Garde«, wandte sie sich an mich: »Das ist Nawayi, Gitarrist und Bandleader, aus Zaire.«

»Bonjour madame«, sagte Nawayi. Es war der Mann im schwarzen T-Shirt.

»Das hier ist Binki. Er spielt Bass, Solo- und Rhythmusgitarre und singt wie Iglesias! Er arrangiert die Titel.«

»*Enchanté, madame. Je me rapelle bien de vous,* ich erinnere mich gut an Sie.«

»*De moi,* an mich?«, fragte ich, aber dann kamen mir die Gesichter auch irgendwie bekannt vor, ich wusste nur nicht, woher.

»*Mais oui*«, fuhr Binki fort, »Eröffnung der Peemka Bar, letztes Jahr. Sie haben mit Ihrem Mann getanzt, und wir konnten keinen Feierabend machen, weil Ihr Mann immer wieder um eine Zugabe gebeten hat.«

»Koko, unser Sänger, ist heute nicht dabei«, unterbrach Marlen uns geschäftig und fuhr mit der Vorstellung fort. »Bis auf zwei Ausnahmen kommen alle Musiker aus Zaire. Sie sprechen Lingala, Französisch und Suaheli. Und jetzt zu unserem Keyboarder«, sagte sie fröhlich. »Das ist Mande, ebenfalls aus Zaire. Und der Lange hier ist unser Nesthäkchen und Drummer, Hija aus Tansania.«

»*Jambo*«, sagte ich und reichte dem schmächtigen Mande und dem Hünen Hija die Hand.

»Der Rasta ist unser Francis, der Bongo-Mann. Wir brauchen ihn, wenn ein afrikanisches Programm gefragt ist. Er kommt übrigens auch aus Tansania. Und jetzt habe ich noch einen Anschlag auf dich vor.« Marlen wandte sich ganz zu mir. »Wir brauchen dringend eine Sängerin. Überleg es dir. Es ist ein gutes Angebot, glaube ich, du hast das Zeug dazu – so viel verstehe ich noch von Musik.«

»Ich weiß nicht recht. Spaß machen würde es mir schon. Aber ich habe ja nur immer in einem kleinen Kreis musiziert. Und dann müsste ich das Programm erst mal kennen.«

»Das kannst du haben«, unterbrach Marlen, »wenn du willst, gleich heute Abend, wir spielen nebenan im Travellers.«

»Na ja, anhören könnte ich mir es ja mal, wenn du meinst.«

Nawayi bat um meine Gitarre, begutachtete sie gebührend und gab sie mit einem »In Europa gibt es sehr gute Instrumente« an Binki weiter.

»Wie lange spielen Sie schon?«, wollte Binki wissen und sah mich über seine dunkle Hornbrille hinweg an. Ich schätzte ihn auf etwa Mitte vierzig, und er machte einen sehr seriösen Eindruck.

»Ein paar Jahre«, sagte ich, »aber nicht regelmäßig. Musik ist mein Hobby.«

»Kennst du Shanzu?«, fragte Marlen nun, und als ich nickte, fuhr sie fort: »Ich habe dort ein Haus angemietet, in dem die Instrumente untergebracht sind und die Musiker wohnen. Es ist nichts Besonderes, aber es reicht erst mal. Dort gibt es auch einen Übungsraum. Wenn du magst, kannst du ja morgen mal zuhören.«

»Gerne. Wie kommst du überhaupt an eine Band?«

»Purer Zufall. Die Musiker waren mit großen Versprechungen aus Tansania nach Kenia gelockt worden, aber dann platzte der Vertrag. Sie hockten also in Mombasa rum, genauer in Buxton, ohne Geld, ohne Bett, ohne Essen, und irgendwer hat mir den Tipp gegeben. Als Geschäftsfrau kann ich mir das doch nicht entgehen lassen, also habe ich mich ein bisschen umgehört und sie unter Vertrag genommen. Das war 1991, und es läuft ganz gut. Ich würde mich freuen, wenn du mitmachen würdest, ein bisschen deutsche Ordnung in den Laden bringen und dich um deutsche und englische Texte kümmern könntest.«

»Du machst mir das sehr schmackhaft.«

Die Musiker hatten unser Gespräch, das wir auf Deutsch geführt hatten, aufmerksam verfolgt, obwohl sie kein Wort verstehen konnten, und betrachteten mich neugierig. In meiner blau-roten Samburu-Tracht und mit den vielen Perlenbändern am Hals und an den Armen musste ich ihnen als Europäerin doppelt exotisch vorkommen.

Die Musiker sagten noch ein paar Nettigkeiten, bevor sie gingen, und ich freute mich auf einmal auf den Abend mit ihnen und ihrem Programm.

In Mtwapa fand ich Lpetati nicht, also fragte ich Rhoda.

»Dein Mann war nur einmal kurz mit einem Freund da, aber das war heute Morgen. Wenn du willst, nimm die Bettwäsche mit, sie ist trocken.«

Ich legte mich eine Weile auf unser Bett und wartete, aber

Lpetati kam nicht. So schrieb ich ihm einen Zettel, wo ich abends zu finden sei, und suchte zwischen meinen bescheidenen Sachen etwas zum Anziehen. Elegante Kleidungsstücke besaß ich nicht, doch meine Samburu-Tracht war gewiss außergewöhnlich, und den Touristen gefiel sie allemal. Ich blieb, wie ich war, tauschte nur das blaue gegen ein rotes Tuch und flocht passende Bänder in meine Haare.

An der Malindi Road hielt ich Ausschau nach Lpetati, sah ihn aber nirgends, dafür tauchte auf einmal Lekaitik auf. Wir begrüßten uns überschwänglich, und ich freute mich sehr über das Wiedersehen mit ihm. Er war in der Stadt, um Geld für einen Brunnen zu verdienen.

Wir tranken zusammen *chai*, und er beantwortete meine vielen Fragen gewissenhaft. Lekaitik hielt die ganze Zeit über meine Hand, ohne sich um die neugierigen Blicke der anderen Gäste zu kümmern. Seine Gegenwart tat mir gut, und einen Moment lang erwog ich, ihn in meinen Kummer einzuweihen, unterließ es dann aber aus Zeitgründen und bedauerte sehr, nicht bleiben zu können.

Beim Hinausgehen traf ich auf zwei von Lpetatis älteren Brüdern. Sie wohnten vorübergehend in Mtwapa und fühlten sich für mich verantwortlich. Das war mir sehr lästig, denn manchmal saßen sie stundenlang in der Lodge herum und taten, als wäre ich mit ihnen verheiratet.

Als ich abends bei Marlen vorbeiging, um sie abzuholen, veranstalteten wir erst einmal eine ausgelassene Modenschau in ihrem Schlafzimmer und wären fast zu spät ins Travellers gekommen. Ein Ober brachte uns an den reservierten Tisch in der Nähe der Band, die pünktlich mit ihrem Programm begann. Es bestand aus verhalten gespielten Welthits, von Melodien aus *Cats* über Beatles- und Abba-Titel bis hin zu UB 40, Eric Clapton und Country-Musik, und es gefiel mir über die Maßen gut. Ich lauschte den Stimmen von Nawayi, Koko und Binki, und der Wunsch, mit diesen Männern zu musizieren, wurde immer größer. Nachdem Binki *Jour après jour* und *Hej* gesungen hatte, stand es für mich fest: Ich würde die Sängerin der SALNA-Band werden!

Ich teilte Marlen meinen Entschluss mit, woraufhin sie mir mit ihrem Gin-Tonic zuprostete. »Willkommen im Club und danke!«

Nach dem Konzert stellte sie mich den Musikern als neue Kollegin vor. *»Karibu«*, sagten die Männer, *»karibu sana kwetu,* herzlich willkommen bei uns!«

Ernüchterung

Als ich nach Hause kam, lag Lpetati, nur mit einem Slip bekleidet, quer auf dem Bett und schlief, meinen Zettel mit der Notiz noch in der Hand.

Ich legte mich vorsichtig neben ihn, doch er spürte die Bewegung und rollte sich zu mir heran. Trotz der Hitze in dem Raum und des inzwischen schweißnassen Lakens war ich zufrieden, atmete den Geruch seiner Haut ein, lauschte seinen gleichmäßigen Atemzügen und war erfüllt von Glücksgefühlen.

Wir erwachten am nächsten Morgen beinahe gleichzeitig. Lpetati, der viel zu lang war für das Bett, streckte sich unter wohligen Seufzern. Verliebt wandte er sich mir zu, küsste meine Haare und führte meine Hand an die Stelle, an der er berührt werden wollte.

Etwas später lag er zufrieden neben mir, streichelte mechanisch meinen Arm und angelte mit der freien Hand nach seinem Ohrschmuck, der vor dem Bett auf der Erde lag. »Du bist meine Frau«, sagte er plötzlich in Befehlston. »Du trägst meinen Namen, den Namen meiner Familie. Ich will nicht, dass du dich mit Lekaitik triffst, wenn ich nicht da bin.«

»Aber Simba! Lekaitik bin ich auf der Suche nach dir zufällig begegnet.«

Lpetati knurrte etwas Unverständliches und hörte auf, mich zu streicheln. Es ärgerte mich, dass er die an sich harmlose Sache so überbewertete, und ich verdammte für einen Moment den ausgeprägten Mitteilungsdrang der meisten Samburu-Männer, der selbst gestandenen Kaffeekränzchen-Damen noch den Rang ablief.

»Gib das Handtuch.« Lpetati sah mich kurz und ohne Zärtlichkeit an, ließ die Zimmertür einfach offen, obwohl ich nackt auf dem Bett lag, und ging hinaus zur Dusche.

»Mein Gott«, dachte ich alarmiert, »nicht schon wieder.«

Voller Sorge schnüffelte ich an dem restlichen *miraa*, das auf dem Stuhl lag, doch es schien nichts Außergewöhnliches zu enthalten. Aber irgendetwas musste doch diese abrupte Veränderung in seinem Verhalten ausgelöst haben? Das war doch nicht normal! Wie sollte das nur weitergehen? Dieses ewige Auf und Ab machte mich auf die Dauer kaputt und ihn auch, denn sein Verhalten zog meinen Unmut nach sich, und wir landeten dann in artfremden Gefilden, in denen wir uns nicht mehr zurechtfanden. Außer Lekaitik, der etwas zu wissen schien, und Marlen hatte ich niemanden, mit dem ich darüber reden konnte. Ich musste mir dringend Rat holen.

Als Lpetati aus der Dusche kam, nahm ich ihm wortlos das nasse Handtuch ab. Ich berührte ihn dabei an seinem Bauch, woraufhin ein kleines Lächeln über sein Gesicht huschte, das ich nur zu gern erwiderte. Etwas versöhnt stand ich dann unter dem spärlichen, lauwarmen Wasserstrahl und malte mir aus, was Lpetati wohl sagen würde, wenn ich gleich in dem eleganten schwarzen Kleid, das Marlen mir am Vorabend noch geliehen hatte, vor ihm stehen würde. So kannte er mich ja gar nicht, hatte er mich noch nie gesehen. Aber das Zimmer war leer, als ich zurückkam. Enttäuscht räumte ich ein wenig auf, zog mich erst danach an, um nicht wieder zu schwitzen, und warf die gebrauchte Bettwäsche auf den Flur, wie Rhoda es verlangte.

Eigentlich hatte ich gar keine Lust auf ein Frühstück, ging

dann in das Ngao, in der Hoffnung, dass Lpetati schon da wäre. Aber ich sah nur Lekaitik und viele andere Samburu, die mit ihrer morgendlichen Mahlzeit aus braunen Bohnen und *chapati* oder einem Sandwich beschäftigt waren.

»Dein Mann kommt gleich«, sagte William, was Lekaitik jedoch nicht davon abhielt, sich zu mir an den Tisch zu setzen, wenn auch mit einem Abstand von zwei Stühlen.

»*Supa*«, sagte er freundlich und dann, wie zur Beruhigung: »Ich werde mit ihm reden. Wir sind nachher im Kenya Marinaland, und er auch. Auf mich wird er hören.«

»Ich möchte auch gern mit dir reden, muss jetzt aber los. Weißt du, dass ich Arbeit habe?«

»Ich weiß alles von dir. Ich bin ein Freund.«

»*Hashe*«, sagte ich erfreut, »das bist du wirklich!«, und ging. »Grüße Simba«, rief ich William noch zu. Ich lächelte.

Erste Übungsstunde

In Shanzu fand ich das Haus der Band sofort, denn ich hörte schon von weitem das Schlagzeug, Gitarrenklänge und ein Stakkato auf dem Keyboard. So brauchte ich nur der Musik zu folgen. Es war schon ein seltsamer Schritt, den ich auf die afrikanischen Musiker zumachte. Mit starkem Herzklopfen betrat ich den Übungsraum, woraufhin die Männer ihr Spiel unterbrachen und mich höflich begrüßten. Neugierig und eher abschätzend als kollegial betrachteten sie mich.

»Hat Marlen Ihnen gesagt, was Sie einüben sollen?«, erkundigte sich Nawayi auf Französisch.

»Bei Marlen herrschte das reinste Chaos, wir haben gar nicht darüber sprechen können«, erwiderte ich.

»*Bon,* machen wir es so: Heute üben wir kein komplettes Lied, aber Sie können sich am *backing* beteiligen mit einer Oberstimme. Und dann schauen wir mal. Kennen Sie *I believe in Angels* und

I just called to say I love you und das hier?« Er schob mir einen Zettel mit einem Musikwunsch eines Hotelgastes zu. »*Please*«, stand da, »*play*« *Tränen lügen nicht.*«

»Die Melodie kennen wir«, fuhr Nawayi fort, »und den Text hat uns Marlen aufgeschrieben, aber keiner kann ihn richtig singen. Wäre das was für Sie?«

»Probieren wir es doch«, sagte ich mutig, und wir bestimmten die für mich günstigste Tonlage. Binki schloss ein Mikrofon für mich an, und meine Stimme kam klar und sicher aus dem Verstärker. Hija gab meine Einsätze mit einem Extraschlag vor, Mande spielte die Melodie am Keyboard, Binki betätigte den Bass und Nawayi die Gitarre. Meine neuen Kollegen summten mehrstimmig »Nananana« als Background mit, und nach einigen verpatzten Einsätzen, Diskussionen und Korrekturen für die Stellen zum Luftholen brachten wir zusammen ein recht gutes Ergebnis zustande.

Erleichtert und überglücklich versank ich anschließend in dem viel zu weichen, durchgesessenen Sofa, das in einer Ecke des Raumes stand.

»Das war gut«, lobte Binki und warf mir über seine getönte Hornbrille hinweg einen unergründlichen Blick zu. Ich spürte, dass ich ihm vertrauen konnte, dass er mich verstand. Wir empfanden Bewunderung füreinander.

»Schön, dass wir doch ein neues Lied haben«, freute sich Nawayi, »und so schnell. Wenn wir fleißig üben, können wir es übermorgen im Plaza präsentieren.«

»Übermorgen schon?«

Auf ihre Bitte hin übersetzte ich den Männern in einem Gemisch aus Französisch und Kisuaheli den Liedtext, damit ihn auch alle verstehen konnten. Sie freuten sich sehr darüber, und wir besprachen die nächsten Auftritte. Kurze Zeit später bot ich ihnen das Du an, da ich mich mit ihnen wohl fühlte und auf eine gute Zusammenarbeit hoffte.

»Ihr müsst aber noch ein bisschen nachsichtig mit mir sein. Ich bin schrecklich aufgeregt, hoffentlich vergesse ich übermorgen den Text nicht.«

»Wir haben jede Menge Tipps auf Lager«, mischte sich Koko ein, der jetzt erst dazugekommen war und unser Gespräch von der Tür aus verfolgt hatte.

»Koko singt auch japanische Lieder, wenn es sein muss«, lachte Nawayi, »und chinesische, nur nach Gehör.«

Jetzt lachten wir alle. Die Stimmung war gelöst, und ich hatte ein gutes Gefühl. Allerdings schien Koko nicht begeistert, als Nawayi anordnete, dass ich fortan sämtliche Abba-Titel von ihm übernehmen sollte.

»Es sind erfahrene Leute an deiner Seite, besonders Binki und Nawayi«, mischte sich jetzt auch der schmächtige Mande ein. Er hatte die ganze Zeit über seiner Orgel gelehnt und machte einen erschöpften Eindruck. Nach gut vier Stunden intensiven Probens und Diskutierens machten wir Feierabend.

Nawayi spendierte eine Soda, ich bedankte mich bei allen für ihre Freundlichkeit. Nawayi und Binki begleiteten mich auf dem schönen Weg, der von üppigen, farbenprächtigen Bougainvilleen gesäumt wurde, bis zur Malindi Road. Ziegen grasten überall, Wäsche flatterte im Wind, und irgendetwas hier zog mich magisch an und vermittelte mir Geborgenheit.

Noch während ich auf den Eingangsstufen zur Thika Lodge stand, kam Lpetati. »Ich war vorhin schon mal hier, aber du nicht.«

»Das wird jetzt leider öfter vorkommen, Simba«, sagte ich, »du weißt ja noch gar nicht, dass ich eine neue Arbeit habe. Stell dir vor, ich mache Musik mit der Band, die du so bewundert hast, als die Peemka Bar eröffnet hat.«

Erst jetzt kam mir zu Bewusstsein, dass ich in Zukunft nur wenige Stunden zu Hause sein würde. Morgens ins Büro – nun gut, dass musste ich dann aufgeben –, von elf Uhr vormittags bis nachmittags die Proben und abends die Auftritte. Auf einmal war meine ganze Freude über den schönen Job verflogen und machte einem Unbehagen Platz.

»Du machst Musik? Mit den Männern?« Er schien nicht erfreut.

»Ja. Es ist eine gute Arbeit, Simba. Und ich tue es für uns.«

Mein erster Auftritt

Am Abend hatte ich immer wieder Zettel mit Liedertexten beschrieben, um sie bei meinem ersten öffentlichen Auftritt überall zur Hand zu haben. Nachts konnte ich kaum schlafen. Lpetati versuchte, Anteilnahme zu zeigen, hatte aber keine rechte Vorstellung von dem, was da auf mich zukam. Dennoch war er sehr stolz auf mich und versprach, mich das nächste Mal zu begleiten.

Die Musiker warteten schon auf mich. Hübsch sahen sie aus in ihren gelben Hemden mit den bauschigen Ärmeln und den schwarzen Hosen mit dem hohen bestickten Bund, der ihre schlanken Taillen voll zur Geltung brachte.

»Du siehst wunderbar aus«, begrüßten mich Nawayi und Binki, und ich freute mich sehr über das Kompliment. Auch Hija, Mande und Koko betrachteten mich wohlwollend. Ich hatte mich sorgfältig geschminkt, mir mit den Haaren viel Mühe gegeben, trug feinen Schmuck und meinen schwarzen Seiden-Overall mit einer glitzernden Stola, die mir Marlen geborgt hatte. Meine Kollegen hatten mich noch nie so elegant gesehen, denn zu den Proben kam ich meist in meinem farbenfrohen Samburu-Look.

Im Hotel erwartete uns an einem reservierten Tisch ein herrliches Abendessen. Die Musiker stellten mich als die neue Sängerin der Band vor, und ich fühlte mich wundervoll, wenn ich auch noch immer ein flaues Gefühl in der Magengegend verspürte. Doch je näher der große Augenblick für mich kam, umso ruhiger wurde ich. Meine Zettel mit den verschiedenen Texten hatte ich überall auf der Bühne verteilt, je nachdem, wo ich mit meinem

Mikrofon stehen würde. Koko und Binki hatten mir sogar erlaubt, meine Texte auf ihren Hemdrücken zu heften. »Wenn es dir hilft, machen wir fast alles mit«, hieß es, und ich war dankbar und beruhigt. Die Mikrofonprobe dauerte etwas länger, weil besonders Binki sehr kritisch war.

Dann kamen die ersten Gäste und setzten sich, bald mussten die Ober in ihren roten Clubjacken eilig neue Tische und Stühle heranbringen, damit alle einen Platz fanden. Unsere Bühne war in einem Teil des Hotelgartens aufgebaut, in der Nähe des Swimmingpools, unter wunderschönen alten Mango-, Neem- und Feigenbäumen, in denen bunte Lichterketten hingen. Ein dreigeteilter Scheinwerfer war direkt auf unser Podium gerichtet, mit rotem, grünem und gelbem Licht. Zwei Hotelmanager waren gekommen, um sich ein Bild von meinem ersten Auftritt zu verschaffen. Marlen hatte mir viel Glück gewünscht.

Zu Beginn spielten meine Kollegen einige stimmungsvolle Instrumentalstücke. Dann kam mein erster Einsatz. Schöner als in dem Probenraum in Shanzu klang jetzt meine Mikrofonstimme über das Hotelgelände, und ein wenig Hall machte sie besonders volltönend. Ich sang völlig berauscht, brauchte keine Zettelchen und hatte auch keine Angst mehr. Ich verspürte eine tiefe Freude in mir, und der Applaus erschien mir nur gerechtfertigt. Es wurde ein wundervoller Abend. Meine Kollegen gingen in der Musik auf, rissen sich gegenseitig mit, zogen mich hinein in die Wunderwelt der Töne und der Rhythmen, und ein beglückendes Gefühl von Freiheit, das aus dem tiefsten Innersten nach außen drängte, durchströmte mich. Spontan lieferte ich Background und Oberstimme, auch zu solchen Liedern, die wir gar nicht zusammen geübt hatten, griff abwechselnd mit Koko nach dem Tamburin, den Rumbarasseln oder Klanghölzern. Und auf einmal wusste ich: Die Musik und ich, wir gehörten von jetzt ab zusammen.

Im Anschluss an unseren Auftritt sparten Marlen und meine neuen Kollegen nicht mit Komplimenten, und die Manager beglückwünschten meine Freundin zu ihrer neuen Sängerin.

Voller Freude brannte ich darauf, Lpetati von dem gelungenen Abend berichten zu können, aber er kam erst lange nach mir in die Lodge. Irgendwie benahm er sich seltsam, wenn er mich auch in den Arm nahm und mir eine gute Nacht wünschte. Gleich darauf war er eingeschlafen und murmelte etwas im Schlaf. Ich atmete ganz flach, um ihn verstehen zu können, doch es waren unzusammenhängende, undeutliche Worte. Lpetatis Nähe, die schwüle Nachtluft und der erfolgreiche Abend ließen mich lange keine Ruhe finden. Ich tastete nach seiner Hand und war glücklich, als sich seine Finger um die meinen schlossen. Es war mir wichtig, dass er meine Hand hielt. Nur so, dachte ich, konnte ich alles ertragen.

Eine unerwartete Nachricht

Der Besuch bei Ljuba, der amerikanischen Ärztin, wurde langsam dringend erforderlich. Immer wieder hatte ich Kleinigkeiten zum Anlass genommen, um ihn hinauszuschieben. An den letzten Abenden waren meine Füße und Hände jedoch beunruhigend angeschwollen, und ich fand, dass ich um die Augen herum anders aussah. Also fasste ich mir endlich ein Herz und ging zu Ljuba hinüber.

Mit der sympathischen Frau hatte ich mich bei unseren letzten Aufenthalten schon öfter angeregt unterhalten. Sie war eine mütterliche und sehr religiöse Person, und wir hatten uns glänzend verstanden. Bald verband mich Freundschaft mit Ljuba, die in Bulgarien geboren und dann zum Studium in die USA gegangen war. Ihr Mann war Kenianer, den sie in Amerika kennen gelernt, geheiratet und mit dem sie zwei bildhübsche Söhne hatte. Er war Arzt in einer großen Klinik in Nairobi, und die beiden führten eine Wochenend-Ehe. Ljuba sprach fließend Kisuaheli und hatte daher fast ausnahmslos einheimische Patienten.

Als ich dann in der Praxis vor ihr saß, musterte sie mich aufmerksam und nickte.

»Du hast lange gewartet«, sagte sie, »seit wann hast du diese Schwellungen?«

Fast schlecht vor lauter Unruhe ließ ich die Untersuchung über mich ergehen, beobachtete mit starrem Blick den sich drehenden und leise summenden Ventilator an der Decke.

Nach einigen Minuten zog Ljuba den weißen Kittel aus und streifte die dünnen Handschuhe ab. »So fragt keine Ärztin, aber eine Freundin. Hast du es gewollt?«

Es dauerte einen Augenblick, bevor ich die Bedeutung ihrer Frage begriff. Und dann fand ich mich, in Tränen aufgelöst, an Ljubas hellgrünem T-Shirt wieder.

»Ich habe es manchmal so sehr gewollt und manchmal gar nicht. Ich weiß es nicht. Doch … ich … ist es wahr?«

Ljuba nickte. »Ist alles in Ordnung zwischen euch? Ist dein Mann gut zu dir? Ich kenne ihn ja nur vom Sehen, aber so einiges höre ich auch. Er ist doch der Vater?«

»Ja. Natürlich.«

»Ich möchte für euch beten.« Sie konzentrierte sich minutenlang mit geschlossenen Augen und fand wunderbare, einfache Worte für mich, für Lpetati – und für unser Kind. Danach war es ganz still. Ich wagte kaum zu atmen und konnte das Untersuchungsergebnis noch gar nicht so richtig fassen.

Dann sagte sie mir, dass ich an einer Schwangerschaftsniere litt, ziemlich fortgeschritten sogar. Ljuba machte ein bedenkliches Gesicht. »Du brauchst völlige Ruhe, du darfst nicht viel trinken, nichts Salzhaltiges essen. Ich schreibe dir einen Plan mit allem, was gut für dich ist. An den musst du dich unbedingt halten.«

Als sie mein bekümmertes Gesicht sah, nahm sie mich in den Arm. »Es ist gut, dass du gekommen bist.«

Und dann sprach ich mit Ljuba über all das Mysteriöse, das mich bedrückte, und fragte sie um Rat. Ich erzählte von Lpetatis Anfällen, von der Flucht davor aus unserem *boma* und der Fortsetzung all der Symptome nach längerer Pause nun hier in Mtwapa.

»Ich habe in Afrika so vieles gehört, gesehen und erlebt, an das ich vorher nicht geglaubt habe«, antwortete sie, nachdem sie mir aufmerksam zugehört hatte. »Ich werde darüber nachdenken. Aber du musst auf deine Gesundheit achten und musst an das Kind denken. Wenn etwas mit deinem Mann ist, komm zu mir. Wie lange stehst du eigentlich auf der Bühne? Du darfst dich nicht überanstrengen.«

»Ich bin froh, dass ich die Musik habe, sie ist meine Freude und meine Medizin.«

»Na gut«, lächelte Ljuba. »Komm regelmäßig zu mir. Und bring ruhig mal deinen Mann mit.«

Ich nickte geistesabwesend. Erst jetzt wurde mir mit aller Macht die Bedeutung dieses Arztbesuches bewusst. Ein Kind! Lpetati und ich würden bald ein Kind haben. In wie viel Monaten? Die Schwangerschaft bestand ja schon viele Wochen. Plötzlich drehte sich alles um mich, in meinem Kopf hämmerte es, um mein Herz herum schmerzte es mich, mir wurde immer flauer. Wie benommen saß ich noch lange im Behandlungsraum, sah auf die blühende Bougainvillea und die riesigen Casuarinen, ohne sie wirklich zu sehen.

Ziemlich aufgeregt wartete ich nach meinem Arztbesuch auf Lpetati, um ihn in einem passenden Moment von meiner Schwangerschaft wissen zu lassen. Ich lag auf dem Bett, meine Gedanken kreisten um die gute Nachricht. In mir war auf einmal ein mächtiges Durcheinander. Ich freute mich, ich ängstigte mich, war selig, war bedrückt. Mit hochgerolltem T-Shirt und heruntergezogenem Wickelrock betrachtete ich meinen Bauch, klopfte ihn vorsichtig ab. Bald wäre es deutlich zu sehen.

Dann war ich mir auf einmal klar darüber, dass außer Lpetati niemand etwas davon erfahren sollte, solange es sich vermeiden ließ. Die Musiksaison wäre in zwei, spätestens drei Monaten wegen der Regenzeit auf dem Tiefpunkt, abgesehen davon konnte ich jederzeit mein Engagement beenden, um mit Lpetati nach Hause zu fahren.

Nun gab es durch das Kind neue Impulse und neue Überlegungen. Unsere Rückreise hatten wir noch nicht konkret geplant, aber innerhalb der nächsten fünf Wochen sollte sie schon sein. Doch sollte ich diese Reise jetzt, in meinem Zustand, tatsächlich antreten? Keinesfalls würde ich das Kind in unserem *boma* zur Welt bringen wollen, fernab von jeder ärztlichen Versorgung. Es wäre also gar nicht verkehrt, noch an der Küste zu bleiben.

Ich musste unbedingt mit meinem ahnungslosen Lpetati reden. Dreimal hatte ich den Anlauf dazu genommen, und drei Mal waren die Umstände so gewesen, dass ich geschwiegen hatte. Dabei wusste ich, dass mein Mann völlig aus dem Häuschen wäre, wenn er von seiner Vaterschaft erführe. Aber ich wollte es ihm nicht zwischen Tür und Angel sagen, mir schwebte ein ganz besonderer Augenblick dafür vor – und genau den hatte es die letzten Tage noch nicht gegeben.

Alltag in Mtwapa

Bedauerlicherweise sahen Lpetati und ich uns durch unsere Arbeit sehr wenig. Ich war selten vor Mitternacht in der Lodge, was meinen Mann natürlich frustrierte und dazu verleitete, auch erst spät nach Hause zu kommen. Immer öfter saß er auch mit solchen *moran* zusammen, die keinen guten Einfluss auf ihn hatten. Manchmal hatte er mehr *miraa* gekaut und mehr Bier getrunken, als ihm gut tat, schließlich war er beides nicht in größeren Mengen gewöhnt. Dabei hatte er die ganze Zeit so überzeugt vom Arbeiten und Sparen gesprochen. Natürlich gönnte ich ihm seine Vergnügen, von denen ja auch viele harmloser Natur waren, schließlich wollte ich ihn glücklich sehen und ihm keine Vorhaltungen machen. Aber dass er so viel Geld für nutzlose Dinge in Gesellschaft von zwar netten, aber zweifelhaften Männern ausgab, missfiel mir sehr. Entsetzt hatte ich erfahren, dass sich zwei der Krieger, die zu Lpetatis neuem Freundeskreis gehörten, sogar prostituierten.

Inzwischen waren die Musiker und ich ein gutes Team, aneinander gewöhnt und aufeinander eingestellt, was sich sehr positiv auf unsere Zusammenarbeit und unsere Auftritte auswirkte. Dennoch hegten meine Kollegen nach wie vor eine spürbare Scheu mir gegenüber, obwohl sie mich hofierten, was die Frau in mir dankbar genoss. Besonders Binki machte keinen Hehl aus seiner Bewunderung und Zuneigung für mich. Versteckt in kleinen, zauberhaften Andeutungen, ließ er mich davon wissen, und auch ich fühlte mich sehr zu ihm hingezogen. Nach und nach akzeptierten die anderen Bandmitglieder unsere besondere Beziehung, wenn ich auch nicht wusste, was sie hinter unserem Rücken redeten. Doch das war mir egal, ich liebte meinen Mann und ließ mir nichts zu Schulden kommen. Und doch bewegte ich mich manchmal zwischen Lpetati und meiner Liebe zu ihm auf der einen und Binki mit der Zauberwelt der Musik und seinem Interesse an mir auf der anderen Seite.

»Bei unserem ersten Treffen in Marlens Haus hast du eine eigene Komposition gespielt«, sagte Binki eines Nachmittags auf dem Weg zum *matatu*. »Sie hat mir sehr gefallen. Wenn du einverstanden bist, würde ich sie gerne für unsere Band arrangieren, dann könntest du dein eigenes Lied mit einem Orchester singen! Vielleicht kommst du an unserem nächsten freien Tag mit der Gitarre nach Shanzu, wenn du mit meinem Vorschlag einverstanden bist und es dein Samburu zulässt.«

Ich freute mich sehr über Binkis Angebot. Schon bald machte ich Gebrauch davon, war begeistert und fühlte mich in meiner musikalischen Begabung anerkannt. Seine Bewunderung tat mir gut.

Binki als Ältester genoss eine Sonderstellung und eine gewisse Ehrerbietung in der Band. Auffällig waren seine Disziplin und sein Ernst, obwohl er auch sehr komisch sein konnte. Wir verdankten ihm alle unsere Arrangements, immer wieder übertrug er mit sicherem Gespür weltbekannte Musikstücke auf unser Können und unsere Möglichkeiten. Es machte Freude, mit ihm zu arbeiten.

Der Musiker weckte Seiten in mir, die ich bisher nicht so klar hatte erkennen, geschweige denn in dem Maße ausleben können. Die Musik gab mir einen ungeheuren Ansporn. Zudem war sie mir Medizin für die demütigenden Stunden, wie ich sie zu meinem großen Kummer manchmal mit Lpetati erleben musste, wenn ihn die mysteriösen Anfälle heimsuchten. Öfter hatten sich schon wunderschöne, fröhliche Tage in deprimierende verwandelt, Nächte voller Leidenschaft in unerfüllte.

Finanziell konnten wir sehr zufrieden sein, die Ersparnisse wuchsen beträchtlich. Manchmal holten wir das kleine rote Etui aus der Reisetasche, zählten unsere Shillinge und freuten uns wie kleine Kinder, dass es immer schwerer und dicker wurde. Ich bedauerte, dass ich nur noch selten mit Lpetati in den Hotels Schmuck und Tücher verkaufen konnte. Auch hatten wir schon lange nicht mehr einfach nur gemütlich in den Tag hineinleben können. Ich liebte die Musik und nahm sie ernst, verwirklichte einen Teil von mir in ihr, so wie ich mich im *boma* auf andere Weise verwirklichen konnte. Auch Lpetati hatte, wie ich wusste, Freude an seiner Arbeit, bei der ich ihn schon häufig beobachtet hatte. Er ging so sehr in den Tänzen auf, dass er nichts mehr um sich herum wahrnahm. Natürlich war er dann in seinen Gedanken zu Hause, und es war ihm wohl ziemlich egal, was die Hotelgäste von den traditionellen Tänzen hielten und verstanden.

Schleichende Veränderungen

Ich hatte wieder einmal vergeblich auf Lpetati gewartet und wollte gerade zu Marlen, um nach Post zu fragen, bevor ich mit meinen Kollegen im Travellers zu Abend essen wollte, als mein Mann auftauchte. Er trug eine unkleidsame, ballonartige dunkelgrüne Schirmmütze und verursachte einen Heidenlärm mit einem voll aufgedrehten Kassettenrekorder, der uns nicht gehörte.

»Du gehst schon wieder weg«, rief er vorwurfsvoll, als er mich sah. Er ging ein Stück neben mir her, torkelte dabei ein bisschen. Das und die unbekannte, viel zu große Mütze, die höchst lächerlich auf seiner Kriegerfrisur thronte, verärgerten mich.

»Was sagst du zu meinem neuen Hut?«, wollte er wissen. »Und was sagst du zu dem hier?« Er hielt mir den Rekorder dicht vors Gesicht. »Willst du nicht wissen, woher ich den habe?«

»Ich nehme an, er gehört einem deiner neuen Freunde.«

»Das denkst du. Der gehört mir. Wie sehe ich aus?«

»Ohne Mütze besser«, sagte ich ehrlich und missmutig. »Außerdem ist sie dir zu groß und passt auch nicht zu einem Samburu-Krieger.«

»Du magst also meinen Hut nicht. Magst du Kikuyu-Musik? Aus Nairobi.«

»Meine eigene finde ich schöner.« Ich war tief getroffen. Was redeten wir da? Und wie weit war dieser Mann neben mir entfernt von meinem Lpetati! Mehrere *matatus* kamen vorbei, aber ich ließ sie alle vorüberfahren, ohne eines zu stoppen.

»Geh nach Hause, Simba *lai*. Ruh dich ein bisschen aus«, sagte ich, »bevor du ins Bamburi gehst. Heute sind wir bei der Arbeit übrigens Nachbarn. Komm doch mal nach deinem Auftritt zu uns rüber. Wir könnten dort noch ein bisschen zusammensitzen und dann zusammen zurückfahren.«

»Nein«, sagte er, »weil ich nicht ins Bamburi gehe!« Die Antwort kam sehr schroff, und ich war verletzt.

»Wie du willst. *Lessere na,* Simba.« Damit stieg ich in das nächste *matatu*. Es tat mir weh, ihn so zurückzulassen, denn er hätte Hilfe und Zuwendung gebraucht. Aber eine eingehende Unterredung war in seiner momentanen Verfassung nicht möglich. Er hatte getrunken, *miraa* gekaut, und ganz offensichtlich lief da irgendetwas ab, das mit einem Besucher aus Nairobi zusammenhing. Noch konnte ich mir keinen Reim auf Lpetatis Gebaren machen, doch ich fühlte mich gar nicht wohl. Natürlich machte ich mir meine Gedanken. Vielleicht war es wirklich nicht gut, dass ich so viel unterwegs war. Doch auch wenn ich in der Lodge blieb, würde Lpetati seine Freunde um sich haben wollen. Wir könnten zwar öfter etwas gemeinsam unternehmen, sofern das meinem Mann gefiel, aber das Leben an der Küste war nun einmal ein ganz anderes als bei uns zu Hause, und es war auch anders als zu der Zeit, in der wir uns hier aufgehalten hatten, ohne Geld verdienen zu wollen. Ich hätte höchstens ein bisschen mehr Kontrolle über Lpetati, wenn ich ständig in Mtwapa wäre. Aber »Kontrolle« war ein böses Wort, ich wollte meinen Mann nicht kontrollieren, hatte so etwas nie getan und verspürte auch keine Lust dazu. Liebe und Kontrolle, das passte nicht zusammen. Liebe brauchte Freiheit, um wachsen, um sich entfalten und das Wunderbare werden zu können, das jeder Mensch sich ersehnte. Durch Engstirnigkeit aber und Zwänge würde jedes erhabene Gefühl zugrunde gerichtet werden.

Hinter der Brücke über den Mtwapa Creek stockte mir plötzlich der Atem, und ich fühlte etwas Kaltes nach meinem Herzen greifen. Da ging tatsächlich eine Frau, die aussah wie Lanah! War sie es etwa? War es wirklich Lanah? Oder sah die Frau ihr nur sehr ähnlich? Fieberhaft arbeitete es in mir. Die Geschenke! Plötzlich gab es eine Verbindung zu Lpetatis Ballonmütze, dem Kassettenrekorder und Nairobi! Lanah! Es musste Lanah gewesen sein. Meine Knie wurden weich, ich zitterte vor Aufregung, wollte umkehren, aber ich konnte nicht handeln. Mechanisch tat ich nur das, was ich sowieso hatte tun wollen.

Mir war noch ganz flau, als mich bereits Marlens freudig wedelnde Hunde umringten und mich über die Terrasse ins Büro begleiteten.

»Jambo«, rief ich. Es sollte fröhlich klingen, aber ich konnte nicht fröhlich sein, sondern musste sogar mit den Tränen kämpfen. Immer wenn Lpetati das Wort »Kikuyu« erwähnte, versetzte er mich in Angst. So wie heute. Und – war es Zufall gewesen, dass ich eine Frau gesehen hatte, die Lanah aufs Haar glich? Litt ich unter Halluzinationen, ausgelöst durch meine Besorgnis und die große innere Unruhe in mir? Warum war ich plötzlich so miss-

trauisch? Das passte gar nicht zu mir und auch nicht zu meiner Lebensfreude, zu meinem positiven Denken, zu meiner ganzen Einstellung. Abgesehen davon empfand ich es als Unrecht, meinem eigenen Mann mit Misstrauen zu begegnen. Es quälte mich, und immer wieder bat ich Lpetati im Stillen um Verzeihung. Doch was mich beunruhigte und ängstigte, war der veränderte Lpetati, mit dem ich nicht wie gewohnt umgehen konnte. Das Fremde, das Unbekannte verwirrte mich, denn es störte empfindlich die Harmonie zwischen uns.

Marlens Hunde gaben endlich Ruhe, und während ich drinnen auf meine Freundin wartete, dachte ich wieder an die Frau an der Mtwapa Bridge. Ich wurde immer sicherer, Lanah gesehen zu haben. Was wollte sie hier? War Lpetati hier mit ihr zusammen? Je mehr ich überlegte, umso aufgeregter wurde ich, und mein Herz schlug wild. Hielt Lanah sich schon länger an der Küste auf? War sie allein? War Naraya auch hier?

Der Wunsch, mit jemandem darüber zu reden, wurde immer dringlicher, und endlich kam Marlen. Unglücklich fiel ich ihr um den Hals und berichtete ihr unzusammenhängend, was geschehen war.

»Ich weiß nicht, was ich tun soll. Er liebt mich, und ich liebe ihn. Ich kann doch nicht einfach zugucken, wie er mir abspenstig gemacht und beeinflusst wird. Das ist wie eine Folter und unheimlich. Was will diese Frau hier?«

»Komm, setz dich erst mal«, forderte Marlen mich auf und schickte ihren Giriama nach etwas *chai.* »Wenn ich dir oder euch helfen kann, tu ich das. Beruhige dich, du darfst jetzt nicht durchdrehen. Für mich steht fest, dass es jemand gezielt auf deinen Mann abgesehen hat, dass euch jemand fertig machen will oder nur ihn oder dich.«

»Aber warum denn nur? Wir haben doch niemandem etwas getan!«

»Vielleicht doch«, gab Marlen zu bedenken. »Ohne dass es

euch bewusst ist. So was gibt es ja. Aber wenn du mich fragst, es sieht verdammt danach aus, dass mit deinem Mann etwas nicht stimmt. Der wird umgepolt! Vergiss nicht, in Afrika ist vieles anders, manchmal denke ich, alles.«

Der Giriama klopfte, und Marlen nahm dem dünnen Mann das Tablett mit den Tassen ab.

»Vielleicht solltet ihr weg von hier«, überlegte sie.

»Aber wohin? Wir sind doch eigentlich schon weggegangen. Wenn ich wüsste, dass es oben bei uns zu Hause wieder so schön wäre wie früher, würde ich sofort mit ihm losfahren. Aber diese seltsamen Anfälle haben dort begonnen, nicht hier, und nun sind sie uns hierher gefolgt. Was soll ich nur tun?«

»Und wenn ihr euch vorübergehend trennt? Nur mal, um zu sehen, was passiert.«

»Das hat Binki auch schon vorgeschlagen.«

»Du sprichst mit Binki darüber? Jetzt bin ich aber platt.«

»Na ja, das hat sich so ergeben. Er ist ein wunderbarer Mensch«, versuchte ich eine Rechtfertigung, fuhr aber gleich fort: »Er hat ähnliche Befürchtungen und Möglichkeiten zu bedenken gegeben wie du, nur aus afrikanischer Sicht. Er glaubt, dass man Menschen mit einem Fluch belegen, manipulieren und gefügig machen kann. Wenn er davon spricht, hört sich das überhaupt nicht nach Hokuspokus an. Für ihn ist es Realität. Und Binki ist ein studierter Mann! Wenn ich das nur vorher alles gewusst hätte!«

»Was dann? Hättest du etwas anders gemacht?«

»Nein, sicher nicht. Was kann man gegen Liebe schon machen?«

»Man genießt sie im Glücksfall und hütet sie. Man kann eigentlich immer nur dafür und nie dagegen sein.«

Gerne hätte ich noch weiter mit ihr geredet, aber meine Kollegen warteten bereits auf mich.

Das Abendessen und den Auftritt im Travellers absolvierte ich wie in Trance, dabei kam es heute besonders darauf an, da unser

Vertrag verlängert werden sollte. Doch meine Gedanken waren bei Lpetati.

Lpetatis Kummer

Kaum hatten sich meine Kollegen, die mich nach dem Auftritt wie immer nach Hause brachten, von mir verabschiedet – Binki mit einem Handkuss –, löste sich eine Gestalt aus dem Schatten von Rhodas Hühnerhaus: Lakaidim!

Erst gestern hatten zwei andere *moran* dort gehockt. Ich war verstimmt. Was sollte dieses Bespitzeln? Steckte Lpetati dahinter?

»Du solltest lieber schlafen um diese Zeit«, sagte ich zu meinem Schwager. »Ich werde nach der Arbeit immer nach Hause gebracht.«

»Nur von Männern?«, fragte Lpetati, der plötzlich neben mir stand. Ich holte tief Luft. »Ja, natürlich. Ich bin die einzige Frau in der Band, das weißt du doch.«

»Und Mama Marlen?«

»Marlen ist nicht bei allen unseren Auftritten dabei. Sie singt ja nicht.«

Lpetati zog das Stöckchen fort, das er zwischen Haustür und Rahmen geklemmt hatte, während Lakaidim unschlüssig neben uns stand.

»Ich bin müde«, sagte ich, woraufhin er ging.

Lpetati ließ sich auf einen der zwei Stühle fallen und beobachtete mich. »Wenn du so schön aussiehst, will ich nicht, dass du mit anderen Männern zusammen bist. Ich will es einfach nicht, Chui! Du bist meine Frau, und ich sage dir das, weil ich dein Mann bin.«

Natürlich hatte ich Verständnis dafür, dass Lpetati nur schwer damit umgehen konnte, dass ich seit einiger Zeit viele Abende in Männergesellschaft verbrachte, dennoch verteidigte ich mich. »Es ist meine Arbeit. So, wie du zum Tanzen gehst.«

»Aber du hast mich nicht gefragt.«

Das stimmte allerdings. Als Marlen mir das Angebot gemacht und mir der erste Abend im Travellers so gut gefallen hatte, war mein Entschluss gefasst gewesen. Das war also Lpetatis Problem, nicht Eifersucht. Ich hatte meinen Mann einfach vor vollendete Tatsachen gestellt und bis jetzt nicht einmal darüber nachgedacht, dass er Probleme mit meiner Selbstständigkeit haben könnte. Dabei würde das vielen afrikanischen Männern so gehen. Es ärgerte mich, dass ich das vergessen hatte, schließlich wusste ich es. »Und nun?«, fragte ich sehr freundlich, als wir nach dem Duschen nebeneinander auf dem Bett lagen und ich glücklich war, »wirst du es mir erlauben?«

Ich merkte, dass ihm die Sache zu schaffen machte und sie ihn wahrscheinlich schon längere Zeit beschäftigt hatte. Jetzt verstand ich auch einige seiner Reaktionen, etwa die auf dem Weg zum *matatu*.

»Es ist eine so schöne Arbeit, Simba. Ist es wirklich schlimm für dich, wenn ich mit der Band singe?« Ich sagte ihm nicht, dass die Musik meine Medizin war, wenn er mich so traurig stimmte oder aufregte durch sein Verhalten. Und ich war auch nicht ganz ehrlich, weil ich ihm verheimlichte, wie viel Freude ich dabei empfand, vor einem großen Publikum aufzutreten, mich beweisen und Applaus einheimsen zu können.

»Verzeih, dass ich dich nicht gefragt habe«, lenkte ich nach einiger Zeit ein. »Aber ich war sicher, es wäre dir recht. Ich weiß doch, wie sehr du Musik magst. Ich bin gar nicht darauf gekommen, dass es dir nicht gefallen könnte, wenn ich mit der Band singe.«

Lpetati brummte etwas in sich hinein. Dann wurde sein Gesicht freundlicher. »Ja, ich mag Musik. Es würde mir auch gefallen, Musik zu machen. Wirklich, das würde ich gern tun, so wie wir es schon oft gemacht haben.«

Er zog ein paarmal seine Beine an und streckte sie wieder. »Ich erlaube meiner Frau, mit der Band zu singen«, brachte er dann heraus.

Ich bedankte mich und wusste, dass er sich nun besser fühlte, als Mann ernst genommen und als Ehemann ausreichend respektiert von seiner Frau, die schließlich von seinem Wohlwollen abhängig zu sein hatte. In Zukunft würde ich sehr vorsichtig sein müssen bei meinen Entscheidungen. Ich durfte Lpetati nicht einfach ausklammern oder übergehen, um ihn nicht in seiner Ehre zu verletzen. Mit meiner im Laufe der Jahre erworbenen Selbstständigkeit würde ich ihm zuliebe ein wenig Versteck spielen. Mir würde es womöglich Spaß machen, und ihm würde das Gefühl gegeben, als Mann über mir zu stehen. Es war mir nicht erlaubt, in unserer Ehe zu dominieren, zumindest nicht nach außen hin.

Binkis Geständnis

Es war im Nyali-Hotel, besser gesagt, in dessen Gartenanlage am Strand. Die Kollegen und ich warteten in unseren orangefarbenen Gewändern auf den Beginn unseres Auftritts, und ich spazierte noch ein wenig durch den Garten und sog dabei gierig den Duft von Frangipani ein, der fast benommen machte und den Geruch von Tang, Salz und Wasser überlagerte. Im Schein der niedrigen Laternen kam Binki auf mich zu. Er blieb aufregend dicht vor mir stehen und sagte ganz langsam meinen Namen, wobei seine Stimme vibrierte. »Ich weiß, ich störe eine Beziehung, aber mein Kopf ist voll von dir und noch mehr mein Herz. In beiden ist nur noch Platz für dich!«

Obwohl ich es gefühlt hatte, erschrak ich, als er es aussprach, und es gefiel mir.

»Ich habe noch nie eine Frau wie dich getroffen«, fuhr er fort, »das heißt, Frauen waren da, manchmal mehr, als mir lieb war.« Binki lachte, dachte wohl an eine bestimmte Begebenheit und wurde gleich wieder ernst. Er lehnte sich zurück und sah auf das Wasser der Nyali-Bucht, das zwischen den Palmenstämmen hindurch im Mondlicht glitzerte. Ich betrachtete Binkis Profil im Laternenlicht, plötzlich fragte ich etwas, das ich bis jetzt nie hatte wissen wollen. »Bist du frei, ich meine unverheiratet?«

»Ich bin nicht verheiratet und bin es auch nie gewesen. Vielleicht erzähle ich dir einmal, warum. Später, wenn wir uns besser kennen.« Er seufzte. Und dann hörte ich ganz deutlich, obwohl er sehr leise sprach: »*Peut-être je suis un fou – mais je t'aime*, vielleicht bin ich ein Narr, aber ich liebe dich.« Ich hielt die Luft an, als er nach einigen Haarspitzen von mir fasste und sie küsste.

»Angefangen hat es hiermit«, er deutete auf die Haare, »dann kam deine Stimme dazu und vieles von deinem Wesen. Wenn du neben mir auf der Bühne stehst und ich dich singen höre, könnte ich den Verstand glatt abgeben, weil ich irgendwo im Himmel schwebe, wo man nur fühlt und nicht denken muss.«

Ich lachte.

»Bitte nicht auslachen.«

»Ich lache dich nicht aus. Ich mag nur deine Ausdrucksweise, und auf Französisch klingt vieles besonders hübsch.«

Er sah auf seine Uhr. »Es wird langsam Zeit. Ich rauche noch ein Zigarettchen.« Sein weites orangefarbenes Gewand leuchtete im Mondschein und in dem Licht der zahlreichen Laternen auf der Liegewiese, die jetzt am Abend verlassen dalag. Über uns auf der Plattform hörten wir Tellergeklapper und das Gemurmel der Hotelgäste, die zum Dinner kamen. Die kleine Flamme des Streichholzes erhellte für einen Moment Binkis Gesicht. Zum ersten Mal sah ich ihn richtig an, länger und mit anderen Gefühlen als sonst.

»Ich hätte jetzt Lust, in deinen Armen zu tanzen«, hörte ich mich sagen, ganz spontan und unüberlegt. Ich erschrak. Wie konnte ich so etwas von mir geben?

»Tanzen?«, fragte er und zog lange an der Zigarette. »Ich tanze nur auf der Bühne, aber gern. Vielleicht sollten wir es zusammen versuchen.«

Als er zu Ende geraucht hatte, steuerten wir auf die große Halle zu, von der mehrere Umkleidekabinen und zwei riesige Toiletten abgingen. Binki verschwand hinter der rechten Tür, ich hinter der linken. Die Räume waren voll gekachelt und hatten eine wunderbare Akustik. Beim Kämmen und Händewaschen sang ich mich ein wenig ein und hörte drüben aus der Herrentoilette Binkis Echo dazu.

»Ich meine es ehrlich, wenn ich sage, dass ich dich liebe«, tönte es jetzt auf Französisch in einer selbst verfassten Melodie zu mir herüber. Ich betrachtete mich im Spiegel und drückte meine Hände an die weißen, kühlen Kacheln. Vielleicht durfte es nicht sein, aber ich war glücklich und fühlte mich wohl, hatte keinerlei Gewissensbisse.

»Gehen wir?«, rief Binki von nebenan. Ich bejahte und wagte kaum, die Tür zu öffnen.

Er trat mir lächelnd entgegen. Auf der Treppe zur Hotelplattform und zur Bühne fasste er nach meiner Hand. »Ich weiß«, sagte er mit dem Blick auf meinen Samburu-Schmuck, »es ist sehr deutlich, zu wem du gehörst. Diese Armbänder werden mich zur Vernunft bringen, auch wenn es schwer sein wird.«

Binki erschreckte mich mit seiner Offenheit. Ich dachte an Lpetati, nicht sofort, aber dann wünschte ich immer mehr, dass er bei mir sein könnte. Ohne ihn ließ sich diese unendliche Süße nicht verdrängen, die seit Binkis Worten in der Luft lag wie der Duft der Frangipani.

In unserem kargen Zimmer, in dem ich Lpetati wieder nicht vorfand, stand ich wenige Stunden später lange am Fliegengaze-Fenster und nahm Mtwapas Nachtluft und Nachtgeräusche in mir auf. Ich reckte mich, betastete vorsichtig meinen noch flachen Bauch und sprach mit unserem Kind. Doch dann wanderten meine Gedanken wieder zu Binki. Seine Liebeserklärung brannte in mir, und ich wünschte mir Lpetatis starke Arme, um das Brennen zu löschen. Schließlich schlief ich ein, unruhig und leicht fröstelnd, obwohl wie immer schwüle Wärme im Raum lastete.

Irgendwann in der Nacht spürte ich Lpetati neben mir. Dankbar drängte ich mich an ihn. Ich wünschte mir, er würde mich festhalten und nie mehr loslassen. Eng umschlungen wollte ich mit ihm entschweben, hoch und höher, und alles weit unter uns lassen. Nur er und ich. In mir war eine unbestimmte Angst, und ich hatte ein schlechtes Gewissen, weil mir Binkis Liebeserklärung gefallen und mich erregt hatte. Warum fühlte ich mich jetzt nur so hilflos? Am liebsten hätte ich Lpetati aufgeweckt, um mir von ihm bestätigen zu lassen, was ich ohnehin wusste.

Nach der Probe am nächsten Tag verbrachte ich den Nachmittag wie schon so oft mit Binki im SALNA-Haus. Wir kamen uns mit der Zeit immer näher, da wir auch bei der Arbeit öfter Privates austauschten. Manchmal wollte er etwas über meine Heimat in Deutschland wissen, über meine Familie, dann wieder etwas über Maralal und die Samburu, und auch Lpetati war ab und zu Gegenstand unserer Gespräche.

Im Gegenzug erzählte mir Binki von Zaire, von seiner Familie, von seiner Schule, an der er als Lehrer glücklich gewesen, aber nicht mehr bezahlt worden war. Und schließlich von seinen musikalischen Anfängen und seinen Stationen in Sambia, Mozambique und Tansania. Längst waren Binki und ich mehr als nur Kollegen, seine Freundschaft bedeutete mir viel. Allmählich wurde es dann auch ein Spiel mit dem Feuer. Aber vielleicht war es das von Anfang an gewesen.

Wenn ich ehrlich war, hatte ich Binkis Zuneigung seit langem gespürt, und als glücklich verheiratete Frau hätte ich eigentlich gegen seine Verehrung immun sein sollen. Aber ich merkte auch, dass Binkis Gesellschaft mir gut tat, besonders an Tagen, an denen mir Lpetati Kummer machte. Ich hatte das Gefühl, dass jemand auf mich aufpasste, dass jemand mich nicht fallen lassen würde, was immer auch geschah. Genau das Gefühl, das mir Lpetati vermittelte, wenn er nicht diesen zeitweiligen Verhaltensänderungen unterlag. In all den Jahren war zwischen ihm und mir kein böses Wort gefallen. Wir verstanden, akzeptierten und respektierten uns und hatten, trotz manch widriger Umstände, eine vorbildliche

Ehe geführt. Und jetzt musste ich das Glück mit einer unbestimmten Angst teilen. Ich litt, und ich wusste, dass auch Lpetati litt. Als ob er Gedanken lesen könnte, sagte Binki: »Du leidest so sehr, wie du ihn liebst. Wenn du jemanden brauchst zum Reden, ich bin da.«

Dann lächelte er viel sagend und spielte wunderbare Läufe auf der Gitarre. »Ich bin ein glücklicher Mann an einem Tag wie heute. Und jetzt gibt's noch mal *chai*.« Damit erhob er sich, groß und schlank und braun wie Lpetati, aber älter, bedächtiger, wissender. Ich sah ihm von der Tür aus zu, wie er mit nacktem Oberkörper vor dem Küchentisch hantierte, Tee und Zucker von einem Regal angelte und wie die engen, bunten Bermudas seinen kleinen, schmalen Po umspannten. Etwas später hockten wir wieder auf den Stufen vor der offenen Küchentür, die Teebecher neben uns, und hingen unseren Gedanken nach. Ich konnte nicht leugnen, dass ich mich mit ihm wohl fühlte. Irgendetwas ging von ihm aus, Stärke, Beunruhigendes und Beruhigendes zugleich, Schutz und Geborgenheit. Er war ein Mann zum Anlehnen.

Als wir später über die Band sprachen, sagte er: »Irgendwann muss ich etwas Eigenes machen. Bei SALNA kann ich spielen, bis meine Finger wund sind, und singen, bis kein Ton mehr herauskommt, ich würde nie viel mehr verdienen als jetzt, und ein eigenes Zimmer, erst recht eine kleine Wohnung sind in ebenso weiter Ferne wie Zaire.«

Sein Geständnis berührte mich sehr, einmal wegen der Aussage an sich und zum anderen wegen der Offenheit mir gegenüber und dem damit gezeigten Vertrauen.

Inzwischen hatte Binki drei meiner Lieder wunderbar arrangiert. Er konnte sich erstaunlich gut in meine Kompositionen hineinversetzen, verfremdete sie nicht, veränderte nicht ihren Charakter. Eigentlich wertete er sie nur auf, machte sie durch die zusätzlichen Instrumente irgendwie runder, vollständiger. Ich war sehr mit seinen Vorschlägen zufrieden. Unser Musikverständnis lag sehr dicht beieinander, obwohl er als Afrikaner ja ganz andere musikalische Wurzeln besaß als ich und das auch deutlich in den Konzerten demonstrierte.

Es war ein gutes Gefühl für mich, ein Erfolgserlebnis der besonderen Art. Ich war stolz auf meine schönen Melodien und die Texte, für die ich oft nur Minuten gebraucht hatte, um sie fertig zu stellen.

Binki, der ebenfalls viele Eigenkompositionen besaß, war voller Freude über unsere Zusammenarbeit. »Du wirst es erleben«, hatte er gesagt, »eines Tages werden wir nur noch unsere eigenen Lieder singen. Ich weiß noch nicht, wo und wie. Aber ich bin ganz zuversichtlich.«

Mit meiner Musik in den Ohren schritt ich etwas später neben Binki her, der mich zum *matatu* begleitete. Wir warteten eine geraume Zeit, schweigend. Zum ersten Mal sah ich ihn in großer Befangenheit.

»Bitte, verlass mich nicht«, sagte er ganz leise, wie zu sich selbst.

Aber ich hatte es gehört, und es berührte mich. Mit dieser Bitte machte er mir den Abschied schwer, denn in seiner Gesellschaft war ich glücklich. Schon deshalb wäre ich noch gern ein bisschen länger in Shanzu geblieben, zumal ich bei ihm nicht einmal an die Mtwapa Bridge und Lanah hatte denken müssen.

Nach dem zehnten *matatu* rang ich mich endlich dazu durch, das elfte zu nehmen. »*Kwa heri. Tutaonana kesho*, wir sehen uns morgen.« Völlig unüberlegt und ganz spontan küsste ich Binki schnell auf den Mund und stieg ein. Beim Abfahren sah ich, wie Binki seine Hand auf den Mund legte und nickte.

Lpetati stimmt mich traurig

In der Thika Lodge durchlebte ich noch einmal den Nachmittag mit Binki, überdachte unsere Gespräche, hörte unsere Musik. Auf dem Bett lag Lpetatis Lieblings-*shuka*. Sie roch so intensiv nach ihm, als stünde er neben mir.

Irgendwann in der Nacht wurde es laut, und ich erkannte sofort Lpetatis Stimme. Offenbar hatte er ziemlich viel getrunken. Warum kannte er sein Maß immer noch nicht? Er roch nach Zigarettenrauch und irgendeinem herbsüßen Parfum, als er jetzt eintrat. Seltsam, dieser fremde Geruch machte mir auch Lpetati fremd, der inzwischen auf der Bettkante saß, den Kopf in die Hände gestützt.

Schließlich zog er sich umständlich aus und legte sich einladend und aufreizend neben mich. Er wartete, aber ich konnte mich nicht rühren. Etwas später schlief er tief und fest. Da erst rückte ich neben ihn, fuhr mit meinen Fingerspitzen sanft sein schönes Profil nach. Im schwachen Licht von Rhodas Hühnerhaus betrachtete ich meinen Mann, der sich in seiner Nacktheit meinen Blicken auslieferte und der nun etwas Unschuldiges und Schutzbedürftiges an sich hatte. »Gute Nacht, Simba *lai*«, sagte ich leise, und es war, als würde er lächeln. Durch den Spalt seiner im Schlaf nie ganz geschlossenen Augenlider schien er mich anzusehen.

An einem der nächsten Tage empfing mich Lpetati nach meinen Proben gut gelaunt in einem schwarzen Slip, die Ballonmütze und den Rekorder neben sich auf dem Bett. Er lauschte einer Kassette mit Rock-Balladen. »Das ist schön. Wie deine Musik.«

Ich gab mir Mühe, die Beweise einer Art Untreue zu ignorieren, und lud ihn spontan zum Essen in das Lassado ein, wo man sich vor dem Grillen die Fleischstücke selbst aussuchen konnte.

Lpetati freute sich, erhob sich lachend und reckte sich, bevor er seine Ketten zurechtrückte und sich mit unnachahmlicher Grazie in ein türkisfarbenes Tuch wickelte. Schlank und schön stand er vor mir, bückte sich, um den Rekorder abzuschalten, gab mir einen Kuss aufs Haar und drückte mich kurz an sich. Als er sich nach der Ballonmütze umdrehte, winkte ich ab.

Erst am späten Nachmittag schlenderten wir, satt und träge, zur Lodge zurück. Ich hatte am Abend viele Soli zu singen und wollte mich noch ein bisschen sammeln und ausruhen.

Kaum im Zimmer, machte Lpetati sich am Rekorder zu schaffen, überlegte es sich dann jedoch anders und kam zu mir. Ich hatte ein bisschen gedöst, als ich ihn sagen hörte: »Eine andere Frau heirate ich nicht. Keine Frau kann sein wie du, Chui. Niemand hat so eine gute Frau wie ich.«

»Dann solltest du auch keine Geschenke von einer anderen Frau annehmen.« Es rutschte mir einfach so heraus.

»Du weißt alles?«

»Alles nicht. Aber ich habe Augen und Ohren. Ich kann dir nicht verbieten, Geschenke anzunehmen, aber klug ist es nicht.«

Auf einmal wurde ich traurig, weil Lpetati mir nichts von Lanah erzählt hatte, und es machte mich verrückt, dass ich nichts darüber wusste. War sie noch hier? Wo hielt sie sich auf? Was wollte sie überhaupt in Mtwapa? Hätte ich sie nicht zufällig entdeckt, wüsste ich von nichts. Mit Sicherheit hatte sie ihn angewiesen, Stillschweigen zu bewahren. Aber warum hörte er auf sie? Was lief da? Wussten seine Brüder Näheres?

Als einer von ihnen kurz bei uns hereinschaute, nutzte ich die Gelegenheit. »Ist Lanah wieder fort?«, fragte ich beiläufig.

»Ja, seit vier Tagen«, nickte er und stutzte nicht mal.

Die Ereignisse beschäftigten mich noch lange. Wie viele Belastungen würde unsere Liebe noch aushalten? Wie konnte es überhaupt möglich sein, dass mein Mann, den ich so liebte und dessen Kind ich in mir trug, all diese Dinge tat. Ich wusste es nicht und wurde plötzlich sehr traurig.

Lpetati erklärt seine Krankheit

An einem der nächsten Abende war Lpetati schon zu Hause, als ich in die Lodge kam. Zusammengesunken hockte er im Dunkeln auf der Bettkante und klagte über Kopfschmerzen. Auf dem Boden lag die leere Schachtel eines Schmerzmittels. »Kein Licht«, flüsterte er, »das tut weh.«

Ich überredete ihn, sich hinzulegen, feuchtete draußen am Wasserhahn ein Handtuch an und hielt es ihm vorsichtig an die Stirn.

»Chui, dein Simba ist krank. Aber es ist so komisch.«

Er wirkte zerknirscht und verzweifelt, ich empfand Mitleid und hatte Angst, denn so hatte ich ihn lange nicht gesehen. Ich zog mich langsam aus, hängte die Band-Robe sorgfältig über einen Stuhl und legte mich neben meinen Mann.

»Das tut mir Leid«, sagte ich, »was ist mit dir?«

»Du musst mir glauben, Chui, dass ich es nicht weiß. Ich will Dinge, die ich gar nicht will, und ich mache Sachen, die ich nicht machen will, aber ich muss sie machen.«

Sein Bekenntnis versetzte mich in Panik, zumal er zum ersten Mal über seinen Zustand sprach und darüber, was ihm zu schaffen machte. Lpetati schluchzte plötzlich, und ich fühlte mich so hilflos wie in jener Nacht, als ich ihn mit hohem Fieber in die Hütte geschleift und schlimme Ängste um ihn ausgestanden hatte, damals, als all das Mysteriöse begonnen hatte.

Wir drückten unsere Gesichter aneinander, unsere Hände hielten sich umklammert, und ich fühlte eine seltsame Kraft in mir. Als ginge es Lpetati ebenso, sagte er: »Alles wird gut, Chui.« Nach einer Pause fügte er hinzu: »Hast du jemals einen Löwen weinen sehen? Was ist das für ein Löwe, der weint, weil er weinen muss?« Ich hätte die Frage gern mit ihm erörtert, die Stimmung und seine Verfassung ausgenutzt, um endlich das zu fragen, was mir so entsetzlich auf der Seele brannte. Aber ich drückte nur seine Hand und blieb mit meinem Kummer allein.

Durch den lichtdurchfluteten Morgen begleitete mich wieder der Lpetati, den ich kannte. Wir frühstückten mit *chai* und *chapati* bei William, saßen draußen auf der Bank vor dem Ngao, redeten wie früher, waren glücklich. Ich bedauerte, ihn verlassen zu müssen, weil es Zeit war für die Proben in Shanzu.

»Mach ruhig deine Arbeit, Chui«, ermunterte mich Lpetati

gerade in dem Moment, in dem ich mich entschlossen hatte, bei ihm zu bleiben. »Ich arbeite auch heute, im Marinaland.«

Schmerzliche Entdeckung

In der Thika Lodge war alles leer. Ich fand weder meinen Mann vor noch Rhoda. Es hätte mir so gut getan, ein wenig mit jemandem zu reden. Enttäuscht duschte ich und legte die Sachen für den Auftritt am Abend zurecht. Als ich meine Ohrclips aus der Reisetasche holen wollte, erschrak ich. Obwohl die Tasche ausgebeult und gefüllt aussah, sackte sie nun in sich zusammen – sie war so gut wie leer. Ich schluckte und war vor Überraschung wie erstarrt, dann wühlte ich fieberhaft in der Tasche herum. In meiner Aufregung konnte ich gar nicht so schnell feststellen, was alles fehlte. Ich war drauf und dran, den Auftritt platzen zu lassen, aber dann dachte ich an meine Kollegen und vor allem an Binki und riss mich zusammen.

Mit zitternden Händen suchte ich das kleine rote Etui, in dem Lpetati und ich unsere Ersparnisse aufbewahrten. Glücklich stellte ich fest, dass es noch da war, allerdings fühlte es sich so dünn an. Hastig öffnete ich den Reißverschluss, und mir wurde fast schlecht: Bis auf einen lächerlichen Hundert-Shilling-Schein war das Etui leer! Ich brach in hysterisches Schluchzen aus, meine Wut und Enttäuschung steigerten sich immer mehr.

Und dann handelte ich ganz mechanisch. »Alles von hier wegbringen«, dachte ich nur, »alles wegbringen!« Außer einigen wenigen persönlichen Dingen lagen nur ein *nguo*, etliche Armbänder, ein Perlengürtel und Leptatis Rucksack mit Unterwäsche und einem T-Shirt darin herum. Für einen kurzen Moment hatte ich an einen unbekannten Dieb gedacht, aber dann wusste ich, dass ich den Dieb sehr genau kannte, und es tat unsagbar weh. Was war nur mit Lpetati los?

Kurz entschlossen raffte ich alles, was herumlag, zusammen,

stopfte es in die Reisetasche, nahm meine Gitarre und fuhr nach Shanzu. Jetzt konnte mir nur einer helfen: Binki.

Binki bat mich in seine *petit coin,* wie er seine durch Bettlaken von den anderen drei »Räumen« abgetrennte Zimmerecke nannte. Mit einem Bett, einer Kommode und einem Schrank, der gleichzeitig als Raumteiler fungierte, war es frustrierend eng, man hatte kaum Platz, um den Schrank zu öffnen oder sich die Schuhe zuzubinden.

»*Karibu*«, begrüßte er mich und nahm mir die Gitarre ab. Er platzierte sie vorsichtig auf der niedrigen Kommode, zog das Bettlaken glatt, stellte meine Reisetasche ans Fußende und bat mich, auf dem Bett Platz zu nehmen.

Kurz darauf kam er mit zwei Bechern zurück.

»Danke. Der Tee wird mir gut tun.«

Binki schwieg. »Wenn du reden willst, rede nur«, sagte er dann. Ich zeigte auf die Reisetasche. »Da sind ein paar Sachen drin, die mir geblieben sind. Alles andere ist gestohlen worden, und von unserem gesparten Geld sind nur noch hundert Shilling da.« Obwohl ich mir die größte Mühe gab, musste ich nun doch weinen. Stille Wut und Enttäuschung machten mich bitter, aber am meisten nagte es an mir, dass Lpetati die Reisetasche so bearbeitet hatte, dass sie prall gefüllt wirkte.

Zum ersten Mal, seit ich ihn kannte, hegte ich ihm gegenüber Ablehnung und Abscheu. Kaum wurde mir das bewusst, litt ich noch mehr. Ich war kurz davor, aufzugeben und einfach fortzugehen. Das, was heute passiert war, zerstörte in mir jedes Vertrauen. Nie hätte ich für möglich gehalten, dass mir Lpetati einmal so in den Rücken fallen würde. Das war einfach eine Ungeheuerlichkeit, die er sich geleistet hatte.

Ich wusste nicht, wie ich mich verhalten sollte. Verließ ich meinen Mann, brächte es mich um, weil ich nicht wusste, was weiter geschehen und vor allem, was mit meinem Mann passieren könnte. Das würde mich sicher bald in den Wahnsinn treiben. Und dann – mir bloß auszumalen, wie eine andere Frau meinen Mann anfasste, sich in unserem Haus breit machte und unsere Kühe molk –, ich würde durchdrehen. Andererseits, wenn ich bei ihm blieb und er immer wieder diese Attacken gegen mich führte, würde ich daran früher oder später zugrunde gehen.

Mein Mann bereitete mir großen Kummer, und es tat mir gut, mit Binki darüber sprechen zu können. Vor ihm schämte ich mich nicht. Und mehr denn je erkannte ich, dass ich an ihm einen echten Freund hatte. Er hörte zu, er verurteilte Lpetati nicht, sondern suchte nach Erklärungen, wie ich es auch tat. Er fing mich auf in diesem schwierigen Moment, war für mich da, als ich ihn so dringend brauchte.

»Du solltest aus Mtwapa raus«, sagte er schließlich, »du solltest gewissen Leuten dort ein bisschen aus dem Weg gehen. Wenn du willst, passe ich auf dich auf.«

»Ich möchte meinem Mann gern helfen.«

»Das kannst du nicht, wenn du bei ihm bleibst.«

»Aber wieso denn nicht?«

»Weil man euch offensichtlich auseinander bringen will. Wenn ihr aber schon auseinander seid, wird man euch zufrieden lassen. Allerdings kommt es darauf an, wie sich dein Samburu dann verhält, denn wenn du nicht bei ihm bist, könnte man leichtes Spiel mit ihm haben.«

»Meinst du wirklich? Dann kann ich meinen Mann also doch nicht im Stich lassen.«

»Vielleicht wirst du das müssen, zumindest eine Zeit lang.« Ich sah meinen Kollegen ungläubig und verwundert an.

»Ich bin Afrikaner«, sagte er, als wäre das die Erklärung für seine Ratschläge.

Er griff nach seinem orangeroten Gewand, das über den Schrank gehängt war. »Ich wasch mich und zieh mich jetzt um, dann können wir noch ein wenig weiterreden.«

Vollends verwirrt ließ er mich zurück. Plötzlich wurde die bisher nur geahnte Bedrohung massiver und konkreter. Binki hatte meine instinktiv erfühlten Befürchtungen bestätigt und sie in Bahnen gelenkt, die sich klar abzuzeichnen begannen. Das Unheil, unbemerkt gewachsen im Hochland, war uns an die Küste gefolgt. Von unserer eigenen Familie kam nichts Schlechtes, das glaubte ich ganz sicher zu wissen. Warum sollte jemand versuchen, Lpetati und mich zu trennen?

Hilflos trieb ich in einem wogenden Meer von bangen Gefühlen, und eine rettende Insel wollte und wollte nicht auftauchen.

Binki hatte mich beobachtet und geschwiegen. »Eifersucht«, sagte er nun, »wäre auch ein Motiv. Euch geht es doch gut durch dich. Jemand gönnt dir deinen Mann nicht oder umgekehrt. Habgier, Rache, Neid, Hass – wer weiß? Aber jetzt sollten wir wieder an etwas anderes denken«, sagte er. »Wir wollen doch musizieren und mit unserer Musik Freude verbreiten.«

Schreckliches passiert

In der Nacht kehrte ich wieder in die Lodge zurück, ließ aber meine Sachen und die Gitarre bei Binki.

Lpetati und ich brachten es wirklich fertig, nicht über die Angelegenheit zu reden. Stattdessen frühstückten wir am nächsten Morgen bei William, als wäre nichts gewesen. Erst als es ans Bezahlen ging, sagte ich: »Mein Mann übernimmt die Rechnung. Ich habe kein Geld.«

Lpetati biss sich auf die Lippen, ließ sich aber nichts anmerken. Auf einmal lächelte er sogar, was mich irritierte, und unsere Blicke begegneten sich. »Ich gehe zum Marinaland«, sagte er, wollte aber offenbar etwas anderes loswerden. Er kam dicht an mich heran und legte seine Hand auf meine Schulter. »Ich bringe das Geld wieder, ich arbeite viel.«

»Und die Sachen, meine Kleider, die Schuhe und die Geschenke für daheim?«, fragte ich und ließ ihn stehen, nicht ohne mich aber noch einmal zu ihm umzudrehen. Trotz der Hitze fröstelte ich.

In der nächsten Zeit war Lpetati das personifizierte schlechte Gewissen, und die Tage verstrichen ohne besondere Vorkommnisse.

Dann hatte ich seit langem wieder einmal einen freien Abend und beschloss, mit Lpetati zu reden, und freute mich auch auf ihn. Ich lief die Straße zur Lodge entlang, als ich plötzlich seine Stimme hinter mir hörte.

»Ej, hai Chui, *nketok.«*

Fröhlich drehte ich mich nach ihm um und erschrak zutiefst. Er war regelrecht betrunken. So hatte ich ihn noch nie gesehen. Seine schönen Gesichtszüge hatten etwas Lauerndes, und sein Lachen wirkte blöde. Es tat mir weh, ihn so zu erleben.

»Komm mit nach Hause«, sagte ich eindringlich.

»Nach Hause«, höhnte er. »Weißt du, wo zu Hause ist?«

»Natürlich. Also komm mit in die Lodge, und schlaf dich aus.«

»Ich schlafe jetzt nicht.« Er torkelte vor und zurück. »Ich komme, wann ich will. Gib mir Geld.«

»Ich habe kein Geld dabei. Zehn Shilling kannst du haben.«

Er lachte verächtlich. »Zehn … ich brauche viel Geld. Ich muss alles bezahlen. Sie warten.«

»Wer wartet?« Er stolperte und konnte sich wieder fangen. »Alle.« Er machte eine kreisende Armbewegung, schwang seinen *rungu* gefährlich hin und her. Ich konnte gerade noch ausweichen.

»Sag mal, spinnst du ein bisschen?«, ereiferte ich mich auf Deutsch. Er starrte mich wütend an und nahm eine drohende Haltung ein mit erhobenem Schlagstock. »Bitte, Simba, lass den Unsinn!«

Doch schon sauste ein so gewaltiger Hieb gegen meinen Bauch, dass ich das Gleichgewicht verlor und in den tiefen, lockeren Sand fiel.

Lpetati, der durch die Wucht des Schlages ebenfalls zu Boden gestürzt war, rappelte sich mühsam auf und sah fassungslos auf mich herab. »Chui!«, stieß er ängstlich aus. »Was machst du denn, Chui!«

»Du schlägst mich«, weinte ich, »deine Frau und unser Kind! Dein Kind.« Ich schrie es jetzt, aber auf Deutsch.

Mein Mann stand sprachlos vor mir, wahrscheinlich war ihm gar nicht bewusst, was geschehen war.

In gebückter Haltung schleppte ich mich zur Lodge. Mein ganzer Leib schmerzte. Hinter mir hörte ich fürchterliches Gezeter und sah mich kurz um. Zwei ältere Frauen, die offensichtlich alles mitbekommen hatten, schimpften mit Lpetati. Inzwischen kamen noch mehr Leute hinzu, unter ihnen auch Lepile. Ich schämte mich entsetzlich.

In der Lodge verriegelte ich die Tür, stellte mich ans Fenster und sah durch die Fliegengaze in den rasch dunkler werdenden Abendhimmel, der durch meine Tränen hindurch verschwamm. Ich vernahm die vertrauten Geräusche von Mtwapa, das *ferry-ferry* und *posta-posta* aus den *matatus* an der Malindi Road, hörte das Lärmen der unzähligen Krähen, die ihre hohen Schlafbäume in Mtwapas Zentrum aufsuchten, sah und hörte Kinder, die vom Spielen nach Hause liefen, Ziegen, Hunde, plaudernde Nachbarinnen, die noch eben das am Abend gelieferte frische Weißbrot holten, lauschte afrikanischer Musik aus plärrenden Radios. Da durchfuhr mich ein ziehender Schmerz, der immer heftiger wurde, und so legte ich mich vorsichtig aufs Bett.

In mir war alles leer, eine Leere, die von einer gewaltigen Trauer abgelöst wurde. Ich wagte nicht, mir noch einmal die beschämende Szene auf dem Weg zur Lodge ins Gedächtnis zu rufen, denn dazu fehlten mir im Augenblick der Mut und die Kraft. Plötzlich hatte ich große Angst um unser Kind, hoffentlich war ihm nichts passiert. Mir war zum Heulen elend.

Dann hörte ich ein Kratzen am Fensterrahmen. »Chuiii, Chui *ai*«, rief Lpetati ganz leise, als wenn es niemand sonst hören sollte. »*Ni mimi, Simba yako. Wewe ni mzima?* Ich bin's, dein Löwe. Bist du wohlauf?«

Nun klopfte es auch noch an der Tür. »Alles okay, *dear*?« Das war Rhodas Stimme.

»Ja, *ahsante*.«

»Aber du weinst.«

»Wir sehen uns morgen. Gute Nacht, Rhoda.«

»Wenn dein Mann dir Grund zum Weinen gibt, kann er was erleben!«, ereiferte sie sich, und dann sagte sie fast zärtlich: »Also, bis morgen. Gute Nacht.«

So angestrengt ich auch horchte, es entfernten sich keine Schritte, weder die von Rhoda noch die von Lpetati. Irgendwann in der Nacht wurde ich durch starke Leibschmerzen wach. Es war dunkel, bis auf den üblichen schmalen Lichtstreifen aus Rhodas Hühnerhaus. Der Platz an meiner Seite war leer, und die anfängliche Traurigkeit darüber ging schnell in Besorgnis über. Voller Unruhe erwartete ich das Tageslicht.

Als der Muezzin rief, wusste ich, dass es in gut einer Stunde hell sein würde. Ob Lpetati etwas zugestoßen war? Sollte ich ihn suchen? Aber dann fiel mir ein, dass ich ja die Tür verriegelt hatte!

Gegen sieben Uhr klopfte es. Es war Rhoda. »Draußen sind Freunde von deinem Mann, die dich sprechen wollen. Soll ich sie reinlassen?«

Ich bekam plötzlich Angst, wickelte mich in mein rotes Tuch und öffnete mit zitternden Händen die Tür. Es waren Lepile, Lekaitik und Geoffrey. »Dein Mann ist in der Bamburi Police Station«, berichtete Lepile, »es hat gestern Abend eine Polizeikontrolle gegeben. Er wollte oder konnte seinen Ausweis nicht vorzeigen und hat Streit angefangen. Wir müssen ihn jetzt auslösen.«

»Wie, auslösen?«

»Na ja, sie wollen Geld, was sonst? Aber lass uns das machen, wenn du mitgehst, wird es teuer. Wir kriegen ihn vielleicht schon für zweihundertfünfzig oder dreihundert.«

»Du hast geweint«, bemerkte Lekaitik, der mich die ganze Zeit angesehen hatte. Ich bekam wieder feuchte Augen. »Nein«, sagte er bestimmt, »nicht deshalb. Wir sind doch da. Wir helfen dir.«

Aus meinem schwarzen Leinenbeutel zog ich mein etwas zerfleddertes Portemonnaie und gab schweren Herzens meinen vorletzten Fünfhundert-Shilling-Schein heraus. Lpetatis Unbekümmertheit brachte uns allmählich in arge Bedrängnis, vor allem, nachdem er sich an unseren Rücklagen vergriffen hatte. Lepile hob sein türkisfarbenes *nguo* und verstaute das Geld in der gelben Bauchtasche einer Fluggesellschaft. Ich war ihm dankbar, dass er kein Wort über den Vorfall mit dem *rungu* am vergangenen Abend vor der Lodge verlor.

Nachdem sie gegangen waren, wartete ich lange, bange Stunden, schwankte zwischen Sorge, Enttäuschung, Ärger und Traurigkeit. Immer wieder tauchte vor mir das Bild meines Mannes auf, mit erhobenem *rungu*. Ich versuchte, die Situation zu verharmlosen, zu entschuldigen, denn Lpetati war in seiner Verfassung offensichtlich nicht ganz zurechnungsfähig gewesen. Aber etwas in mir warnte mich. Ich musste mit ihm reden, und er sollte wirklich zum Arzt gehen. Mein Gott, ich bekam ein Kind!

Mit einem Mal wusste ich, dass ich nicht länger in Lpetatis Nähe bleiben konnte, sosehr ich ihn brauchte und sosehr ich mich nach ihm sehnte. Aber ich durfte mich und unser Kind keiner Gefahr aussetzen. Bevor nicht einwandfrei geklärt werden konnte, was hier gespielt wurde oder was Lpetati fehlte, brachte ich mich besser in Sicherheit. Über die Angelegenheit nachdenken durfte ich gar nicht, es hätte mich innerlich zerrissen.

Der Morgen wurde mir endlos lang, und es ging mir gar nicht gut. Schon früh saß ich auf den Eingangsstufen zur Lodge. Noch war es erträglich warm hier, doch schon bald würde die Hitze über Mtwapa lasten.

Gerade als ich mich durchgerungen hatte, einen *chai* im Ngao zu trinken, kam Lpetati den Weg entlang, aufrecht und leichtfüßig und mit seiner ganz eigenen Grazie. Mein wunderschöner Mann! Er verlangsamte seinen Schritt, als er mich entdeckte, und mein aufgeregtes Herz pochte immer heftiger. Wir standen voreinander, tasteten uns mit Blicken ab, ließen uns kurz gegeneinander fallen, spontan, weil der Wunsch dazu in uns war, den der Verstand dann zügelte.

»Wie geht es meinem Simba?«, fragte ich mit einer Sanftheit, die mich wunderte.

»*Supatishe*, gut«, antwortete er gespielt fröhlich und fügte dann, sehr leise, hinzu: »*Ni mzuri kidogo tu*, es ist nur wenig gut.«

Es tat mir weh, ihn so zerknirscht zu sehen, in einer Situation, die es ihm nicht erlaubte, unbeschwert zu erscheinen.

»Komm, lass uns zu William gehen«, schlug ich vor. »Hinterher kannst du dich ausruhen, und dann habe ich mit dir zu reden.«

»Ja, natürlich hast du Grund, mit mir zu reden. Ich weiß nicht, was passiert ist, gestern, ich weiß nicht, warum.« Er schüttelte einige Male sehr langsam den Kopf. »Warte kurz«, sagte er dann, »ich will mich waschen.« Ich nickte und war dankbar, denn er roch wirklich unangenehm. So setzte ich mich wieder auf die Stufen und wartete.

»Chui«, hörte ich seine Stimme hinter dem Fliegengaze-Fenster, »wo ist das andere *nguo*? Und der Gürtel? Die anderen Armbänder finde ich auch nicht. Und mein Rucksack? Wo ist denn alles? Die Reisetasche ist ebenfalls weg.«

»Die Sachen sind alle in Shanzu. Musst du wissen, warum?«

Natürlich kam keine Antwort von drinnen, und ich wusste, was mein Mann nun durchmachte, doch dabei konnte ich ihm nicht helfen. Ich fragte mich, wieso ihm jetzt erst auffiel, dass unsere restlichen Sachen nicht da waren, denn ich hatte sie ja schon vor einigen Tagen zu Binki gebracht. Wenn ich zu den Proben fuhr, brachte ich von Shanzu nur das mit, was ich brauchte, und ließ die anderen Dinge bei Binki in seiner *petit coin*.

»Dein *nguo* hole ich dir nachher, Simba. Tut mir Leid.« Natürlich hätte ich seine eigenen Sachen längst wieder mitbringen können, die ich in meiner Gefühlswallung nach Shanzu getragen hatte.

Ich wartete lange. Als Lpetati immer noch nicht kam, ging ich nachsehen. Er lag, nur mit einem Handtuch um die Hüften, quer auf dem Bett und starrte an die Decke. Es roch stark nach der antiseptischen Protex-Seife.

»Ja«, sagte er leidend, »ich weiß, du hast gedacht, ich nehme dir noch mehr weg. Dabei möchte ich dir lieber etwas geben und nichts wegnehmen.«

»Aber …« Ich sprach nicht weiter. Wenn er es nicht wollte, warum tat er es dann? Immer wieder war das der Kern unseres Problems: Er tat Dinge, die er nicht tun wollte. Ich setzte mich zu ihm aufs Bett, doch er starrte weiter an die Decke. Ich nahm seine Hand und drückte sie gegen meinen Bauch. Wie in Gedanken begann er, meine Haut unter dem dünnen Tuch zu streicheln.

»Jetzt bist du unserem Kind ganz nahe«, wollte ich sagen, bekam jedoch keinen Ton heraus.

»Ich weiß, wo du die Sachen hingebracht hast«, sagte er da und entzauberte den Augenblick damit, »es ist kein guter Platz.«

Ich wunderte mich nicht einmal, dass er davon wusste, denn es gab ja viele Augen um uns herum.

»Lass uns *chai* trinken gehen«, sagte ich, weil mir plötzlich die Szene mit dem *rungu* einfiel und mir der Raum zu eng wurde.

»Mein *nguo* stinkt.«

»Dann nimm meines. Ich habe noch meine Sachen von der Band.« Ich wickelte mein rotes Tuch ab, und er griff danach, sah mich erst ohne besonderen Blick an und dann sehr begehrlich. »Chui *ai*«, sagte er leise und zog mich zu sich. »Willst du deinen Simba?«

»Nein, vielleicht, ein bisschen«, gab ich ebenso leise zurück und war mit dem, was ich sagte, nicht einverstanden. Er war ein traumhafter Geliebter.

Obwohl ich große Schmerzen verspürte, fuhr ich reichlich spät nach Shanzu zur Probe. Meinen Kollegen erzählte ich etwas von leichtem Unwohlsein, dennoch waren sie sehr besorgt und gaben mir allerhand Ratschläge. Ich versuchte jeden Gedanken an mein Kind zu verdrängen.

»Hauptsache, du bist heute Abend in Form«, sagte Nawayi, »wir spielen nach dem Travellers noch im White Sand bei einer Party.«

Ich dachte an Lpetati und daran, dass wir miteinander reden wollten nach meinem Auftritt. Nun würde es sehr spät werden.

»Mein Mann hat heute erst seine Sachen vermisst«, sagte ich zu Binki, als keiner von unseren Kollegen es hören konnte. »Er weiß, wo sie sind, und möchte sie haben.«

Nach der Probe folgte ich Binki in die *petit coin*, beobachtet von Koko und Nawayi. »Ich mache ihr einen *chai masala*«, erklärte Binki, der Diplomat, »wollt ihr auch einen?«

»Vielleicht später«, war die Antwort. Bevor er Wasser aufsetzte, deutete er auf die unterste Schublade der dunklen Kommode. »Da ist alles drin. Der Rucksack liegt im Schrank und deine Tasche auch.«

Ich nahm nur Lpetatis Sachen, meine persönlichen Dinge ließ ich hier. Das ganze SALNA-Haus duftete plötzlich nach Kardamom, nach Zimt und Ingwer, und genauso schmeckte der Tee, den Binki jetzt in zwei breiten blauen Tassen auf den Händen balancierte.

»Neue Tassen?«, erkundigte ich mich.

»Ja«, nickte Binki, »ich dachte, ich brauche jetzt manchmal zwei.«

Er sah mich dabei nicht an, aber ich hatte verstanden. Es waren »unsere« Tassen.

Versammlung

Obwohl ich erst spät aus dem White Sand zurückkehrte – es war fast Morgen – fand ich zu meiner großen Überraschung Lpetati, seine beiden Brüder, Lepile und Geoffrey in unserem Zimmer vor, die teils auf der Erde schlafend, teils *miraa* kauend auf unserem Bett lagen. Ganz offensichtlich hatten sie auf mich gewartet.

»Nanu?«, wunderte ich mich.

Lpetati zog mich zu sich heran. »Die *moran* wollen mit uns reden.«

»Jetzt? Um diese Zeit?«

»Wenn du so spät kommst.«

»*Pole,* Chui«, schaltete sich Lepile ein. »Das ist verrückt, dass wir hier um diese Zeit auf dich warten. Aber es gibt Dinge, die besprochen werden müssen. Du weißt, dass ich der Obmann der Samburu hier in Mtwapa bin, der Streit schlichten kann und den *moran* bei Schwierigkeiten zur Seite steht. Ich habe entschieden, eine Versammlung einzuberufen, vor der du und dein Mann Rede und Antwort stehen. Dein Mann war nicht gut zu dir, und du hast eure Sachen zu einem anderen Mann gebracht. Weil ihr nach Samburu-Recht verheiratet seid, sollt ihr euch erklären.«

Ich war völlig überrumpelt. Was und wie viel musste über Lpetati und mich geredet worden sein, dass deswegen eine öffentliche Anhörung anberaumt wurde? Natürlich hatte der Vorfall mit dem *rungu* die Runde unter den Kriegern gemacht, doch dass unsere Sachen bei Binki in Shanzu waren, hatte nur Lpetati gewusst. Sicher hatte er in seiner Enttäuschung darüber mit seinen Brüdern gesprochen. Plötzlich wurde mir unwohl bei dem Gedanken, unsere geheimsten Dinge vor mehreren *moran* ausbreiten zu sollen. »Muss die Versammlung sein?«, fragte ich. »Wir haben momentan viel Arbeit in der Band, weil wir ein neues Programm einüben.«

»Wenn es nicht anders geht, rufen wir eben jetzt ein paar Krieger zusammen. Vor acht *moran* könnt ihr sprechen.«

Lpetati nickte zustimmend. Er verhielt sich die ganze Zeit über seltsam zurückhaltend, fast unterwürfig. Ihn so zu sehen störte mich sehr. Etwas später wusste ich, warum. Er konnte für sein Verhalten mit der Missachtung und sogar mit dem Ausschluss aus der Gemeinschaft seiner *moran*-Brüder bestraft werden. Das wäre so unehrenhaft, dass es besser wäre, sich nie wieder unter seinesgleichen sehen zu lassen. Zutiefst betroffen registrierte ich, wie viel Macht Krieger über ihresgleichen ausüben konnten – ganz ohne Gewalt. Zwar kannte ich derartige Versammlungen der Alten im Dorf und auch die der Krieger, die der *l'oiboni* einberief, aber dass so etwas auch hier üblich war, so viele Kilometer von Maralal entfernt, hatte ich nicht gewusst.

Kurze Zeit später kamen Geoffrey und Lipidas mit sieben mehr oder weniger verschlafen wirkenden *moran* in unser Zimmer. Lpetati und ich saßen auf dem Bett, Lepile stand vor uns, und im Halbkreis auf der Erde hockten meine beiden Schwäger, Geoffrey und die sieben Krieger.

»Wir sind hier zusammengekommen, um zu hören, was ihr zu sagen habt«, eröffnete Lepile die Versammlung. »Wir werden beraten und entscheiden, was geschehen soll.« Er wandte sich an Lpetati. »Du hast deine Frau vor aller Augen bedroht und sie mit dem *rungu* geschlagen, den ein Krieger niemals gegen eine Frau erheben darf. Das weißt du.«

Lpetati nickte. »Ich habe es nicht gewollt, wirklich nicht. Ich weiß nicht, wie das passiert ist. Ich hatte zu viel Bier getrunken und *miraa* gekaut.« Er wandte sich an mich. »Ich wollte es wirklich nicht, *nketok*. Ich kann es nicht glauben, dass ich das getan habe. Ich liebe dich doch.«

Natürlich wusste ich, dass Alkohol und *miraa* eine geradezu teuflische Kombination ergaben, aber Lpetati wusste das viel besser als ich. Lpetati atmete hörbar ein und sah mich an.

»Ich bitte dich hier vor allen Kriegern um Verzeihung. Nie wieder soll so etwas vorkommen. Ich verspreche es dir und meinen Brüdern bei meinem Leben.«

»Nimmst du das Versprechen an?«, fragte mich Lepile.

»Ja.« Ich dachte daran, dass Lpetati unser Gespartes mit Zechgenossen durchgebracht und meine Sachen in klingende Münze verwandelt hatte.

Lpetati hauchte ein »Danke« neben mir.

»Was bedeutet dir der Mann, bei dem eure Sachen sind?«, erkundigte sich Lepile so direkt, dass es mich erschreckte.

»Wir arbeiten zusammen«, erklärte ich, und Lepile hakte nicht weiter nach.

»Verzeiht ihr euch gegenseitig? Entschuldigt ihr euch?«

Lpetati drehte sich zu mir um. Ich fühlte eine schmale Hand in meiner und sah in mandelförmige dunkle Augen unter dichten, stark gebogenen Wimpern. Er entschuldigte sich noch einmal, und obwohl manches nicht so war, wie es sein sollte, drückte ich seine Hand. Als ich erleichtert war, weil ich die Versammlung für beendet hielt, traf mich Lepiles nächste Frage wie ein Pfeil.

»Wie hast du entschieden, Chui? Willst du eure Sachen zurückholen und bei deinem Mann bleiben, oder willst du zu dem anderen Mann in Shanzu gehen?«

»Ich liebe meinen Mann, und er bleibt mein Mann«, wich ich einer genauen Antwort aus.

»Und die Sachen?«, bohrte Lepile.

»Meine Sachen bleiben in Shanzu. Simbas Sachen bringe ich nach Mtwapa. Mein Mann kennt die Gründe dafür.«

»Gut«, entschied Lepile, »wenn du die Gründe nicht nennen möchtest und dein Mann sie kennt, soll es unter euch bleiben.«

»Es kann sein«, hörte ich mich auf einmal sagen, »dass ich meinen Mann vorübergehend verlasse, allerdings nicht wegen eines anderen Mannes. Ich bin aber noch unentschieden. Ihr sollt es nur wissen, falls es dazu kommt.«

»Simba und Chui«, gebrauchte Lepile unsere Rufnamen, »wir haben gehört, dass ihr euch entschuldigt und verziehen habt. Es bleibt nichts zu entscheiden. Versprecht vor den *moran*, es nie an Respekt voreinander fehlen zu lassen, dann können wir die Versammlung aufheben. Ngai schütze euch, Ngai schütze alle *moran*, Ngai schütze alle Samburu.«

Verlorene Freude

Zwei Abende später passierte es.

Wir hatten unseren erfolgreichen Auftritt fast hinter uns gebracht und heizten den Tanzfreudigen unter den Hotelgästen noch einmal so richtig mit Mombasa ein, als ich es merkte: Warm und klebrig lief es mir die Beine hinunter, und ich wusste, ohne es sehen zu können, dass es Blut war. Tapfer sang ich den Refrain zu

Ende und zog mich mit Trippelschritten langsam zurück, verfolgt von den erstaunten Blicken meiner Kollegen. Ich hörte noch, wie Koko meinen Part übernahm und Binkis Bass verstummte. Langsam ging ich in Richtung Ausgang, Binki kam sofort hinterher.

»Was ist los?«, fragte er besorgt.

Ich zog ein klein wenig meinen langen schwarzen Rock hoch und starrte, ebenso wie Binki, gebannt auf die dünnen roten Rinnsale. Es musste ihm sofort klar gewesen sein, dass es sich nicht um meine Regelblutung handelte.

»Ein Taxi«, rief Binki einem Ober zu, »schnell ein Taxi!«

Später konnte ich mich nur ganz schwer daran erinnern, was im Aga Khan Hospital geschehen war. Als ich erwachte, lag ich in einem himmelblauen kittelartigen Oberteil in einem fremden Bett, das nach Chemikalien roch, und von meiner Armvene gingen dünne Schläuche zu einem flachen Plastiksack, der an einem Chromgestell hing. Irgendwie wusste ich, dass Ljuba und Binki bei mir gewesen waren und dass es darum gegangen war, mich zu retten, das Kind zu retten. Ich zuckte zusammen. Das Kind! Unser Kind!

Eine hübsche junge Schwester mit einer ungewöhnlich hohen Stirn brachte *chai*. »Es tut uns Leid«, sagte sie auf Englisch mit hoher Stimme, »es tut uns allen furchtbar Leid.«

Alles war so weit weg, so verstand ich nicht, was sie meinte. Was war passiert? Plötzlich erinnerte ich mich an das Blut. »Mein Kind?«, fragte ich. »Was ist mit ihm?«

»Ich darf Ihnen keine Auskunft geben, aber ich hole den Arzt.«

Eine Stunde später wusste ich, dass unser Kind nicht mehr lebte und dass es ein Junge gewesen war. Ich schluchzte, tobte und weinte, zitterte, bäumte mich auf und fiel erst nach einer Beruhigungsspritze in einen tiefen Schlaf.

Es wurde schon dunkel draußen, da kam Ljuba zu mir ins Zimmer und hinter ihr – Binki. Er hatte eine rote Rose mitgebracht. Aber ich wollte niemanden sehen, ich wollte unser Kind wiederhaben, unseren Sohn, mit dem ich so oft Zwiesprache gehalten und der bereits angefangen hatte, ganz vorsichtig gegen meine Bauchdecke zu treten, um auf sich aufmerksam zu machen. Ljuba ging und kam mit einem Arzt zurück. Der drückte Binki sein Bedauern aus. Binki und nicht Lpetati! Der war bei einer mehrtägigen Tanzveranstaltung und wusste von nichts. War dies eine verrückte Welt!

Nach sechs Tagen durfte ich das Hospital verlassen. Am Vorabend war noch Besuch gekommen: Marlen mit Nawayi und dessen Frau Shemeni. Binki war jeden Tag bei mir gewesen, hatte mich nur für die Zeit seines Auftritts verlassen und auf einem Stuhl vor meinem Bett geschlafen. Er hatte mit mir gelitten und auch geweint, hatte meine mich zu Boden schmetternde Enttäuschung geteilt und den unendlichen Schmerz. *That's what friends are for*, hatte er einen unserer Song-Titel als Erklärung dafür zitiert.

Ljuba, meine aufrichtige und gute Freundin, holte mich persönlich vom Aga Khan Hospital ab. Als es an die Bezahlung der Rechnung ging, gab es ein Problem: Ich hatte das Geld nicht, aber zum Glück legte Ljuba ein gutes Wort für mich ein und half mir mit einem größeren Betrag aus. Nach langer Diskussion erlaubte man mir schließlich eine Ratenzahlung, doch erst auf der Fahrt nach Mtwapa wurde mir das ganze finanzielle Elend bewusst: Wie konnte ich jetzt in unser *boma*?

Nun musste ich weiterarbeiten, um meine Schulden zu bezahlen. Mein seelisches Chaos war unbeschreiblich. Was war mit Lpetati? Warum hatte ich ihn noch nicht gesehen? Wusste er überhaupt, was passiert war? Hatte man ihm Bescheid gegeben? Hatte er mich noch nicht vermisst? Mich gesucht? Und dann, ganz plötzlich, schlug meine bange Besorgnis in Trauer und Ablehnung um. Hatte der Schlag mit dem *rungu* diese Katastrophe ausgelöst? Ich wusste nur, dass ich seit dem gewaltigen Hieb Leibschmerzen gehabt hatte, nicht ständig, aber immer wieder ein krampfartiges Ziehen.

»Es tut mir so Leid, meine Liebe«, sagte Ljuba, »ich habe so für dich gebetet, für das Kind auch und deinen Mann. Er wird sich schrecklich fühlen.«

»Er wusste gar nicht, dass ich schwanger war. Ich wollte es ihm immer sagen, in einem besonders passenden Moment. Doch manchmal gibt es wenig passende Momente.«

»Warum bist du nicht gleich danach zu mir gekommen?«, fragte sie nach einer Pause. Wir rollten langsam über die Straßenbuckel in Bombolulu.

»Ich weiß es nicht. Ich habe an dich gedacht, habe mich aber geschämt. Aber ich weiß, dass ich jetzt nicht in die Lodge will, ich könnte meinen Mann nicht ertragen. Ich würde mich vergessen, wenn es seine Schuld ist. Ich würde auf ihn losgehen – ach, ich ... was soll ich nur tun?«

»Du kannst bei mir bleiben«, sagte Ljuba, »ich will dich sowieso noch ein bisschen beobachten. Du bist noch nicht richtig über dem Berg.«

Als wir die Thika Lodge passierten, verrenkte ich mir den Hals. Ich sah Rhoda an der Treppe im Gespräch mit Lipidas. Ljubas Boy öffnete das Tor, und wir fuhren bis vor den Eingang zu ihrer Praxis. Einige Patienten drückten sich im Eingangsbereich herum, andere im Warteraum. Meine Freundin geleitete mich in den Kliniktrakt, in dem sie vier Krankenzimmer besaß, von dem aber nur eines zurzeit belegt war. »Such dir ein Zimmer aus«, sagte Ljuba, »ich lasse dir etwas zu trinken kommen und kümmere mich um meine Kranken. Wir sehen uns am Nachmittag.« In der Tür blieb sie stehen. »Strengstes Grübelverbot!«

So kam es, dass ich nicht mehr in die Lodge ging. Natürlich musste ich Lpetati Bescheid geben und Rhoda. Ich dachte an Binki, der mir in den vergangenen dramatischen Tagen den größten Beweis seiner Freundschaft geliefert hatte. Rund um die Uhr war er in meiner Nähe gewesen und hatte sich liebevoll um mich gekümmert.

In der Nacht plagten mich Gedanken an Lpetati. Ich wusste,

dass ich nicht richtig handelte. Mein Platz war bei ihm. Aber wenn ich dann daran dachte, welchen Schmerz er mir zugefügt hatte – und sich ebenfalls, auch wenn er es noch nicht wusste! –, wollte ich ihn nicht sprechen, noch nicht. Ich war völlig durcheinander, völlig hin und her gerissen – dann siegte die Verbitterung. Beim Schein einer kleinen Tischlampe versuchte ich mich an einem Brief für Lpetati. Ich hatte einen Stapel Schreibpapier gefunden und einen grünen Stift. Während ich schrieb, begriff ich erst so richtig die Tragweite des Geschehens. Unser Leben war gerade dabei, sich zu verändern. Durch die Krankenhaus-Schulden, die ich nun abarbeiten musste, war ich für längere Zeit nicht mehr frei in meinen Entscheidungen. Mit Laerra – so hatte ich unseren Sohn in Gedanken immer genannt – war nicht nur unser Kind gestorben. Es gab einiges, was für die nächste Zeit anders werden würde, werden müsste. Die Zerrissenheit in mir war kaum auszuhalten. Und dann formte sich in meinen Gedanken immer deutlicher ein einziger furchtbarer Satz, der mich mit Macht überrollte: Mein Mann hatte sein eigenes Kind umgebracht! Würde ich ihm jemals verzeihen können? Ich wusste es nicht. Ich wusste nur, dass ich einen engen Kontakt mit Lpetati im Augenblick nicht ertragen konnte.

Veränderungen

Nach einer weiteren Woche ging ich das erste Mal wieder nach Shanzu und stand am zweiten Abend auf der Bühne, wenn auch nur für einige Lieder. Ljuba war nicht begeistert davon, aber ich fühlte mich nutzlos in meinem Krankenzimmer und grübelte zu viel. Bei den Konzerten lebte ich dagegen regelrecht auf, und für Stunden gab es für mich nur die Musik.

Ab und zu übernachtete ich auch in Shanzu – bei Binki, der mir sein Bett überließ. Obwohl ich mich in die Obhut meines Kollegen begab und meine Gefühle für ihn recht stark waren, so würde ich doch niemals ohne Lpetati sein wollen. Zwar war ich noch nicht bereit, mit ihm zu sprechen, aber er würde mein Mann bleiben. Erklären konnte ich es selbst nicht, denn ich befand mich in der fürchterlichen Lage, für beide Männer Liebe zu empfinden. Konnte eine Frau wirklich zwei Männer gleichzeitig lieben? Ich wusste nun, dass es möglich war, und dennoch litt ich unter meiner anerzogenen Moralvorstellung, die so etwas als nicht existent einstufte. Und wie schnell wäre ich dabei gewesen, ein solches Verhalten zu verurteilen, hätte ich es über eine andere Frau gehört.

Binki und Lpetati – unterschiedlicher konnten zwei Männer nicht sein, und trotzdem waren sie sich sehr ähnlich. Es war schön, dass es sie gab, ich war dankbar dafür und stand fortan in ihrer Mitte.

In einer Vollmondnacht, unter einem gelb blühenden Tipubaum, vertraute Binki mir an: »Seitdem du da bist, lebe ich. Du hast mich auferweckt, durch dich hat nun alles einen Sinn. Du bist die Frau, nach der ich so lange gesucht habe. Seit unserer ersten Begegnung habe ich mir gewünscht, dich wiedersehen zu können. Der liebe Gott hat mich lange warten lassen – aber meine Bitte schließlich erhört. Ich habe meine Frau gefunden. Meine Frau bist du.«

Es tat gut, das zu hören, und es fiel mir schwer, in einer so verheißungsvollen Nacht den Gefühlen Grenzen zu setzen. »Ich will dich deinem Mann nicht wegnehmen«, erklärte Binki, als wollte er mich beruhigen. »Man kann lieben, ohne zu besitzen. Wahre Liebe besitzt nicht. In der Liebe gibt es andere Werte, es gibt nichts Vergleichbares. Ich werde diese Liebe zulassen, ohne Einschränkung.«

Dennoch: Das verlorene Kind lähmte mich eine lange Zeit, und auch Lpetatis Abwesenheit bedrückte mich. Oft sehnte ich mich nach seiner Nähe, und ich dachte an glückselige Stunden. Dann wieder spürte ich keine starken Gefühle in mir für meinen Mann, der das Seine in Liebe dazu beigetragen hatte, dass ein Kind hatte entstehen können. Ich machte ihn für das Verlorene verantwortlich. Dann wieder dachte ich afrikanisch, nämlich dass alles, und damit auch mein Unglück, vorherbestimmt war. Ich war fürchterlich zerrissen. Lpetati wusste immer noch nichts von dem Kind und meiner Fehlgeburt. Doch er hatte ein Recht darauf, es zu wissen. Einige Anläufe, es ihm persönlich beizubringen, scheiterten an meiner Feigheit und an dem Zusammenspiel unglücklicher Umstände. Ich schrieb meinem Mann einen langen Brief, schickte ihn jedoch nicht ab. Je mehr Zeit verstrich, desto nervöser wurde ich.

Nachricht von Lpetati

Bei einer Nachuntersuchung gab Ljuba mir einen kleinen blauen Briefumschlag. »Von deinem Mann … er hat wohl mitbekommen, dass du bei mir bist.«

»*Supa,* Chui«, las ich, »ich hoffe nicht, dass du krank bist, weil du bei der *daktari* bist. Was ich getan habe, war schlimm. Und du musst mir glauben, dass ich es nicht tun wollte. Verzeih deinem Simba, der nicht gut zu dir war, der dich aber immer liebt, Chui, du weißt, dass dein Mann dich liebt. Du bist weggegangen, Chui. Kann das gut sein für dich? Für mich ist es schlimm und auch nicht richtig. Eine Frau gehört zu ihrem Mann. Aber vielleicht willst du bei einem Mann wie mir nicht bleiben. Ich will nichts Schlechtes mehr tun, Chui. Ngai weiß das. Es gibt keine guten Nachrichten von zu Hause. Großvater ist sehr krank, und Baba bittet uns, sofort zu kommen. Ich werde morgen Abend fahren. Das Fahrgeld habe ich zusammenbekommen. Was ist mit dir? Und warum ist alles so? Ich warte auf dich im Ngao. Ich habe vergessen zu sagen, dass das Fahrgeld auch für dich reicht, für uns beide, Chui. Komm zu deinem Mann, zu deinem Simba.«

Völlig schockiert saß ich da. Simba! Babu! Nach dem ersten Schreck war ich ganz durcheinander. Ich würde mit Lpetati nach Maralal fahren, nach Hause, endlich wieder nach Hause! Und ich musste unbedingt Babu sehen und mit ihm sprechen. Hoffentlich war es noch nicht zu spät. Wenn Baba uns extra gebeten hatte, sofort zu kommen, musste es schlimm um ihn stehen.

Als Ljuba kam, fand sie mich in Tränen aufgelöst.

»Ich muss sofort zu meinem Mann«, rief ich ihr schon entgegen, als sie noch in der Tür stand. »Großvater geht es sehr schlecht. Wir fahren nach Hause. Lpetati will wissen, was mit mir ist.«

»Dann sag es ihm. Und wenn du mitfahren willst, werde ich es dir nicht verbieten, aber befürworten kann ich es aus ärztlicher Sicht und auch als deine Freundin nicht. Schlimm genug, dass du schon wieder auf der Bühne stehst.«

»Was soll ich denn tun? Ich bin es Großvater schuldig, und meinem Mann auch.«

»Nun lass mal deine Schuldigkeiten«, wies mich Ljuba zurecht. »Mit deinem Mann zu reden ist in Ordnung. Aber die Strapazen der stundenlangen Fahrt in den engen *matatus*, noch dazu durch die Schlaglöcher, das darfst du dir in deiner momentanen körperlichen Verfassung nicht antun. Es wäre furchtbar leichtsinnig.«

In mir regten sich Trotz und Abwehr, dabei traf Ljuba überhaupt keine Schuld. »Dann gehe ich jetzt, um meinen Mann zu suchen.«

»Viel Glück«, sagte Ljuba und umarmte mich. »Kopf hoch.«

Im Ngao traf ich Lpetati. Mein Herz schlug heftig.

»Oh Chui!« rief er. »*Nketok ai!*«

Seine Nähe tat so gut und so weh zugleich. Wir fielen uns in die Arme, hielten uns lange fest, schweigend. Sein Geruch war in meiner Nase, und all die Vertrautheit, die in den vier vergangenen Jahren zwischen uns gewachsen war, umhüllte mich, Erinnerungen verbanden sich mit der Gegenwart. Das Zusammengehörigkeitsgefühl war wieder da, immer noch da, und doch stand etwas zwischen uns. Nach der ersten Wiedersehensfreude, in der wir beide ganz spontan gehandelt hatten, umgab uns nun eine große Befangenheit und lähmte alles Impulsive. Lpetati wirkte plötzlich unsicher und unruhig, aber so, wie er mich betrachtete, konnte nur ein Mann aussehen, der Liebe empfand. Seltsamerweise hatte ich auch nie befürchtet, dass er mich eines Tages nicht mehr lieben würde. Befürchtet hatte ich nur, dass sich unser Zusammenleben veränderte, wie es schon seit längerem der Fall gewesen war.

Der Schmerz übermannte mich, dieser große Schmerz, den mir Lpetati, ohne es zu wissen, zugefügt hatte. Der Schlag mit dem *rungu* war das, was uns trennte. Er hatte unseren kleinen Sohn getötet, er hatte fast alles zerstört, was ein Mann im Herzen einer Frau zerstören kann.

Jetzt, wo ich ihm so dicht gegenüberstand, war immer noch Liebe in mir, wenn auch ein wenig gedämpft und mit Wehmut vermischt.

»Was weißt du von Babu?«, fragte ich nach langem Schweigen.

»Es geht ihm schlecht, es sieht nicht gut aus. Wir müssen zu ihm.«

»Ich war krank, Simba. Die Ärztin erlaubt eine so lange Reise noch nicht. Und ich glaube, ich sollte auf sie hören.«

»Ich habe gedacht, du kommst mit mir. Großvater wird auf dich warten. Du weißt es, Chui. Es ist wichtig, dass du mitkommst. Und krank? Warum habe ich nichts davon erfahren? Was hast du? Du bist krank und niemand sagt es mir. Auch du nicht!«

»Wir werden irgendwann darüber sprechen. Ich brauche noch Zeit.«

Lpetati wirkte ein wenig hilflos. »War es wegen mir? Chui, ich kann es leider nicht zurücknehmen. Aber dir wehtun, das wollte ich nicht. Du musst mir glauben.«

»Ich weiß, dass du es nicht tun wolltest«, sagte ich, »aber du hast es getan. Und du hast etwas damit kaputtgemacht. Es dauert ein bisschen, bis die Wunden wieder verheilt sind.«

»Komm mit nach Maralal und lass uns mit allen sprechen. Bei der Versammlung hast du vor den *moran* gesagt, dass du mich liebst und dass ich dein Mann bleiben soll. Aber warum bist du dann noch nicht wieder bei mir. Warum?«

»Weil ich immer noch Angst habe vor all den Dingen, die du nicht tun willst und dann doch tust. Und auch davor, die Achtung vor dir zu verlieren. Das schadet unserer Liebe. Wenn ich nicht bei dir bin, denke ich an dich, du bist nicht aus meinem Herzen. Aber ich will nicht mit einem Mann zusammenleben, der mich bestiehlt und zuschlägt und hinterher einfach sagt, dass er das nicht gewollt hat.«

»Sssst«, machte Lpetati verärgert, streckte sich, drehte sich ganz plötzlich um und ging.

»Grüß die Familie, grüße unsere Tiere«, rief ich, aber die Stimme versagte mir. »Grüß vor allem Babu«, kam nur noch wie ein Flüstern. Ich weinte bitterlich.

Am Abend, bei unserem Auftritt im Travellers, ertappte ich mich immer wieder dabei, dass ich verstohlen auf die Uhr sah. Lpetati saß nun schon im Bus nach Nairobi. Wie gern wäre ich jetzt bei ihm, wie gern würde ich alles vergessen und nur glücklich mit ihm nach Hause fahren. Je mehr ich mich in die Sache hineinsteigerte, umso mehr wühlte sie mich auf. Ich war unkonzentriert und hatte schon zweimal meinen Einsatz verpatzt.

Die Nacht verbrachte ich bei Ljuba, mit dem Summen des Deckenventilators und unter einem Moskitonetz. Ich hatte Lpetati in Gedanken begleitet und ihn darum beneidet, dass er all das wiederhaben würde, wonach ich mich sehnte: Ich hatte sogar die klare, reine Bergluft gespürt und den Geruch nach Zedernholz von unserem Haus. Beim Gedanken an unser *boma* ärgerte es mich entsetzlich, dass ich Lpetati keinen Brief für Babu mitgegeben hatte.

In meinem Herzen errichtete ich eine Mauer gegen Lpetati, aus Steinen der Enttäuschung, der Trauer, der hilflosen Wut. Dahinter verschanzte ich mich, unfähig, damit abschließen zu können, dass wir kein Kind haben würden. Ich würde Lpetati verzeihen, wollte es gerne, aber würde ich jemals vergessen können?

Laerra war so nah gewesen, ich hätte ihn bald in diese Welt bringen dürfen, und für Lpetati wäre es mein schönstes Geschenk gewesen.

Dann dachte ich voller Bangen daran, dass Lpetati vielleicht wieder Naraya und Lanah ausgeliefert sein könnte. Und ich saß hier in Shanzu, so unselig getrennt von ihm und unfähig, etwas zu tun. Was wäre, wenn er gar nicht mehr zurückkehrte? Ich erinnerte mich, dass Lpetati gesagt hatte, er habe das Gefühl, durch die Reise an die Küste würde etwas anders. Auf welche makabre Art hatte sich das nun bewahrheitet!

Ich dachte an Mama Annas Worte und war mir plötzlich sicher: Wir gingen – getrennt – durch das »dunkle Tal«. Aber Lpetati und ich würden Mann und Frau bleiben. Meine Liebe würde ihm gehören, solange ich lebte. Eine zeitweilige Traurigkeit oder Verbitterung meinerseits würde nichts daran ändern können. Wie lang und beschwerlich würde das Durchqueren des dunklen Tals sein – würde es am Ende den »Ort der Helle« geben?

Ein Haus an der Küste

Eines Tages, wir wollten gerade mit den Proben beginnen, kam Koko zu Binki und mir.

»Ich weiß ein schönes Haus für dich«, sagte er, »ganz hier in der Nähe. Es kostet dreitausend Shilling.«

Ich wurde hellhörig. Ein Haus, ein ganzes Haus für weniger als einhundert Mark? Das war ein geradezu lächerlicher Betrag. Schon lange hatte ich mir ein größeres, eigenes Zimmer gewünscht, und da ich für eine weitere Saison für die Band engagiert war, wäre ein Häuschen genau das Richtige.

Ich wohnte inzwischen offiziell im SALNA-Haus, allerdings belastete das ungewohnt enge Zusammensein mit Binki und den übrigen Kollegen meine Nerven zusätzlich. Ich hatte keinen rechten Platz so ganz für mich und immer das Gefühl, ich würde Binki etwas wegnehmen. Er überließ mir sein Bett und schlief auf der Erde oder in einem Sessel bei Nawayi. Das war natürlich kein Zustand. Da kam Kokos Vorschlag wie gerufen. Noch am selben Tag sah ich mir mit meinen Kollegen das von Koko angepriesene Objekt an: Am Ende eines Schotterplatzes lag es, unverputzt, mit Wellblechdach und vier Stufen, die auf eine kleine Terrasse und zum Eingang führten. Eine ältere Frau in einem gelb-grünen Gewand und einem Turban aus einem gedrehten bunten Tuch öffnete und ließ uns eintreten.

Es gab drei unterschiedlich große Zimmer in dem Haus, eine Küche mit einer furchtbar verdreckten Metallspüle, einen gekachelten kleinen Raum als Dusche und ein WC mit einer Toilette, deren Klobrille allerdings gesprungen war. Erfreut stellte ich fest, dass es auch über einen Strom- und einen Wasseranschluss verfügte, was durchaus nicht üblich war. Die Räumlichkeiten gefielen mir, aber sie waren entsetzlich verwohnt und schmutzig. Die mit heller Ölfarbe gestrichenen Wände waren übersät von mehrfarbigen Dreckspritzern, dichte Spinnweben hingen in den Ecken und von der Zwischendecke. Ameisenstraßen verliefen an den Wänden entlang, es gab verendete Geckos und einiges mehr.

Ich war alles andere als begeistert, doch als meine Kollegen mir versprachen, beim Aufräumen und Renovieren zu helfen, sagte ich zu.

Am nächsten Tag begleitete mich Binki nach Mombasa, um die nötigen Formalitäten zu erledigen. Ohne dass wir darüber gesprochen hatten, stand fest, dass wir uns das Haus teilen würden. Es war groß genug, und dank der zwei Eingänge geradezu ideal. Als man uns in dem stickigen Büro der Agentur, die das Haus verwaltete, als Ehepaar behandelte, beließen wir es dabei. Beide gewannen wir so mehr Ansehen, vor allem ich. Eine verheiratete Frau war nun einmal respektabler. Ironie war nur, dass ich mit einem anderen Mann verheiratet war.

Die Sache machte mir dann aber doch zu schaffen, zumal auch unsere wenigen Nachbarn glaubten, wir seien verheiratet. Während Binki das gefiel und mit Stolz erfüllte, fühlte ich mich anfangs nicht sehr wohl dabei. Andererseits profitierte ich von unserem Zusammenleben, das sich ja einfach aus der Situation heraus ergeben hatte, ohne dass es vorher hatte geplant werden können.

Noch wusste ich von Binki nicht allzu viel Privates, auch wenn er schon das ein oder andere von sich erzählt hatte. Was mich ein wenig störte, war sein Rauchen, sonst gab es aber überhaupt keine Probleme. Wenn es ans Schlafen ging, herrschte immer eine große Spannung zwischen uns, ähnlich wie zuvor im SALNA-Haus. Einige Male schliefen wir sogar gemeinsam auf Binkis großem Bett, das in meinem Schlafzimmer stand, da er es mir großzügig überlassen hatte. Binki hatte diese Gelegenheiten jedoch nicht ausgenutzt. Er war auf seiner Seite geblieben.

Ich wohnte gerne mit ihm zusammen und liebte unsere Gespräche, die nicht nur interessant und erheiternd waren, sondern mir immer wieder Halt gaben. Sehr oft erzählte er von früher, und ich lernte Binki von klein auf kennen – und noch mehr lieben. Es hatte mich von Anfang an fasziniert, mit wie viel Liebe er von seinem verstorbenen Vater sprach. Nie vergaß Binki, wenn er etwas Alkoholisches trank, einige Tropfen für seinen Vater auf die Erde zu schütten, egal, wo er sich befand. »*Mon chèr père* Henri«, wie er ihn liebevoll nannte, kam immer wieder in seinen Schilderungen vor, ebenso seine Schwester Manolee-Antoinette, die in Angola mit einem Portugiesen verheiratet war und einen Sohn hatte. So erfuhr ich, dass es auch ein sehr trauriges Kapitel gab, Binkis wunden Punkt: Seine Mutter hatte die Familie von einem Tag auf den anderen wegen eines anderen Mannes verlassen, genau an Binkis viertem Geburtstag.

Wenn ich meinem lieben Freund zuhörte, war ich oft den Tränen nahe und wünschte so sehr, dass er in unserem kleinen Haus in Shanzu und bei mir und der Musik inneren Frieden finden würde.

Viele Erlebnisse verarbeitete er in seinen Kompositionen, wie ich wusste. Ein zentrales, immer wiederkehrendes Thema in seinen Liedern war das Gottvertrauen, das Bewahren vor Enttäuschungen und die Rückkehr nach Zaire. Er hatte großes Heimweh nach der Provinz Shaba im Süden des Landes.

Oft saßen wir nachts, wenn alles um uns herum still war, im kleinen »Salon«, jeder in seinem Lieblingssessel, hörten Musik oder besprachen Arrangements und komponierten gemeinsam. Es wurde die fruchtbarste Zeit unseres Zusammenwirkens. Irgendwann, wenn das Geld reichte, wollten wir unsere Kompositionen in einem Studio aufnehmen.

Nach und nach arrangierten wir uns, und Binki ließ sich bald, nach anfänglichem Protest, gern von mir umsorgen.

»Ich habe Hemmungen, mich an etwas Schönes zu gewöhnen«, gestand er, »denn immer, wenn etwas schön war in meinem Leben, habe ich es verloren.«

Das Geständnis rührte mich, und ich begriff, dass er trotz guter Freunde ein einsamer Mann war, dem das Leben nichts geschenkt hatte. Aus diesem Grund und vielen anderen Gründen bekam unsere Freundschaft mehr Tiefgang, und bald gehörte Binki einfach zu dem Haus und – zu mir. Irgendwann nannte er mich *chérie*, und mit dem Kosewort öffnete er mir mehr und mehr seine Seele. An Lpetati dachte ich hin und wieder, und manchmal war er auch Mittelpunkt unserer Gespräche. Binki ließ es nicht an Höflichkeit mangeln, wenn er von ihm redete, und ich brauchte meinen Mann nie vor ihm zu verteidigen – er verteidigte ihn selbst. Das gefiel mir, zeugte es doch von Binkis charakterlicher Größe.

Wenn es unsere Zeit und unsere Bühnenauftritte erlaubten, unternahmen wir viel gemeinsam. So machten wir kleine Ausflüge, schwammen im Meer, veranstalteten Picknicks, gingen zum Essen oder auf einen Drink, spielten Karten, Memory oder Monopoly oder fuhren in die Stadt. Zu seinem Geburtstag schenkte ich ihm eine Mitgliedschaft bei der Alliance Française in Mombasa, worüber er sich riesig freute. Fortan waren wir regelmäßig in dem Eckgebäude an der Moi Avenue, lasen französische

Zeitungen, saßen beim Tee auf der Dachterrasse des Instituts oder besuchten die kostenlosen Filmabende am Mittwoch und am Samstag. Es war, als wäre Binki ein anderer geworden. Er wurde lebhafter, verabredete sich mit Landsleuten, lieh ständig Bücher, las mit großer Hingabe und diskutierte mit mir leidenschaftlich über die Inhalte.

Unsere Lebensgemeinschaft bekam etwas Familiäres, was Binki sehr glücklich machte. Immer wieder ließ er mich das wissen. Und hinter allem war immer noch seine Angst, er könnte dieses Glück wieder verlieren. Obwohl alles zwischen uns so selbstverständlich war, als wären wir längst ein Paar, litt Binki darunter, dass ich nicht seine Frau war. Er wünschte sich eine Familie mit einem gemeinsamen Kind, *un enfant melange,* wie er immer sagte.

Von Lpetati hatte ich noch immer nichts gehört. Da ich nicht wusste, ob er überhaupt noch zu Hause im *boma* war oder vielleicht schon wieder an der Küste, fuhr ich nach Mtwapa.

Im Ngao traf ich viele *moran* aus Lpetatis Gruppe, aber niemand wusste Genaues.

»Auch keine Nachricht, wie es Großvater geht?«, fragte ich William.

»Keine, Chui. Wir wissen nichts.« Ich gab ihm meine neue Postfachnummer in Bamburi, und William versprach, es mich sofort wissen zu lassen, falls er etwas hörte. Es war eigenartig, hier entlangzugehen, nicht in die Lodge und zu Lpetati, sondern in mein neues Zuhause, wo Binki wartete.

Lange stand ich auf der Brücke über den Mtwapa Creek, der türkisfarben in der Sonne schimmerte und an seinen Ufern in den warmen Grüntönen des schmalen Mangrovensaums. Der Wind strich mir durchs Haar. Die Luft war warm und roch so wunderbar nach Wasser, nach Frische, und sie roch nach Sehnsucht, so, wie ich mir dachte, dass Sehnsucht riechen könnte. Ich ließ meine Gedanken treiben, auf dem Creek, über die bewaldeten Uferböschungen, am wolkenlosen blauen Himmel entlang – sie würden direkt nach Maralal fliegen, weil ich in die entsprechende Richtung blickte. Dann wusste ich, dass ich einen Brief schreiben musste, und kehrte zurück, um mir von William Papier und Kugelschreiber zu leihen.

Ich bat Lpetati um eine Nachricht, teilte ihm meine neue Anschrift mit und ließ ihn wissen, wie ich lebte. Am Schluss schrieb ich: »Ich liebe dich«, weil es so war. Irgendwann würde ich nach Hause fahren und meine Familie Näheres über die Umstände wissen lassen, die zu unserer vorübergehenden Trennung und zu meinem jetzigen Leben geführt hatten.

Lynchjustiz

Eines Abends, wir waren schon fertig angezogen und für unseren Auftritt gestylt, und Binki wienerte mit einem ziemlich neuen Taschentuch gerade seine schwarzen Schuhe, als wir den Schrei hörten: »*Mwizi, mwiiziii,* Dieb.«

Plötzlich wurde es lebhaft draußen, wir hörten Schritte, Rufe und dann ein fast unmenschliches Heulen und das Klatschen von Schlägen. Mir stockte der Atem, als ich auf den Stufen vor unserem Haus stand und Binki an mir vorbeirannte. Zögernd folgte ich ihm.

»Bleib da«, rief er, »bleib um Gottes willen da!« Das Klatschen der Stockschläge nahm kein Ende, und plötzlich roch es nach Feuer. Es stank bestialisch nach verbranntem Gummi, versengtem Haar und Fleisch. Ich sah Flammen und machte in den Flammen eine menschliche Gestalt in einem Autoreifen aus. Das Ganze spielte sich nur zwei Häuser weiter ab. Ich begriff gar nichts.

»Nein, nein, nein!« Das war ich selbst, die da so hysterisch schrie, bis Binki mich ins Haus schob. »Oh Gott, was ist denn passiert? Was machen die denn da? Oh mein Gott. Da brennt doch ein Mensch! Was ist denn da los?«

»Lynchjustiz«, sagte er nur.

Ich bekam einen Weinkrampf. »Ich gehe nicht mehr da raus, ich singe heute nicht mit euch, ich … ich … was soll ich tun? Ich will hier weg! Bring mich hier weg!«

»Wir gehen«, sagte Binki ruhig und bestimmt, »du wirst dich wundern, was du alles kannst, auch wenn du es nicht willst.«

Wie in Trance trottete ich später neben ihm her, während eine große Menschenmenge das Nachbarhaus umlagerte und Polizisten uns entgegenstürmten. Ich weinte sogar noch im *matatu* und konnte im Travellers nichts essen. Immer wieder hatte ich den Geruch nach verbranntem Fleisch und Haar in der Nase, bis ich mich schließlich übergeben musste. Außer Mande, der in Kongowea wohnte, wussten unsere Kollegen von dem Vorfall, der das Gesprächsthema schlechthin war und die Gemüter erhitzte. Für mich war es kaum zu verkraften, dass niemand einen Lynchmord missbilligte. Ein Mensch als lebende Fackel – ich wurde das Bild einfach nicht los. Da hatten aufgebrachte Nachbarn einen Dieb nicht nur gezüchtigt, sondern ihn kurzerhand angezündet. Afrika machte manchmal Angst, dieser schöne, mütterliche Kontinent barg viel Dunkles unter seinem satten, farbenglühenden Mantel aus Sonnenlicht.

Auf dem Heimweg durch die milde, satte Nachtluft unterhielten sich Binki und unser Fahrer Samy über Lynchjustiz, und es kamen auch diverse Überfälle und Totschlagsdelikte zur Sprache. Die machten mir aber keine Angst, denn für mich war Kenia ein anschauliches Beispiel dafür, dass viele verschiedene Stämme, Völker und Religionen friedlich miteinander leben konnten. Es stank immer noch nach verbranntem Gummi, als wir vor unserem Haus standen, wo die Außenlaterne die Treppenstufen und die üppigen Pflanzen in den roten Tontöpfen und weißen Kunststoffbehältern beleuchtete. An den Scheiben drängten sich, angelockt durch das Licht, unzählige große Nachtfalter und Käfer, manchmal auch Kakerlaken darunter und mehrere Geckos, die auf reiche Beute hofften.

Drinnen saßen wir noch ein wenig beim Tee zusammen und diskutierten über Gewalttätigkeit und menschliche Willkür.

»Weißt du«, sagte Binki nach einer Pause, »ich habe schon als Kind bei uns in Likasi die Auswirkungen von Gewalt kennen gelernt. Natürlich war mir das damals noch nicht bewusst. Stell dir vor, ich habe mit zwei Freunden eine Zeit lang unter Gehenkten gespielt. Zwar wurden wir immer wieder fortgejagt, aber diese Toten, die mit so seltsamen Gesichtern an den Bäumen hingen, übten eine große Anziehungskraft auf uns aus. Wir besuchten ›unsere Leichen‹ täglich, sprachen mit ihnen und hielten so etwas wie einen Gottesdienst für sie ab. Es war schaurig, und es war schön. Und immer wieder kamen neue Gehenkte dazu.«

Binki drückte die Zigarette in dem gelben Aschenbecher, der mit einem Kamel verziert war, umständlich aus. In dem zartgrünen Dämmerlicht des Raumes gewannen seine Worte an Nachdrücklichkeit und beflügelten meine Vorstellungskraft.

Dann erzählte er mir von Clara, seiner großen Jugendliebe, die er durch Gewalt verloren hatte: im Krieg. Nach seinen eindringlichen Schilderungen war es ganz still, bis er plötzlich mit heiserer Stimme bat: »Geh nicht weg. Ich möchte, dass du mich nie verlässt. Ich habe so lange gesucht, nach Clara gesucht, nach etwas Verlorenem gesucht – so viele Jahre. Ich habe es nicht gefunden, bis jetzt, bei dir.« Er zündete eine weitere Zigarette an.

Ein langes Schweigen trat ein, nur unterbrochen von seinen Zigarettenzügen. Ich hatte viele Fragen, wagte aber nicht, seine Gedanken zu stören. Von der nahen Malindi Road drang der Autoverkehr nur noch gedämpft bis zu uns, und in der kleinen offenen Kirche einer christlichen Sekte, die nur aus Wellblechdach und einer Begrenzungsmauer bestand, wurde gesungen, hysterisch gebetet und lautstark gepredigt.

»Du bist die Frau, die ich gesucht habe«, sagte Binki in den Raum hinein. »Auch wenn es deinen Samburu gibt, habe ich mich längst an dich verschenkt. Nimm mich an. Ich gehöre dir – ganz.«

Nachricht aus Maralal

Einige Tage später fand ich in unserem Postfach einen Brief aus Maralal. Vor lauter Aufregung vergaß ich zunächst, die Box wieder zu verschließen. Endlich! Nachricht von Lpetati! Hochstimmung und Angst durchströmten mich. Was würde er mir zu sagen haben?

»*Sopa*, Chui«, las ich. »Ich lebe, und Großvater lebt. Wir leben alle noch, aber es gibt Probleme. Keiner versteht, was du so lange allein in Mombasa machst. Arbeitest du die ganze Zeit? Hast du denn kein Fahrgeld für Maralal? Hast du etwa vergessen, dass ich dein Mann bin? Denk mal gut nach! Du hast mich auch gar nicht um Erlaubnis gefragt, ob mir das gefällt, was du tust.«

Als ich das Blatt umdrehte, entdeckte ich ein gemaltes Herz, in dem »Simba und Chui« stand und darunter »Auf Wiedersehen – wann?« und »Ngai beschütze meine Chui«.

Ich freute mich über den Brief, obwohl er mich auch bedrückte. Zudem vermisste ich nähere Informationen über die Familie, unser Haus, unsere Tiere, über das Wetter, von dem bei uns so viel abhing. Lpetati musste sehr verletzt sein, und es tat mir weh. Aber ich konnte nicht einfach darüber hinwegsehen, dass er uns Laerra genommen hatte, noch nicht. Der Diebstahl des ersparten Geldes, meiner Kleidung und der Geschenke für die Familie war dagegen nicht mehr ganz so beklemmend, eher die Rückzahlung der Krankenhauskosten.

In Shanzu legte ich den Brief in die Schale zu unseren anderen Schriftstücken. Ich wollte kein Geheimnis daraus machen, und so stand es Binki frei, etwas dazu zu sagen oder mich zu fragen. Natürlich wollte ich Lpetati und unser Zuhause gern wiedersehen, aber jedes Mal, wenn ich mich intensiv damit beschäftigte, fühlte ich, dass ich einer Aussprache noch nicht gewachsen sein würde. Ich antwortete Lpetati mit einem langen Brief, in dem ich auch das Haus in Shanzu und Binki erwähnte. Ich endete mit den Worten: »Es gibt sehr viel, über das wir reden müssen, damit du verstehst, warum ich noch hier bin und bleibe. Aber hab keine Sorge, ich weiß sehr wohl, dass du mein Mann bist.«

Das würde ich auch nicht vergessen. Dennoch war es seltsam, dass ich mit Binki zusammenlebte und gern mit ihm zusammen war, in dem kleinen Haus, in dem wir jeder unseren eigenen Bereich hatten, Küche und Wohnzimmer aber teilten. Immer öfter benutzten wir auch das breite Bett gemeinsam, wenn wir uns ausruhten, Musik hörten oder im kleinen Schwarz-Weiß-Fernseher eine Sendung verfolgten, und es war eine große Selbstverständlichkeit dabei. Außer dass ich Lpetati gern in der Nähe gehabt hätte, wollte ich in jener Zeit keine Veränderung.

Als Binki mir anvertraute, dass er mich am liebsten auf der Stelle heiraten würde, war ich ehrlich: »Ich kann dir versichern, dass ich dich sehr lieb habe. Aber da ist auch mein Mann, den ich liebe. Normalerweise beendet man eine Beziehung, bevor man eine andere anfängt, doch das wird in meinem Fall nicht so sein. Ich kann und will die Beziehung zu meinem Mann nicht beenden und weiß nicht, ob du damit umgehen kannst. Du bist ein wunderbarer, außergewöhnlicher Mann, ich bete dich an. Meine Bewunderung, meine Freundschaft und eine große Zuneigung gehören dir. Wir werden eine ungewöhnliche Beziehung zueinander haben, eine Beziehung zu dritt, wenn du dich darauf einlassen kannst. Du bedeutest mir viel, und ich möchte, dass wir zusammenbleiben.«

Nun war es endlich heraus, das, was mir so zu schaffen machte, denn: Meine Gefühle waren sehr stark, sowohl für meinen Mann als auch für Binki. Mit beiden Männern ergänzte ich mich vortrefflich. Wie verwerflich mein Tun auch sein mochte – ich konnte und wollte es nicht genau wissen.

»Ich wünsche mir auch, dass wir zusammenbleiben«, sagte Binki jetzt, »ich möchte mit dir sein bis ans Ende aller Tage. Um bei dir sein zu können, akzeptiere ich unsere Beziehung, wie sie nun einmal ist. Ich bin nicht mehr stark, ich habe noch nie so geliebt und noch nie so gelitten und noch nie eine Frau so sehr gewollt wie dich. Das ist die Wahrheit. *Le bon Dieu* wird wissen, warum er solche Geschichten zulässt.«

Gerührt legte ich die Arme um seine Schultern, und er drückte sich fest gegen mich. Ich roch seine Haarpomade, Ingwertee und den lieblichen Duft der Limonenblüten in unserem kleinen Garten.

Die nächsten Tage hatten wir wenig Gelegenheit zu intensiven Gesprächen. Unsere Band war sehr gefragt und wir sehr gefordert. Außerdem waren Binki und ich dabei, mehrere Liebeslieder aus verschiedenen Ländern und einige neue Kompositionen von uns beiden zweistimmig einzuüben. Einige fertig gestellte Stücke hatten wir bereits zu Gehör gebracht und einen überraschend großen Erfolg damit. Zunächst ließen sich unsere Kollegen noch mitreißen und begeisterten sich an dem Aufwind, den die neuen Lieder in die Darbietungen brachten, aber dann spürten wir ihren Neid.

»Wir werden uns bald selbstständig machen können«, hatte Binki gesagt, »du hast gemerkt, dass wir als Duo gefragt sind. Sobald wir ein Studio bezahlen können, werden wir unsere Lieder aufnehmen.«

Schlechte Neuigkeiten

Eines Abends wollte ich zu Marlen und nahm dabei den Weg durch das Neptun Hotel und dann den Strand entlang. In Höhe des Kenya Beach traf ich auf Kerati und Lekaitik. Ich freute mich sehr, änderte meine Pläne und lud die beiden *moran* spontan zum Essen in ein kleines Lokal hinter dem Bamburi ein. Es gab viel zu erzählen, vor allem, da die beiden gerade aus Maralal gekommen waren.

»Du solltest zurück nach Maralal gehen«, sagte Kerati, »deine Familie ist nicht glücklich mit den Entscheidungen, die dein *morani* trifft. Er wird dich noch fragen müssen.«

»Was sollte er mich fragen?«

»Es geht um eine andere Frau, es geht um das Haus. Geh zurück nach Maralal.« Lekaitik nickte und sah mich mitfühlend an. »Von mir hättest du nur Gutes gehört«, sagte er.

Mir wurde plötzlich ganz flau. Lanah, hämmerte mein aufgeregtes Herz, Lanah und unser Haus. »Was wisst ihr wirklich?«, fragte ich, sehr unruhig geworden.

»Die Frau muss im *boma* sein, und ein Teil von eurem Haus soll verkauft werden oder ist schon verkauft worden.«

Ich war nahe daran, einen Herzanfall zu bekommen. »Aber das geht doch nicht. Es ist mein Geld, das in dem Haus steckt, und Lpetati hat keine Erlaubnis, irgendetwas allein zu verändern, weil das unser Haus und nicht seins ist.«

»Es heißt, dass sich dein Mann mit seinem Großvater und Vater überworfen hat. Du musst nach Hause gehen. Dein Mann steht unter schlechtem Einfluss. Jemand weiß, woher das kommt. Wir haben mit deinem Brautführer gesprochen, er weiß viel. Angeblich hat dein Mann Alkoholprobleme.« Lekaitik sah mich flehend an. »Bitte, tu was.«

Warum hatte mich niemand von der Familie informiert? Ich war bitter enttäuscht und hochgradig erregt. Am liebsten wäre ich auf der Stelle nach Maralal gefahren, doch dann verwarf ich das Vorhaben wieder. Nein, wie der Racheengel wollte ich nicht auftreten, nicht mit Lpetati herumzanken, nicht mit Naraya und Lanah, nicht herumheulen und mir nicht das Herz noch schwerer machen, als es ohnehin schon war. Aber ich litt Höllenqualen, verwünschte mein Fernbleiben und verwünschte Lanah und Naraya.

Schließlich suchten wir zusammen den »Obmann« der Samburu auf und besprachen die ganze Angelegenheit ausführlich. Wir setzten etliche Schreiben auf, Lepile zog sogar noch einen ehemaligen *l'oiboni* heran und einen mit ihm befreundeten Rechtsanwalt aus Kilifi. Mehrere Tage arbeiteten wir fieberhaft an den Briefen, die meine beiden Schwäger mit Lepile, der sowieso nach Maralal wollte, den Ältesten, den Großeltern und Eltern, dem amtierenden *l'oiboni*, Lpetatis beiden Paten und ihm selbst überreichen sollten.

In ihnen stand, dass ich einer zweiten Heirat nicht zustimmte und dass die Rechte an dem Haus, der Einrichtung sowie an unseren Tieren nicht auf andere Personen übertragbar seien, auch nicht auf meinen Mann allein, und dass ich mit einer Veräußerung dieser Dinge nicht einverstanden sei. Wir behaupteten noch, meine deutsche Familie und unser deutscher Rechtsanwalt stünden dahinter. Das stimmte zwar nicht, aber nur so konnte ich unser Eigentum schützen.

Natürlich bedauerte ich, derartig vorgehen zu müssen, doch das war alles zu meiner Sicherheit, denn in Kenia konnten Eheleute frei über das Eigentum ihres Partners verfügen, ohne sich strafbar zu machen. Anschließend war ich erleichtert, obwohl mir mein Handeln in der Seele wehtat.

Aber die Enttäuschung über Lpetatis Vorgehen fraß sich durch mein Innerstes, und plötzlich wollte ich nach Deutschland. Ich musste dringend hier raus.

Marlen und meine Kollegen bewilligten mir großzügig vier Wochen Weihnachtsurlaub, und so stand ich nur wenige Tage später mit Binki am Flughafen.

Beim Abschied steckte er mir ein Kärtchen zu, auf dem stand: »Bring mir meine Seele unbeschadet wieder – sie fliegt mit dir. Wenn du nicht da bist, brauche ich sie nicht.« Und dann überreichte er mir feierlich mein Weihnachtsgeschenk.

Der Deutschlandbesuch, von dem ich mir so viel versprochen und auf den ich mich so gefreut hatte, wurde dann aber eine Enttäuschung. Ich kam dort mit einem Malaria-ähnlichen Anfall an, der schon im Flugzeug mit Schüttelfrost und Hitzeschüben begonnen hatte. Zwischen Notarzt, Praxisbesuchen und Bettruhe fand ich dennoch Gelegenheit, besinnliche und auch fröhliche Stunden mit meinen Kindern, meinem Vater und der Familie zu verbringen. Binkis Weihnachtsgeschenk setzte mir arg zu. Er hatte mir ein Liebeslied auf Kassette aufgenommen, »*Songea karibu,* rück näher«, mit einer wunderschönen Melodie und einem wundervollen Text, und er hatte mit bewegter Stimme gesungen. Nach dem Abhören heulte ich wie ein kleines Kind und war dennoch glücklich.

Picknick im Shanzu Forrest

Die Zeit nach meiner Rückkehr verlief ruhig und friedlich, und ich genoss unsere Musikabende in vollen Zügen. Binki und ich trafen uns immer häufiger mit Maude, die seit fast zwanzig Jahren in Afrika lebte und mit Marlen befreundet war, und wir genossen auch sonst jede gemeinsame Minute.

Eines Nachmittags schlug er mir vor, ein Picknick im Shanzu Forrest zu machen.

Im Wald saßen wir auf unserer Decke, tranken Tee aus der Thermoskanne, aßen Kuchen aus dem Supermarkt und genossen den würzigen Duft der trockenen Casuarinennadeln. Binki arbeitete zwischendurch an einer neuen Komposition, indem er einige Harmonien immer wieder spielte und an dem Text in Lingalla feilte.

»Wir werden es zusammen singen, das heißt, du bekommst die Oberstimme.«

Insekten summten, Ameisen mühten sich mit Kuchenkrümeln ab. Wir sahen ihnen zu und genossen die Ruhe, die nur kurz durch ein kleines, tief fliegendes Flugzeug vom African Safari Club unterbrochen wurde.

»Es ist wieder einer dieser besonderen Tage«, sagte Binki unvermittelt, »es gibt schon viele solcher Tage, die ich ohne dich nicht erlebt hätte. Von unseren Kollegen hat niemand so etwas Lebenswertes. Manchmal weiß ich, was Glück ist, und ich weiß es durch dich.«

Ich lächelte nur, glücklich über das schöne Kompliment.

»Als Dessert Musik. Komm, setz dich zu mir«, damit deutete Binki auf die Stelle neben sich. »Und Monsieur raucht noch ein

Zigarettchen.« Er legte den Arm um mich und zog mich näher an sich heran. »Ich feiere diese Momente auf meine Art, mit dir.«

Ich wusste nichts zu sagen, atmete den Rauch ein und spürte Binkis nervige, feste Hand, von der so viel Kraft ausging. Jede seiner Berührungen löste in mir den Wunsch nach weiteren Berührungen aus. Das trockene Laub und die Nadeln der Casuarinen waren weich, der Himmel so blau über mir und Binki fordernd. Denken war für mehrere Augenblicke nicht möglich, denn da war nichts als ein Verschmelzen von Gerüchen und Gefühlen und der Wunsch nach Hingabe und Empfangen, der schon so lange bestanden hatte und immer wieder unwichtigen Manierlichkeiten zum Opfer gefallen war.

Eine lange, zufriedene Stille folgte, die unsere Empfindungen und das Erlebte abrundete und beidem Gelegenheit gab, sich in uns festzusetzen.

»*Comme je suis heureux*«, sang er ausgelassen.

Da ich meinen Fotoapparat dabeihatte, machte ich einige Aufnahmen von Binki, der so gut aussah, so rundherum glücklich und so wunderbar gelöst.

»Wir wiederholen das Picknick«, sagte er und fügte mit viel sagendem Lächeln und einem Seitenblick auf die Stelle, an der wir gelegen hatten, hinzu: »Mit allem.«

Ich widersprach ihm nicht. Und ich verspürte kein Bedauern darüber, dass es passiert war. Ich hatte nicht einmal das Gefühl, Lpetati betrogen zu haben, und doch war in mir der Wunsch, ihm nie wehzutun. Schon lange kannte ich mich nicht mehr aus.

Binki kommt ins Krankenhaus

Seit geraumer Zeit fiel mir auf, dass Binki manchmal einen gequälten Gesichtsausdruck hatte, wenn er länger saß, und auch meist nur auf einer Pohälfte hockte. Als ich darüber nachdachte, erinnerte ich mich, dass er neuerdings auch immer sehr lange Zeit auf der Toilette blieb. Plötzlich erfasste mich ein ungutes Gefühl, ganz dumpf und verschwommen, aber am Herzen nagend.

Als ich ihn ganz direkt danach fragte, druckste er ein wenig herum. »*Mon chèr père* Henri hatte das auch, aber es hat sich wieder gegeben. Ich weiß, woran ich bin.«

Einige Tage später entdeckte ich, dass er Blut verlor, was ihm zu schaffen machte. Dennoch überredete ich ihn, die Praxis von Dr. Kirande in Mombasa aufzusuchen. Binki war seltsam nervös und verschämt, nachdem der Arzt bei ihm Hämorrhoiden festgestellt hatte.

»Sie sind erheblich«, erklärte mir Dr. Kirande, der mich als Binkis Frau betrachtete, nach der Untersuchung. »Mit einem relativ kleinen operativen Eingriff könnten wir ihrem Mann helfen.«

Nach Binkis Einverständnis bekamen wir einen Termin, zwei Tage später, für das Mombasa Hospital.

»In zwei Tagen haben Sie Ihren Mann wieder«, versicherte mir Dr. Kirande. Aber nach zwei Tagen hieß es: »Wir wollen Ihren Mann noch zur Beobachtung hier behalten.«

Wir waren sehr enttäuscht. Ich besuchte Binki jeden Tag, immer in der Hoffnung, ihn mitnehmen zu können, doch es dauerte noch eine ganze Weile, bis er entlassen wurde.

Binki war voller Tatendrang, denn wir wollten demnächst eine Kassette mit unseren Kompositionen aufnehmen und uns in Nairobi um einen Plattenvertrag kümmern. Doch noch musste Binki sich schonen. Gewissenhaft befolgte er die Anordnungen des Arztes. Dennoch schien etwas nicht in Ordnung zu sein. Eigentlich hatte ich mit Binki über eine Reise nach Maralal sprechen wollen, aber dann kam wieder alles ganz anders.

Binkis Zustand verschlechterte sich. Er bekam hohes Fieber, und erneut setzten Blutungen ein. Aufgeregt rannte ich mitten in der Nacht durch Shanzu, um irgendwo ein Auto aufzutreiben und einen Fahrer, der gewillt war, uns in ein Hospital zu bringen. Im Palmgarden, einer Bar, ging ich von Tisch zu Tisch und fragte nach den Wagenbesitzern. Ein jüngerer Giriama war bereit, uns gegen fünfhundert Shilling in die Stadt zu fahren. Als er sein Bier noch austrinken wollte, wurde ich fast hysterisch vor lauter Sorge um Binki. Dann wies ich dem Fahrer den Weg zu unserem Haus, stürzte die Treppen hinauf in die Tür.

Binki saß zusammengesunken auf dem Sofa, unter ihm ein großer, dunkelroter Fleck. Ich erschrak. Wenn der Mann draußen im Auto das sehen würde, hätte er sicher Angst um seine Sitze. Schnell suchte ich daher alles Verfügbare zusammen, das geeignet war, Blut aufzusaugen – Handtücher, ein Betttuch, zwei alte T-Shirts –, und half Binki beim Einsteigen. Jetzt erst merkte ich, dass wir in einer regelrechten Klapperkiste saßen, die holperte und ruckelte, was Binki erhebliche Schmerzen bereitete. Der Motor stotterte kurz vor Bombolulu, und vor der Nyali Bridge versagte er ganz. »Ich kann nicht mehr«, stöhnte Binki.

»Hier um die Ecke ist eine Nursery«, sagte der Giriama, »da gibt es Ärzte.«

Und dann lernte ich zum ersten Mal eine Krankenstation für Einheimische kennen. Vor dem Eingang drängten sich die Menschen, und obwohl es Sonntag und eine Stunde vor Mitternacht war, verlangte man von uns ein *deposit* von dreitausend Shilling. Es war üblich, dass Kranke eine Vorauszahlung entrichten mussten, wenn auch keine so hohe wie in unserem Fall. Und: Wer kein Geld besaß – und das waren fast alle einfachen Leute –, hatte das Nachsehen. Kein Geld – keine Behandlung. Was für eine Ungerechtigkeit!

Binki konnte schon gar nicht mehr sprechen. Es tropfte unter ihm auf den Gang, und erst als alle verschreckt hinguckten und wegrückten, war man bereit, Binki auch ohne Vorauszahlung ein Bett zu geben.

Das Bett befand sich in einem normalen Raum, der aber durch einige aufgespannte Betttücher in ein Viererzimmer unterteilt worden war. Im Krankenzimmer war es heiß, stickig und eng, und der Stuhl, um den ich gebeten hatte, passte nur mit Mühe vor Binkis Bett. Vor den anderen drei Betten hockten, teils auf bunten Tüchern, Familienangehörige der Patienten, die etwas Essbares mitgebracht hatten und mit ihren Kranken aßen. Einige Besucher schliefen auch auf der Erde. Es gab viele Moskitos, aber keinen Schutz davor, weder sah ich Moskitonetze über den Betten noch Fliegengaze vor den vergitterten Fenstern.

Binki verlor noch immer Blut. Ich hielt seine kalte Hand und beruhigte ihn. Der Arzt sollte angeblich gleich kommen, doch als er nach zwei Stunden endlich eintraf, besah er sich lediglich Binkis Po, holte Gaze, eine Salbe und Pflaster und verarztete ihn notdürftig.

»*Chérie*, das ist das Ende«, flüsterte Binki. Inzwischen war es drei Uhr nachts.

Besorgt verlangte ich den Arzt, doch die Schwester wusste angeblich nicht, wo dieser gerade war, und hatte allen Ernstes Angst, ihn zu stören.

»Rufen Sie sofort eine Ambulanz«, herrschte ich sie an, »die vom Mombasa Hospital, oder ich schreie hier alles zusammen!«

Die Ambulanz kam, aber man wollte uns nicht gehen lassen, da wir noch nicht bezahlt hatten und auch nicht bezahlen konnten. In meiner Not rief ich Dr. Kirande an, der sich sehr energisch dafür einsetzte, dass man uns sofort in Ruhe fahren ließ. Ich hockte neben Binkis Liege in dem engen, stickigen Ambulanzwagen und konnte keinen klaren Gedanken fassen. Wir fuhren in einen Albtraum hinein.

Binki wurde sofort notoperiert. Ich verbrachte mehrere bange Tage und Nächte, bis ich endlich mit Dr. Kirande sprechen konnte.

Er bot mir einen Platz an und begann sofort mit seinen Ausführungen. »Sie haben sich sicher gewundert, dass wir Ihren Mann nach dem ersten Eingriff nicht gleich nach Hause geschickt haben. Er war erst spät aus der Narkose erwacht und hat uns erhebliche Probleme bereitet, denn sein Blutbild war überhaupt nicht in Ordnung. Ist Ihnen vielleicht in der letzten Zeit irgendetwas Ungewöhnliches aufgefallen? Hustete er öfter? War ihm schwindlig? Hatte er Fieber?«

Ich schüttelte den Kopf und war sehr überrascht.

»Wir werden ihn vorsichtshalber morgen Früh röntgen und gründlich durchchecken.«

»Haben Sie irgendeinen Verdacht?«

Dr. Kirande sah mir ruhig ins Gesicht. Er war ein sehr hübscher Mann mit silbrigen Schläfen und freundlichen braunen Augen. »Nun«, wich er aus, »wir wollen ihn uns auf jeden Fall mal genauer ansehen.«

Voller Unruhe verließ ich das Hospital und durchquerte den kleinen Park, wo selbst ernannte Prediger Passanten zu interessieren versuchten, wo bunt gewandete Mamas *chai* und geröstete Manniok verkauften, wo herrliche Exemplare von alten Feigenbäumen Unmengen von Luftwurzeln gebildet hatten und Flamboyants in ihrer scharlachroten Pracht erglühten und Männer im Schatten auf der Erde schliefen.

Zu Hause im Bett las ich noch einmal Lpetatis letzten Brief. »Komm, endlich, Chui«, hatte er geschrieben, doch das würde nun wieder hinausgeschoben werden. Ich konnte und wollte Binki nicht allein lassen. Dazu hatte ich ihn zu lieb, und ich fühlte mich für ihn verantwortlich.

Der Befund

Aufgeregt saß ich im Sprechzimmer des Krankenhauses und wartete auf den Befund von Binkis Untersuchung. Und dann war es heraus.

»Wir haben einen Krebsherd in der rechten Lungenhälfte festgestellt.«

»Weiß er es?«, fragte ich noch ganz ruhig, bis es plötzlich in mir hämmerte und arbeitete und das Gesagte Eingang fand in meinen Verstand. Dann ging nichts mehr. Ich fühlte mich wie hohl.

»Ich habe versucht, mit Ihrem Mann zu sprechen, aber er sperrt sich. Er will nichts wissen. Vielleicht reden Sie einmal in

Ruhe mit ihm, denn er muss unbedingt in Behandlung, wenn er noch eine Weile leben will. Der Herd ist klein und eigentlich zu rund.« Der Arzt sagte es, als wenn er sich über diese Tatsache wunderte. »Wir müssen darüber nachdenken, eventuell zu operieren. Man kann durchaus mit einer Lungenhälfte leben, wenn sie intakt ist.«

Er sagte kein Wort davon, was die Blutungen ausgelöst hatte, und ich war zu konfus, um ihn danach zu fragen.

Als ich kurz darauf Binki gegenüberstand, wusste ich, dass ich nicht mit ihm reden konnte, nicht über das niederschmetternde Ergebnis. Ich hatte es ja selbst noch gar nicht richtig erfasst, und vor allen Dingen hätte ich nicht die Kraft, Binki nach dem Gesagten aufzurichten und aufzumuntern. Ich händigte ihm unsere Arbeitskassette aus und meinen Walkman. Ziemlich hektisch erzählte ich von einem neuen spanischen Lied, an dem sich Koko versuchte, und anderen Belanglosigkeiten.

»Du hast mit dem Arzt gesprochen«, unterbrach mich Binki. »Was er dir gesagt hat, will ich nicht wissen.« Wir sahen uns an, und als Binki den Eindruck hatte, ich wollte etwas sagen, überraschte er mich. »Du bist nicht der liebe Gott. Menschen wissen viel, und Menschen wissen nichts.«

Ich versuchte darüber nachzudenken, konnte es aber nicht, weil ich immer noch viel zu befangen und verwirrt war. Nein, ich war nicht der liebe Gott – was wusste ich schon?

Endlich konnte ich Binki nach Shanzu holen. Er hatte vier verschiedene Rezepte mitbekommen sowie allerhand gute Ratschläge und Verhaltensregeln – und eine hohe Rechnung. Glücklich sah er sich in unserem kleinen Gärtchen um. Unter dem Limonenbaum hatte ich die Rattanliege aufgestellt und eine neue Schaumstoffauflage besorgt.

»Ja, das ist ein guter Platz, *chérie*.« Mit einem Lächeln, aber sehr vorsichtig, ließ er sich auf die Liege gleiten. »Hier bleibe ich jetzt.«

Die Freude währte nur kurz. Sehr hohes Fieber zwang uns, drei Tage später einen Arzt aufzusuchen, und diesmal wandten wir uns an Ljuba. Es handelte sich um eine Wundinfektion, die trotz größter Vorsicht eingetreten war. Zudem stellte sich heraus, dass der Schließmuskel bei der letzten Operation verletzt worden war, was einen erneuten Eingriff bedeutete. Während dieser Zeit verloren Binki und ich viele Illusionen, aber der Optimismus wuchs schon wieder auf der Rückfahrt nach Shanzu. Vor den Kollegen hielten wir alles geheim, machten lediglich eine erfundene Malaria für Binkis Zustand verantwortlich. Für mich war natürlich das Wissen um Binkis Krebserkrankung eine enorme seelische Belastung, mit der ich ganz allein fertig werden musste, aber oft genug zweifelte ich an dem Befund und machte es mir damit leichter.

Marlen war über Binkis langen Arbeitsausfall besorgt, doch ich entschied mich, auch sie nicht einzuweihen. Vielleicht war es Feigheit, aber mehr wohl Selbstschutz.

Binki ließ jedoch gar nicht zu, dass ich traurig war. Er gab sich leidenschaftlich der Musik und den vielen kleinen Alltäglichkeiten hin, nur manchmal klammerte er sich verzweifelt an mir fest. Dann war er fordernd und zugleich voll inniger Zärtlichkeit.

Als ich von der Alliance Française zurückkam, wo ich für Binki neue Bücher geholt hatte, sah ich Maudes kleines rotes Auto vor unserer Gartentür stehen. Maude war die einzige Person, die halbwegs über Binkis Zustand informiert war, und sie lud uns gleich spontan zu sich auf die Farm ein, damit Binki sich erholen konnte. Er freute sich sehr über die Einladung, und so sagten wir gerne zu.

Die Farm war ein kleines Paradies, und obwohl wir ursprünglich nur zwei Wochen hatten bleiben wollen, brachten wir schließlich über zwei Monate dort zu. Binki und mir hat der Aufenthalt bei Maude viel gegeben, und ich war Maude unendlich dankbar für ihre Großherzigkeit und Hilfe.

Wieder bei SALNA

Zurück in Shanzu, gaben Binki und ich für einige Wochen in der SALNA-Band wieder den Ton mit an. Die Auftritte taten uns beiden nach der langen Pause gut, und die Gage konnten wir dringend gebrauchen, allein wegen der Kosten für Krankenhaus und ärztliche Betreuung. Binki hatte – wie ich erst nebenbei erfuhr – zwei seiner Kompositionen weit unter Wert verkauft, um schneller an Geld zu kommen. »Es musste sein. Nairobi ist enorm wichtig«, hatte er dazu erklärt.

Ich hatte nur unklare Vorstellungen davon, wie sehr er mich in der nächsten Zeit brauchen würde. Er hatte inzwischen einen Plattenvertrag in Aussicht, und wir wollten unseren geplanten Deutschlandaufenthalt für Studioaufnahmen nutzen.

Manchmal beschlich mich eine seltsame Ahnung, dass wir uns mit der Durchführung unserer Pläne beeilen mussten. Dieses Gefühl war schier unerträglich, besonders, da es niemanden gab, mit dem ich hätte darüber reden können.

Bei einem Besuch in Mtwapa hörte ich erneut Negatives von Lpetati und schämte mich. Es war von einem Zerwürfnis mit den Eltern die Rede, und immer noch ging es auch um Lanah und unser Haus, von dem etliches bereits verkauft worden sei. Ich konnte es nicht glauben. Simba, mein lieber Löwe, besonders er hatte immer viel Herz gezeigt, und es gab immer noch eine starke Bindung zu ihm. Sein »Komm endlich, Chui« aus seinem letzten Brief war ein Hilferuf. Lpetati brauchte mich, aber Binki brauchte mich auch. So überlegte ich, von Nairobi aus in unser *boma* zu fahren, das wäre die halbe Wegstrecke. Aber nach der Lektüre der Morgenzeitung wurde die Reise nach Maralal gegenstandslos: Auf der einsamen Piste zwischen Nyahururu und Suguta Marmar hatte es bewaffnete Überfälle auf mehrere Fahrzeuge gegeben. Und genau diese Wegstrecke würde ich nehmen müssen, denn es gab keine akzeptable Alternative.

Nairobi

Mit Binki lernte ich ein ganz anderes Nairobi kennen: das moderne Zentrum, breite Avenuen mit blau blühenden Jaccaranda und rosafarbenen Oleanderbüschen, und auch die idyllischen Außenbezirke, wo manche Botschaften und Ministerien residierten. Wir begegneten Menschen, die gut dotierten Berufen nachgingen, dazu Intellektuellen und Künstlern aller Art, besonders aber solchen, die in der Musikszene zu Hause waren, sowie Geschäfts- und Fernsehleuten, Botschaftsangestellten und Journalisten. Wir wohnten in Hotels der Mittelklasse, dinierten mit feinen Leuten und bummelten durch moderne Geschäfte mit Designer-Mode in wahnwitzigen Hochhauskonstruktionen.

Mal eben in irgendeiner dunklen Bar einen *chai* für zehn oder zwanzig Shilling an schmutzigen Tischen oder im Stehen zu trinken, wie Lpetati und ich es häufig getan und ganz normal gefunden hatten, war mit Binki undenkbar. Er fühlte sich sehr wohl zwischen all den gut betuchten Hauptstädtern, die er als ebenbürtig empfand. Das elegante, impulsive und auch ein wenig verschrobene Nairobi der Künstler und Macher war seine Welt. Er blühte auf, versprühte Esprit und Charme in ihrer und meiner Gesellschaft, überzeugte durch selbstsicheres Auftreten und blieb dennoch stets höflich und wohltuend bescheiden. Umso schmerzlicher trafen mich manchmal die Anzeichen seiner schleichenden Krankheit, von der er nichts wusste, weil er nichts wissen wollte.

Durch die Höhenlage Nairobis litt Binki bisweilen unter erheblichen Atembeschwerden und kurzen Schwächeanfällen, obwohl das Klima in Kenias Hauptstadt sehr viel angenehmer war als an der Küste.

Bei unseren Spaziergängen oder unterwegs zu irgendwelchen Verabredungen mussten wir öfter eine Pause einlegen. So auch auf dem Weg zu unserem Studio, das oberhalb des Uhuru-Parks lag. Der Anstieg war wohl zu viel für Binkis geschädigte Lungen, denn er rang beängstigend nach Luft und fühlte sich nicht wohl. Wir ließen uns unter einem der wunderschönen großen Bäume des Parks nieder und warteten, bis es ihm wieder besser ging.

Solche Vorfälle machten mir arg zu schaffen, ich bekam regelrecht Angstzustände, die ich Binki gegenüber natürlich verheimlichte. Nie würde ich ihm wissentlich seine Lebensfreude verderben, zumal er sich, wie ich es beurteilen konnte, seelisch auf einem absoluten Hoch befand. Ich freute mich mit ihm, dass er endlich Anerkennung in Fachkreisen genießen konnte, dass seine Kompositionen, seine Arrangements, sein Spiel, seine Stimme, seine Texte – kurz, seine echte, emotionsgeladene zairische Musik – gewürdigt wurde, dass sein Bekanntheitsgrad steigen und sein Bankkonto davon profitieren würde. Er war dem Traum aller Künstler, den großen Durchbruch zu erleben, ganz nahe gerückt.

Bald darauf konnte Binki endlich seinen ersten Plattenvertrag unterschreiben, ein bedeutender Meilenstein auf seinem Lebensweg, die Krönung seiner bisherigen künstlerischen Laufbahn. Als ich ihn beobachtete und dann ebenfalls, sozusagen als Zeugin, den Vertrag unterschreiben sollte, weinte ich vor Glück und Rührung – und mit einem flauen Gefühl im Magen. Ich hatte den innigen Wunsch, dass ihm noch viele, viele Jahre für sein musikalisches Schaffen bleiben mochten. Den großen Augenblick, nachdem unsere bereits produzierte Kassette Zustimmung im Studio gefunden hatte, hielt ich mit meiner Kamera fest. Das Foto würde einen glücklichen und selbstsicheren Binki zeigen, und ich hatte auf einmal das Gefühl, dass dieses Foto irgendwann einmal mehr als alle anderen bisherigen Ablichtungen das wichtigste und aussagekräftigste sein würde und das typischste.

Am Abend feierten wir seinen Erfolg mit ein paar Leuten vom Radio in unserem geliebten Iliki bei Papaya-Wein und erlesenen Gerichten.

In den nächsten Tage wechselten sich Studiobesuche und Gespräche mit einigen Größen der Musikbranche ab. Nairobi erschien uns sehr positiv. Wir hatten inzwischen Zusagen für den

Vertrieb der Kassette erhalten und auch dafür, unsere Titel im kenianischen Rundfunk zu spielen.

Wir kamen nach diesem erfolgreichen Besuch noch einige Male in die Hauptstadt, und Binki genoss die Reisen und Aufenthalte trotz seiner Atembeschwerden jedes Mal sehr. Es erfüllte mich mit großer Freude, ihn glücklich zu sehen. In seiner Begleitung fühlte ich mich rundherum wohl, denn er war der vollendete Gentleman, zeigte beste Manieren und war immer adrett und gepflegt in seinem dunkelblauen Nadelstreifenanzug mit passender Weste, den er im heißen Mombasa nie tragen konnte, oder in seiner schwarzen Seidenhose mit Satinweste und rosafarbenem Hemd: ein gut aufgelegter, nach Frische duftender Binki.

Ich denke noch immer gerne an die vielen schönen Erlebnisse in Nairobi zurück, besonders an eine Nacht mit einer überirdisch schönen Stimme einer indischen Sängerin, an das Schwelgen in Farben und Tönen beim alljährlichen Folklore-Festival im Kenyatta Center.

Wir hören uns im Radio

Wieder in Shanzu, hörten wir uns eines Abends das erste Mal im Radio, und es war bewegend. Stolz, hingerissen und glücklich hörten wir uns zu, irgendwie überrascht, dass es tatsächlich unsere Lieder waren und unsere Stimmen. Mein *Nalingi yo* beendete kurz vor Mitternacht das Programm.

Mehrere Male in der Woche spielte der Sender nun überwiegend Binkis Kompositionen. Freunde und Nachbarn beglückwünschten uns, aber das Klima zwischen den Kollegen bei SALNA und uns war nun endgültig gestört, denn bis auf Mande und Francis waren die übrigen Musiker voller Neid. Nach einem ausführlichen Gespräch mit ihnen und Marlen kündigten wir den Vertrag, wollten uns allerdings bei besonderen Veranstaltungen für Gastauftritte zur Verfügung halten.

»Ihr werdet uns fehlen«, hieß es dann aber. Besonders Marlen war nach anfänglicher Betroffenheit und Enttäuschung ehrlich gerührt.

»Lass dich mal hin und wieder sehen«, bat sie. Ich versprach, öfter vorbeizukommen, und ließ Marlen wissen, wie dankbar ich ihr für die SALNA-Zeit und so einiges andere war – letztendlich hatten wir beide davon profitiert.

Unser Abschiedskonzert gaben wir im Travellers, dort, wo alles für mich begonnen hatte, was mir über so lange Zeit tiefe Freude und finanzielle Sicherheit hatte geben können. Mit Wehmut blickte ich auf diesen Teil meines Lebens zurück, der mir so besonders wichtig geworden war. Die Musik würde bleiben, aber es gab jetzt eine gewisse Selbstständigkeit und andere, vielseitigere Möglichkeiten.

Einige Läden in Nairobi und Mombasa vertrieben bereits unsere Kassette, wenn auch mit mäßigem Erfolg. Aber die Musiksendungen erhöhten unseren Bekanntheitsgrad beträchtlich, und selbst aus dem nahen Palmgarden hörten wir unsere Lieder. In Deutschland wollten wir außer einer neuen Kassette ein Video produzieren, da das kenianische Fernsehen uns darum gebeten hatte.

Unser Leben war durch mehr Öffentlichkeit ein anderes geworden. Wir wurden öfter angesprochen, angepumpt, bekamen mehr Post und Besuch, meist von Musikern, denen wir helfen sollten, nach oben zu kommen, und von solchen, die uns, besonders natürlich Binki, einfach nur bewunderten.

Was würde wohl Lpetati sagen, wenn er mich im Radio hören würde?

Binki blühte immer mehr auf, und mehr als einmal vergaß ich die Diagnose von Dr. Kirande völlig. Nur wenn Binki rauchte, hatte ich das Gefühl, es ihm untersagen zu müssen, tat es aber trotzdem nicht. Binki registrierte es dankbar, immerhin rauchte er jetzt überwiegend Pfeife und hatte seinen Zigarettenkonsum sehr stark eingeschränkt.

Allmählich wurden unsere Pläne für eine zweite Deutschlandreise konkreter, und wir bereiteten alles Notwendige vor. Viele seltsame Empfindungen rangen in mir, und immer wieder ergriff mich eine unbestimmte Angst.

Lpetatis Brief

Dann kam ein Brief, der einiges in meiner Einstellung veränderte, nicht jedoch – oder noch nicht – in meinem Tun. Ich erhielt ihn an dem Tag, an dem wir morgens unsere Flugtickets für Deutschland abgeholt hatten und ich noch einmal am Nachmittag zwischen Kofferpacken und Aufräumen kurz zur Post gefahren war. In unserem Postfach stapelten sich etliche Briefe und Prospekte, darunter auch ein kleiner schmuddeliger Umschlag, der Lpetatis Handschrift trug.

Auf einem an der Seite ausgefransten Stück Papier las ich: »Liebe Chui, immer noch warten wir auf dich. Es ist schlimm bei uns, weil alles so trocken ist. Wir haben Layla durch ein Löwenrudel verloren und ein Kalb, das Raffael versprochen war. Karo ist so dünn geworden. Ich würde nach Mombasa zum Tanzen kommen, aber mir fehlt das Fahrgeld. Schau das Papier an, dann weißt du, was los ist. Du wirst Schlimmes von mir gehört haben, meine Chui, und es ist alles wahr. Ich weiß nicht, wie ich das tun konnte, aber es gibt Not in meinem Herzen, und es gibt Sorgen bei uns. Der Mann, der jetzt bei dir ist, ist ein Herr, und du wirst nicht hungern bei ihm, wie wir hungern müssen. Vielleicht ist er ein besserer Mann für dich als ich. Ich weiß, dass ich viel falsch gemacht habe, und ich verspreche dir, dass alles wieder gut wird, wenn ich auch noch nicht weiß, wann das sein kann. Betest du? Ngai wird uns helfen, Chui. Babu fragt immer nach dir, und ich habe Angst. Aber er weiß, dass ich dir diesen Brief schreibe. Ich küsse den Brief, wie du es immer getan hast. Vergiss uns nicht, vergiss nicht deinen Mann, Lpetati-Simba, der dein wirklicher

Löwe ist. Du musst kommen. Wenn es regnet, gibt es Zeremonien.«

Eine Ecke des Briefes war mit einem Kugelschreiber umrandet. »Kuss« stand in dem Kreis. Ein Datum fand ich weder auf dem Umschlag noch auf dem Brief, der mich berührte wie kein anderer davor.

Offensichtlich stand es sehr schlecht zu Hause. Und ich konnte jetzt, so kurz vor dem Abflug, nicht einmal etwas tun, außer mich für mein weiteres Fernbleiben zu entschuldigen und einige Hundert-Shilling-Scheine in den Brief zu legen. Ich fühlte mich entsetzlich dabei, so, als würde ich meinen Mann und die Familie abspeisen. Aber ich versprach, sehr bald zu kommen, und bat um eine Nachricht an meine deutsche Adresse. Selten war ich so uneins mit mir.

Zweiter Deutschlandflug mit Binki

Gott sei Dank nahmen mich die letzten Reisevorbereitungen sehr in Anspruch, und als das Taxi kam, um Binki und mich zum Flughafen zu bringen, wurden meine Gedanken von anderen Dingen beherrscht. Erst als sich unter uns das Rift Valley befand, der Mount Kenya auftauchte und wir Nordkenia überflogen, kamen die bohrenden Gefühle wieder. Irgendwo unter mir litt mein Mann, litt die Familie, litten die Tiere, litten unzählige Samburu unter einer Dürre. Und ich saß komfortabel in einem Flugzeug, konnte essen und trinken und aus großer Höhe hinabblicken auf ein von hier aus nicht erkennbares Elend und auf ein Stückchen Erde, das ich sehr liebte.

Ich versuchte, mich abzulenken und an das freudige Wiedersehen mit meinen Lieben in Deutschland zu denken, doch es wollte mir nicht recht gelingen. Dann erinnerte ich mich an den ersten Deutschlandflug mit Binki, an all das Neue und Aufregende für ihn in meiner Heimat, und ich war meiner Familie, Freunden und Nachbarn dankbar, dass sie Binki so liebevoll aufgenommen hatten.

Diesmal war es Herbst, als wir Wennigsen wiedersahen, aber noch gab es milde Tage mit goldenem Laub, Astern, Dahlien und späten Rosen in den Gärten. Wir wurden überall herzlich begrüßt.

Meine Söhne waren wohlauf, ebenso mein Vater und alle Lieben. Nach ein paar Tagen, in denen wir uns rasch wieder eingewöhnt hatten, drängte Binki zur Studio-Arbeit und freute sich auch auf den Deutschkursus für Ausländer, zu dem er sich hatte einschreiben müssen, um erneut eine Aufenthaltsgenehmigung zu bekommen. Er fand schnell Freunde in seiner Klasse, schrieb fehlerfreie Diktate und überraschte mich mit einwandfreien deutschen Sätzen. Allerdings hatte ich Sorge, dass ihm der Unterricht und die Studio-Arbeit zu viel werden könnten, doch er beruhigte mich: »Dinge, die man gern tut, geben Kraft und nehmen sie nicht.«

Im von uns für vier Tage gemieteten Studio entstanden gute Aufnahmen. Mehr noch als bei den Kassetten davor war Binki in seinem Element, ja geradezu voller Leidenschaft. Bis auf gelegentliche Kopfschmerzen, Appetitlosigkeit und eine schnelle Ermüdbarkeit deutete nichts darauf hin, dass er krank war, und wieder einmal vergaß ich es oft genug. Durch die Vermittlung unseres lieben Freundes Dirk, der schon einiges für Binki getan hatte und der gern und öfter nach Kenia kam, fand Binki Zugang zum Jazzclub Hannover, wo er mit einigen Musikern zusammentreffen, fachsimpeln und musizieren konnte. Binki bewegte sich in einer für ihn faszinierenden Welt, deren größter Kick die Musik in allen ihren Variationen blieb.

In der Zwischenzeit hatte ich eifrig an einem Plan gearbeitet, um Binki eine rettende Operation zu ermöglichen. So wollte ich unter anderem über die Tageszeitung eine große Hilfsaktion starten, da ich selbst das Geld für einen solchen Eingriff nicht hatte. Lange hatte ich an einem entsprechenden Artikel gefeilt.

Schließlich konnte ich Binki zu einer ärztlichen Untersuchung überreden. Nach anfänglichem Sträuben suchte er mit mir einen Internisten auf und schien danach sogar befreiter und zufriedener.

Das Ergebnis aber, das ich einige Tage später ohne Binkis Wissen abholte, fiel niederschmetternd aus: Für eine lebensrettende Operation war es bereits zu spät. Nur mit Mühe gelang es mir, gelassen zu bleiben, mit Binki im Studio zu singen, seine Deutscharbeiten, die er stolz präsentierte, zu begutachten und mich fröhlich zu geben. Dabei freute ich mich über alles, woran er Gefallen fand, ich freute mich ehrlich mit ihm, aber es tat gleichzeitig so weh.

Eines Abends erhielten wir überraschend einen Anruf aus Kenia. Binkis Bruder Kongi war in Shanzu eingetroffen und sehr enttäuscht, uns dort nicht vorzufinden. Mir schossen die Tränen in die Augen, als ich Binki mit seinem Bruder reden hörte, voller Freude, voller Emotionen, voller Zuversicht auf ein baldiges Wiedersehen. Kongi versprach, bis zu unserer Rückkehr in Kenia zu bleiben oder wiederzukommen.

Als wir eine Woche später müde und abgespannt von der fast zehnstündigen Arbeit im Studio zurückkamen, fand ich einen Brief von Lpetati im Briefkasten. Während Binki schon schlief, er hatte nicht einmal etwas essen wollen, las ich den Brief.

»Meine liebe Chui, ich habe deinen Brief erhalten, und ich bin froh. Da ist wieder ein Weg. Ich freue mich, dass du versprichst, im Januar zu kommen. Inzwischen ist vieles anders geworden zu Hause. Wir haben Großvater beerdigt, der bis zuletzt nach dir gefragt hat. Ich habe ihm versprechen müssen, dich zurückzuholen, und das werde ich auch tun, sobald du aus Deutschland zurück bist. Ich komme nach Shanzu und hole dich. Das wirst du dem Mann sagen müssen, der bei dir ist. Er darf es nicht verhindern. Unsere Mutter Saito ist mit unserem Bruder Losieku nach Narok gegangen. Unsere gute Karolina ist verendet, und unser schöner Karo ist wieder krank und ganz dünn. Vieles von dem, was passiert ist, war meine Schuld. Aber ich bin wieder ein guter Mann. Ich will nichts Schlechtes mehr tun, *nketok*, und ich bin jetzt ein *mzee*. Endlich haben wir wieder schönes Gras, trotzdem sind viele Tiere krank. Raffael ist *morani* geworden. Er ist sehr stolz und schön, und Baba und ich und Marissa freuen uns. Unsere Schwester Kulalo kann Arbeit bekommen, ganz nah bei Mtwapa, und sie hat einen guten Mann gefunden. Ich werde mit ihr, ihrem Bwana und den kleineren Kindern Sitina und Domonian nach Mombasa kommen und auf dich warten. Hast du nun gelesen, was alles anders ist? Du musst kommen und es sehen, wenn auch nicht alles schön ist. Ich brauche dich, Chui. Du warst lange genug fort. Als dein Mann sage ich dir, dass du wieder nach Hause kommen sollst. Und diesmal sollst du auf mich hören. Eine gute Reise nach Kenia wünsche ich dir. Wir sehen uns bald. Denk an deinen Simba, der auch an dich denkt. In Liebe, dein Mann, der beste aller Löwen. Grüße deine Familie von mir, von uns.«

Mehrere Male las ich die Zeilen. Die Sache mit Großvater ging mir sehr nahe. Ich hatte öfter an ihn gedacht und so sehr gehofft, ihn in nur wenigen Wochen wiedersehen zu dürfen. Es machte mich regelrecht krank, nun nicht mehr mit ihm reden zu können. Ich hatte ihm so vieles erklären wollen, was Lpetati und mich betraf. Es hätte mir so sehr geholfen, all das vor Babu richtig stellen zu können, was mein Handeln ausgelöst hatte. Und sicher hätte Großvater mich verstanden.

Dann erst begriff ich den kleinen Satz »und ich bin jetzt ein *mzee*«. Also hatte inzwischen Lpetatis letzte große Zeremonie, das wichtige *eunoto*, stattgefunden – ohne mich! Ich war aufgeregt und traurig, und es nahm mich sehr mit. Aber drei Dinge waren mir dann trotz meines seelischen Durcheinanders klar: Mit Lpetati musste alles in Ordnung sein, denn sonst hätte man ihn von den Ritualen ausgeschlossen, und Babu hatte das auch für ihn bedeutungsvolle Fest noch miterleben können. Nach einem Trauerfall wäre Lpetati nämlich nicht zu den letzten Weihen gegangen. Und es musste geregnet haben, denn ohne ausreichenden Regen gab es keine großen Zeremonien.

Mein Mann war nun also kein Krieger mehr! Wie sehr bedauerte ich, ihn nicht noch einmal in all seiner kriegerischen Pracht gesehen zu haben, in all seinem Schmuck, mit seinen langen, ockerroten Haaren, mit seiner stolzen Haltung. Und nun war Raffael ein *mwaoli*. Wie schnell war die Zeit vergangen. Hoffentlich verziehen sie mir mein Fernbleiben bei so vielen wichtigen Zeremonien. Ich machte mir Vorwürfe, haderte mit mir und sah jetzt schon mit gemischten Gefühlen meinem versprochenen Besuch entgegen. Traurig saß ich im Sessel, unfähig, etwas zu tun, bis mein jüngster Sohn nach Hause kam.

Binkis erster Schnee

Die nächsten Tage war es schrecklich kalt geworden, und Binki fragte mich, ob Ohren vor Kälte abfallen könnten, er hätte auf dem Weg zum Deutschkursus so ein Gefühl und schreckliche Angst gehabt. Wir kauften Plüschohrenschützer für ihn, und zwei Tage später schneite es. Binki saß verzaubert am Küchenfenster, blickte ununterbrochen in die tanzenden Flocken und auf die sich rasch ausbreitende weiße Pracht in den Vorgärten und auf den Dächern.

»Ich werde heute nicht schlafen«, sagte er, »vermutlich werde ich so ein Naturschauspiel nur einmal zu Gesicht bekommen und muss ein Leben lang davon zehren.« Auch in der Nacht blieb er am Fenster sitzen. Im Schein der Straßenlaterne wirkte das Schneetreiben besonders märchenhaft.

Am nächsten Morgen rief mich Binki aufgeregt. »Schau doch mal, die Leute, auch kleine Kinder, gehen einfach durch den Schnee und das Eis.«

»Wir werden auch ein wenig hindurchgehen«, sagte ich.

»Und … das kann man wirklich? Da passiert nichts?«

»Nein, da passiert nichts. Es kann sogar Spaß machen – mit den richtigen Schuhen!«

Ich suchte im Keller nach Winterstiefeln und Schuhen und fand sogar welche in Binkis Größe. Fast andächtig zog er die blauroten Moonboots an und tat vorsichtig vor dem Haus die ersten Schritte.

»Es geht wirklich«, lachte er.

Nach dem ausgiebigen Frühstück zogen Binki und ich, beide warm und schneesicher eingepackt, mit dem Schlitten in Richtung Wald. Vor uns lag eine Zauberwelt, die Lärm verschlucken konnte und die plötzlich zu glitzern und blinken begann, als einige Sonnenstrahlen durch die aufgerissene Wolkendecke fielen.

»Wie schön das ist!« Binki war geradezu ergriffen. »Das werde ich nie vergessen. Und so etwas gibt es jedes Jahr um diese Zeit?«

»Nicht immer, aber sehr oft.«

Abends saßen wir in der gemütlich warmen, adventlich geschmückten Wohnung, machten Spiele oder hörten Weihnachtslieder, die Binki sehr interessierten.

»Ich freue mich auf das große Fest«, sagte er, »es ist wirklich alles anders hier bei euch.«

Ich war glücklich, dass es Binki, bis auf seine gelegentliche Atemnot und die Ermüdungserscheinungen, so gut ging, was sicher von seiner seelischen Ausgeglichenheit kam. Am meisten war ich gespannt, wie er den Heiligen Abend empfinden würde. Ich wollte mir alle erdenkliche Mühe geben und alles so schön wie nur irgend möglich gestalten. Wie sehr würde er sich über den neuen Bass freuen, seinen ersten eigenen Bass – ein Geschenk von meinen Söhnen und von mir. Das Instrument lag, festlich verpackt und gut vor Blicken verborgen, auf dem hohen Wohnzimmerschrank.

Binki war voller Vorfreude auf Weihnachten. Er lernte *Stille Nacht, heilige Nacht* und *O du fröhliche …*, um die Lieder mit uns singen zu können, zu Hause und bei der Christmette. Manchmal sprach er von Kongi und wie glücklich er sei, ihn Anfang des neuen Jahres in Shanzu wiederzusehen. Seltsamerweise wurde ich unruhig, sobald er das Wiedersehen erwähnte.

Noch einmal fuhren wir in das Tonstudio, um die neue Kassette abzumischen, was einen ganzen Tag in Anspruch nahm. Für ein Cover hatten wir schon verschiedene Fotos vorliegen. Binki rechnete mit einem großen Erfolg in Kenia, und das gab ihm ungeheuren Auftrieb. Er war selig.

Kurz vor Weihnachten klagte er über Ohrenschmerzen und Ohrgeräusche, und plötzlich bereitete es ihm Schmerzen und Schwierigkeiten, den Kopf zu drehen. Auf dem Weg zum Arzt gehorchte ihm sein rechtes Bein auf einmal nicht mehr, er konnte nicht ohne Hilfe gehen und keine Treppe steigen. Er war völlig deprimiert, und ich fand nur fade Worte, um ihn zu trösten, weil ich voller Angst war.

Als er immer öfter Blackouts erlitt, wurde ich unruhig. So stand er hilflos mitten in der Küche und suchte das WC, oder er fand sein Bett nicht gleich. Wieder gab sein Bein nach, und so blieb er im Wohnzimmer auf dem Sofa liegen.

Als die Wintersonne auf die Wand neben ihm fiel und durch die Gardine zarte Blütenmuster zauberte, rief er mich, um mir zu erklären, dass so nur die Sonne von Zaire sein könnte, und er beschwor mich, ihn sofort nach Hause gehen zu lassen. Ich rief den Internisten an, der Binki schon mehrfach behandelt hatte, und nach meinen aufgeregten Schilderungen mutmaßte der Arzt, dass es sich um einen Gehirntumor handeln könnte.

Wir ließen Binki nun nicht mehr allein. Meine Söhne und ich wechselten uns ab, damit immer jemand in seiner Nähe sein konnte, falls er Hilfe brauchte. Es war bedrückend. Alle Weihnachtslieder taten mir weh, jede Schneeflocke.

Zeit der Traurigkeit

Binki war nur noch bedingt ansprechbar, aber er lag ganz friedlich da. Manchmal zuckten seine Mundwinkel, als wenn er lächeln oder etwas sagen wollte. Ab und zu sagte er auch etwas, und es machte mich verrückt, weil ich es nicht verstehen konnte. Auf meine Fragen reagierte er nicht.

Stumm wachte ich an seinem Bett. Die Stille der Nacht wurde gelegentlich unterbrochen von einem Auto auf der Straße, von undefinierbaren Geräuschen, die Binki von sich gab und die Seufzern glichen, und dem erbarmungslosen Ticken der Wanduhr, die ich abnahm, damit sie mich nicht dauernd an die Vergänglichkeit der Zeit erinnern konnte. Gegen Morgen erhob sich Binki leicht und fiel dann zurück. Seine Hand ließ die meine los. Es folgte eine andere Stille, die ich erst nach langen, bangen Minuten begriff. Binki hatte diese Welt verlassen.

Ich berührte ihn vorsichtig, weil es da für einen Moment eine Schranke gab, und freute mich über die Wärme, die noch in ihm war. Seine Augen blickten mich an, sah er mich noch? Ich konnte mich nicht entschließen, die Lider über diesen lieben, hellbraunen Augen zu schließen, die so viel von der Welt gesehen hatten und die mir bis ins Herz hatten blicken können. Überwältigt begann ich zu beten, wirr und zusammenhanglos, zündete eine Kerze an und schnitt von allen blühenden Topfpflanzen die schönsten Blüten ab, um sie auf Binkis Herz zu legen. Dann wollte ich, dass er besonders schön sei, also wusch ich ihm das Gesicht, cremte ihn ein und zog ihm seine schwarze Band-Uniform an, die er bei seinem letzten Auftritt in Kenia getragen und die er so geliebt hatte.

Während ich ihn im Kerzenlicht still betrachtete und ihm Socken anzog, weil seine Füße kalt waren, erinnerte ich mich an ein seltsames Gespräch. Binki hatte mir erklärt: »Wenn bei uns jemand stirbt, schneidet man ihm die Finger- und Fußnägel und eine Haarsträhne ab. Dadurch kann er in irgendeiner Form weiterleben. Man ist nicht wirklich tot, wenn man diese Dinge zurückbehält, und man reiht sich wieder in das Leben ein, irgendwie.«

Vielleicht hatte Binki das nicht nur so dahingesagt. Obwohl es mir unheimlich war, vor allem, da ich mich von ihm beobachtet fühlte, zog ich ihm die Socken wieder aus und schnitt ihm erst die Fußnägel, dann die Fingernägel, so gut es ging, und schließlich ein wenig von dem dichten, gelockten Haar und verwahrte alles in kleinen Folientütchen.

Im Morgengrauen rief ich einen Arzt an, der einen Totenschein ausstellte, nachdem er Binki untersucht und mir einige Fragen gestellt hatte. Später radelte ich zum Bestattungsinstitut, suchte einen

Sarg aus und ließ mir einen Termin für die Beerdigung geben. Ich meldete Binki bei der Gemeinde, seiner Schule und der Auslandsbehörde ab und informierte meine Familie sowie nahe Freunde. Meine Söhne und mein Vater kamen sofort vorbei, und es tat mir unendlich gut.

Als Binki von den Bestattern abgeholt wurde, verabschiedete ich mich still von ihm, der so hübsch und zufrieden aussah auf dem weißen Kissen. Ich gab ihm einen Brief mit, in dem ich mir viel von der Seele geschrieben hatte, alles Dinge, die ungesagt geblieben waren. Recht unschlüssig war ich darüber, ob es richtig war, in Wennigsen eine Grabstelle für Binki zu kaufen. Ich hätte ihn gern nach Zaire zurückgebracht – aber wie ihn dorthin bringen, und vor allem, wohin?

Die Beerdigung war freundlich und hell, ich hatte dafür Blumen in Rot, Gelb und Grün ausgesucht, weil das die Farben Zaires waren. In der Friedhofskapelle erklangen, nach Absprache mit dem katholischen Pfarrer, keine traurigen Gesänge, sondern fröhliche afrikanische Rhythmen: Binkis Kompositionen. Seine Stimme erscholl voller Vitalität über den Friedhof und die zahlreichen Trauergäste, die mir mit ihrer Anwesenheit so viel Gutes taten. Selbst meine Brüder hatten stundenlange Autobahnfahrten nicht gescheut, Familie, Freunde und Nachbarn waren um mich – und um Binki.

Er würde weiterleben in seiner Musik, in meinen Erinnerungen, und so nahm ich ihn mit diesen Gedanken vom Friedhof wieder mit. Binki, dieser besondere Mann, der mich geliebt und der sich mir ganz geschenkt hatte. Voller Wehmut warf ich einen Blick in das Zimmer, in dem er während seines Aufenthaltes in Wennigsen heimisch geworden war, ordnete seine persönlichen Sachen und beschloss, sie aufzuheben. Binki war ein Stück von meinem Leben gewesen.

Allein zurück

Kurz nach der Beerdigung flog ich zurück nach Kenia. Ich musste unbedingt versuchen, mit Binkis Bruder Kontakt aufzunehmen, und hatte mir vorsichtshalber ein Visum für Zaire besorgt. Die Familie musste schließlich von seinem Ableben erfahren.

Es war ein seltsames Gefühl, Binkis Flugticket, das er nun nicht mehr gebrauchen konnte, in der Tasche zu haben, dazu einige persönliche Sachen von ihm und die kleinen Folientütchen mit den abgeschnittenen Haaren, Fuß- und Fingernägeln. Ebenso die Zettelchen, auf denen mir Binki oft liebe, kleine Gedanken geschrieben hatte, vor allem die Karte zu meinem Geburtstag mit den wunderbaren Worten und natürlich die neue Kassette. Zumindest damit würde er nun unsterblich sein, denn jederzeit war seine Stimme abrufbar.

Ich war der Überzeugung, dass Binki genau das bei der intensiven Arbeit für die Musikaufnahme gewollt hatte: unsterblich sein – in irgendeiner Form. Vielleicht hatte ihn eine Ahnung angetrieben, vielleicht auch nur eine ihm unbewusste, innere Kraft, denn gleich nach Fertigstellung der Kassette hatte ihn die Krankheit, die er nie hatte kennen wollen, besiegen können. Ich zwang mich, nicht zu viel nachzudenken. Aber hin und wieder erinnerte mich der fremde Mann, der neben mir auf dem Sitz saß, auf dem eigentlich Binki hätte sitzen sollen, an die traurige Tatsache, dass es ihn nicht mehr gab.

Inzwischen lag der afrikanische Kontinent unter mir. In einigen Stunden würde ich in Nairobi landen, von dort weiter nach Mombasa fliegen und mit einem Taxi nach Shanzu fahren – allein.

Langsam ging ich die Stufen zu unserem Haus hinauf. Der Limonenbaum blühte und hing gleichzeitig voller grüner und gelber Früchte. Die Grünpflanzen auf der schmalen Terrasse wucherten üppig, der wilde Salbei reckte unzählige blaue Blütenrispen fast bis in Fensterhöhe.

Mit gemischten Gefühlen schloss ich die Tür auf. Der vertraute Geruch empfing mich, als ich den »Salon« betrat – so hatte Binki unser Wohnzimmer immer genannt. Es war ungewohnt ohne Binki, und schmerzlich vermisste ich seine Gegenwart, seine Stimme. Mir war, als müsste er jeden Moment hereinkommen, mit einem fröhlichen »*Ça va, Chérie?*«.

Auf meinem Bett fand ich zwei Briefe von Kongi, die er hier hinterlegt hatte. Nachbar Otto aus Süddeutschland hatte ihn hereingelassen. Welche Ironie und Tragik des Schicksals: Monatelang hatte Binki auf seinen Bruder oder eine Nachricht von ihm gewartet, und kaum waren wir abgereist, war der Bruder in Shanzu eingetroffen. Weil wir selbst nicht so recht daran glauben wollten, hatten wir nichts von Binkis Krankheit erwähnt. Wie falsch das war, wusste ich erst jetzt, denn wie sollte ich nun Kongi den Tod seines Bruders erklären?

Ich schleifte meinen Koffer ins Schlafzimmer. Den an mich adressierten Brief von Kongi öffnete ich, den Umschlag mit Binkis Namen legte ich erst einmal zur Seite. Binkis Bruder hatte wunderbare Worte gefunden, um sich bei mir dafür zu bedanken, dass ich mich um Binki kümmerte, ihm ein Zuhause geschaffen und ihn bei der Musik unterstützt und ihm meine Liebe gegeben hätte. Einer von Binkis Briefen musste Kongi also erreicht haben.

Da klopfte es an der Haustür. Der *mzee*, unser Nachbar, kam herein und begrüßte mich freundlich. Ich drückte seine kleine, knochige Hand, lobte den durch seine Hilfe so gepflegten Garten und sagte ihm, wie schön es sei, ihn wohlauf wiederzusehen. Gott sei Dank fragte er nicht nach Binki. Bis jetzt wusste niemand in Kenia von seinem Tod, und so sollte es vorerst bleiben. Ich hielt mich an das Versprechen, das ich Binki vor langer Zeit gegeben hatte, zuerst seinen Bruder zu informieren, falls ihm etwas zustoßen sollte. Warum hatte er das gesagt? Hatte er doch mehr gewusst? Obwohl müde vom langen Flug, begann ich, Ordnung zu schaffen, frische Gardinen aufzuhängen, den Fußboden zu wischen und die Möbel zu reinigen. Es gab viel Ungeziefer, lebendes und mumifiziertes.

Am schwersten fiel es mir, das Bett zu beziehen, auf dem Binki und ich noch vor unserer Deutschland-Reise gelegen und Pläne geschmiedet hatten. Lange hielt ich das türkisfarbene Laken in der Hand. Mich überkam das Gefühl, als vollzöge sich nun, in diesem Moment, erst der endgültige Abschied. An die Stille im Haus würde ich mich gewöhnen müssen. Mir fehlten die vielen alltäglichen Kleinigkeiten. Es war heiß, und ich war sehr durstig, aber aus den Wasserhähnen kam kein Wasser. So bat ich den *mzee*, den nächstbesten Wasserverkäufer zu mir zu schicken. Schon bald darauf hörte ich das Rasseln von Ketten, mit denen die Wasserhändler die Reifen ihrer Karren behängten, um auf sich aufmerksam zu machen. Ich ließ die zwei blauen Tonnen in der Küche füllen.

Der Abend begann mit einem fast schon üblichen Stromausfall. Ich stellte eine dicke Kerze in eine mit Wasser gefüllte Untertasse, verriegelte die Tür von innen, befestigte das Moskitonetz an der Decke und fiel todmüde ins Bett. Aber das unangenehm hohe Zirpen einer Zikade, die sich irgendwo in den Vorhängen befinden musste, hielt mich wach. Der Vollmond tauchte die Räume in fahles Licht, und da ich nicht schlafen konnte, angelte ich nach meinen Sandalen vor dem Bett und ging an die verglaste Haustür. Langsam wanderte ich dann durch das Haus, in dem noch Binkis Atem schwebte, Binki, der so gern zurückgekehrt wäre in diese Räume und nach Zaire. Ich begann, mit ihm zu reden, und mich überfielen seltsame Ideen.

Als die Stimme des Muezzins über den flachen Hütten und Häusern von Shanzu ertönte und die Zikade offenbar den Standort gewechselt hatte, streckte ich mich wieder auf dem breiten Bett aus, müde genug und satt, ohne gegessen zu haben. Ich versuchte, meine Gedanken zu sortieren und sie in klare Bahnen zu lenken. Es gab so vieles zu erledigen, auch Unliebsames, und im Übrigen auf Kongi zu warten, von dem ich gar keine genaue Vorstellung hatte. Aber das Wichtigste war, Lpetatis Aufenthaltsort zu erkunden und Kontakt mit ihm aufzunehmen. Vielleicht käme er ja tatsächlich, um mich zu holen, so, wie er es in seinem Brief angekündigt hatte.

Neue Wege zur Musik

Lange grübelte ich darüber nach, wie ich mit unserer neuen Kassette verfahren sollte. Sie war eine einzige Würdigung von Binkis Genialität – aber jetzt, so allein, erschien es mir unangebracht, damit Geschäfte zu machen. Andererseits befand ich mich nicht gerade in einer rosigen Finanzlage. Da bot sich alles, was mit Musik zu tun hatte, geradezu an – denn eine andere Möglichkeit, Geld zu verdienen, gab es zu der Zeit für mich in Kenia nicht.

Nur wenig später fügte es sich auf wunderbare Weise, dass ich der finanziellen Sorge enthoben wurde: Ich lernte Eddie kennen.

Um mich ein wenig zu sammeln, hatte ich einen langen einsamen Strandspaziergang gemacht und anschließend in der Severin Sea Lodge gegessen. Eddie stand vor der Safari-Bar am Keyboard, und da mir sein Repertoire, sein Spielen und sein Gesang gefielen, hatte ich ehrlichen Applaus gespendet. Er hatte sein Mikrofon zugehalten und mich angesprochen. »Ich meine, ich müsste Sie kennen.« Nachdem ich mich vorgestellt hatte, meinte er: »Ja, natürlich, ich kenne Sie, Sie und Binki. Kommt er auch?« Ich hatte ihm nach kurzem Überlegen die Wahrheit gesagt, ihn aber gebeten, es für sich zu behalten. »Kommen Sie«, hatte er mich aufgemuntert, »singen Sie ein bisschen mit mir – Musik als Therapie.« Wir hatten uns auf einige Lieder geeinigt, die wir, auch ohne sie geprobt zu haben, vor Publikum zu Gehör bringen konnten. Eddie war glücklich und hatte mir spontan angeboten, zusammen mit ihm aufzutreten. Und als er mich hatte wissen lassen, wie sehr er Binki verehrte, hatte ich mich in seiner Gegenwart wohl gefühlt.

Eddie, der einen guten Namen in der hiesigen Musikszene hat, und ich wurden Kollegen und Freunde und musizieren auch heute noch zusammen.

Kongi kommt

Und dann, an einem Samstagabend, tauchte Kongi in Begleitung seiner Frau Suzette auf.

Bei einem afrikanischen Abendessen saß ich ihnen gegenüber und formulierte im Stillen das nun fällige Gespräch über Binkis Tod. Ich fühlte mich entsetzlich. Mit Herzklopfen holte ich die ärztlichen Atteste heraus, dazu Fotos aus glücklichen Tagen und von der gekauften Grabstelle, nahm allen Mut zusammen und begann stockend.

Suzette weinte hemmungslos, laut und hysterisch, was mich unangenehm berührte, denn sie konnte Binki kaum gekannt haben, schließlich war er seit sechsundzwanzig Jahren nicht mehr in Zaire gewesen. Kongi war vor Betroffenheit sprachlos. Er war seinem Bruder nicht sehr ähnlich, hatte so gar nichts von dessen vitaler Drahtigkeit, von seinen eleganten Bewegungen, und besaß auch nicht ein so waches, schmales Gesicht. Kongi war rundlich und eher der gemütliche Gegenpol zu Binki. Nur sein gutes Französisch und seine Stimme erinnerten sehr an seinen Bruder. Kongi saß immer noch wie versteinert da und presste dann die Hände aneinander, stöhnte, wischte seine feuchten Augen und griff nach den Fotos.

»Er sieht sehr zufrieden aus«, kommentierte er, »mein lieber kleiner Bruder. Erzähl mir von ihm.«

Das tat ich gern, und unter Weinen berichtete ich von der SALNA-Zeit, von seinen Erfolgen als Musiker, von den Deutschlandbesuchen und dass er trotz seiner Krankheit, von der er hatte nichts wissen wollen, bis zum Schluss glücklich gewesen sei, aber immer Heimweh nach Zaire gehabt habe.

Es wurde eine anstrengende Woche für mich, denn ich wollte

Binkis Verwandtschaft nach dem erlittenen Schock ein wenig verwöhnen. An einem Abend eröffnete mir Kongi, dass wir ein *matanga*, eine Totenfeier, für Binki abhalten müssten. Daran hatte ich gar nicht gedacht, schließlich hatte es bereits in Deutschland eine Trauerfeier gegeben. Und dann bekam ich es mit der Angst: Nun würden viele Nachbarn und Freunde von Binkis Ableben erfahren, vor allen Dingen die früheren SALNA-Kollegen, vielleicht auch Marlen und Maude. Mir wurde eiskalt, und ich fürchtete mich davor.

Matanga für Binki

Argwöhnisch verfolgte ich das lebhafte Treiben auf dem Platz vor unserer Gartenpforte.

Suzette und Kongi kümmerten sich um alles Erforderliche. Sie ließen von eifrigen Helfern Bänke aus einer nahen Kirche holen, elektrische Kabel verlegen, Wasserkanister, Teekessel und Geschirr bringen und sogar eine Ziege schlachten. Immer mehr Freunde, Bekannte und auch Wildfremde sprachen mir ihre Anteilnahme aus. Am schlimmsten war es für mich, die Beileidsbekundungen meiner früheren Kollegen entgegennehmen zu müssen, von denen ich nicht einmal wusste, wie ehrlich diese gemeint waren. Dennoch: Betroffenheit stand in allen Gesichtern, und man bedauerte mich aufrichtig.

Pünktlich um achtzehn Uhr begann Binkis Totenfeier. Es gab laute Musik vom Band, hin und wieder auch ältere Aufnahmen von Binki. Tee und *ugali* wurden verteilt, Ziegenfleisch, Bier und andere Alkoholika. Viele Gäste hatten Schlafmatten mitgebracht, auf denen Babys und Kleinkinder trotz des Lärms zu schlafen versuchten. Immerhin dauerte ein *matanga* meist von abends sechs bis morgens sechs Uhr. Ich half, Tee auszuschenken und Maisbrei zu verteilen, blieb sonst aber mehr im Hintergrund. Gegen Mitternacht wurden einige Betrunkene laut, und als es heftig zu regnen begann, stürmten die Besucher das Haus, machten sich überall breit und rollten ihre Matten aus. Die schlafenden Kinder wurden hereingetragen, die Frauen saßen auf der Erde und palaverten, die Männer tanzten und tranken.

Kurz vor Sonnenaufgang verließen die ersten *matanga*-Gäste das Haus, das, ebenso wie der kleine Garten, wie ein Schlachtfeld aussah. Es roch nach Urin, Ziege, Zigaretten, Bier und Schweiß. Auf dem Boden lagen Essensreste, gebrauchte Windeln, Bierflaschen, Papier und Kerzenstummel. Trotz des Chaos freute ich mich, dass so viele Menschen zu Binkis Feier gekommen waren. Zusammen mit Suzette und zwei Nachbarinnen schafften wir notdürftig Ordnung und sprachen über die angefallenen Kosten.

Nun war wirklich ein Kapitel meines Lebens zu Ende gegangen, ein wichtiges, das mich wissender, reifer und wieder toleranter gemacht hatte. Ich hatte Einblick genommen in das Leben, die Träume und Wünsche eines besonderen Menschen und letztendlich in mich selbst. Ich verabschiedete mich noch einmal von Binki und versprach ihm, bei meinem nächsten Deutschlandbesuch afrikanische Erde mitzubringen.

Bevor Kongi und Suzette abreisten, wagte ich noch ein Gespräch über die abgeschnittenen Haare und Nägel und war von der Reaktion der beiden überrascht. »Aber dann war ja ein *matanga* überflüssig. Mein Bruder ist noch da, er ist immer noch da!«, rief Kongi, und Suzette schluchzte. Aufgeregt machten mir beide Vorwürfe, dass ich nicht längst davon gesprochen hätte.

Ich verstand gar nichts mehr, und die ganze Haar- und Nägel-Angelegenheit wurde mir immer unheimlicher. Ich händigte Kongi jeweils ein kleines Folientütchen aus mit etwas Kraushaar von Binki und einigen Fuß- und Fingernägeln und behielt je ein Tütchen für mich. »In jeden Fluss, den wir überqueren, werden wir ein Haar von Binki werfen«, erfuhr ich noch, fragte aber nicht mehr, warum.

Zum Abschied wollte ich Kongi Binkis Armbanduhr überreichen und hatte sie schon auf das Sideboard gelegt. Doch noch ehe ich etwas sagen konnte, sah ich die Uhr an Kongis Handgelenk. »Sicher seine Uhr, nicht wahr? Ein gutes Stück«, meinte er beiläufig. Kongi enttäuschte mich maßlos und enthob mich der besonderen Worte, mit denen ich ihm Binkis geliebte Armbanduhr geschenkt hätte.

Dann fuhr Binkis Verwandtschaft ab und nahm ein Stück Zaire mit. Das Haus war wieder ruhig und verlassen, und ich liebte die Stille, denn sie hatte nichts Bedrohliches, sondern etwas sehr Versöhnliches an sich. Erschöpft lag ich auf dem breiten Bett, zu träge, um zu denken, zu ausgelaugt, um zu träumen. Wohltuende Ruhe umfing mich, und mir war, als könnte ich in ihr zerfließen.

Lpetati ist da

Drei Tage später, ich war gerade vom Einkaufen zurückgekommen, entdeckte ich an der Gartenpforte eine schlanke, hohe Gestalt in einem orangefarbenen T-Shirt und einem um die Hüften gewickelten roten Baumwolltuch. Mit immer heftiger hämmerndem Herzen begriff ich, wen ich da gerade erblickte: Lpetati!

Wir sahen uns an, lange, schweigend. Wir konnten uns nicht berühren, und dennoch spürte ich seine Anwesenheit fast körperlich. Zwischen uns lag nur der schmale Garten, aber so nahe war Lpetati mir eine Ewigkeit nicht gewesen. Es tat so unendlich gut, ihn zu sehen. Es tat so gut, dass er da war, dass es ihn gab. Mein Mann war zu mir gekommen, durch Angst und Träume hindurch erschien mir sein Bild, es lebte so sehr, war so sehr Wirklichkeit. Stumm standen wir da, nicht fähig zu einer Äußerung. Irgendwann hob Lpetati die Hand und deutete in Richtung Mtwapa. Da nickte ich nur, wusste ich doch jetzt, wo ich ihn finden konnte. Sehr aufrecht und sehr langsam ging er davon, als wüsste er, dass ich ihm nachblickte, und als wollte er, dass ich beeindruckt war von dem, was ich sah.

»*Hashe*«, rief ich mühsam, mehr bekam ich nicht heraus, bevor ich anfing zu weinen. Lpetati. Jetzt! Gerade jetzt! Woher wusste er, dass er nun kommen konnte, dass er kommen sollte, kommen musste, ausgerechnet jetzt? Lpetati war da! Ein Geschenk des Himmels. Wir hatten vor Befangenheit nicht einmal miteinander sprechen können, und die Hände hatten wir uns über eine Entfernung nur in Gedanken gereicht, wie die Arme, die füreinander da waren, um aufzufangen, um anzufangen, um dem Nachdruck zu verleihen, das dazu bestimmt war, erneut in uns zu wachsen.

Ich würde nach Mtwapa gehen, heute noch, und sicher noch vor dem Abend. Mein hämmerndes Herz würde nicht so schnell zur Ruhe kommen. Neben der Trauer um Binki strömte nun mit Macht eine wohlige Wärme in mein Herz, das sich mehr und mehr öffnete. Freude füllte mich aus, durchrieselte mich und machte den Tag leicht und hell, und bald noch leichter und noch heller – ich ertrug es kaum.

Als ich mittags von dringenden Besorgungen aus Mombasa zurückkam, ständig nur Lpetati im Kopf, rief mich meine Nachbarin Hope.

»*Karibu,* komm rein!« Ich öffnete ihr die Gartenpforte. Hope hielt mir einen kleinen blauen Umschlag entgegen. »Den hat mir ein Samburu für dich gegeben«, sagte sie.

Ich bedankte mich und gab mir Mühe, meine Aufregung zu verbergen, denn ich hatte längst Lpetatis Handschrift erkannt. Hope blieb zum Tee, wir plauderten über Belangloses, aber auch über ihre persönlichen Schwierigkeiten, über fehlende finanzielle Mittel und der daraus resultierenden Abhängigkeit von ihrem Freund. Sie hoffte, ich könne ihr helfen.

Kaum dass sie gegangen war, nahm ich Lpetatis Brief und verließ das Haus, das zu sehr zu Binki gehörte. Am Strand wollte ich den Brief in Ruhe lesen, das Meer riechen, den Wind spüren, mich in den warmen Sand legen und von Lpetati träumen. Ich wollte ihn fühlen, ihm nah sein und ihn ganz für mich haben. Lpetati, lieber Lpetati.

»Meine geliebte Frau, meine Chui«, las ich, »mein geliebtes

Gesicht, wie lange bin ich schon ohne dich und du ohne mich. Nun hat uns Gott wieder zusammengeführt, weil es so sein soll. Es muss der Ort der Helle gekommen sein, von dem Mama Anna vor langer Zeit gesprochen hat. Ich weiß, dass du das nicht vergessen hast, und ich weiß auch, dass alles gut wird, wenn du mir verzeihst, so, wie ich dir verzeihe. Es fällt mir nicht leicht, aber ich habe es Großvater versprochen. Er wollte es so. Der andere Mann war für dich ein guter Mann, was ich in einer schlimmen Zeit nicht sein konnte. Es hat mir nicht gefallen, was du getan hast, aber du hast es gut bei ihm gehabt, deshalb bin ich ihm nicht böse. Aber jetzt ist eine andere Zeit, das musst du dem Mann sagen. Wir werden wieder zusammenleben, denn du bist meine *nketok*, meine Chui. Alles, was ich will, ist, bei dir zu sein, und ich will, dass du bei mir bist, wie Mann und Frau, das sind wir doch noch immer? Ich will mit dir essen und mit dir schlafen und mit dir leben, weil ich das will, und nicht, weil ein Mann und eine Frau, die verheiratet sind, das nun mal so tun. Vergessen konnte ich dich nie, liebe Chui. Meine Liebe ist nur für dich, und meine Seele ist bei dir. Ich halte dich in meinen Armen wie früher, und so soll es jetzt bleiben. Gott schütze dich, meine Chui. Dein Mann Simba-Lpetati.«

Wieder, immer wieder las ich die Zeilen. Ich war gerührt, aufgewühlt, voller Glück. Wie oft hatte ich überlegt, wie und wann ich meinem Mann begegnen und was ich mit ihm reden würde. Und nun dieser Brief! Ich war versöhnt und frei von allem, was mich unterschwellig belastet hatte. Manchmal hatten mich die Gedanken geplagt, dass in der Zwischenzeit Lanah eine bedeutende Rolle für Lpetati gespielt hatte oder noch spielte oder vielleicht sogar eine andere Frau. Ich hatte am Strand so einiges darüber gehört, war aber zu stolz gewesen, um nachzufragen. An dem Gerede konnte sehr wohl etwas dran gewesen sein. Immerhin war Lpetati im besten Mannesalter und besonders gut aussehend dazu. Aber wenn es mir, selbst jetzt noch, zusetzte und zu schaffen machte, musste ich auch zugeben, dass ich es indirekt zugelassen hatte. Ich war nicht mehr in Lpetatis Nähe gewesen, um irgendwelchen Eskalationen vorbeugen zu können, und ich hatte Lpetati den Halt genommen. Das hatte ich schon sehr schnell gewusst und dennoch nichts dagegen unternommen. Wir waren beide schuldig geworden.

Mit Lpetatis Erscheinen am Morgen und mit diesem Brief, den ich in der Hand hielt, öffnete sich nun ein heller breiter Pfad, der unbeschwert hinausführen konnte aus dem Dunkel, das Angst, Schuld, Unwissenheit und Unsicherheit im tiefsten Innern geschaffen hatten. Als Binki in mein Leben drängte, war Lpetati immer gegenwärtig, aber für längere Zeit nicht mehr der Mittelpunkt gewesen. In meinem Kopf herrschte ein fürchterliches Durcheinander. Ich quälte und freute mich zugleich, und immer wieder schlichen sich die Gedanken ein, die mit »Was wäre gewesen, wenn …« anfingen.

Mehrere Schatten fielen auf mich, und als ich aufblickte, sah ich in die Gesichter von Lepile, Lipidas und Arnache. Wie erfreulich, wie wunderschön klangen die vertrauten Samburu-Laute, und dann war es auf einmal so, als wäre ich nie fort gewesen. Spontan entschloss ich mich, mit unseren Freunden nach Mtwapa zu gehen, um dort Lpetati zu treffen.

Wiedersehen in Mtwapa

Je näher wir Mtwapa kamen, umso heftiger fühlte ich meinen Herzschlag. Dass das Wiedersehen mit Lpetati in wenigen Minuten stattfinden würde, raubte mir fast die Beherrschung. Ich sah ihn schon, noch bevor das *matatu* hielt. Er trug das rote Tuch und das orangefarbene T-Shirt vom Morgen, dazu nur wenig Schmuck. Die Haare waren sehr kurz geschoren, er war ja kein amtierender Krieger mehr. Das erste Mal sah ich ihn nun, abgesehen von dem Augenblick am Garten in Shanzu, als *mzee*.

Mit dem Wiedersehen hatte ich mir fast zu viel zugemutet. Gerührt, glücklich, aufgeregt und gespannt war ich – eine kaum zu ertragende Mischung. Mein Mann fing mich auf und hielt mich vor den Freunden, vor fremden Leuten, und er zitterte. Kulalo kam dazu, Sitina und Domonian. Die Kinder kreischten überrascht meinen Namen und warfen sich in meine Arme. Meine Schwägerin schluchzte.

»Er ist doch dein *bwana*«, stellte sie zufrieden und gerührt fest. Hatte sie daran gezweifelt? Sie und die Kinder nötigten mich, mit ihnen »nach Hause« zu gehen. Lpetati nickte dazu, suchte meine Hand, drückte und knetete sie und sagte mehrmals »*Karibu,* Chui.« Er war genauso aufgeregt wie ich.

Ganz in der Nähe des Ngao schloss Kulalo in einem sehr niedrigen Steinhäuschen eine Tür auf. Voller Beklemmung betrat ich das enge, fensterlose Zimmer, in dem meine Schwägerin mit ihrem neuen Mann, den beiden Kindern und Lpetati wohnte. Es gab nur ein Bett in dem Raum, einen Hocker und ein kleines Regal. Wie konnten hier fünf Personen nächtigen? Selbst eine Samburu-Hütte war komfortabler.

Kulalo drängte mich auf das Bett. »Ich habe Arbeit, deshalb können wir hier wohnen. Na ja, es ist nicht groß, aber wir sparen dann Geld. Wasser ist in der Nähe und eine Toilette auch.«

Die weitere Unterhaltung verlief seltsam, ganz so, als wenn wir immer angestrengt um etwas herumredeten. Auch Lpetati sagte nur Höfliches, sah mich aber unverwandt und glücklich an. Als die Tür vom Wind zugeweht wurde, saßen wir im Dunkeln. Wie in einem Verschlag, fuhr es mir durch den Sinn, und ich bekam beim Gedanken an das Häuschen in Shanzu, das ich nun allein bewohnte, ein schlechtes Gewissen. Doch dann machte ich mich davon frei. Es war Binkis und mein Haus, und dabei sollte es bleiben.

Die Kinder fragten nach Chips, was Kulalo sehr unangenehm war und mich auf eine Idee brachte. So gingen wir alle zusammen in das neue Fayaz zum Essen. Lpetati rückte im Restaurant sehr eng neben mich, und ihn zu spüren tat unendlich gut. Immer wieder ertappten wir uns beide dabei, dass wir uns heimlich in Augenschein nahmen.

»Dein Simba ist jetzt ein *mzee*. Tut es dir Leid, dass ich kein schöner Krieger mehr bin?«

»Ein bisschen«, sagte ich ehrlich. »Du warst ein wunderschöner *morani*. Aber du bleibst ein sehr schöner Mann.«

Bevor ich allein zurück nach Shanzu fuhr, sagte ich Lpetati, dass Binki in Deutschland gestorben sei.

»Oh«, rief er überrascht und dann: »*Pole,* Chui, *pole sana*.« Er schien ehrlich betroffen und irritierte mich damit, doch dann freute ich mich über seine Anteilnahme, denn, so seltsam es war, Binki hatte irgendwie auch zu Lpetati gehört, weil ich zwischen ihnen gestanden hatte.

Ohne groß darüber zu reden, stand es für uns fest, dass wir an einem der nächsten Tage nach Hause fahren würden.

Lpetati und ich trafen uns in Mtwapa, als das Datum der Abreise feststand, und kauften die Tickets nach Nairobi für uns und für Domonian, der unbedingt mitwollte. Es war ein unbeschreiblich schönes Gefühl, die Fahrkarten in der Tasche zu haben. Wir waren still und nachdenklich. Ich erinnerte mich lebhaft an unsere erste gemeinsame Reise in den Norden Kenias, die nun schon viele Jahre zurücklag. Das »Weißt du noch?" verband uns plötzlich wieder enger. Glücklich und beschwingt ging ich neben Lpetati her, der meine Hand hielt und sie kaum einmal losließ.

»Alles ist wieder gut«, freute er sich. Ja, es war wieder gut, unabhängig von Binkis Tod, der mich bedrückte, war es gut, Lpetati wiedergefunden zu haben. Immer mehr glaubte ich daran, dass alles schon geschrieben steht. Ich hatte das Unabänderliche akzeptiert, war froh und dankbar, dass ich Binkis letzte Lebensjahre begleiten und ihm etwas bedeuten durfte, und ich musste begreifen, dass auf mich mein weiteres Leben wartete, weil es so gewollt war. Und in diesem weiteren Leben würde Lpetati an meiner Seite sein. Die Erinnerung an Binki würde nicht getrübt werden. Lpetati und ich hatten überhaupt noch nicht über uns und das, was lange Zeit zwischen uns gestanden hatte, gesprochen, aber der

Satz »Alles ist wieder gut« traf die Wahrheit. Wir waren wieder zusammen – nur das zählte.

Am Abend vor der Reise aßen Lpetati, Kulalo, ihr neuer Gefährte und die Kinder bei mir in Shanzu. Es war das erste Mal, das mein Mann das Haus betrat, und er tat es mit großer Befangenheit. Fast schüchtern schaute er sich um, betrachtete die Fotos von Binki und mir und von meinen Kindern. Er fühlte sich nicht wohl in dieser Umgebung, das spürte ich, er fühlte sich nicht wohl in dem Raum, den Binki und ich nach unserem ganz persönlichen Geschmack eingerichtet hatten.

Wir fahren nach Hause

Als wir im Bus nebeneinander saßen, war ich glücklich, obwohl die Lehne meines Sitzes fehlte und die Fensterscheibe in unserer Sitzreihe zerbrochen war, sodass uns später, weiter von Mombasa entfernt, die kalte Nachtluft frösteln ließ. Domonian ging es nicht gut, er vertrug die Busfahrt nicht, und bald darauf begann er, sich zu übergeben. In Nairobi säuberten wir den Jungen notdürftig und gaben ihm lediglich etwas schwarzen Tee, denn es warteten ja noch viele Stunden Fahrt auf uns. Er wollte auch gar nichts essen, quengelte herum und wurde ein wenig anstrengend, aber kurz darauf war er wieder sehr lieb und anhänglich. Lpetati konnte wunderbar auf ihn eingehen, und genau das tat mir weh, weil es Erinnerungen in mir hervorrief. Irgendwann würde mein Mann die Geschichte von Laerra erfahren müssen.

Im *matatu* nach Nyahururu bezahlten wir für eine komplette Sitzreihe, damit sich Domonian hinlegen konnte. Er war vollkommen übermüdet. Glücklich sah ich aus dem Fenster, nahm die Schönheit des Rift Valley in mir auf und wusste ohne Zweifel, dass dies eine wirkliche Rückkehr war. Es tat gut, sich wieder aneinander lehnen zu können, denn es signalisierte Einverständnis und war voller stummer Versprechungen. Als wir nach dem Umsteigen in Nyahururu mit einem anderen *matatu* die Savanne durchquerten und alles immer mehr an das Land der Samburu erinnerte, alles immer heimischer wurde, spürte ich einen Kloß im Hals und Tränen aufsteigen. »Ich komme zurück«, war für mich nicht nur eine Feststellung, sondern ein umfassendes Gefühl des Begreifens, das die Zeit übersprang.

Lpetati hatte mich beobachtet. Er hielt meine Hand und drückte sie. *»Nketok ai.«*

Ja, ich war seine Frau. Ich war es nun so sehr, so sicher, so endgültig.

In Maralal übernachteten wir in einer von vier neuen Lodges, da die Kariara Lodge umgebaut wurde. Was ich irgendwie von meinem Geld abzweigen konnte, investierte ich in Einkäufe. Auf dem Konto befanden sich nur ein paar Shilling, da Lpetati für die Fahrt nach Mombasa einen größeren Betrag abgehoben hatte. An der Küste hatte seine Schwester für ihn gesorgt.

Mit einem gemieteten Pick-up näherten wir uns hoppelnd, schaukelnd und nass geregnet am nächsten Tag dem *boma*. Freude, Aufregung und Spannung ergriffen mich. Gleich würden wir zu Hause sein. Meine Blicke schweiften zum *Marguett* und suchten unser Haus. Mein Herz hämmerte.

Und dann war Betroffenheit in mir, ungläubiges Erkennen und ein Schmerz, der sich in stille Wut verwandelte. Unser Haus! Das war ja gar kein Haus mehr! Allenfalls ein besserer Notbehelf.

»Oh nein!«, entfuhr es mir. »Das darf doch nicht wahr sein!« Lpetatis Arm schlang sich energisch um meine Schulter, als müsse er mich vor etwas zurückhalten. An Mombasas Stränden und in Mtwapa hatte ich immer wieder davon gehört, dass er größere Teile unseres Hauses veräußert hatte. Es hatte mich stets sehr beschäftigt und auch verrückt gemacht, nichts Genaues zu wissen. Aber unser Haus nun in diesem Zustand zu sehen war furchtbar für mich. Sofern ich es erkennen konnte, fehlten ein beträchtliches Stück vom Dach, die ganze Außenwand auf einer Seite und Stützbalken von der Terrasse. Mir war elend.

Ich konnte mich kaum auf die Begrüßung der Familie konzentrieren, die auf einmal von überall her zusammenlief. Meine Hände wurden gedrückt, Hände fassten mich am ganzen Körper an, Köpfe näherten sich meinem Gesicht, ich wurde umarmt und sehr feucht geküsst. Es ging sehr laut, aber auch sehr herzlich zu, dennoch spürte ich bei Baba, Marissa, Tante Kakomai und Großmutter Gatilia ein gewisses Schuldbewusstsein. Es äußerte sich in demütigem Gehabe, nachdem ich deutlich genug immer wieder zu unserem Haus emporgeschaut hatte. Abgelenkt wurde ich von zwei Kriegern, und ich erkannte plötzlich meinen »kleinen Schwager« Raffael darin und Lpetatis Cousin Lessirema. Wie schön sie waren in ihrer stolzen Haltung, in ihrem traditionellen Schmuck. Ich konnte mich kaum satt sehen.

Lpetati stand schweigend neben mir. Nun erst begrüßten sie auch ihn, und Domonian rannte erfreut auf seinen Bruder Ramboni zu, der mich schüchtern, aber mit einem glücklichen Lächeln aus einiger Entfernung betrachtet hatte.

Nach und nach wurden die Willkommenswünsche weniger und leiser, und wir tranken alle gemeinsam *chai* im Halbdunkel von Marissas Hütte, wo das Feuer unruhig flackerte, wo es so unverwechselbar samburuisch roch und wo ich so unendlich stark spürte, dass ich nach einer langen Reise in einen anderen Teil meines Lebens heimgekehrt war. Saito und Losieku vermisste ich sehr in unserer Runde und ganz besonders Großvater.

»Es sind diese alten Männer, die Afrika in sich tragen, denn sie haben die Weisheit des Lebens in sich angesammelt«, hatte Binki einmal gesagt.

An Babus Grab

Es war mir ein großes Bedürfnis, den Platz zu sehen, an dem Großvater sich nach einem erfüllten Leben ausruhen durfte.

Ich bedauerte so sehr, dass ich ihn nicht noch einmal hatte

sprechen können, es tat mir regelrecht weh. Ich wagte zu hoffen, dass er mich von hier aus hören und dass ich vielleicht seine Antworten verstehen und deuten konnte, wenn ich ganz intensiv in mich hineinhorchte. In all den Jahren war dieser einmalige imposante Führer unserer Samburu-Sippe mir ein wahrer Freund und über meine Anwesenheit und Heirat mit Lpetati glücklich gewesen. Großvater hatte an mich geglaubt. »Auch wenn du fortgehst, wirst du nicht wirklich fortgehen«, hatte er einmal geäußert. »Dein Platz ist hier. Du weißt es.«

Hoffentlich hatte ich ihn mit meinem sehr langen Fortbleiben nicht allzu sehr enttäuscht, denn sicher hatte er auf meine Rückkehr gewartet. Was hatte ihm Lpetati von mir erzählt? Wie gern hätte ich ihm meine Beweggründe für mein Verhalten erklärt, wie gern mich mit ihm beraten. Wenn sein Geist noch hier über uns schwebte, würde er mich und mein Schweigen verstehen. Er fehlte mir, das Dorf war seltsam fremd und leer ohne Babu. Wie oft hatte ich an der Küste an Großvater gedacht, manchmal mit Binki über ihn gesprochen. Wie gern erinnerte ich mich an die vielen Gelegenheiten, bei denen ich mit Babu vor oder in seiner Hütte gesessen hatte, manchmal sogar in Tränen aufgelöst, dann wieder lachend oder aufmerksam seinen Darstellungen und Ratschlägen lauschend.

Seine segnenden Hände begleiten mich immer noch, und sein »Gott sei immer mit dir« war um mich und würde stets bei mir bleiben. Ich sah ihn vor mir, so, wie ich ihn kennen gelernt hatte: sehr groß und hager, eingehüllt in die gelb-rote *blanketi*, auf dem Kopf den unvermeidlichen, etwas zu kleinen Lederhut, und ich sah ihn beim letzten Abschied vor mir.

In all den Jahren war er fast unverändert geblieben, lediglich die Farbe der Decke hatte gewechselt. Ich sah sein gütiges, auffallend langes Gesicht, die langen, ausgeweiteten Ohrläppchen, hörte seine etwas heisere, ganz leicht näselnde Stimme, wenn er mit mir gesprochen oder für mich gebetet hatte. Es fiel mir schwer, an der Stelle vorbeizugehen, an der Babus Hütte gestanden hatte, die es nun nicht mehr gab und deren Geruch noch in meiner Nase war. Aber ich freute mich, dass er, wie bei den Samburu üblich, in unmittelbarer Nähe davon seinen Ruheplatz gefunden hatte.

Mit Baba und Kakomai brachen Lpetati und ich Zweige von den silbrig grünen *sunai* und anderen Büschen ab, wie es Brauch war, wenn man ein Grab besuchte. Wir begrüßten Großvater ehrerbietig, sprachen mit ihm und beteten für ihn, bevor wir Kautabak für ihn verstreuten, dazu ein wenig *snuff* von der Sorte, die er so geliebt hatte, und an diesem Tag, aus besonderem Anlass, einen Becher Milch für ihn zurückließen.

»Für mich warst du ein ganz besonderer Mensch, Babu«, sagte ich, als die Reihe der Redner an mir war. »Möge dir Ngai Frieden schenken. Ich werde dich nie vergessen und oft dankbar hierher an deinen Platz kommen, denn ich werde nun hier bleiben.«

Kakomai weinte, Lpetati hatte feuchte Augen, und Baba gab mir seine Hand und nickte. Langsam und schweigend entfernten wir uns von Babus Grabstelle, die in Sichtweite unseres Hauses lag.

In der kurzen Dämmerung kamen unsere stark reduzierte Herde und die unserer Nachbarn von den Weideplätzen zurück und leiteten das allabendliche Ritual ein. Mit einem Mal war ich wieder mittendrin, wo Alt und Jung so selbstverständlich auf engstem Raum beieinander lebten, wo das Familienleben noch einen hohen Stellenwert besaß und wo die meisten Bestrebungen dahin gingen, zusammenzurücken, und nicht, sich abzusondern, und wo Begriffe wie »Altersheim« und »Einsamkeit« Fremdwörter waren. Bei den meisten Samburu gab es sie noch: die intakte Großfamilie, deren Leben ein selbstverständliches Miteinander war, wo jeder für jeden da war. Vom Baby bis zum Greis fand jeder seinen festen, unbestrittenen Platz in der Gemeinschaft, wurde von ihr getragen und genügend beachtet, auch ich. So fühlte ich mich in ihr geborgen.

Man sah mir mein vorübergehendes Ausbrechen aus dieser Gemeinschaft vielleicht nur zögerlich nach, aber ich wurde zu meiner großen Erleichterung nicht verurteilt. Mit offenen Armen war ich wieder in den Schoß der Familie aufgenommen worden. Viele Familienmitglieder standen sogar auf meiner Seite, nachdem ich ihnen meine Beweggründe für diese lange Trennung erklärt hatte, nur das Drama mit Laerra kannten sie noch nicht. Aber es blieb eben immer noch eine Ungehörigkeit, weil ich als Frau mir eine Freiheit herausgenommen und nicht genügend Respekt gewahrt hatte, der so überaus wichtig in einer Beziehung war.

Nachdem Lpetati und ich vor der versammelten Familie versprochen hatten, unsere Ehe wieder aufzunehmen und für die Zukunft an ihr festzuhalten, war jegliche Herzlichkeit zurückgekehrt. Man hatte mir, man hatte uns verziehen. Und wir waren für unsere gemeinsame Zukunft gesegnet worden.

Gespräch über das Haus

Eines Nachmittags saßen wir frustriert vor den Resten unseres Hauses, soweit es die Termiten und Lpetati stehen lassen hatten. Ich war immer wieder von neuem verärgert und beleidigt und spürte einen stechenden Schmerz. Meine Gedanken gingen zurück zu der Zeit, als das Haus unser Mittelpunkt war, als man uns beneidet und bewundert hatte, als wir begonnen hatten, uns zu erheben über die Hütten, mit einem beglückenden Gefühl, aber ohne jede Überheblichkeit.

»Was hast du eigentlich dabei empfunden? Hast du nicht etwas in dir gespürt bei der Zerstörung? Hat es dir nichts bedeutet?«, fragte ich meinen Mann erbost.

Lpetati wand sich und formulierte stumm eine Antwort. »Ich weiß nur, was ich heute für ein Gefühl dabei habe«, sagte er dann, »und es ist schlimm, mich danach zu fragen.«

Ich hatte mich wirklich nicht sehr in der Gewalt. Fast hätte ich laut losgeheult vor so viel Schmerz und Wut und vor Enttäuschung darüber, dass er es wirklich – wenn auch vermutlich auf Narayas Betreiben hin – fertig gebracht hatte, Teile unseres geliebten Heims zu veräußern, um Geld zu haben für Tiere und ein anderes Haus, für ein Leben mit Lanah, ihrer Mutter und den Kindern. Fast hätte unser Haus nicht mehr am Blaublumenhang, sondern auf der anderen Bergseite gestanden – und eine andere Frau hätte darin gewirkt.

Aus unserer Familie hatte ihn niemand dabei unterstützt, und Lpetati hatte den gefährlichen Weg bereits eingeschlagen, für den er am Ziel mit dem Ausschluss aus der Gemeinschaft bestraft worden wäre. Es grenzte an ein Wunder, dass er noch rechtzeitig aufgewacht war, weil plötzliche mehrere Veränderungen an seinem Gewissen gerüttelt hatten: Da waren zunächst Saito und Losieku, die nach Narok gingen, Großvater, der bald darauf starb, Tiere, die verendet waren, Naraya, die schwer erkrankte, und schließlich gab es mein festes Versprechen, im Januar endlich zu kommen.

»Ich will uns Tee machen«, sagte ich. Aber das waren nicht die Worte, die sich mir aufdrängten. Dennoch tat es gut, neben ihm zu unserer Hütte zu gehen, zu bedauern, dass es Babu nicht mehr gab und Saito und Losieku fort waren, dass Karo und Karolina nicht mehr im Pferch warteten, dass so vieles anders war und manches so wie immer, dass sich aber der Blickwinkel geändert hatte.

Lpetati blieb am Eingang stehen. »Ich habe darauf gewartet, dass wir wieder zusammen zu unserer Hütte gehen«, sagte er schlicht.

»Ich habe auch darauf gewartet. Viele Male bin ich den Weg mit dir in Gedanken gegangen. Seit langem habe ich mich danach gesehnt.«

Er schob mir einen kleinen Schemel zu und hockte sich selbst in die Kuhfladen.

»Es ist gut, dass wir endlich reden können, Simba. Ich möchte über alles sprechen, was zwischen uns war, während wir nicht zusammengelebt haben, und alles zwischen uns bereinigen, und dann wollen wir es nie wieder anrühren. *Unakubali?*«

»Ja, natürlich.« Dann saß er sehr lange ganz ruhig, spielte mit einem Stöckchen, das neben ihm lag, und drehte damit einige Kuhfladen um. »Fang an«, forderte er mich auf.

Ich begann und hoffte, Lpetati würde mich und meine Beweggründe verstehen, die mich damals in Mtwapa veranlasst hatten, mich von ihm zu trennen. Hätten wir nur die üblichen Schwierigkeiten miteinander gehabt, wie sie in Ehen nun einmal vorkommen konnten, hätte ich ihn nie verlassen, auch nicht wegen einiger Schwierigkeiten, die aus unseren zwei unterschiedlichen Kulturkreisen erwachsen waren. Aber dass er mir gegenüber unzugänglich geworden war und eine seltsame schizophrene Art an den Tag gelegt hatte, die oft in raschem Wechsel von Leidenschaft und Zuneigung für mich in Gleichgültigkeit und Ablehnung übergegangen war, hatte mich sehr belastetet und bedrückt. Es hatte sich eine Kluft zwischen uns aufgetan, die die unerklärbare Hörigkeit Naraya und Lanah gegenüber und die Tatsache, dass er mich bestohlen hatte, noch vertieft hatten. Aber letztendlich war es der Schlag mit dem *rungu* gewesen, der das Leben von Lpetati und mir grundlegend verändert hatte: Denn neben den unliebsamen Folgeerscheinungen hatte ich dadurch die Achtung vor ihm verloren. Ich berichtete auch von Binki, und es war schwer, Lpetati diese ganz außerordentliche Situation und Freundschaft klar zu machen, für die keineswegs das abwertende Wort »fremdgehen« zutraf.

Nie hätte ich die beiden Männer gegeneinander ausgespielt, sie niemals benutzt und schon gar nicht mich mit ihnen vergnügt. Natürlich hatten mich oft genug Gewissensbisse geplagt, und ich war mir sehr wohl meiner Schwäche bewusst gewesen, keine Entscheidung herbeiführen zu können oder zu wollen. Damals hatte ich mich trotz allem irgendwie im Recht gefühlt und fühlte mich auch jetzt noch so. Im Nachhinein wusste ich, dass es längst eine Entscheidung gegeben hatte.

»Es war auch zuerst nicht schlimm«, sagte Lpetati jetzt. »Aber dann gab es nichts. Verstehst du das? Ich hatte keine Frau, und ich hatte keine Ehre. Ich war allen in der Familie ausgeliefert, und das wollte ich nicht. Ich war ganz von ihnen abhängig, nur unsere Tiere haben mir geholfen und mir ein bisschen Ansehen bewahrt. Aber als meine Familie und die Leute mich abgelehnt haben, weil sie nicht das wollten, was ich tat, und du ebenfalls, weil du nicht zurückkamst, da ist alles ganz anders geworden. Ich war sehr unglücklich, Chui. Das musst du mir glauben. Das war kein schönes Leben mehr. Was sollte ich denn tun? Ich war ein Mann, über den man lachen konnte, weil er nicht fähig war, seine Frau zurückzuholen. Aber da war die andere Frau, und mit ihr wollte ich alles wiederhaben. Sie hat mir ein gutes Leben versprochen und mir gesagt, was ich tun soll. Ich wusste lange nicht, dass es der falsche Weg war. Ich wusste es wirklich nicht. Dann war auf einmal vieles bei uns anders. Meine Mutter und Losieku gingen wegen mir fort, und ein Gespräch mit Babu vor seinem Tod machte mich wach. Als erst Karolina starb und wir dann Karo und noch mehr Kühe verloren, stand ich vor einem Abgrund. Ich habe viel zu Ngai gebetet, aber ich hatte auch Angst vor seiner Strafe. Trotzdem habe ich gehofft, dass der Tag kommt, an dem alles wieder gut wird. Mama Anna ist mir oft eingefallen. Es musste seit langem etwas passieren, und nun ist es passiert. Chui, ich rede zu dir nicht wie ein tapferer Mann, aber ich weiß, dass es gut ist, so mit dir zu reden. Und du sollst das wissen, was keiner weiß.«

Ich saß da wie benommen. So, wie mein Mann seine Situation geschildert hatte, hatte ich die Dinge bisher nie sehen können. Ich hatte alle Vorkommnisse, alles Handeln seinerseits in »gut« und »böse« eingeteilt und meine Konsequenzen daraus gezogen. Nun rührte mich plötzlich seine Darstellung, und ich dachte eher an das verlorene Schaf, das es wert war, dass man nach ihm suchte, und das man nicht verdammte, weil es sich verirrt hatte. Es gab sehr viel nachzudenken.

Ich nahm Lpetatis Hand. »Es war wirklich schwer, mit dir zu leben, Simba, und ich bin glücklich, dass du unser Zusammensein nach dieser langen Zeit wieder willst. Es war für keinen von uns einfach. Für dich nicht, für mich nicht und auch nicht für Binki. Unser Leben war ganz schön durcheinander geraten. Jetzt müssen wir alles wieder in Ordnung bringen, aber wenn wir beide daran arbeiten, kann alles wieder schön werden.«

»Ja«, sagte er und atmete tief ein. »Es wird gut werden, Chui.«

Allein die Sache mit dem Haus regte mich innerlich immer noch auf, und immer noch schwelte ständig das ungute Gefühl in mir, das ich irgendwie mit Hexerei verband. Es ließ so viele Fragen offen, und auch die Sache mit Lanah wartete noch auf eine Klärung. Plötzlich dachte ich daran, dass ich Ngai versprochen hatte, meinen Mann nie zu kränken. Lpetatis Stolz litt aber immer noch unter meiner langen Abwesenheit.

Den Abend blieben wir in unserer Hütte, weil ich den Anblick unseres Hauses in seinem desolaten Zustand nicht ertrug. Lpetati wirkte sehr schuldbewusst und gab mir damit wenigstens so etwas wie Genugtuung. Aber er dauerte mich auch in seiner Zerknirschtheit.

Nachdem unsere zahlreichen Besucher gegangen waren, die mir immer wieder ihre Freude über meine Rückkehr zu verstehen gegeben hatten, saßen Lpetati und ich noch lange am Feuer. Es gab so vieles, das uns bewegte, so vieles, das gesagt und besprochen werden musste, etwa der Kauf von Milchkühen und der dringend erforderliche Wiederaufbau des Hauses, wobei die finanzielle Regelung an mir hängen bleiben würde. Unser monatliches Budget vom Konto in Maralal würde allerdings nicht für so viele Extras reichen.

Da fiel mir Eddie ein, der mir wahrlich ein faires Angebot gemacht hatte. »Wie es aussieht, bleibt wieder nur Mombasa als Ausweg«, sagte ich und erzählte Lpetati von der neuen Arbeitsmöglichkeit.

»Aber dann bist du wieder lange fort. Ich will, dass du hier bleibst«, ereiferte er sich.

»Ich werde nie mehr lange fort sein.«

Anschließend machten wir einen langen Spaziergang, bei dem

ich mit gemischten Gefühlen registrierte, was sich alles während meiner Abwesenheit verändert hatte. Trauer überkam mich, wenn ich in den Pferch blickte. Dort, wo sich einst eine ansehnliche Herde von Rindern, Ziegen und Schafen befunden hatte, standen nur noch wenige Tiere. Besonders dass einige unserer Lieblinge nicht mehr da waren, berührte mich. Sie hatten so sehr dazugehört – wir hatten mit ihnen zusammengelebt, ergeben und in dem Bewusstsein, dass wir aufeinander angewiesen waren. Auch einige Hütten waren abgerissen und wieder errichtet worden, und zwei waren ganz neu hinzugekommen. Es gab kleine Einfriedungen und höhere, dichte Hecken, die Gärten und Felder schützten, für die ich damals so sehr hatte kämpfen müssen und die jetzt einfach dazugehörten.

Narayas Ende

In unseren wiedergefundenen Frieden flackerte plötzlich Unruhe hinein.

Marissa kam uns aufgeregt entgegen. »Geh rüber«, sagte sie zu mir, »sie will mit dir sprechen.«

Völlig überrascht verstand ich nicht sofort, aber dann wusste ich Bescheid. »Sie« – das war Naraya. Wir hatten bereits gehört, dass es ihr nicht gut ging.

»Geh«, forderte Lpetati mich auf, »ich warte hier.«

Beklommen durchwanderte ich die Talsenke und konnte keinen klaren Gedanken fassen. Naraya wollte mich sprechen? Wollte sie mir etwas anvertrauen? Wollte sie endlich das Geheimnis lüften? Ich bekam kaum Luft.

Als Erstes sah ich Babas Gesicht und war erstaunt. Er und einige Alte hockten im Gras nahe bei Narayas Hütte. Da wäre ich fast über die Frau gestolpert. Sie lag zusammengekrümmt auf der Erde, in ein graubraunes Jutetuch gewickelt, so erschreckend klein und dürr wie ein Häuflein Lumpen. Es war ein Schock. Niemand hatte uns darauf vorbereitet, wie es wirklich um Naraya stand.

In dem kleinen Bündel Mensch lebten nur noch die Augen, aber es war ihre Stimme, die »Komm her« sagte, wenn auch sehr leise. Ich hockte mich neben sie und spürte ihre knochigen Finger, die nach meiner Hand tasteten. »Es ist schlimm, Ngai … Ngai.« Ihr fehlte die Kraft zum Sprechen. Aber ich wusste nun, dass sie mir etwas anvertrauen wollte, wenn ich auch angesichts der erschreckenden Lage nie erfahren würde, was.

Narayas Finger ließen meine Hand los, blieben auf meinem Knie liegen. Ich sah auf ihren Arm und ihr Handgelenk, es hätte ein Stock sein können mit einer kleinen Verdickung. Mitleid und Übelkeit kämpften in mir, es würgte mich im Hals und schmerzte so sehr, einen ehemals so stolzen, selbstsicheren und schönen Menschen kraftlos und zum Skelett abgemagert auf der Erde liegen zu sehen.

»Naraya«, begann ich, doch bevor ich ihr sagen konnte, dass ich ihr verzieh, vernahm ich ein gestammeltes »*Nisamehe*«. In dem kleinen, ausgemergelten staubigen Gesicht zog eine Träne eine glänzende Spur. Ich erhob mich, weil ich es einfach nicht mehr ertragen konnte. Narayas und Lanahs Kinder standen hilflos um uns herum, und es tat ungeheuer weh, zu begreifen, dass Naraya vielleicht nur noch wenige Stunden leben würde. Erschüttert wandte ich mich ab, neugierig beobachtet von den Kindern und den Alten, und Baba hielt einen Moment meine Hand, bevor er sich wieder setzte.

Ich entschloss mich, zu Lpetati zurückzukehren. Nach wenigen Metern rief man mir hinterher: »*Amekufa, amekufa.*« Naraya war gestorben.

Lpetati erfährt von Laerra

Es war schlimm, mit Lpetati darüber zu sprechen. Wie musste ihn Narayas Tod treffen, wenn auch aus ganz anderen Gründen als mich. Am Abend schloss er sich mehreren Männern seiner Kriegergeneration an, um auf der anderen Bergseite das traurige Ereignis zu besingen.

Ich blieb allein im Haus zurück. Irgendwie hatte ich das Gefühl, dass nun endgültig die schlimme Zeit hinter uns lag.

Als Lpetati am nächsten Nachmittag wieder zurückkam, nahm ich allen Mut zusammen.

»In den Tagen, als wir in Mtwapa waren und es zwischen uns nicht mehr so war, wie es hätte sein sollen, habe ich erfahren, dass wir ein Kind bekommen.«

Lpetati saß ganz still, stand dann auf, schwieg immer noch, holte tief Luft und stieß sie dann in kurzen, lauten, kehligen Stößen aus.

»Meine Mutter hat es gewusst«, stöhnte er, »sie muss es gewusst haben. Sie hat bei *nkakuyiaa* seltsame Andeutungen gemacht, die ich nicht verstanden habe.«

Die Stille zwischen uns tat körperlich weh. Ja, dachte ich, Saito hat es gewusst. Sie hatte mich, bevor wir an die Küste gingen, mit wissenden Augen verfolgt, erkannte die Anzeichen, bevor ich sie kannte.

»Aber was ist mit dem Kind? Wo ist es? Chui, so eine gute Nachricht! Du musst es mir sagen, Chui, das ist doch wichtig. Ein Kind! Wir haben doch ein Kind! Ngai, *hashe* Ngai, ich habe ein Kind!« Seine Überraschung und seine Freude schmerzten, weil ich ihm nun vielleicht die größte Enttäuschung seines Lebens bereiten musste, und vor Aufregung war mir ganz schlecht.

Ich gab mir einen Ruck, brauchte alle Kraft. »Nein, Simba. Wir haben kein Kind – aber wir hätten ein Kind gehabt. Wir haben es verloren. Es war ein Unglück. Es gibt kein Kind. Ich habe es schon geliebt, bevor ich es sehen konnte, und ich habe seinen Namen gewusst. Es ist zu früh geboren worden, Simba. Es war noch nicht lebensfähig. Wir haben kein Kind.« Wieder herrschte diese Stille zwischen uns, und ich konnte vor Rührung nicht weitersprechen. Ich weinte und steigerte mich immer mehr hinein. Lpetati saß hilflos neben mir, klopfte ab und zu meine Hand, meinen Arm. Nach einer ganzen Weile war ich fähig, meinem Mann endlich die Geschichte zu erzählen, die nun so lange Zeit zurücklag.

»Vielleicht erinnerst du dich noch an den Abend, als du ziemlich betrunken warst und mich vor der Thika Lodge mit dem *rungu* bedroht und plötzlich heftig zugeschlagen hast? Schreckliches ist danach passiert, Simba. Du hättest es längst erfahren müssen, dann hättest du auch besser verstanden, warum ich so lange fort geblieben bin. Ich hätte dir nicht nahe sein können, nicht nach dem, was passiert war. Und es wird nicht gut sein für dich, die Wahrheit zu erfahren. Du wirst ebenso wenig damit leben können wie ich. Es ist eine ganz bittere Wahrheit, Simba. Weißt du, was passiert ist?« Ich schilderte mit tränenerstickter Stimme, was vorgefallen war. »Nur ein paar Wochen später wäre es lebensfähig gewesen, nur ein paar Wochen! Wir hätten einen Sohn gehabt, Simba, und ich wollte ihn Laerra nennen, weil er unsere Freude gewesen wäre.« Ich konnte nicht weitersprechen.

Lpetati rang auf einmal entsetzlich laut nach Luft, und dann weinte er, wie ich noch nie einen Mann hatte weinen sehen. Er gebärdete sich wie wild, und ein heftiges Schluchzen schüttelte ihn, das mir durch und durch ging. Nun litt ich mit ihm. Plötzlich warf sich Lpetati heftig gegen mich und bat um Verzeihung mit einer mir völlig fremden, brüchigen Stimme.

»Was habe ich getan! Was habe ich nur getan! Ich kann das nicht glauben! Was wird Ngai mit mir machen? Ich habe so etwas doch nicht gewollt. Ich habe es nicht gewollt und nichts gewusst. *Nketok,* du sollst mich nicht hassen und wieder fortgehen. Oh Ngai, man wird mich bestrafen.«

Ich strich ihm beruhigend über den Kopf wie einem Kind, war aber selbst viel zu erregt, dann klopfte ich seinen glatten Rücken und wünschte mir auf einmal nichts sehnlicher, als ihn überall zu spüren und dadurch zu begreifen, dass wir uns wieder gehörten. Auch der Schmerz um Laerra gehörte nun uns beiden. Wenn wir uns akzeptieren würden, mit allem, was gewesen war, auch mit der

Tatsache, dass wir unser Kind auf tragische Weise verloren hatten, wären wir frei für unseren Neuanfang.

Die halbe Nacht schwiegen und sprachen wir miteinander, nickten vor Übermüdung ein und erwachten wieder. Eine seltsame Stimmung herrschte in unserer Hütte, und wir wussten beide, dass es, trotz aller Beklemmung, Trauer und Verunsicherung durch das Gespräch über Laerra, eine besondere Nacht war. Wir hatten uns einander genähert, in Gedanken, in Gefühlen, im Bedauern, im Wunsch nach Gemeinsamkeit. Lpetati hatte inzwischen viel von mir und meinem Leben in Shanzu mit Binki erfahren, in dem die Musik, vor allem aber der Verlust von unserem Sohn eine so große Rolle gespielt hatten.

Das Thema »Lanah« hatten wir noch nicht berührt, aber ich wollte alles darüber wissen, bevor ich wieder an die Küste ging, um etwas Geld für unseren Neuanfang zu verdienen.

Aussprache und versprechen

Ich ließ einige Zeit verstreichen, aber dann ergab es sich bei einem Spaziergang, dass wir von Lanah sprachen, die jetzt in Maralal wohnte, und ich fragte meinen Mann nach seinem Verhältnis zu ihr. Ich wollte das leidige Thema endlich hinter mich bringen, denn es tat immer noch sehr weh, sich Lanah in Lpetatis Armen vorzustellen. Ich wollte endlich zur Ruhe kommen.

»Es war wieder so wie damals in Mombasa. Chui *ai*, ich wollte etwas, das ich eigentlich nicht wollte. Ganz oft war das so. Ich habe gemerkt, dass etwas falsch ist, und habe es doch nicht gelassen.«

»Hast du mit Lanah geschlafen?«

»Ja, weil ich das tun wollte, manchmal auch, weil nur Lanah das wollte, und dann wieder, weil Lanah und Naraya das wollten, glaube ich. Aber ich habe diese Frau nicht geliebt, na ja, ich mag sie, sie ist ja sehr hübsch. Ich habe sie auch nur eine Zeit lang gewollt und dann nicht mehr wirklich – wie soll ich dir das erklären?

Ich habe einfach mit ihr geschlafen, und es war nicht so schlecht.«

Ich wurde wütend, weil ich so verletzt war und mich hilflos fühlte. »Einfach so! Und es war nicht so schlecht!« Ich regte mich entsetzlich auf.

»Aber es war nicht wie mit dir, Chui. Es war gar nicht wie mit dir, wie wir beide das machen. Ich bin zu ihr gegangen, wie ein Mann zu einer Frau geht, um es zu tun. Irgendetwas hat mich zu ihr getrieben, ich musste sie sehen und haben, ich musste das einfach tun, und ich hatte geglaubt, dass ich zufrieden werde bei ihr. Sie und ihre Mutter haben mir so viel in den Kopf gesetzt. Sie wollten vieles von mir haben und immer mehr, und dann habe ich angefangen, Sachen von unserem Haus zu holen und zu verkaufen. Stell dir das vor. Ich habe auf Frauen gehört! Ich habe schlimme Sachen für sie gemacht! Ich wollte und wollte, und dann wollte ich gar nichts mehr. Du hättest mir helfen können, aber du hast dich gar nicht für mich oder das, was hier und mit mir passiert, interessiert. Du bist lieber bei einem anderen Mann geblieben, richtig zusammengeblieben in demselben Haus.«

»Das musst du mir verzeihen. Ich habe dir nie wehtun und dich nicht bestrafen wollen.«

Wir waren langsamer geworden und machten jetzt Rast. Lpetati legte sich zurück ins Gras. Sein Gesicht war offen und ohne jeden Arg, aber ich konnte nicht in ihm lesen.

»Ich möchte so sehr, dass du mir verzeihst, Simba. Es würde mir dann besser gehen. Dir habe ich alles verziehen, schon lange. Nur das Vergessen – das geht nicht so schnell!« Ich legte mich zu ihm ins Gras. Gemeinsam sahen wir in den strahlend blauen Himmel und bewältigten, jeder für sich, die Dinge, die unser Zusammensein mehr als zwei, beinahe drei Jahre so beeinträchtigt, ja teilweise unmöglich gemacht hatten. Wir hatten beide Schuldgefühle und mussten uns darin üben, zu verzeihen und zu akzeptieren.

Ich versetzte mich in die Nöte meines Mannes und fühlte nichts Unverzeihliches mehr, wenn auch ein großes Bedauern. Immer wieder würde mich die Frage beschäftigen, ob hier wirklich eine unheilvolle Macht hatte Regie führen können. Das wäre natürlich der bequemere Weg gewesen, Lpetatis Verhalten zu entschuldigen, soweit sich das auf die Anfälle und deren Auswirkungen, einschließlich Lanah bezog. Diese Möglichkeit irritierte mich nach wie vor sehr, aber ich war zu feige, ihr auf den Grund zu gehen. Ich drehte mich zu Lpetati. »Was hast du gemacht, als du gehört hast, dass es einen anderen Mann gibt für mich?«

»Sssst«, machte er und stieß die Luft mit tiefem Unterton aus. »Willst du wirklich wissen, wie das für mich war? Du warst meine Frau und warst mit einem anderen Mann zusammen. Wie soll das für mich gewesen sein?«, begann er wieder. »Du hast mit ihm auch das getan, was du nur mit mir tun solltest.«

»Binki hätte mich gern geheiratet, doch er wusste, dass du mein Mann bist, und er wusste auch, dass du mein Mann bleibst. Aber als ich dann die Geschichte von dir und Lanah und unserem Haus erfahren habe und von dem Kummer, den du der Familie gemacht hast, da habe ich schon daran gedacht, ganz bei Binki zu bleiben.«

Wir lagen still nebeneinander.

»Das, was vor langer Zeit geschehen ist, sollten wir ganz weit hinter uns lassen, Simba«, sagte ich dann, weil ich merkte, dass dieses Gespräch mich mehr forderte und verletzte, als ich gedacht hatte.

Er sah mich lange an, als würde er etwas abwägen. »Es gab noch eine andere Frau, danach.«

»Ja, ich weiß davon. Ich habe viel von dir in Mombasa gehört. Es war mir klar, dass du mit einer anderen Frau schlafen würdest. Es gehört zum Leben, du bist ein gesunder Mann. Ich hätte es sicher verhindern können, wenn ich bei dir gewesen wäre. Hätte sie etwa deine Zweitfrau werden können?« Mir wurde ganz heiß bei dem Gedanken, der mir soeben das erste Mal gekommen war. Aus Feigheit und Angst hatte ich das in Mtwapa Gehörte sofort verdrängt und mir konsequenterweise über Lpetatis angebliche Frauengeschichten nicht den Kopf zerbrochen – bis auf die Sache mit

Lanah. Aber es war furchtbar für mich, auch nur daran zu denken, dass mein Mann mit einem Mädchen geschlafen hatte, das locker unsere Tochter hätte sein können. Und ich hatte, wenn ich ganz ehrlich war, Angst vor einem Vergleich, denn es lagen fast dreißig Jahre zwischen ihr und mir.

»Ja, das hätte sie werden können. Ich wollte das, wenn du zugestimmt hättest. Ich musste dich ja fragen. Ich wollte dich wirklich fragen, Chui. In unserer Familie hatte niemand etwas gegen sie einzuwenden. Es hätte keine Schwierigkeiten mit ihr gegeben, wenn du zugestimmt hättest.«

Sein offenes Geständnis war wie ein Schlag ins Gesicht, und ich musste sehr an mich halten. »Und was ist jetzt mit euch? Sie soll noch sehr jung sein, habe ich gehört.«

»Oh ja, sie war ein Mädchen. Ich war mit ihr zusammen, bevor sie durch die Beschneidung eine Frau wurde. Nun bist du wieder da, und Hochzeitsbesprechungen wird es keine geben. Eigentlich war es dein Brief, der mich unsicher gemacht hat, ob es gut ist, diese Frau zu heiraten. Aber ich wollte es manchmal schon.«

Ich bekam kaum Luft. Von einer so unmittelbaren Bedrohung hatte ich nichts gewusst. Es würgte mich, und mein Herz krampfte sich zusammen, als mir klar wurde, wie nah die Möglichkeit gewesen war, ihn mit einer anderen Frau teilen, wenn auch nicht an sie verlieren zu müssen. Wenn Lpetati ein Kind von mir erwartete, das ich ihm nicht zu schenken in der Lage sein würde, dann würde ich diese andere Frau akzeptieren und ertragen müssen – oder Lpetati verlassen, wenn ich nicht damit zurechtkäme. In meinem Kopf herrschte ein heilloses Durcheinander. Ich nahm alle Kraft zusammen, und Lpetatis Hand, die sich wie beschwichtigend auf meinen Arm legte, half mir dabei.

»Ja, Chui. Wo warst du? Du hast zusammen mit einem feinen Herrn an der Küste gewohnt. Was hast du für mich gemacht? Wir hatten etwas Geld durch dich, danke, Chui, aber eigentlich hatte ich nichts. Es gab keine Frau in der Hütte und im Haus, die mir *chai* und Essen gemacht und mich respektiert hat, und auch keine

Frau mehr, bei der ich mich als Mann fühlen konnte. Aber das ist wichtig, Chui. Ich bin ein Mann, Chui.«

Unser Gespräch schmerzte mich geradezu, es wurde mir schier unerträglich und musste dennoch endlich geführt werden. Ich sah mich selbst und mein Tun mit Lpetatis Augen, der außer meiner Missbilligung seines Verhaltens in Mtwapa keinen Grund für mein Fernbleiben gekannt hatte.

»Hast du dir etwas zu Schulden kommen lassen, Simba? Musst du noch etwas in Ordnung bringen?«

»Nein, Chui, ich habe mit Baba gesprochen und mit den Eltern des Mädchens. Sie erwartete kein Kind, sonst hätte ich sie heiraten oder mit ihr fortgehen müssen, denn ein unbeschnittenes Mädchen darf kein Kind haben.«

Mir schwindelte wieder, und ich holte tief Luft. Was hatte es da für Dinge gegeben, von denen ich gar keine Ahnung gehabt hatte!

»Du hättest ein paar Wochen fortbleiben können, Chui, aber nicht so lange. Manchmal dachte ich, du kommst nie zurück.«

»Simba, Simba *lai*.« Aus einem Impuls heraus nahm ich ihn in die Arme. Er drückte sich mir entgegen und entspannte sich. Diese süße Nähe stürzte mich in ein Meer von Zufriedenheit und Glück, und eine Welle heftiger Zärtlichkeit durchflutete mich.

»Du bist mir wichtig. Ich will keine andere Frau«, sagte Lpetati eindringlich, »keine halbe Chui. Ich will nur dich. Das kannst du deinem Simba glauben. So, wie wir zusammen sein können, kann ich mit keiner anderen Frau sein. Ich weiß es. Ich habe es probiert. Mit dir ist es anders. Das Leben mit dir ist ein gutes Leben. Ich fühle mich wohl bei dir, und du wirst dich wohl fühlen bei deinem Simba.«

»Ja, das werde ich.« Erleichtert und glücklich über den erfreulichen Ausgang unserer Aussprache, vor der ich mich so sehr gefürchtet hatte, küsste ich ihn auf die Wange.

Und dann gab es nur noch Lpetati und mich unter dem weiten lichten Samburu-Himmel.

»Ich will dich zu Ende lieben«, raunte er an meinem Ohr. Und wie immer er es gemeint hatte, es war der schönste Liebeseid, ein wunderbares Versprechen.

In der Abendsonne leuchtet rot
die warme Samburu-Erde.
Und die Karisia Hills wölben sich blau
gegen den fahlgelben Himmelsbogen.
Leichtfüßig setze ich meinen Weg fort,
an Giraffen und Zebras vorbei.
Noch bevor der Gesang der Zikaden beginnt,
werde ich heimgekehrt sein
zu dir und unserer Herde.
Manchmal wird die Musik, die in mir ist,
auch aus Zaire sein und mich begleiten.
Das Feuer werde ich schüren in unserem Haus
in der weiten blau-grünen Einsamkeit.
Wenn wieder Schnee auf den Mount Kenya fällt,
wenn die großen, schwarzen Büffel grasen,
wenn der Strauß seine Jungen ausführt,
Impalas und Gazellen springen,
werden wir am Blaublumenhang sitzen,
du und ich,
und die Zeit wird unsere sein.

Nachwort

In dem vorliegenden Buch habe ich aus etwa zehn Jahren meines bewegten Lebens als Frau an der Seite eines Samburu-Kriegers erzählt. Inzwischen sind weitere sechs Jahre vergangen, in denen wieder viel Aufregendes, Schönes und Trauriges passiert ist. Immer noch lebe ich glücklich mit Lpetati und zurzeit fünf Kindern, für die wir Sorge tragen, in Kenia. Nach wie vor verbringe ich mehrere Wochen pro Jahr an der Küste, um zu musizieren, und ich fliege regelmäßig, wenn auch in größeren Abständen, nach Deutschland zu meinem Vater und meinen Söhnen.

Bis heute habe ich meinen Schritt in eine fremde Kultur nicht bereut – ich würde es immer wieder tun.

Gerade deshalb möchte ich hiermit nicht nur der geheimnisvollen Welt der Samburu und einem so schönen Land wie Kenia ein Denkmal setzen, sondern auch der Liebe. Und ich möchte das Gewissen wachrütteln, denn wir sind alle auf irgendeine Art und Weise mitverantwortlich dafür, dass überall auf der Welt einmalige Kulturen, bei uns und anderswo und wie es auch die der Samburu und Massai sind, zerstört werden und aussterben, weil eine nüchterne, einseitig wirtschaftlich orientierte Zeit gefühllos so viel Wunderbares auf unserer immer noch schönen Erde überrollt.

Wir alle sollten uns wieder auf die eigentlichen Werte des Lebens besinnen, Werte, die sich nicht beziffern lassen, weil sie nicht zu messen und leise und unscheinbar in und um uns sind, aber dabei doch so groß, dass sie das wahre Glück in sich bergen.

Das moderne, laute Leben, in dem Terminkalender, Konten, Konsum, Hektik und nur noch die Funktionstüchtigkeit eines Menschen zählen, ist eine Beleidigung für das Wunder »Leben« und für das Wunder »Mensch«. Von den Völkern, die wir überheblich belächeln, allenfalls bemitleiden, weil sie längst nicht an unseren Lebensstandard heranreichen, können wir das wieder lernen, was den Generationen vor uns noch vertrauter gewesen ist: Einfach *leben*!

Danksagung

Besonders bedanken möchte ich mich bei meiner Freundin Petra Girma – ohne sie und ihre Initiative läge das Manuskript für dieses Buch noch in der Schublade –, bei meinen beiden Söhnen Oliver und Thomas für ihre Toleranz und Hilfe, auch bei der technischen Abwicklung, und Oliver für seine vielen Extra-Arbeitsstunden, bei meiner Freundin Heidi Grabowski für ihre Anteilnahme, bei Simone F., Vati und Nina, bei Karin, Jürgen und bei Gudrun und Miriam für ihr Interesse und ihr Auf- und Ermuntern, sowie bei Willi und Röschen für ihre stete Hilfsbereitschaft. Außerdem danke ich all den lieben Mitmenschen, die meinen langjährigen sozialen Einsatz für die Samburu finanziell unterstützt haben und in Zukunft unterstützen möchten.

Ein dramatisches Leben.
Eine bewegende Autobiografie.

Farah Diba-Pahlavi
ERINNERUNGEN
464 Seiten
mit 21 farbigen und s/w
Abbildungen
Gebunden mit Schutzumschlag
ISBN 3-7857-2157-9

Ihre prunkvolle Hochzeit 1959 mit dem Shah des Iran war eine Märchenhochzeit. Doch ihr Leben war reich an Wendungen und Schicksalsschlägen.
Sie wurde zur ersten Kaiserin des Iran gekrönt, und sie verlor ihre Heimat durch die islamistische Revolution. Sie setzte sich für die Befreiung der Frau aus mittelalterlichen Traditionen ein, und sie erfuhr die Niedertracht falscher Freunde im Exil.
Weitere schwere Erfahrungen zeichneten ihr Leben. Aber Farah Diba-Pahlavi fand immer wieder Kraft – für sich selbst und für andere.

Gustav Lübbe Verlag